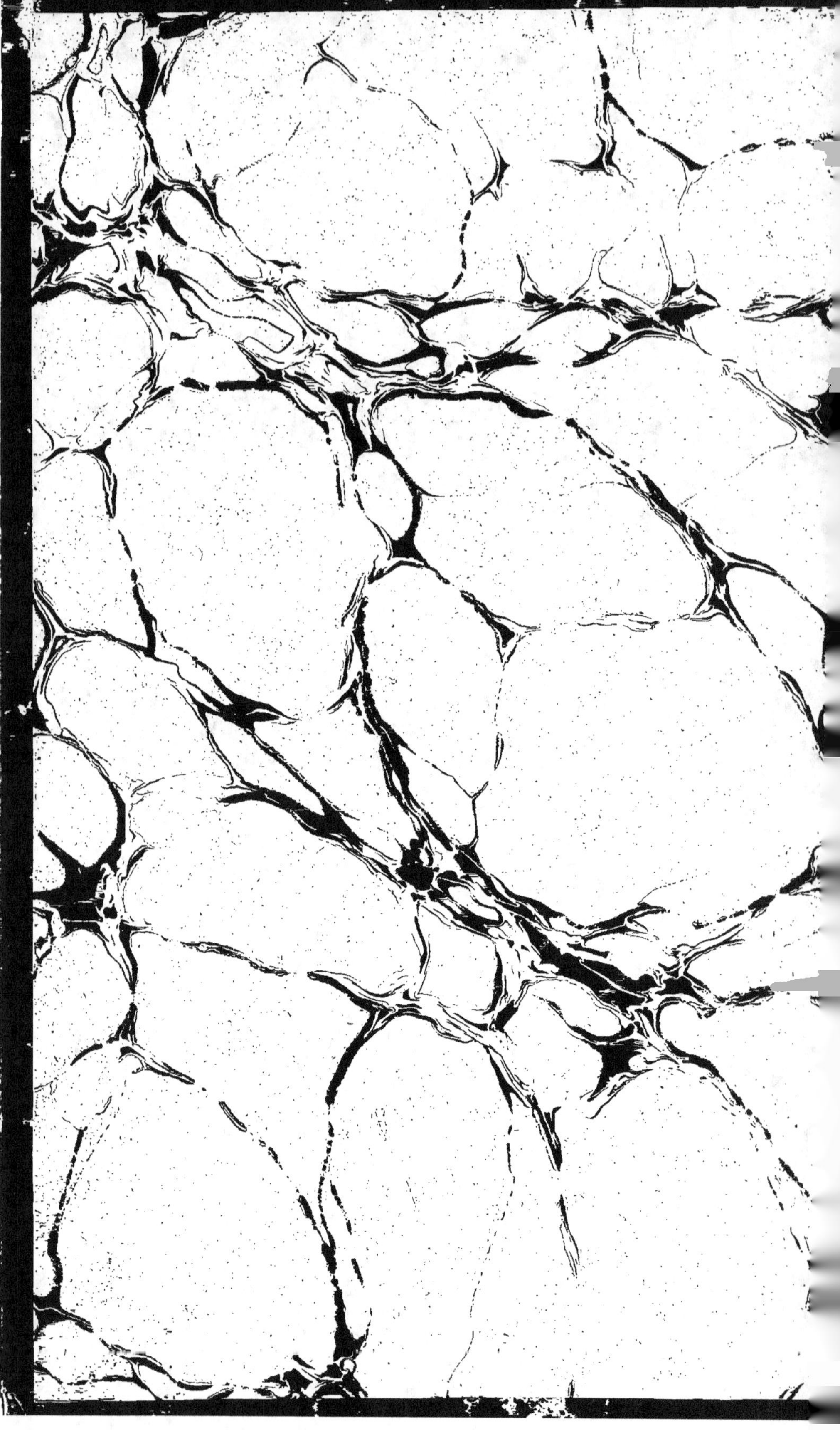

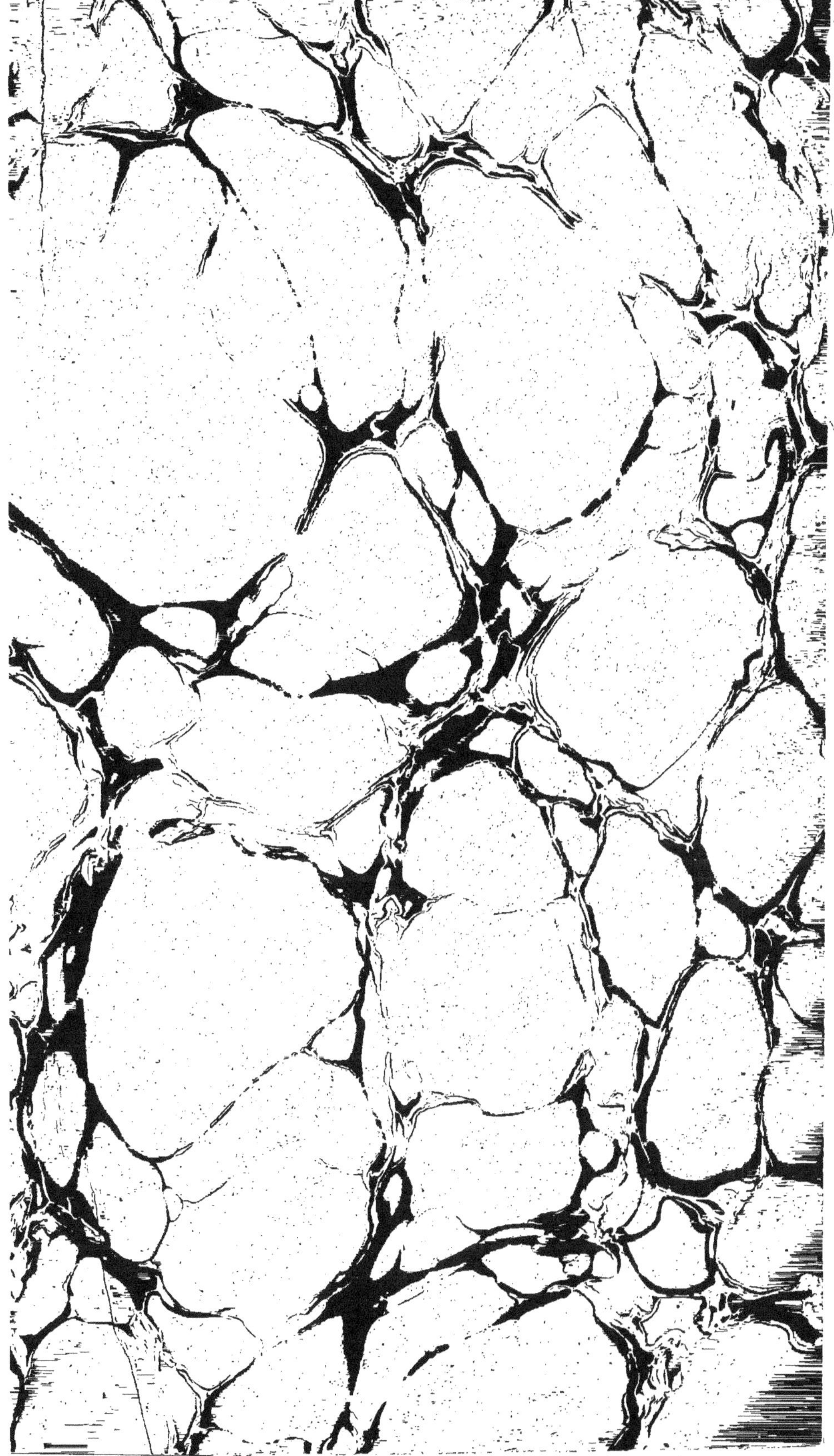

PUBLICATIONS DU PROGRÈS MÉDICAL

HISTOIRE DES DOCTRINES DE PSYCHOLOGIE PHYSIOLOGIQUE CONTEMPORAINES

LES

FONCTIONS DU CERVEAU

DOCTRINES DE L'ÉCOLE DE STRASBOURG

DOCTRINES DE L'ÉCOLE ITALIENNE

PAR

JULES SOURY

DE LA BIBLIOTHÈQUE NATIONALE

DOCTEUR ÈS LETTRES

MAÎTRE DE CONFÉRENCES A L'ÉCOLE PRATIQUE DES HAUTES ÉTUDES

Deuxième édition, revue et corrigée

PARIS

BUREAUX DU PROGRÈS MÉDICAL   VVE BABÉ, LIBRAIRE-ÉDITEUR

Rue des Carmes, 14   Place de l'École-de-Médecine

1892

LES
FONCTIONS DU CERVEAU

LES

FONCTIONS DU CERVEAU

DOCTRINES DE L'ÉCOLE DE STRASBOURG
DOCTRINES DE L'ÉCOLE ITALIENNE

PAR

JULES SOURY

DE LA BIBLIOTHÈQUE NATIONALE

DOCTEUR ÈS LETTRES

MAITRE DE CONFÉRENCES A L'ÉCOLE PRATIQUE DES HAUTES-ÉTUDES

Deuxième édition, revue et corrigée

PARIS

BUREAUX DU PROGRÈS MÉDICAL
Rue des Carmes, 14

VVE BABÉ, LIBRAIRE-ÉDITEUR
Place de l'École-de-Médecine

1892

A LA

MÉMOIRE

DE

PAUL BERT

EN TÉMOIGNAGE DE GRATITUDE ET DE RESPECT

JULES SOURY

PRÉFACE

Cette histoire critique des doctrines de la psychologie physiologique contemporaine, dans l'École de Strasbourg et en Italie, publiée dans l'*Encéphale* et dans les *Archives de Neurologie*, présente en réalité la synthèse des travaux qui, depuis 1870, c'est-à-dire depuis la découverte de Fritsch et de Hitzig, ont paru, en Europe, sur la théorie scientifique des localisations cérébrales.

La plupart de ces travaux, qui inauguraient un nouvel ordre de choses dans les sciences biologiques, et surtout une ère nouvelle de la psychologie, ont été, depuis dix ans, analysés et exposés à l'École pratique des Hautes-Études. Dès 1881, en effet, grâce à l'initiative de M. Paul Bert, alors ministre de l'instruction publique, l'histoire des doctrines de la psychologie physiologique a figuré dans l'enseignement supérieur en France.

J'ai dédié ce livre à la mémoire du savant physiologiste qui m'a permis de l'écrire.

Ainsi qu'on le verra dans ces pages, tenues au courant de la science, la psychologie, c'est-à-dire la science de l'aspect psychique des phénomènes de la vie, sera tout entière renouvelée (et elle peut l'être déjà) par la doctrine moderne des localisations cérébrales et spinales. Il ne s'agit encore que de faits innombrables qu'il faut, chaque jour, recueillir dans les revues et les journaux d'anatomie, de physiologie et de pathologie du système nerveux. L'heure de rapprocher ces faits, après les avoir classés avec méthode, me paraît venue. En tout cas, on ne fait œuvre de psychologue instruit qu'en notant tous ces faits, au passage, et en laissant aux forces obscures de la conscience individuelle le soin d'en dégager les grandes lignes flottantes d'une synthèse.

Le physiologiste et le clinicien, et tout savant en général qui crée la science, ne peut et ne doit peut-être voir qu'une partie du vaste problème à la solution duquel il travaille. Non seulement il doit espérer de trouver, mais il faut, quand il croit avoir trouvé, qu'il l'affirme bien haut et demeure convaincu, fût-il le seul à l'être. La part d'illusion qui domine souvent ces puissants esprits, grands poètes s'il en est et merveilleux artistes, est la condition même de leur activité scientifique. Bref, ce sont des intelligences créatrices, enivrées d'absolu, rarement des esprits affinés par une culture générale et par le sentiment du relatif et de la nuance[1]. Ils ne sauraient nous comprendre ; mais nous les comprenons, je crois. Avec plus d'étendue d'esprit, ils auraient été des critiques, non des inventeurs.

Nous devons prévoir une objection qu'on ne manquera pas de faire à l'essai de classer par écoles les diverses solutions scientifiques d'un même problème, les conceptions variées d'une même théorie. On répète volontiers que la science n'a pas de patrie, qu'elle ne saurait varier, par conséquent, avec les peuples ni avec les écoles ; bref, que la vérité est une. Il est absurde, en effet, de parler d'une science allemande, d'une science française, d'une science italienne ou russe. Le premier caractère de la science, c'est l'universalité. Tout le monde en tombe d'accord. Si l'on reste dans ces généralités, on a pour soi la logique et la raison même. Le contraire est inconcevable.

Mais que l'on considère qu'il y a bien des ordres de vérités.

Les vérités de l'astronomie, de la mécanique, de la physique et de la chimie, ont sur les esprits un empire beaucoup mieux assuré que les vérités d'autres sciences, moins avancées et plus complexes, telles que la biologie. La diversité non

[1] Il existe sans doute de brillantes exceptions, et l'on trouve souvent, avec une élévation d'esprit toute philosophique, les plus rares dons de finesse critique et de sens esthétique dans les livres de Brissaud, de Ch. Richet, de Gley, de François Franck, etc.

seulement des solutions, mais de l'intelligence
même d'une question, est en raison directe et
indéfiniment croissante de sa complexité. Sans
doute, en biologie comme en astronomie, il y a
des vérités dont tout le monde convient aujour-
d'hui : telles sont, par exemple, la gravitation
et la circulation du sang. Il n'y a pas davantage de pays ni d'écoles pour reconnaître que le
cerveau est l'organe de l'intelligence. Les chirurgiens de New-York, d'Edimbourg, de Londres, de
Leipzig ou de Paris, trépanent tous les jours pour
guérir des paralysies, des convulsions, des apha-
sies, des cécités psychiques, des hydrocéphalies,
voire des paralysies générales progressives et certains cas d'aliénation mentale. Il s'agit, dans l'espèce, de tumeurs ou d'abcès du cerveau, de kystes,
de gommes, de tubercules, d'anciens foyers d'hémorrhagie, de dilatation des ventricules cérébraux,
etc. Si le diagnostic topographique de ces prati-
ciens est exact, ce qui est facile aujourd'hui pour
les centres dits moteurs, y compris ceux du langage, et pour les centres de la vision, ils inter-
viennent avec une précision remarquable, ils
extirpent la tumeur, enlèvent l'esquille osseuse ou
le caillot sanguin qui comprimaient le cerveau, ils
ponctionnent et drainent les ventricules.

Avec la motilité volontaire et la sensibilité des
parties paralysées, avec la cessation des accès épileptiformes, des spasmes, des contractures, des
troubles du langage ou de la vision, l'intelligence,

— cette résultante des fonctions encéphaliques, —
se montre ·de nouveau et brille, en même temps
que s'évanouissent les phénomènes de compression
intracrânienne, les amnésies, l'hébétude, la torpeur, la débilité ou la perte de l'attention, le
retard de tous les processus psychiques.

Que le chirurgien s'appelle Mac Ewen, Horsley,
Bergmann, Bramwell, Keen, Reclus, Pozzi ou
Lucas-Championnière, il n'importe : les diagnos-
tics et les pronostics de la chirurgie cérébrale et
spinale, fondée sur la doctrine des localisations,
seront les mêmes dans toutes les parties du monde
et sous toutes les latitudes.

Mais, à côté de la science des faits constatés ou
constatables, il y a celle de leur interprétation.
Claude Bernard a même écrit que « ce ne sont pas
les faits qui constituent la science, mais les explica-
tions qu'on donne des faits et les idées que nous y
attachons ». Or ces idées, nécessairement théoriques, car elles dépassent toujours l'expérience et
l'observation, dont elles généralisent et étendent
les résultats, — ces idées sont l'expression d'une
structure mentale héréditaire ou acquise ; elles
dépendent de la race, du milieu et des circonstances. Je ne sais, mais j'incline à croire qu'on
pourrait faire pour les théories scientifiques ce
qu'on a fait pour les arts et pour les littératures,
car il faut bien que le savant, lorsqu'il construit
une théorie, qui n'est au fond qu'une œuvre d'art,
décèle les origines ethniques de son esprit, les

influences du milieu et de l'époque où il s'est développé, l'empreinte qu'il a reçue des maîtres ou de
la culture du groupe dont il fait partie. Il est
peut-être plus facile de réunir les éléments constituants d'une école de littérature ou de peinture
que ceux d'une école de physiologistes ou de cliniciens. Mais, au sens où nous l'entendons, peut-on
nier qu'il ait existé de tout temps, et qu'il existe
encore des écoles? N'y a-t-il pas eu l'école de
Montpellier? N'y a-t-il pas l'école de la Salpêtrière et l'école de Nancy?

Tantôt l'élément ethnique paraît tout à fait nul,
comme dans l'école de Strasbourg, et c'est une
intelligence supérieure, un maître, qui attire et
façonne un certain nombre de disciples. Tantôt,
comme dans l'école italienne, l'élément ethnique
est prépondérant, et ne laisse pas même naître de
variétés divergentes du type.

Voilà, du moins, non pas ce que j'ai préjugé,
mais ce qui est résulté d'une étude objective des
faits. Le résultat aurait été semblable si j'avais fait
l'histoire de l'école de Berlin ou celle de l'école de
Vienne. En d'autres termes, j'aurais trouvé groupés,
autour de Munk, des disciples dont les conceptions
théoriques sur la nature des centres fonctionnels
de l'écorce cérébrale offrent un air de famille et de
parenté bien différent de celui que présentent les
doctrines des élèves d'Exner. De même encore, en
Angleterre et en Amérique, il est certain que
Horsley, Beevor, Schæfer, Mills, Weir, etc., pro-

fessent sur certains points de la doctrine des localisations, en particulier sur le siège de la sensibilité générale, des opinions qui proviennent bien directement de David Ferrier, et qui n'ont point trouvé ailleurs de terrain favorable pour se développer.

Je ne crois pas qu'on puisse nier ces faits. Je les constate simplement. C'est en ce sens que j'ai parlé d'écoles.

C'est grâce à des travaux de la nature de ceux dont nous présentons ici l'histoire et la critique, que les fonctions du système nerveux, et partant celles de l'intelligence, pourront être mieux connues. Ces fonctions, comme toutes les autres fonctions biologiques, ont été trouvées réductibles à des processus physico-chimiques et relèvent, par conséquent, en dernière analyse, de la mécanique. La psychologie cellulaire est aujourd'hui fort avancée. Mais il deviendra possible de pousser plus loin l'analyse des propriétés psychiques de la matière vivante. J'estime, avec Paul Bert, que les processus psychiques les plus élémentaires devront être étudiés dans les processus moléculaires des particules du protoplasma. En d'autres termes, c'est, je crois, dans les propriétés des micelles et des molécules, constituant les particules du protoplasma, que l'on découvrira les conditions les plus lointaines, au moins dans l'état actuel du monde, des processus psychiques dont nous avons conscience.

Mais, et j'ai insisté sur ce point, il est déjà possible de relier directement la psychologie aux sciences de la physique, de la chimie et de la mécanique. Les fonctions du système nerveux, c'est-à-dire des éléments cellulaires chez lesquels les propriétés psychiques (sensibilité et mouvement) du protoplasma ont subi la plus haute spécialisation, ne sont, comme la chaleur et l'électricité, qu'une forme de l'énergie : les phénomènes psychiques ont des équivalents chimiques, thermiques, mécaniques. Toutes les forces cosmiques aujourd'hui connues, sans excepter les forces psychiques, sont convertibles les unes dans les autres, sans perte ni création.

Dès que l'on a administré la preuve que les forces physiques et les affinités chimiques n'agissent pas autrement dans les organismes que dans le reste du monde ; que les éléments minéraux engagés dans les combinaisons chimiques du protoplasma ont les mêmes valences, la même capacité de saturation atomique, qu'au dehors des êtres vivants ; qu'un travail physiologique se mesure comme un travail mécanique et s'exprime, comme celui-ci, en kilogrammètres ; bref, que l'application des principes de la mécanique aux phénomènes de la vie et de la pensée est rigoureusement scientifique, — il n'est plus guère légitime de maintenir l'ancienne distinction entre les corps bruts et les corps vivants. Cette barrière, purement arbitraire, et qui était « bien plus une création de notre esprit qu'une réalité extérieure », a dit Claude Bernard, est tombée de vétusté. Le mot « vital », comme tant d'autres d'ailleurs, n'est plus qu'une survivance, un souvenir des âges héroïques de la pensée humaine.

Si le mécanisme et le déterminisme des phénomènes n'expliquent pas tout, sans le déterminisme et le mécanisme on n'explique rien. Aussi bien, on a renoncé à rien expliquer. Déterminer les conditions des phénomènes et les décrire, voilà toute la science moderne. Alors même que l'édifice de la science serait un jour achevé, c'est-à-dire que tous les phénomènes naturels, y compris la vie et la pensée, auraient été réduits à un pur théorème de mécanique, et qu'une équation unique aurait été trouvée pour la nature entière, le savant ne connaîtrait encore, et toujours sous la forme de purs symboles, que des relations, dans la durée et dans l'espace, de l'être inconnu et inconnaissable en soi qu'on appelle l'univers. Nul ne sait mieux que le psychologue combien il serait naïf d'espérer jamais connaître un fait en lui-même, l'essence d'une loi ou la nature d'une force : nous ne saurions sortir de nous-mêmes et devenir les choses que nous nous représentons de nécessité d'après la structure de notre esprit. Le rapport véritable de nos représentations à la réalité restera toujours absolument inconnu, puisque nous ne pouvons considérer qu'un aspect des choses, et toujours le même, le côté subjectif.

Confinée dans l'expérimentation et dans l'observation, la science ne sait rien et ne peut rien
savoir de ce qui ne tombe pas sous l'observation
et n'est pas matière d'expérience. Aussi, que la
conception mécanique du monde s'accorde ou non
avec telle ou telle philosophie, il faut s'y tenir :
c'est notre ancre de salut.

JULES SOURY.

20 novembre 1890.

FONCTIONS DU CERVEAU

I.

DOCTRINES DE L'ÉCOLE DE STRASBOURG.

Toute la fin de ce siècle et le siècle futur n'auront vraisemblablement pas de problème plus élevé à étudier, sinon à résoudre, que celui des fonctions du système nerveux en général, et du cerveau en particulier. Depuis Willis et Vieussens, les grandes lignes principales du système nerveux central ont été esquissées ; mais que de territoires encore, que de vastes espaces sur la carte du monde cérébral où l'on pourrait écrire *terra incognita !* Quant à la physiologie cérébrale, quant à l'étude expérimentale des fonctions du cerveau, jusqu'en 1870 Flourens est resté le maître de l'empire qu'il avait conquis. Mais, depuis la grande découverte de Fritsch et de Hitzig, depuis les travaux de Ferrier, de Carville et Duret, de Gudden, de Goltz, de Munk surtout, de Luciani et d'Exner, on peut dire que la physiologie du système nerveux a été renouvelée, et que, par la doctrine expérimentale des localisations cérébrales, la psychologie physiologique, la science des fonctions de l'innervation, a pour la première fois trouvé un solide fondement.

L'ardente passion qui enflammait ces investigateurs et qui s'est propagée aux pathologistes, comme en témoignent les travaux de Charcot et de son École en France, est loin d'être refroidie. Le temps paraît venu cependant, pour la critique et pour l'histoire, de recueillir les faits et de comparer les doctrines des diverses écoles dont nous venons de nommer les maîtres. C'est le propre de toute étude vivante, en voie d'élaboration, de produire des hypothèses et des théories, non seulement discordantes, mais en apparence contraires et inconciliables. Ces divergences d'opinion ne paraissent peut-être nulle part avec plus d'éclat que dans l'étude des fonctions du cerveau, ce qui s'explique tout naturellement par l'étendue et la complexité immenses du sujet. Or ces difficultés, loin de nous détourner de la voie ardue, sont à la fois une promesse et un gage de hautes jouissances pour qui sait s'élever au-dessus d'elles, pour qui peut se flatter d'arriver à les dominer par un travail patient et d'en voir s'évanouir, dans une synthèse supérieure, les contradictions apparentes.

Nous voudrions, en nous plaçant uniquement au point de vue de l'histoire critique des doctrines de psychologie physiologique contemporaines, exposer les faits et les idées du professeur Frédéric Goltz, de Strasbourg, et de son École, sur les fonctions du cerveau.

Si nous inaugurons précisément cette série d'études par l'examen des doctrines de l'adversaire le plus décidé des idées actuelles sur les localisations cérébrales, c'est d'abord parce que le premier devoir de la critique est de rendre hommage à la science, à la longue patience et à la sincérité d'un dissident. Quoi qu'on puisse penser de la valeur démonstrative des expériences physiologiques de Goltz dans la question qui nous occupe, on doit reconnaître que ces expériences ont été continuées plus longtemps, et avec plus de sollicitude peut-être, par cet éminent physiologiste, que par personne. Au cours de ses investigations, Goltz a d'ailleurs trouvé et établi un ou deux principes d'une rare fécondité en physiologie et en pathologie, et qui ont bientôt été en partie adoptés par tout le monde : je veux parler des phénomènes permanents de déficit et des phénomènes transitoires d'arrêt ou d'inhibition. Enfin, il importe de ne point paraître ignorer les objections des adversaires d'une doctrine, ou, si l'on veut, d'une hypothèse, qui, comme le transformisme, s'imposera fatalement d'elle-même si elle est vraie, c'est-à-dire si elle explique le plus grand nombre de faits connus et n'est en contradiction avec aucun.

Nous assistons, dans l'ancien comme dans le nouveau monde, au triomphe rapide et sûr des idées localisatrices en anatomie, en physiologie et en pathologie cérébrales. Ce triomphe, il n'appartient pas plus à Goltz qu'à qui que ce soit de l'empêcher ou même de le retarder. La lutte a même à peu près cessé sur le terrain des localisations psycho-motrices. Aux yeux de la plupart des cliniciens, des aliénistes, des chirurgiens, ce ne sont plus là des théories, mais des faits, des faits mille fois vérifiés et toujours vérifiables, et qui, comme tels, ont déjà droit de cité dans l'ensei-

gnement. Il n'en va pas encore ainsi pour les localisations cérébrales psycho-sensitives et psycho-sensorielles : nous insisterons donc plus particulièrement
sur ces délicates questions, d'une portée considérable,
puisqu'il s'agit des sensations, c'est-à-dire des éléments
constituants des fonctions psychiques qu'on désigne
sous le nom d'intelligence ou d'entendement.

CHAPITRE PREMIER.

LA MÉTHODE ET LE BUT.

De 1876 à 1888, Frédéric Goltz a publié six mémoires considérables, dans les *Archives* de Pflüger[1], sur les fonctions du cerveau. Ce sont ces documents, remplis de faits, d'expériences et d'observations originales, que nous analyserons. Nous avons aussi sous les yeux les deux articles fort piquants que ce savant, qui est homme de beaucoup d'esprit et excellent écrivain, a fait paraître sur le même sujet dans les numéros de novembre et de décembre 1885 de la *Revue des Deux-Mondes* de l'Allemagne, la *Deutsche Rundschau*.

Disons d'abord quelques mots des principales méthodes qui ont servi à l'auteur pour atteindre ses résultats. Le manuel opératoire auquel il est resté le plus longtemps fidèle consistait, on le sait, à déterminer, au moyen d'un violent jet d'eau continu, injecté à travers un trou pratiqué dans la région tem-

---

[1] *Archiv für die gesammte Physiologie*, 1ᵉʳ *Mémoire* (1876), XIII 2ᵉ *Mémoire* (1876), XIV; 3ᵉ *Mémoire* (1879), XX; 4ᵉ *Mémoire* (1881), XXVI; 5ᵉ *Mémoire* (1884), XXXIV; 6ᵉ *Mémoire* (1888, XLII. — V. *Ueber die Verrichtungen des Grosshirns*, Bonn, 1881.

porale, de vastes lésions destructives de la substance grise corticale (*Durchspülungsmethode*). Loin d'être limitées à la couche superficielle du cerveau, ces lésions atteignaient fréquemment non seulement la substance blanche sous-jacente, mais s'étendaient parfois jusqu'aux corps striés et aux couches optiques, ainsi que Goltz lui-même ne fait pas difficulté de le reconnaître [1]. Seuls, les tubercules quadrijumeaux, les pédoncules cérébraux, le pont de Varole et le cervelet seraient toujours demeurés pleinement indemnes. La meilleure critique de ce procédé opératoire a été faite par David Ferrier, de Londres, qui s'exprime ainsi : « Goltz emploie cette méthode afin d'éviter les risques d'hémorrhagie et de méningite consécutives et de conserver l'animal en vie le plus longtemps possible. Nous pouvons admettre qu'il atteint ce dernier but plus ou moins, mais il est évidemment impossible de savoir quelle étendue de substance cérébrale est ainsi mise hors d'état de fonctionner... Goltz lui-même admet qu'il est impossible de savoir combien de substance grise est détruite ou réduite à l'impuissance fonctionnelle, et nulle part il ne l'essaie dans le récit qu'il donne de ses expériences. Ce sont là des objections fatales aux théories de Goltz sur la question des localisations cérébrales... L'endroit que choisit Goltz pour y appliquer le trépan et y injecter de l'eau est tel, qu'il est presque impossible de ne pas léser à tout coup les fibres sensitives de la capsule interne; il a, en opérant grossièrement, atteint en fait les résultats obtenus par Veyssière dans ses expériences délicates

---

[1] IIe *Mém.*, p. 439.

avec limitation exacte des lésions expérimentales [1]. »

Dès le quatrième Mémoire (1881), Goltz abandonne cette méthode opératoire qui a, dit-il, été « taxée de grossière » ; il produit des lésions cérébrales, toujours sans hémorrhagie véritable, au moyen de piqûres d'aiguilles à coudre soudées à une plaque de cuivre, placée dans un tube muni d'un ressort à spirale. L'usage de cet ingénieux instrument d'acupuncture, de son invention, lui parut d'abord plus favorable que celui de la curette ou du couteau [2].

Pourtant dans le cinquième Mémoire (1884), il annonce qu'il ne s'est servi que d'instruments tranchants pour réaliser des lésions strictement limitées. Après les paroles de Ferrier, que nous avons citées, il est inutile de rappeler les objections tout à fait décisives, semble-t-il, que Hitzig et Munk n'ont pas manqué de faire, de leur côté, aux diverses méthodes opératoires de Frédéric Goltz, dans une étude où il s'agit précisément d'essayer de déterminer le siège des fonctions particulières d'un organe aussi complexe que le cerveau. Nous verrons que ce ne sont pas seulement des lobes entiers qu'il détruit ou enlève, mais un hémisphère entier ou des régions considérables des deux hémisphères cérébraux ; déjà nous avons pu constater que, de son propre aveu, il ne pouvait connaître exactement, surtout avec sa première méthode, l'étendue des pertes subies par l'encéphale.

En entreprenant ces recherches sur les fonctions du

---

[1] *De la localisation des maladies cérébrales* (1880), par David Ferrier, p. 185, de la traduction de M. H.-C. de Varigny.

[2] Goltz, et après lui son disciple Jacques Loeb, se sont aussi beaucoup servi de la machine à forer de White, instrument surtout employé par les dentistes.

cerveau, Goltz a naturellement suivi la pente qui entraîne vers ces grandes études les meilleurs esprits de notre temps. Il s'était proposé, dit-il, au commencement de ses études, de soumettre une fois de plus à l'examen les doctrines de Flourens touchant l'homogénéité fonctionnelle du cerveau. Flourens avait soutenu que le cerveau peut subir des pertes considérables de substance sans trouble durable, ce qui reste de l'organe suffisant à accomplir les fonctions des masses nerveuses détruites, et cela parce que toutes les facultés de l'âme occupent la même place dans le cerveau. « Dès qu'une d'elles disparaît, par la lésion d'un point donné du cerveau proprement dit, toutes disparaissent; dès qu'une revient par la guérison de ce point, toutes reviennent [1]. » Un premier coup décisif avait été porté à cette doctrine par la découverte du centre moteur du langage dans le pied de la troisième circonvolution frontale gauche. Car, encore que Goltz ne puisse se résigner à admettre même cette localisation cérébrale, quoiqu'il s'efforce de montrer qu'une lésion cérébrale très éloignée de la circonvolution de Broca peut la paralyser en exerçant sur elle une action inhibitoire et déterminer par conséquent une aphasie motrice, sans lésion de la troisième frontale gauche, on peut toujours se demander, avoue Goltz, pourquoi une lésion de cette région limitée du cerveau a si souvent pour effet un trouble du langage, alors que cette affection apparaît si rarement quand les lésions intéressent d'autres parties du cerveau. « Le fait que les troubles du langage semblent intime-

---

[1] Flourens. *Recherches expérimentales sur les propriétés et les fonctions du système nerveux*, 2° éd., p. 244.

ment liés à la lésion de la circonvolution de Broca et de ses entours subsiste. » Mais, s'il en est ainsi, le cerveau n'est point fonctionnellement homogène dans toutes ses parties, et la théorie de Flourens est convaincue d'erreur.

De même l'épilepsie partielle ou corticale, bien observée cliniquement par Bravais, à laquelle le médecin anglais Hughlings Jackson a donné son nom, dérive avec certitude de lésions irritatives convulsivantes, telles que néoplasmes, encéphalites, méningites, qui peuvent bien être situées en dehors de la zone motrice, mais qui, lorsqu'elles n'y siègent pas, déterminent à distance sur cette zone l'explosion des convulsions épileptiformes de l'épilepsie jacksonienne. Par exemple, « il se peut très bien que les cellules contenues dans le tiers moyen des circonvolutions ascendantes, soient irritées par une lésion siégeant dans le tiers supérieur ou dans le tiers inférieur de ces circonvolutions (zone motrice), — ou encore par une lésion siégeant sur le pied de la deuxième circonvolution frontale ou même sur un point plus éloigné du lobe préfrontal ou des lobules pariétaux (zone non motrice)[1]. » Goltz veut bien reconnaître qu'il y a « un fond de vérité » dans cette pathogénie de l'épilepsie corticale, et que les observations d'Hughlings Jackson ont, une seconde fois, convaincu d'erreur la doctrine de Flourens.

Mais, ce sont surtout les découvertes de Fritsch et Hitzig qui semblaient destinées à achever la ruine

---

[1] *Etude critique et clinique de la doctrine des localisations motrices dans l'écorce des hémisphères cérébraux de l'homme,* par MM. J.-M. Charcot et A Pitres. Paris, 1883, p. 70.

complète de ces idées touchant l'homogénéité et
l'équivalence fonctionnelles de toutes les parties du
cerveau. Ces auteurs affirmaient, en effet, non seulement que le cerveau était excitable par l'électricité dans
une certaine zone déterminée, mais que l'écorce cérébrale se compose de « centres circonscrits », qui possèdent des fonctions différentes, et cela « vraisemblablement pour toutes les fonctions psychiques [1] ».

Quant au premier point, Goltz n'a eu garde d'oublier
qu'il n'est nullement prouvé que l'écorce grise elle-
même soit excitable, les phénomènes observés s'ex-
pliquant aussi bien, selon lui, par le fait de l'excitation,
d'ailleurs inévitable, des fibres blanches sous-jacentes.
Pourquoi, si l'écorce grise est excitable par l'électricité, de si grands territoires corticaux, — tous ceux
qui sont situés en dehors de la zone excitable, — ne
répondent-ils point fonctionnellement aux courants
galvaniques ou faradiques ? Lorsque, dans l'excitation
mécanique, on détruit avec soin la substance grise
des circonvolutions frontale et pariétale ascendantes,
on ne détermine de contractions dans les muscles
du côté opposé du corps, que lorsque l'instrument
atteint la substance blanche : nouvelle preuve que
l'électricité n'agit qu'en se diffusant dans les parties
profondes du cerveau proprement dit et de l'encéphale.

Je n'insiste pas ; ces objections, qui reparaissent
toujours et partout, ont été aussi sérieusement réfutées qu'elles peuvent l'être, et cela bien des fois.

---

[1] E. Hitzig. *Untersuchungen über das Gehirn* (Berlin, 1874), p. 41;
cf. p. 56 où Hitzig rappelle cette conclusion comme « la plus précieuse
conquête de ses investigations ».

Putnam n'a-t-il pas montré qu'après l'ablation de la substance grise d'un territoire cortical, il faut un courant plus fort pour déterminer la même contraction par l'excitation directe de la substance blanche? Le retard bien connu que cause à la propagation des courants nerveux la substance grise des centres interposés, n'a-t-il pas été évalué, pour l'écorce cérébrale, à $\frac{3}{200}$ de seconde par MM. Pitres et Franck? M. Rouget, en apportant la preuve expérimentale qu'en excitant deux points séparés de l'écorce, distants de 1 à 2 millimètres au plus, on pouvait obtenir certains effets prévus et déterminés, n'a-t-il pas réduit à leur juste valeur toutes les déclamations sur la diffusion physique de l'électricité, au moins sur la diffusion latérale? Et même pour la diffusion en profondeur, pourquoi, quand l'excitabilité de la substance grise corticale est entièrement abolie par l'anesthésie, l'électrisation des centres moteurs de l'écorce ne provoque-t-elle plus de mouvements, bien que les corps striés et les pédoncules cérébraux soient moins atteints par la narcose[1]? Tout semble donc prouver que la substance grise ganglionnaire des centres nerveux est excitable et directement excitée, bien qu'une démonstration absolue de ce fait ne puisse jamais, selon nous, être fournie, puisque l'écorce n'est pas seulement constituée par des cellules nerveuses, mais, entre autres éléments, par les fibres nerveuses elles-mêmes, qui à l'état de filaments gris sortent des cellules. Les objec-

---

[1] Cf. Frank et Pitres. *Suppression des accès épileptiformes d'origine corticale par la réfrigération de la zone motrice du cerveau chez le chien.* Société de biologie, séance du 31 mars 1883. — *Ueber die Kraempfe in Folge elektrischer Reizung der Grosshirnrinde,* von Th. Ziehen. Berlin, 1885.

tions de Goltz contre le premier point de doctrine postulé par les expériences de Fristch et de Hitzig, contenaient donc peut-être une âme de vérité.

Aussi Goltz n'accorde-t-il presque aucune confiance aux expériences d'excitation des parties du cerveau [1] ; il pratique toujours des lésions destructives de l'organe. Quant à l'existence de centres circonscrits de l'écorce destinés à des fonctions spéciales, telles que celles du mouvement volontaire, de la sensibilité générale, de la vue, de l'ouïe, du goût et de l'odorat, toute l'œuvre de Frédéric Goltz sur ce sujet est précisément destinée à la nier. Goltz admet pourtant, contre Flourens, qu'après des lésions étendues du cerveau, des troubles considérables des sens et de l'intelligence persistent pour toujours. « J'ai montré dans une série de recherches, dit-il (t. VIII et XIV des *Archives de Pflüger*), que Flourens s'était trompé. Après une destruction étendue de la substance corticale des deux hémisphères du cerveau, des troubles très graves persistent pour toujours. » (XX, 1879, p. 7 ; XLII, 432-3.) Une autre erreur de Flourens que Goltz se vante d'avoir réfutée est celle-ci : lorsque la mutilation du cerveau a été poussée assez loin, les animaux perdent à la fois et également l'usage de tous leurs sens. Or, Goltz a trouvé que c'était surtout le sens de la vue qui souffrait de ces mutilations. Dans ses expériences, en effet, c'est toujours le sens de la vue qui a été le plus atteint, non le sens de l'ouïe,

______

[1] Au congrès des naturalistes et médecins allemands de Strasbourg (septembre 1885), Goltz a pourtant reconnu la valeur des faits présentés par Exner sur la topographie des territoires moteurs corticaux, quoique ces faits aient été obtenus au moyen de l'excitation électrique de l'écorce; il a d'ailleurs maintenu ses objections anciennes.

par exemple. N'est-ce pas parce que, dans ces mêmes expériences, le territoire de substance grise des perceptions visuelles, et non celui de l'audition mentale, se trouvait compris dans les lésions destructives de l'écorce ? On peut le supposer, et Goltz a prévu l'objection. Mais où « trône » le centre cortical de l'ouïe, demande-t-il ironiquement ?

En général, Goltz est toujours amené par les faits qu'il observe ou provoque expérimentalement à ces idées de localisation cérébrale qu'il repousse de toutes ses forces dès qu'elles lui apparaissent avec quelque netteté. Il n'a pas assez de railleries pour ceux qui considèrent le cerveau comme constitué par une mosaïque de petits cerveaux ou qui, avec Rosenthal, le comparent à une carte politique de l'Allemagne à la fin du dix-septième siècle. Mais il finira par reconnaître, nous le verrons, que les fonctions du cerveau antérieur du chien ne sont pas les mêmes que celles du cerveau postérieur ou occipital, et que les troubles de la motilité et de la sensibilité générale sont, dans la règle, liés aux lésions destructives des lobes antérieurs, comme les troubles sensoriels le sont à celles des lobes occipitaux. Ces résultats sont en parfait accord, non seulement avec les données de l'anatomie, mais avec les résultats de la physiologie expérimentale du cerveau, telle que l'ont constituée les travaux de Hitzig, de Ferrrier, de Munk, de Luciani, d'Exner.

Souvent Goltz a senti qu'il descendait une pente qu'il s'était proposé de remonter. Souvent, après avoir constaté que les troubles de telle ou telle fonction des centres nerveux, de la vision mentale, par exemple, sont liés plus particulièrement à la lésion de

telle région du cerveau, il s'arrête, il se demande :
— Les résultats de mes recherches sont-ils propres à
servir d'appui aux hypothèses d'après lesquelles
chaque territoire spécial de l'écorce grise cérébrale
serait affecté à certaines fonctions ? Jusqu'ici je n'ai
pu me persuader que les suites des lésions effectuées
par moi sur les animaux aient présenté des différences
essentielles en rapport avec le siège topographique de
la perte de substance [1].

Il parlait ainsi dans son second Mémoire : il parle
autrement dans le cinquième. Mais il faut rendre à
Goltz la justice de n'avoir jamais nié à priori la possibilité de l'existence de territoires distincts de l'écorce
affectés à des fonctions diverses, encore qu'il refuse
de reconnaître, avec Munk, que la localisation des
fonctions du cerveau soit un postulat physiologique.
Il proteste qu'il n'est pas « homme de parti ». « Si,
comme je crois l'avoir prouvé, a-t-il écrit [2], les hypothèses de localisations qui s'appuient exclusivement
ou principalement sur l'observation de phénomènes
qui suivent immédiatement les lésions expérimentales
du cerveau sont insoutenables, il n'est point dit par
là, naturellement, qu'il n'existe aucune localisation
des fonctions du cerveau. » Les fonctions les plus
importantes du cerveau, les fonctions qui sont pour
nous le signe de l'intelligence, des émotions, des passions, des instincts, ne dépendent point, affirme-t-il
plus tard [3], de territoires circonscrits du cerveau ; à
cet égard il se rallie aux idées de Flourens, ce « héros

---

[1] IIe *Mém.*, p. 439-440.
[2] IIIe *Mém.*, p. 36.
[3] IVe *Mém.*, p. 35.

de la physiologie », comme il l'appelle, et pour qui il éprouve de profondes et vivaces sympathies : mais Goltz ajoute, dans un esprit vraiment scientifique, qu'il reste toujours possible que l'écorce du cerveau ne soit pas partout fonctionnellement homogène.

Quoique la division du cerveau en petits centres circonscrits, doués de fonctions spéciales, lui paraisse de plus en plus inadmissible, telle ou telle partie du cerveau pourrait cependant servir à une fonction déterminée ; ainsi il pourrait exister des centres aux frontières indécises, empiétant les uns sur les autres (*verwachsene Centren*). Goltz examine à plusieurs reprises cette hypothèse, qui est celle de Luciani (de Florence), d'Exner (de Vienne), et il estime qu'elle peut, dans une certaine mesure, se concilier avec les faits. Ainsi la sphère visuelle de Luciani, qui s'étend sur une grande partie de toute la surface de l'écorce cérébrale, se confond en certains points avec les sphères de l'audition, de l'olfaction, de la sensibilité générale et du mouvement ; en outre, une région existerait où toutes ces sphères se rencontrent et se pénètrent en quelque sorte, si bien que toutes les fonctions du cerveau s'y trouveraient représentées : dernier vestige, ainsi que l'a noté Goltz, des idées de Flourens.

Malgré tout, je le répète, Goltz témoigne qu' « il n'a jamais nié la possibilité d'une localisation des fonctions du cerveau ». Il s'étonne, dès le début de son cinquième Mémoire, qu'on lui ait fait dire que, selon lui, la substance cérébrale est partout fonctionnellement homogène : il n'a jamais rien dit de semblable ; tous ses travanx en font foi. Et il désavoue de nouveau, comme dans ses articles de la *Deut-sche Rundschau*, le principe fondamental de la doc-trine de Flourens. Les textes rassemblés ici témoignent en effet de la justesse de cette protestation. Mais tant d'hommes, dit-il, semblent condamnés à ne pouvoir penser que « schématiquement » ! Tout ce qu'ils lisent ou entendent doit pouvoir rentrer dans quelques formules apprises. Malheur à qui les critique, ces formules; il passe aussitôt pour les nier. C'est ce qui est arrivé à Goltz, et il s'en plaint un peu. Car, en un sens, déclarait-il, il admet bien que les fonctions du cerveau ont des sièges distincts dans l'écorce. Il ajoutait avec une naïveté qui n'est pas sans charme : « Si Flourens avait connu mes expériences, en ami de la vérité il s'en serait réjoui avec moi. »

CHAPITRE II.

LES FONCTIONS MOTRICES DU CERVEAU.

L'importance capitale de l'étude des troubles des fonctions de la sensibilité générale et spéciale pour la connaissance de la genèse et de la nature de l'intelligence, exige que l'historien des doctrines de la psychologie physiologique insiste davantage sur ces troubles que sur ceux des fonctions de la motilité. Il nous faut cependant, vu les idées parfois géniales de Frédéric Goltz, rapporter ici avec quelques détails les faits et les doctrines de ce physiologiste en ce domaine, aujourd'hui si bien exploré, de la physiologie cérébrale.

Deux principes d'explication, qui l'ont constamment guidé dans ses études, dominent l'œuvre de Frédéric Goltz : le premier a trait aux *phénomènes d'inhibition* ou *d'arrêt (Hemmungserscheinungen)*, de nature transitoire ; le second, aux *phénomènes de déficit (Ausfallserscheinungen)*, dus aux lésions destructives de la substance nerveuse, de nature permanente.

Les recherches de Goltz sur les fonctions de la

moelle épinière l'ont amené de bonne heure à bien
déterminer la nature et la signification physiologiques de ces deux sortes de phénomènes. Il a fait à
l'étude des lésions du cerveau l'application féconde
des résultats qu'il avait obtenus dans l'étude des lésions de la moelle épinière. Cette marche était vraiment philosophique, car on sait, depuis Gall, que
l'encéphale est, non pas la racine, mais le faîte, aux
frondaisons immenses, de l'arbre nerveux. Cette marche a été suivie aussi en France par Jules Luys, dans
ses études sur le système nerveux cérébro-spinal : il
s'est élevé de la considération morphologique de certaines homologies de structure à des déductions sur
les analogies de fonctions des différents éléments nerveux du névraxe[1]. Chacun accordera, avec Goltz[2],
que les fonctions du cerveau sont dans l'organisme
les plus complexes de toutes; or, les phénomènes
de la moelle épinière, beaucoup plus simples que
ceux du cerveau, étant essentiellement du même
ordre, les premiers doivent nous aider à comprendre
les seconds. Ajoutez que la moelle épinière des animaux supérieurs a des fonctions analogues à celle
des animaux inférieurs[3]. Il est bien vrai qu'après la
décapitation, une grenouille se comporte tout autrement qu'un mammifère. Les phénomènes réflexes
dont les centres sont situés dans la moelle persistent

---

[1] J. Luys. *Recherches sur le système nerveux cérébro-spinal...* (Paris,
1865), p. 167 et suiv.

[2] III° *Mém.*, p. 1 et suiv.

[3] VI° *Mém.*, p. 446. Goltz témoigne qu'il doit la meilleure part de ses
succès en ces études à l'application aux mammifères des résultats de
ses anciennes études sur les fonctions des animaux inférieurs, des grenouilles en particulier. Cf. *Beitræge zur Lehre von den Funktionen der
Nervencentren des Frosches*. Berlin, 1869.

très longtemps chez celle-là, tandis qu'ils s'évanouissent très rapidement chez celui-ci. La raison n'en est point, dit Goltz, ainsi qu'on le répète, que, chez le mammifère, le cerveau est chargé de fonctions nombreuses qui sont, chez la grenouille, accomplies par la moelle épinière : la véritable cause est dans le nombre et la variété, bien autrement grands que chez les batraciens, des phénomènes réflexes qui ont chez les mammifères leur origine dans la moelle épinière. En d'autres termes, la différenciation progressive de l'organe explique suffisamment la délicatesse de son fonctionnement, et partant sa fragilité. J'ajoute que, chez les mammifères, la part prépondérante que prennent les fonctions encéphaliques dans presque tous les actes de la vie, a de plus en plus subordonné l'activité spinale à l'activité cérébrale, et que là aussi est une des causes du degré supérieur d'adaptation fonctionnelle que présentent les animaux inférieurs après une section qui isole l'encéphale de la moelle épinière.

L'exemple qu'affectionne Goltz pour démontrer l'autonomie des centres de la moelle épinière chez les mammifères est le suivant : lorsqu'on sectionne la moelle d'un chien, on observe immédiatement toute une série de phénomènes de paralysie du mouvement. Les membres postérieurs, la vessie et le rectum sont paralysés; la possibilité de l'érection est perdue. Excite-t-on la peau du train de derrière, aucun mouvement ne se produit en réponse. La conclusion qu'on avait tirée de ces faits, c'est que les centres nerveux des muscles de la vessie et du rectum, ainsi que le centre de l'érection, étaient situés dans le cerveau. Goltz a montré au contraire que ces centres ont leur siège dans la moelle lombaire, car toutes ces fonctions, — l'activité réflexe de la vessie, du rectum et des organes de la génération — reparaissent après un certain temps. Elles ne reparaissent plus si l'on broie avec une sonde la moelle épinière du segment isolé où ces centres sont localisés.

Pourquoi ces centres médullaires ne manifestent-ils pas leur activité aussitôt après la section de la moelle épinière, mais seulement après des mois? S'ils n'ont point donné plutôt signe de vie, répond Goltz, c'est qu'ils se trouvaient dans un état de mort apparente d'où ils sont sortis peu à peu. Leur activité vitale n'était qu'arrêtée; elle n'était pas anéantie. L'opération avait causé cet arrêt en déterminant une action inhibitoire à distance. Les exemples d'arrêt réflexe d'un centre par excitation d'un ou de plusieurs autres centres abondent dans la science. Ces phénomènes d'arrêt se distinguent essentiellement des phénomènes de déficit en ce qu'ils sont toujours plus ou moins transitoires, mais d'une durée incomparablement plus longue chez les animaux supérieurs, tandis que les phénomènes de déficit, résultant d'une lésion destructive durable, sont permanents. Goltz ajoute qu'ils sont les mêmes chez tous les vertébrés. Les phénomènes d'arrêt, d'une durée si courte chez la grenouille, après une section de la moelle épinière, que l'on n'observe bientôt plus que les phénomènes de déficit, sont au contraire si prolongés, si intimement mêlés aux phénomènes de déficit chez les mammifères, qu'une observation assez longtemps continuée permet seule de les distinguer. De là la nécessité d'une survie assez longue chez les animaux en expérience pour ne pas confondre les symptômes permanents des lésions avec les symptômes transitoires. En insistant, comme ils l'ont fait, sur les symptômes qui suivent immédiatement les lésions expérimentales, tous les prédécesseurs de Goltz, Hitzig, Ferrier, Carville et Duret, Soltmann, etc., auraient précisément commis cette confusion. « L'erreur de Hitzig, écrivait Goltz dans son premier Mémoire, consiste en ce qu'il a considéré comme des phénomènes de déficit ce qui n'était en grande partie que des phénomènes d'arrêt, phénomènes caractéristiques du premier stade de la lésion, mais qu'on voit bientôt s'amender. »

C'est ainsi que, dans ses premiers Mémoires, Goltz attribue l'hémiplégie complète qui suit souvent les lésions étendues unilatérales de l'écorce, à une action d'arrêt qui s'étend jusqu'au mésocéphale et au cervelet. La moelle allongée et la moelle épinière subissent aussi dans les mêmes cas une action d'arrêt : les troubles de la déglutition, souvent observés dans les premiers jours qui suivent l'opération, indiquent bien que la moelle allongée a été affectée à distance. Mais fallait-il aller jusqu'à dire que les troubles hémiplégiques du mouvement, observés après une mutilation étendue du cerveau (on ne peut spécifier davantage avec Goltz, surtout lorsqu'il s'agit de sa première méthode de destruction du cerveau), ne sont pas causés par la lésion de l'écorce cérébrale proprement dite, ou du centre ovale, ou des corps striés, mais par un processus d'arrêt, par une action inhibitoire, qui de la région lésée se propage en arrière jusqu'au cervelet? Dans son premier Mémoire (p. 39), Goltz disait expressément que le cerveau n'était point le centre essentiel des mouvements automatiques de la marche, de la course, etc., chez les animaux, mais bien le cervelet et ses annexes (c'était une idée de Soltmann, qui avait supposé que peut-être le cervelet intervenait dans la régénération des fonctions motrices après des lésions du cerveau). Lorsque les suites du traumatisme cérébral qui avait déterminé l'inhibition des centres moteurs ont diminué ou disparu, les centres restés latents récupèrent leur activité, et tout un ensemble de fonctions qui semblaient évanouies reparaissent. Ce n'est qu'alors, au stade ultime du processus, que se montrent réellement les troubles qui résultent bien des lésions destructives de la substance cérébrale, les phénomènes de déficit de nature permanente.

Aussi Goltz a-t-il défini excellemment le phénomène de déficit : Le minimum des troubles permanents, stationnaires, durables, qu'on observe après une lésion déterminée du cerveau. Et encore : Les troubles qui persistent après l'observation continuée le plus longtemps possible de l'animal guéri. Dans son cinquième Mémoire, il est pourtant revenu sur cette définition : il la considère comme insuffisante. Il peut arriver, dit-il, que, chez un animal guéri, éclatent de nouvelles complications. Par exemple, après une lésion de la zone motrice, un chien reste quelques jours paralysé; il guérit; mais plusieurs mois après, sans nouvelle opération, la paralysie reparaît par suite d'un processus pathologique du cerveau. Dans ce cas, il est clair que cette paralysie ne peut passer pour un phénomène de déficit : c'est une complication. L'espoir d'observer un cas pur de phénomène de déficit, sans complication accessoire, croît avec le nombre des observations. Tous les animaux qui ont subi une même lésion cérébrale devraient présenter les mêmes phénomènes de déficit; or le tableau symptomatique est différent pour chacun d'eux : la cause en est dans ces complications qui varient, non par hasard, mais par l'effet de lois plus complexes que celles qui régissent les phénomènes de déficit. Les rapports anatomiques expliquent pourquoi telle ou telle partie du cerveau est intéressée lorsque telle autre est détruite. Entre les phénomènes de déficit proprement dits, et les complications accessoires, les limites sont donc assez indécises et difficiles à fixer.

Mais les phénomènes de déficit proprement dits sont-ils les mêmes chez tous les vertébrés? Tout le monde sait que les centres nerveux de nombre de vertébrés inférieurs, de la salamandre, par exemple, se régénèrent [1]. Il faut donc apporter quelque tempérament à une affirmation aussi absolue. Goltz tient pour non démontrée une néoformation de substance cérébrale chez les animaux supérieurs. Il en prend texte pour railler impitoyablement, à son habitude, les physiologistes qui font repousser des centres nerveux comme des champignons dans les cerveaux mutilés. « Qu'un centre nerveux, après avoir été détruit, puisse se régénérer histologiquement, c'est chose aussi incroyable pour moi que si l'on me soutenait qu'une nouvelle jambe a poussé à un amputé [2]. »

---

[1] *Soc. de biologie*, 10 octobre 1885. M. Grehant a présenté, au nom de M. Philippeaux, une note relative à la *régénération du cerveau* chez la salamandre. M. Philippeaux ayant réussi à enlever la plus grande partie des hémisphères cérébraux, a sacrifié six mois après les animaux en expérience : la régénération des centres nerveux était complète.

[2] IIIe *Mém.*, au commencement.

— Il n'existe point de centres moteurs à la surface du cerveau, formant des voies de passage nécessaires et exclusives pour les mouvements volontaires [1] —. Goltz ne s'est guère écarté de cette thèse, qu'il formulait en ces termes dans son troisième Mémoire, et qu'il résume ainsi dans son cinquième Mémoire (1884) :

— Après une lésion de la prétendue zone motrice du cerveau (l'auteur opère ici avec des instruments tranchants, afin de réaliser des pertes de substance limitées), on a souvent observé des paralysies de la moitié opposée du corps. Ces observations sont exactes ; mais elles *ne prouvent pas* que l'écorce de cette région soit l'organe indispensable des mouvements volontaires. Un seul cas positif, dans lequel un homme ou un animal, malgré une perte considérable de la zone motrice, peut encore mouvoir volontairement tous ses muscles, suffit pour réfuter la doctrine. D'un côté chacun des « centres » de la zone excitable peut être détruit sans que le mouvement et la sensibilité disparaissent entièrement sur une partie quelconque du corps, de l'autre, la destruction de n'importe quel « centre » détermine toujours des troubles qui s'étendent à des organes qui n'ont aucun rapport avec le centre détruit.

Goltz a pourtant été conduit par ses expériences à des résultats qui semblent impliquer le contraire, ainsi qu'on le verra. Mais l'idée d'attribuer les paralysies croisées qui suivent immédiatement les mutilations d'un hémisphère cérébral, à des phénomènes d'arrêt transitoires, non à la lésion cérébrale elle-

____
[1] IIIe *Mém.*, p. 39.

même, lui est demeurée chère. Il appliquait dès lors la même explication aux actions à distance qu'on observe après les apoplexies hémorrhagiques chez l'homme. Il rappelle que déjà Nothnagel avait remarqué que les premiers troubles étendus consécutifs à une hémiplégie peuvent être comparés à l'abolition des réflexes, telle qu'elle apparaît après une section de la moelle épinière dans les parties sous-jacentes. Or, la paralysie transitoire des réflexes, après une section de la moelle épinière, est en réalité aussi un phénomène d'arrêt. Que l'on songe à la paralysie des muscles de la respiration, de la vessie, etc., dans l'hémorrhagie cérébrale, et l'on se convaincra que les centres nerveux de la moelle allongée, de la moelle lombaire, etc., subissent une action d'arrêt déterminée à distance par le cerveau lésé. Goltz s'est même énergiquement élevé contre le fait établi par Veyssière, et généralement admis, qu'une section du segment antérieur de la capsule interne produit une hémiplégie complète chez le chien[1]. Selon Goltz, Veyssière n'a pas observé assez longtemps les animaux opérés par lui; il a décrit comme des phénomènes de déficit, comme une hémiplégie permanente, ce qui n'était en réalité que des symptômes de complications accessoires et des phénomènes d'arrêt. Il témoigne n'avoir jamais observé de paralysie durable chez le chien après une section de la capsule interne (il ne dit point dans quel segment de la capsule interne). De même, en pathologie humaine, il n'hésite pas à prédire qu'on

---

[1] Goltz a cru apporter une nouvelle démonstration de sa thèse au Congrès des naturalistes et médecins allemands tenu à Strasbourg en septembre 1885.

observera chez l'homme aussi des cas où, en dépit d'une lésion destructive des faisceaux blancs de la capsule interne, l'hémiplégie rétrocède. Bref, il est convaincu que la capsule interne du côté gauche, par exemple, n'est point l'unique voie de passage des mouvements volontaires qui vont à la moitié droite du corps[1].

Voici la comparaison dont se sert Goltz pour faire comprendre combien un chien qui a subi de grandes pertes de substance cérébrale sur un hémisphère[2], se distingue d'un animal qui a subi les mêmes lésions sur les deux moitiés du cerveau : Ces chiens, dit-il, diffèrent autant qu'un borgne d'un aveugle.

Relativement aux troubles du mouvement, le chien opéré des deux moitiés du cerveau présente donc, des deux côtés du corps, les mêmes troubles que le chien, opéré d'un seul hémisphère, présentait d'un seul côté. Mais, en outre, d'autres troubles très graves apparaissent : ainsi, après une destruction bilatérale des deux lobes frontaux et pariétaux, l'animal reste longtemps sans conscience. Quand, quelques jours après, celle-ci revient, le chien ne peut de lui-même prendre sa nourriture : il faut le nourrir ; la nourriture est déglutie, mais les mouvements de la langue sont lents et embarrassés. Quelques semaines après, les animaux ont réappris à boire et à manger. Ainsi, paralysie des extrémités immédiatement après l'opération, courbure

---

[1] Ve *Mém.*, p. 462.

[2] Les expériences du 1er *Mémoire* n'ont trait qu'à des animaux dont Goltz avait détruit des parties considérables d'un seul hémisphère cérébral; dans le IIe *Mémoire*, ces lésions, sans être jamais symétriques (IIe *Mém.*, p. 440), ont porté sur les deux hémisphères. Cf. VIe *Mém.*, p. 447 et suiv.

latérale de la colonne vertébrale du côté de la lésion[1], circonstance bien notable quand on se rappelle ce qu'a observé Munk après l'ablation des deux lobes frontaux (la *Fühlsphære* du tronc du professeur de Berlin). La paralysie des membres devient bientôt, chez le chien, une parésie, qui disparaît elle-même au bout de quelques semaines ; du moins un observateur non prévenu ne saurait-il distinguer le chien opéré d'un chien normal.

Goltz insiste toujours et partout sur ce résultat ; on peut dire : Voilà la thèse.

Mais voici l'antithèse : d'une façon non moins constante, Goltz répète qu'un examen attentif permet de constater, dans les membres qui ont été paralysés, certains troubles qui persistent, qui ne s'amendent plus, et qu'il nomme à bon droit des phénomènes de déficit. Tels sont la faiblesse des quatre membres, la façon dont ces chiens lèvent les pattes en marchant, trop haut et sans fléchir le genou, à la manière des coqs, la lourdeur, la maladresse et l'adaptation défectueuse des mouvements, l'incapacité où sont ces animaux de se servir de leurs pattes antérieures comme de mains pour maintenir un os[2], les mouvements de manège. Les quatre pattes glissent sur un sol uni ; placé sur une table, le chien opéré du côté gauche, par exemple, marche dans le vide avec les membres du côté droit et tombe, quoique avec le temps il puisse arriver à conserver l'équilibre, en réagissant, et à ne plus tomber. S'il savait présenter la patte droite, il ne présente plus

---

[1] IIe *Mém.*, p. 425.

[2] Goltz revient sur cette assertion dans le IIIe *Mémoire*, et ajoute qu'il n'avait pas observé ses chiens assez longtemps.

que la gauche. Dans quelques cas, il réapprend à donner
la patte droite, mais il lui paraît toujours plus commode de présenter la gauche[1]. Le chien mange mal et
éparpille sa nourriture, comme font certains aliénés
en démence ; d'où Goltz conjecture que le « cerveau
antérieur » serait le foyer de l'affection mentale.

Mais, dans tous ces troubles de la motilité, Goltz ne
découvre point de paralysie véritable : l'animal peut
toujours déterminer les mouvements de ses muscles
volontaires ; quoique lourds, maladroits et mal adaptés,
tous les mouvements peuvent encore être exécutés.
Bref, dans les conclusions de son quatrième Mémoire,
Goltz formule ainsi sa pensée : Il est impossible, quelque région de l'écorce cérébrale que l'on détruise, de
paralyser un muscle quelconque d'une façon permanente ou même de le soustraire à l'influence de la volonté. Ce que l'animal a perdu, par le fait de la lésion,
c'est le pouvoir de faire entrer en activité, d'une façon
concordante et sûre, précisément les groupes de muscles dont le mouvement serait nécessaire pour atteindre
un but, pour réaliser une fin voulue dans une situation
donnée. Mais point de paralysie musculaire ; la force
avec laquelle les mâchoires peuvent être serrées l'une
contre l'autre le montre d'abondance.

Sans doute, ainsi que les mouvements des membres,
les mouvements de la tête, de la mâchoire inférieure,
de la langue, sont lents et embarrassés chez les ani-

---

[1] De même pour le singe. Après l'ablation du centre moteur cortical
gauche du membre antérieur droit, par exemple, la main droite pend
presque paralysée ; en marchant, le singe ne se sert plus de la main
droite ou s'appuie sur la face dorsale de cette main ; il ne sait plus saisir
de la main droite les bâtons de sa cage ; il prend toujours et exclusivement de la main gauche les fruits qu'on lui présente.

maux dont les régions antérieures du cerveau (les lobes frontaux et pariétaux) ont été enlevés sur les deux hémisphères cérébraux. Comme la zone motrice (le gyrus sigmoïde) est comprise dans ces régions, — où sont situés les centres corticaux de la tête, de la nuque, du tronc et des membres, — ne pourrait-on pas trouver là l'explication des troubles du mouvement signalés par Goltz lui-même ? Mais le professeur de Strasbourg ne se lasse point de répéter qu'il n'existe pas la moindre paralysie d'un muscle quelconque sur toutes ces parties, et que les « paralysies corticales » de Munk sont des mythes !

D'une part, ce serait « folie » de croire que la moindre particule de substance cérébrale puisse être détruite impunément : autant vaudrait dire que l'écorce du cerveau est superflue, puisqu'elle serait constituée de parties sans fonction. D'autre part, souvent aucun symptôme appréciable ne se manifeste après ces pertes de substance. La raison en est, suivant Goltz, que les parties détruites du cerveau peuvent être fonctionnellement suppléées par celles qui restent[1]. Jusqu'où s'étend cette possibilité de suppléance ? Toute partie du cerveau peut-elle, comme le croyait Flourens, en suppléer une autre ?

Nous touchons, on le voit, à l'importante question des suppléances cérébrales. Il est curieux de connaître à cet égard les idées de Goltz qui, adversaire de Flourens en théorie, laisse paraître de si profondes affinités pour le génie du grand physiologiste français.

Puisque après la destruction d'un « centre psycho-

____
[1] VI⁰ *Mém.*, p. 449.

moteur », les phénomènes des premiers jours ne tardent pas à s'amender et à disparaître *presque* sans laisser de trace (du moins pour un observateur superficiel), c'est que le *reste* du cerveau supplée les fonctions des parties détruites. Tel est le sentiment de Goltz. Les « phrénologistes modernes » (c'est le nom ironique qu'il donne aux localisateurs actuels) ne sauraient échapper, selon lui, à cette conclusion, qui, malgré eux, en fait des disciples de Flourens! Ils protestent sans doute et expliquent les choses d'une autre façon.

Si les phénomènes morbides s'amendent, disent-ils, c'est que l'ablation du centre n'a pas été complète; un reste du centre lésé a échappé à la destruction, et, par l'exercice, ce fragment de substance cérébrale, spécifiquement différencié par ses fonctions, suffit à suppléer les parties détruites, quoique avec une énergie moindre. Tandis que, selon Flourens, chaque partie du cerveau est propre à les suppléer toutes, cette suppléance, d'après les localisateurs, n'est possible que s'il subsiste une partie du centre nerveux détruit, un fragment quelconque de la pièce qui entre comme une unité dans la composition de la mosaïque cérébrale. Si une pièce tout entière de cette mosaïque a été enlevée ou détruite, elle ne peut être remplacée par une autre. En d'autres termes, le cerveau entier est constitué par des cerveaux partiels dont aucun ne saurait remplir les fonctions spéciales d'un autre. C'est ainsi que, selon Munk, la destruction complète d'un centre à la fois psycho-moteur et psycho-sensitif d'un membre antérieur, a été suivie, chez un chien, de la paralysie durable de ce membre. Mais Goltz, cela va de soi, n'admet point de « centres » insuppléables.

Resterait à examiner la question des suppléances au point de vue des lésions symétriques ou unilatérales du cerveau. Comme après la « destruction étendue et profonde » d'un hémisphère cérébral, Goltz n'a observé souvent, dit-il, aucune paralysie du mouvement, il en infère qu'une partie du cerveau peut jusqu'à un certain point suppléer l'autre. Il rappelle les cas bien connus dans lesquels, après la mort, on a trouvé chez l'homme des destructions considérables d'un hémisphère du cerveau sans aucun symptôme notable pendant la vie. Mais tout le monde admet que des organes doubles, tels que les reins, les poumons, peuvent se suppléer. Chez des chiens qui ont longtemps survécu à la perte de tout un hémisphère cérébral, Goltz a été surpris de ne constater que des troubles relativement fort minimes. Il a noté des mouvements de manège du côté de la lésion, mais non forcés. D'ailleurs le chien se tient tranquille et mange comme un animal normal ; si, pendant qu'il continue à manger, on déplace lentement l'écuelle dans une direction opposée au siège de la lésion, le chien la suit en courbant la colonne vertébrale, ce qui prouve qu'il n'existe point de paralysie des muscles de la moitié opposée du tronc. Pas un seul muscle du corps n'est paralysé davantage. Et pourtant il existe des troubles très nets de la motilité dans les membres du côté opposé à la lésion, de véritables phénomènes de déficit ; nous les avons énumérés.

Quelle interprétation convient à ces troubles de la motilité ? Puisque après la destruction de la zone excitable, où Ferrier a localisé les centres moteurs, l'animal pourrait toujours, suivant Goltz, commander à ses muscles volontaires, comment expliquer l'adaptation défectueuse de ses mouvements ? — Par l'effet d'une paralysie des mouvements volontaires, dit Ferrier.— En raison de la perte de la « conscience musculaire », professe Hitzig, qui a remarqué que l'animal conserve les positions les plus incommodes où l'on place celui ou ceux de ses membres dont les centres moteurs sont lésés, comme s'il n'avait plus conscience des sensations musculaires de cette partie de lui-même[1].— Par suite d'une paralysie de la sensibilité dans le membre dont le centre cortical a été extirpé, soutient Munk. La doctrine de Munk sur ce point se rattache à une observation vraie de Schiff qui, le premier, a montré que le sens du toucher est affecté par les lésions destructives de la zone excitable, et qui attribue dans ce cas les lésions de la motilité à une ataxie résultant de la perte de la sensibilité tactile. — Et de fait, c'est bien la lésion de la sensibilité générale du sens (Nothnagel) ou de la conscience musculaire qui explique, selon Goltz, les troubles de la motilité après une mutilation de la zone excitable du cerveau.

Ferrier et d'autres physiologistes admettent, on le sait, qu'après l'extirpation de la zone motrice gauche, par exemple, la suppléance est remplie par la zone motrice droite. Goltz n'a rien à objecter en principe ; il admet aussi que l'hémisphère droit qui subsiste peut,

---

[1] Goltz n'a garde de laisser passer que, dans son travail de 1886, *Ueber Funktionen des Grosshirns*, Hitzig ne parle plus des centres de la conscience musculaire (Muskelbewusstsein) : il note simplement que, après l'ablation de la zone motrice, il existe sur le côté opposé du corps une « paralysie durable des mouvements isolés intentionnels ». VI° *Mém.* (1888), p. 423.

par l'exercice, développer la puissance d'action, demeurée jusque-là virtuelle en quelque sorte, qu'il exerce désormais sur les muscles du côté correspondant. Seulement il trouve contraire aux faits bien établis ce qu'affirme ici Ferrier, savoir, que les centres symétriques des deux hémisphères peuvent seuls remplir cette suppléance. S'il en était ainsi, un chien dont les centres moteurs ont été détruits des deux côtés, devrait être pour toujours paralysé, ce qui n'est point, selon Goltz.

Mais Ferrier a une ancre de salut : Dans ce cas, dit-il, les corps striés remplissent les fonctions dont s'acquittaient les centres moteurs avant la lésion qui les a détruits. C'est ainsi que Luciani et Tamburini ont admis la suppléance des couches optiques et des tubercules quadrijumeaux pour les fonctions de la vue chez un singe qui, après l'ablation bilatérale des sphères visuelles, avait réappris à voir.

Goltz ne semble pas avoir été frappé par ce qu'il y a d'ingénieux et de profond dans la théorie du *petit* et du *grand circuit* moteur de David Ferrier. Si, chez le chien, la destruction des centres corticaux moteurs ne détermine qu'une affection passagère, une parésie plutôt qu'une paralysie, c'est que les corps striés sont des centres d'intégration automatique, où les mouvements associés habituels, tels que la marche, la course, etc., se sont organisés. C'est une loi physiologique générale, que les mouvements d'abord accompagnés de conscience, tendent à devenir automatiques par la répétition : les corps striés du chien sont précisément des centres d'action réflexes de ce genre, des centres « subvolontaires », où les impressions des sens, après avoir traversé les couches optiques, se réfléchissent en mouvements. Les couches optiques et les corps striés forment en effet, pour Ferrier, un mécanisme sensori-moteur, qui représente en quelque sorte, à l'état rudimentaire, les centres moteurs et sensitifs de l'écorce même, mais dont les opérations restent au-dessous du seuil de la conscience. Il y a là un premier cercle d'actions excito-motrices automatiques que Ferrier appelle le *petit circuit*, par opposition au *grand circuit*, conscient celui-là, que parcourent les impressions périphériques des sens en traversant les centres sensitifs et les centres moteurs de l'écorce du cerveau. Toutefois, chez l'homme, le *petit circuit* ne paraît pas suffisant, même pour les mouvements associés les plus simples : la paralysie causée par les lésions des centres corticaux moteurs est complète et durable. En ce cas, les corps striés ne suppléent pas les centres moteurs des hémisphères. Mais, à l'état normal, il y a bien des raisons de croire qu'ils le font pour les actes devenus automatiques.

Mais, en matière de suppléance cérébrale, Goltz a une explication infiniment plus simple, et qui est pour lui un point de doctrine : « Il n'est pas douteux pour moi, répète-t-il, que *chaque hémisphère du cerveau* est en rapport, au moyen des nerfs, avec *tous les muscles* et avec *tous les organes des sens* du corps entier... Chaque territoire de la substance corticale du cerveau est, indépendamment des autres, relié par les nerfs, d'une part avec tous les muscles volontaires, de l'autre avec tous les nerfs de la sensibilité[1]. » Goltz ne revient

---

[1] Il ressort de tous mes travaux, dit encore Goltz, dans son VIe *Mémoire* (1888), p. 436, que chaque moitié du cerveau est en rapport avec

pas ainsi à la doctrine de l'homogénéité et de l'équivalence fonctionnelles de toutes les parties du cerveau. Les faits d'ailleurs le contraindront à affirmer l'hétérogénéité fonctionnelle au moins du cerveau antérieur et du cerveau postérieur, du cerveau moteur et du cerveau sensoriel.

La doctrine de Goltz sur les fonctions motrices du cerveau, dont nous venons de dégager la formule, paraît contraire aux faits les mieux démontrés. Pour ne point parler des données élémentaires de l'anatomie sur la voie des pyramides (Flechsig) ; sur l'origine, bien établie, dans les régions rolandiques de l'écorce, des centres des nerfs des muscles volontaires et des centres des nerfs vaso-moteurs (Stricker) ; de la constitution histologique des régions motrices (Betz et Mierzejewski) ; des dégénérations descendantes secondaires (Türck, Bouchard, Charcot et Pitres), etc., — elle est en désaccord, cette doctrine, avec tout ce que l'on sait de la direction générale et de la distribution dans l'écorce des faisceaux nerveux du centre ovale ; elle est contraire au principe fondamental de la division du travail chez les êtres vivants, au principe de l'hétérogénéité croissante des organes, de la différenciation et de la spécialisation progressives des fonctions. Goltz n'a point réussi à faire oublier ces paroles de Hitzig, qu'il cite lui-même pour les combattre, et qui nous paraissent assez bien résumer la pensée de presque

tous les muscles et avec tous les points sensibles des deux moitiés du corps. Les faisceaux croisés représentent des voies d'un parcours plus facile que les faisceaux directs, qui relient les moitiés homonymes du cerveau et du corps. Voilà pourquoi l'animal privé d'une moitié de ses hémisphères cérébraux doit déployer plus d'effort pour exécuter des mouvements du côté opposé à la lésion, les voies de transmission présentant plus de résistance.

tous les anatomistes et les physiologistes de notre
temps, quoiqu'elles ne soient plus tout à fait exactes :
« C'est un fait certain qu'une portion considérable des
masses nerveuses constituant les hémisphères cérébraux, — on peut presque dire leur moitié, — est
en rapport immédiat avec les mouvements musculaires, tandis que l'autre portion n'a évidemment
rien à faire, au moins directement, avec ceux-ci[1]. »

[1] *Untersuch. über das Gehirn*, p. 25.

CHAPITRE III.

LA SENSIBILITÉ GÉNÉRALE.

L'étude des troubles de la sensibilité générale, consécutifs aux lésions expérimentales de la substance grise corticale des lobes cérébraux, présente un intérêt plus élevé encore que celle des troubles de la motilité, surtout si l'on considère que tous les physiologistes qui se sont occupés des fonctions du cerveau au point de vue des localisations, depuis Hitzig, Ferrier et Munk jusqu'à Goltz, ont été amenés par leurs investigations sur la sensibilité générale et spéciale à réfléchir sur la nature de l'intelligence. Les lésions de l'intelligence dans les traumatismes cérébraux ont ouvert une voie nouvelle à la psychologie expérimentale. Frédéric Goltz est de ceux qui, à notre avis, ont poussé le plus loin l'étude des fonctions psychiques du chien, c'est-à-dire d'un mammifère qui, malgré la morphologie de son cerveau, permet au psychologue tant de rapprochements légitimes et féconds avec les fonctions analogues des anthropoïdes et de l'homme.

M. Charles Richet ayant écrit, dans sa thèse d'agrégation sur la *Structure des circonvolutions céré-*

brales (1878), que, « pour les facultés intellectuelles,
il n'y a guère de comparaison à établir entre les animaux et l'homme », si bien que « la physiologie animale serait forcément impuissante à résoudre la question » (p. 165), M. Goltz s'est élevé contre cette
manière de voir : il en appelle au savant français mieux
informé, et il ne doute pas qu'après avoir pris connaissance de ses longues et attentives observations et
expériences, M. Richet ne lui concède que l'on peut,
par cette voie, s'approcher très près de la solution
de la question.

Il nous paraît, en effet, difficile d'élever à cet égard
le moindre doute scientifique, et cela en principe.
Mendel et Fritsch, précisément lors de la discussion
des expériences de Goltz au troisième congrès de médecine interne (Berlin, avril 1884), ont très bien démontré, contre Nothnagel, qu'en dépit des différences
d'organisation, il n'existe pas de différence essentielle
entre les fonctions du cerveau de l'homme et celles du
cerveau des autres mammifères. Le fait qu'il existe,
depuis Aristote, une psychologie comparée, comme il
existe une anatomie et une physiologie comparées, implique d'ailleurs que les « facultés intellectuelles » de
l'homme et des animaux sont non seulement comparables, mais ont toujours été scientifiquement comparées[1]. M. Richet, nous le croyons, en est convaincu
autant qu'homme du monde, et il ne convient pas d'insister sur un lapsus échappé sans doute à la rédac-
tion rapide d'une thèse de concours.

Après une destruction étendue et profonde d'un

---

[1] Cf. VI⁰ *Mém.*, p. 446.

hémisphère cérébral — on ne peut spécifier davantage avec le premier procédé opératoire de Goltz, — la sensibilité générale a toujours été trouvée lésée dans tous ses modes sur le côté du corps opposé à la lésion. Le chien est moins sensible qu'à l'état normal à la pression et aux différences de température; il ne sait plus palper, explorer les corps avec sa sensibilité tactile et musculaire; en même temps que le toucher, en effet, la sensibilité musculaire est très abaissée. Si la destruction a porté sur les deux hémisphères, la même anesthésie sensitive s'observe sur les deux côtés du corps. En outre, lorsqu'il change de place, lorsqu'il essaye de se diriger dans l'espace, le chien s'oriente mal. F. Goltz, dont on connaît les beaux travaux sur les fonctions des canaux semi-circulaires de l'oreille interne [1], insiste sur ces troubles du sens de l'espace (Raumsinn), comme il l'appelle, sens qui n'est sans doute qu'une modalité du sens du toucher (Tastsinn).

L'animal, en effet, ne s'oriente pas mieux sur son propre corps que dans le monde extérieur, et il ne s'oriente même si mal dans celui-ci que parce qu'il est devenu incapable d'atteindre, avec son museau, tel point de son propre corps, pour se délivrer d'une cause d'irritation même permanente (pince à pression), ou de découvrir un morceau de viande qu'on lui a attaché sous le ventre. La raison en est que, pour apprécier la situation des parties de notre corps dans l'espace, ainsi que la direction et l'étendue des mouvements, il faut que le sens du toucher, le sens musculaire et le « sens

---

[1] Goltz. *Ueber die physiologische Bedeutung der Bogengænge des Ohrlabyrinths. — Archif f. die ges. Physiologie*, III (1870), p. 172 et suiv.

statique », ou sens de l'équilibre, dont Goltz a situé l'organe périphérique dans les canaux semi-circulaires, ne soient pas abolis ou gravement lésés, — comme c'était précisément le cas ici chez les chiens opérés. Les deux sens de l'espace par excellence, les deux sens grâce auxquels nous pouvons nous diriger et nous orienter dans le monde extérieur, le toucher et la vue, se trouvaient également lésés chez ces animaux [1].

Mais de quelle sorte d'anesthésie s'agit-il dans l'espèce? Dans son troisième, comme dans son quatrième et son cinquième Mémoire, Goltz a bien soin de déclarer qu'en dépit d'une obtusion plus ou moins profonde de la sensibilité générale et de ses divers modes, pas un point du corps de l'animal ne présente une anesthésie complète après la destruction d'une région quelconque de l'écorce cérébrale. Il s'agirait donc d'une parésie plutôt que d'une paralysie de la sensibilité générale. Quelquefois même, Goltz a observé une hyperesthésie cutanée du côté correspondant à la lésion, hyperesthésie qui rappelle celle qu'a si bien étudiée Brown-Séquard dans la section d'une moitié latérale de la moelle épinière [2].

La relation d'une expérience, suivie d'une observation prolongée sur un chien, fera bien comprendre quelle est la nature des troubles de la sensibilité générale que Goltz s'efforce de définir.

Le chien que le professeur de Strasbourg appelle Frech, et qui mourut le 20 juillet 1879, avait survécu deux ans et trois mois à quatre opérations exécutées

[1] Ier et IIe *Mém.*

[2] Brown-Séquard. *Comptes rendus de la Société de biologie*, 1849, p. 192.

en février, avril, septembre et novembre 1877, opérations au cours desquelles les zones motrices droite et gauche avaient été détruites, ainsi que les lobes occipitaux des deux hémisphères, partant, les lobes pariétaux et occipitaux [1]. Le cerveau de ce chien, après ces mutilations, ne pesait plus que 27 grammes, alors que le cerveau d'un chien normal de même taille pèse 90 grammes. Le poids du cerveau d'un autre chien opéré par Goltz était même descendu à 13 grammes. Après ces lésions de l'écorce, le processus atrophique atteint d'ailleurs toutes les parties du cerveau, de la base aussi bien que du manteau, demeurées indemnes. Enfin, il résulte de ce que dit Goltz, qui est revenu plus tard sur l'autopsie du chien Frech, qu'il existait encore sur le *lobe pariétal* un certain nombre de circonvolutions intactes [2]. A la vérité, comme ce chien avait été opéré suivant la première méthode de Goltz, les circonvolutions conservées ne nous renseignent guère sur l'étendue de la destruction véritable, qui s'étendait peut-être loin en profondeur. Or, ni ce chien, ni aucun de ceux qui ont subi des mutilations analogues des deux hémisphères n'étaient absolument anesthésiques dans une partie quelconque du corps ; aucun n'était aveugle ni sourd; tous odoraient ou goûtaient encore. Seulement, il était évident que *toutes* les fonctions de la sensibilité générale et spéciale étaient devenues tellement obtuses que l'animal ne pouvait ni ne savait plus les utiliser pour l'entretien ou la défense de son existence !

---

[1] III° *Mém.*

[2] 1881. XXVI° vol. des *Archives de Pflüger*, p. 14.

Voilà la nuance, vraiment trop subtile, et qu'on sera tenté de trouver au moins arbitraire. Elle ne l'est pas pour Goltz, sans doute, dont les observations semblent bien témoigner en effet de la persistance d'une certaine sensibilité chez ces chiens. Mais, s'il en est ainsi, on pourra toujours lui objecter, et avec toute justice, selon nous, que la raison en est surtout dans son manuel opératoire, lequel ne permet point de s'assurer de la nature précise des lésions. Bref, Goltz avait fait de son chien Frech, et de bien d'autres, un dément, mais il ne concède point qu'il l'ait rendu anesthésique! Dans son troisième Mémoire, revenant sur ce qu'il avait dit dans le second, Goltz a pourtant reconnu qu'une destruction étendue du cerveau peut altérer, d'une façon permanente, avec la sensibilité générale, la vue, l'ouïe, l'odorat, le goût : voilà des lésions de déficit qui donnent fort à réfléchir.

Goltz a aussi très bien vu qu'après la destruction des deux lobes pariétaux, la sensibilité générale est bien plus émoussée, et d'une façon permanente, qu'après une lésion semblable des lobes occipitaux [1].

Qu'est-ce à dire, sinon que dans les lésions de la zone motrice, la sensibilité et le mouvement se trouvent altérés simultanément du côté opposé à la lésion, si celle-ci est unilatérale, des deux côtés, si elle est bilatérale? C'est même du trouble primitif de la sensibilité générale que Goltz, avec Schiff, fait dériver les troubles de la motilité. En tout cas, nous constatons ici l'accord des résultats expérimentaux de Goltz et de ses adversaires. Aussi Goltz est-il amené à écrire

---

[1] IIIᵉ *Mém.*, Conclusion IV.

que « *les parties antérieures de l'écorce cérébrale* sont dans un rapport fonctionnel plus étroit avec les mouvements du corps, d'une part, et, d'autre part, avec la *sensibilité cutanée*, que les parties postérieures[1] ». « J'incline à croire, ajoute Goltz, que la lésion étendue des faisceaux nerveux de la substance blanche sous-jacente pourrait expliquer les phénomènes consécutifs à la lésion des régions antérieures de l'écorce cérébrale. »

Quoi qu'il en soit, voici un premier résultat acquis : après une destruction étendue et profonde de la zone excitable, c'est-à-dire de la zone dite motrice, en même temps que le chien est paralysé du côté opposé à la lésion, la sensibilité générale est très émoussée sur toute la moitié du corps paralysé. C'est ce que démontre Goltz avec de nombreuses preuves à l'appui dans le très beau chapitre de son cinquième Mémoire qu'il a intitulé : *Des suites d'une destruction profonde du cerveau antérieur* (Vorderhirn)[1].

Au cours de la discussion des résultats comparés de Fritsch et Hitzig, de Schiff, de Ferrier et de Munk sur le même sujet, Goltz accorde aux deux premiers qu'en effet, après une destruction de la zone motrice, le sens ou la conscience musculaire est altéré d'une façon durable, mais il n'admet point avec eux que la sensibilité tactile soit indemne. Schiff enseigne, on le sait, qu'après la destruction de cette zone, la sensibilité tactile est pleinement abolie dans les territoires cutanés correspondants. « Les prétendus centres mo-

---

[1] IVe *Mém.*, p. 36.
[2] Cf. Ve *Mém.*, p. 461.

teurs, a écrit Schiff, dans un de ses articles sur l'*Excitabilité de la moelle épinière*[1], sont en réalité des voies de passage, servant à la conduction des sensations tactiles du côté opposé du corps. Ce sont par excellence des prolongements physiologiques des cordons postérieurs de la moelle épinière. » Goltz a reconnu la lésion du sens musculaire (Hitzig) chez le chien opéré de la zone motrice ; il admet également la lésion de la sensibilité tactile (Schiff) ; à l'appui, il note que le chien barbote dans l'eau froide avec la patte paralysée et anesthésiée sans s'en apercevoir. Goltz ne concède pourtant pas à Schiff que l'animal ne sent plus les contacts : il lui est souvent arrivé, en effet, de déchaîner la fureur de ces chiens, lorsque, s'avançant par derrière au moment du repas de ces animaux opérés du cerveau antérieur, il déterminait le plus léger contact avec leurs poils ; il existait même quelquefois, nous l'avons dit, de l'hyperesthésie cutanée.

Munk, qui soutient qu'après l'ablation des centres moteurs, les animaux perdent non seulement le sens du toucher, mais encore toutes les autres modalités de la sensibilité générale, n'a fait que remanier, à cet égard, écrit Goltz, les idées de Schiff. Le professeur de Berlin appelle « sphère sensitive » (*Fühlsphære*) la zone motrice ; il la divise en régions dont la destruction doit être suivie d'anesthésie dans les parties opposées du corps qui ont, dans ces régions, leur centre cortical d'innervation[2]. Il s'ensuit que, dans les lésions de la zone motrice, la sensibilité tactile comme

---

[1] *Archiv* de Pflüger, XXVIII, 545.

[2] H. Munk. *Ueber die Functionen der Grosshirnrinde* (Berlin, 1881), p. 42 et suivantes.

la sensibilité musculaire sont lésées dans une certaine mesure.

Ces faits qu'il ne peut nier, Goltz cherche à les expliquer autrement que les localisateurs. Il avoue d'abord qu'il ne saurait décider si les troubles du mouvement qui résultent de ces lésions doivent être attribués à la destruction des voies nerveuses centrifuges, c'est-à-dire des faisceaux moteurs, plutôt qu'à celle des voies centripètes, c'est-à-dire des faisceaux sensitifs [1]. Il a présenté plus tard un autre essai d'explication : les lésions du lobe pariétal étant toujours suivies de troubles du mouvement et de la sensibilité générale, Goltz a songé que, peut-être, vu la situation qu'occupe ce lobe, immédiatement au-dessus de la base du cerveau, d'où rayonnent dans l'écorce des hémisphères les faisceaux conducteurs du mouvement et de la sensibilité, toute lésion destructive de cette région n'intéresse pas seulement les faisceaux destinés à l'écorce du lobe pariétal, mais le reste aussi du système des fibres nerveuses qui convergent en ce point de l'encéphale [2].

On ne peut encore dire, dans l'état actuel de la science, quelle *interprétation* des phénomènes de parésie et de paralysie des mouvements, doit un jour l'emporter. Quelques cliniciens, et non des moins illustres, s'appuient sur leurs observations pour ruiner la doctrine des physiologistes qui, comme Munk ou Luciani, soutiennent que les troubles de la sensibilité générale accompagnent constamment les troubles de la motilité

---

[1] V° *Mém.*, p. 483.

[2] *Deutsche Rundschau*, 2° article.

dans les lésions de la zone motrice du cerveau, si bien que, dans cette manière de voir, les paralysies motrices d'origine corticale ne seraient en réalité que des troubles de la sensibilité tactile et musculaire. « Il est possible, disait naguère M. Charcot, à propos de quelques cas de monoplégies du membre inférieur par lésion du lobule paracentral, il est possible qu'il existe des troubles de la sensibilité dans les lésions de la zone motrice, mais ils ne sont pas constants, et il reste à déterminer dans quelles conditions ils se produisent. » Et plus récemment encore, le même savant écrivait : « Si nous voulions étudier dans le présent mémoire tous les points qui se rattachent à l'histoire de la physiologie pathologique des régions motrices de l'écorce, nous devrions parler actuellement des troubles de la sensibilité qui peuvent accompagner les paralysies motrices d'origine corticale. Quelques auteurs attachent à ces troubles sensitifs une importance considérable. MM. Munk, Wernicke, etc., estiment que les lésions destructives de la zone motrice sont toujours accompagnées de troubles correspondants de la sensibilité. A notre avis, c'est là une exagération. Il n'y a pas de rapport constant et nécessaire entre la perte de la sensibilité cutanée et les lésions corticales de la zone motrice [1]. »

M. Charcot prend texte d'ordinaire de ces observations pour s'élever contre la prétention de ceux qui voudraient subordonner la pathologie humaine aux lois de la physiologie expérimentale. Hermann Noth-

---

[1] *Elude critique et clinique de la doctrine des localisations motrices dans l'écorce des hémisphères cérébraux de l'homme*, par MM. J.-M. Charcot et A. Pitres (Paris, 1883), p. 55.

nagel se tient également sur la négative, quoiqu'une lueur d'espoir se dégage de son texte et semble vaguement éclairer l'avenir : « Nous avons, dit-il, la ferme conviction qu'en prolongeant nos efforts d'attention et d'observation, nous trouverons également la localisation corticale des troubles de la sensibilité... Peut-être pourrait-on tendre à dégager des faits cliniques, tels qu'ils se présentent à cette heure, qu'il est, toutes choses égales d'ailleurs, plus que probable que les *circonvolutions pariétales*, abstraction faite, comme toujours, de la pariétale ascendante, doivent entrer les premières en ligne de compte à propos des troubles de la sensibilité [1]. »

Mais Schiff, Munk, et tous ceux qui expliquent les troubles de la motilité par ceux de la sensibilité, ont trouvé des adversaires plus déterminés parmi les physiologistes eux-mêmes. Sans parler de Ferrier et de Duret, dans un travail où il présente sous un jour favorable un point de doctrine de Goltz, W. Bechterew examine à son tour comment on doit interpréter les phénomènes qui suivent la destruction de la zone certicale motrice chez les animaux [2]. La thèse de ce physiologiste russe, aujourd'hui l'un des écrivains les plus féconds en ce domaine des connaissances, c'est qu'il existe dans l'écorce de « vrais centres moteurs ».

Schiff, au contraire, rapporte les phénomènes de paralysie motrice observés après l'extirpation des

---

[1] H. Nothnagel. *Traité clinique du diagnostic des maladies de l'encéphale basé sur l'étude des localisations*, trad. et annoté par P. Keraval et précédé d'une préface de M. le professeur Charcot (Paris, 1885), p. 441.

[2] W. Bechterew, *Wie sind die Erscheinungen zu verstehen, die nach Zerstoerung des motorischen Rindenfeldes an Thieren auftreten?* Archiv für die ges. Phys., vol. XXXV, p. 137-145, 1885.

centres psycho-moteurs, à une lésion du sens du toucher; il soutient que les contractions musculaires et les mouvements des membres provoqués par l'excitation électrique de ces régions sont de nature purement réflexe. S'il ne localise plus les centres de la sensibilité générale dans l'écorce cérébrale, Schiff soutient du moins que les faisceaux sensitifs passent à proximité de la zone excitable. L'ablation de cette zone n'empêche pas l'animal, réveillé du sommeil anesthésique, de courir comme avant, encore que les membres du côté opposé à la lésion présentent bien, suivant la nature du sol, quelques symptômes d'ataxie, une certaine incertitude de mouvements, phénomènes que Schiff compare à ceux que produit la destruction des cordons postérieurs de la moelle épinière. Mais ce qui importe surtout pour Schiff, c'est que la sensibilité tactile a disparu du côté opposé, la sensibilité tactile, non la sensibilité à la douleur[1], ni l'énergie motrice, ni la faculté d'accomplir des mouvements.

Sur ce dernier point, Bechterew objecte qu'il n'a jamais pu constater le moindre trouble de la sensibilité quand la lésion ne dépassait pas les limites de la zone motrice corticale du cerveau, c'est-à-dire les limites du gyrus sigmoïde. Or Schiff, cela résulte de ses propres paroles, ne s'est pas toujours borné, dans ses expériences, à extirper cette région : il a empiété « sur la substance cérébrale située derrière le gyrus

---

[1] Goltz, dans son dernier *Mémoire* (VIe, p. 426), dit que les observations de Schiff étaient justes, mais incomplètes : les chiens qu'il a trouvés privés de la sensibilité tactile, l'étaient aussi de la sensibilité thermique et de la sensibilité à la douleur, déterminée par une forte pression. Il a commis, sur le domaine de la sensibilité, la même erreur, dit Goltz, que Hitzig sur celui de la motilité.

sigmoïde. » Cette région, qui, sur le cerveau humain, correspond aux circonvolutions pariétales, est précisément celle où Bechterew a essayé de localiser les centres de la sensibilité tactile, de la sensibilité musculaire et de la sensibilité à la douleur.

Les premiers de ces centres seraient, selon Bechterew, situés immédiatement derrière la zone motrice corticale et en dehors de ce territoire ; les seconds et les troisièmes, étroitement voisins, mais non identiques, au-dessus de la scissure de Sylvius [1]. Cette localisation des centres de la sensibilité générale dans les lobes pariétaux vaut bien celle de David Ferrier qui, on le sait, l'a placée dans la région de l'hippocampe. Mais le temps ne paraît point encore venu, s'il doit venir, de la discuter à fond, l'opinion générale des physiologistes et des pathologistes inclinant visiblement vers une autre direction.

Ce qui est plus important pour nous, ce sont les objections d'un autre ordre que Bechterew adresse à Schiff, en en appelant au témoignage de Fr. Goltz. — Si Schiff estime, dit-il, que le chien auquel on a enlevé le centre moteur de la patte droite, ne présente plus cette patte quand on l'en prie, parce qu'il a perdu les images ou représentations *tactiles* correspondantes, et non parce qu'il est paralysé (puisque, d'après Schiff, il n'existe pas de paralysie du mouvement), pourquoi ne se laisse-t-il pas conduire par le sens musculaire et par la vue ? — Cette remarque si juste est d'un vrai psychologue, mais celle qui suit est

[1] W. Bechterew, *Ueber die Localisation der Hautsensibilitaet (Tast und Schmerzempfindungen) und des Muskelsinnes an der Oberflaeche der Grosshirnhemisphæren.* Neurologisches Centralblatt, 1883, n° 18.

d'avance réfutée par les faits. — Existe-t-il donc des faits connus, qui établissent que la perte du toucher et des images de ce sens, d'origine cérébrale, entraîne l'impossibilité plus ou moins complète d'exécuter certains mouvements ?

Les mouvements qui persistent après l'extirpation des centres psycho-moteurs sont des mouvements associés, tels que ceux de la marche, de la course, de la natation, bref, des réflexes profondément organisés, et qui, nous l'avons vu, pourraient dépendre chez les animaux inférieurs à l'homme des actions automatiques du *petit circuit* de Ferrier : mais ce qui est plus ou moins perdu après cette opération, ce sont les mouvements intentionnels ou volontaires. C'est ce que Goltz a fort bien exprimé, au sentiment de Bechterew, qui rend hommage à la finesse et à la sûreté d'observation psychologique du professeur de Strasbourg : « Si, en le flattant et en lui touchant la patte droite, je demande au chien (opéré de l'hémisphère gauche) de me tendre cette patte, je puis très nettement constater, par l'impression de son visage, qu'il comprend mon ordre, et si, à la fin, comme en désespoir de cause, il me présente la patte gauche, je vois bien que l'animal a la meilleure volonté de me satisfaire : mais il lui est impossible de faire ce qui lui est ordonné. Entre l'organe de la volonté et les nerfs qui exécutent la volonté, une résistance insurmontable s'est quelque part élevée [1]. »

Quant aux physiologistes qui expliquent les troubles de la motilité par ceux de la sensibilité, soit tactile,

____

[1] Goltz. *Uber die Verrichtungen des Gehirns*, p. 35.

soit musculaire, j'entends Schiff, Hitzig, Munk, Luciani, Goltz, etc., ils ont jusqu'ici trouvé, en dépit d'éclatantes exceptions, leurs meilleurs alliés chez les cliniciens. C'est Raymond Tripier, qui, par ses belles *Recherches cliniques et expérimentales sur l'anesthésie produite par les lésions des circonvolutions cérébrales*, a le mieux mérité, suivant nous, de cette province de la science [1]. Dès 1877, en exposant au congrès de Genève les phénomènes observés chez les chiens après l'ablation d'une portion du gyrus sigmoïde, R. Tripier démontrait qu'il existe, simultanément, des troubles de la motilité et de la sensibilité générale. Il niait seulement qu'il existât une relation de cause à effet entre ces deux formes d'altération. Les troubles de la sensibilité étaient presque aussi nets que ceux du mouvement après l'ablation de la zone motrice du cerveau, mais les premiers, loin d'être la condition des seconds, n'avaient sur eux aucune action. L'expérience idéale aurait été de déterminer, par une lésion du gyrus sigmoïde, l'anesthésie sans paralysie du mouvement. Tripier coupa les racines nerveuses sensitives : le résultat ne fit que le confirmer dans sa doctrine. Des aliénés et des hystériques qui présentent une anesthésie profonde, absolue, n'offrent aucune incoordination dans les mouvements. Donc, et c'était là la conclusion des recherches expérimentales de Tripier, l'anesthésie de cause cérébrale ne donne lieu à aucun désordre appréciable des mouvements : les troubles de la motilité qu'on observe chez les animaux opérés des centres psycho-moteurs, sont bien dus à une parésie, ou à une paralysie de la

---

[1] *Revue mensuelle de médecine*, 1880.

motilité. Du même coup, Tripier semblait concilier dans une sorte de synthèse les résultats divergents des expériences de Ferrier et de Schiff ou de Hitzig, vers lesquels Goltz incline si franchement.

Dans ses recherches cliniques, qui parurent en 1880, R. Tripier pouvait presque encore écrire à bon droit, qu'à cette date « aucun auteur[1] ne s'était préoccupé de rechercher si ces troubles de la sensibilité pouvaient être rattachés aux lésions mêmes des couches corticales motrices ». Lépine, dans sa très bonne thèse sur la *Localisation dans les maladies cérébrales* (1879), subissant l'influence des idées de Meynert, ne pensait pas que les faits cliniques fussent opposés à l'hypothèse qui situait le siège de la sensibilité générale dans le lobe occipital; à cet égard, disait-il, tout reste à découvrir. En 1879, C. de Boyer, dans ses *Études cliniques sur les lésions corticales des hémisphères cérébraux*, indiquait, pour le siège probable des centres sensitifs et des centres sensoriels, la zone qui reste latente pour la motilité; « mais, ajoutait-il, on ne possède pas assez de faits pour pouvoir établir leur *existence*, et à plus forte raison, leur siège précis ». Enfin, la même année encore, ainsi que le rappelle Tripier, Duret, invoquant le témoignage de Charcot, niait qu'on eût encore constaté des troubles de la sensibilité à la suite des lésions limitées à la zone corticale motrice.

Ce fut alors que Tripier ne craignit pas d'écrire : « Nous espérons prouver par nos observations que,

---

[1] Il aurait fallu dire aucun clinicien, et ajouter : en France, car la « sphère sensitive » (*Gefülhsphœre*) de Munk était constituée dès la 3ᵉ communication à la Société physiologique de Berlin (15 mars 1878).

chez l'homme aussi, les lésions de ces mêmes parties (c'est-à-dire des couches corticales de la zone motrice) donnent lieu non seulement à des troubles de la motilité, mais aussi à une diminution de la sensibilité. » Bien plus, il ne tarda pas à déclarer que, loin que l'hémianesthésie qui accompagne l'hémiplégie soit l'exception, comme on l'admet généralement, c'est l'inverse qui est vrai : la paralysie motrice sans trouble de la sensibilité, voilà l'exception.

Dans les observations d'hémiplégie et d'hémianesthésie simultanées par lésion des circonvolutions rolandiques, Tripier notait avec soin que ni la capsule interne, ni le corps strié, ni la couche optique, ni la capsule externe, ni les circonvolutions de l'insula, du côté de l'hémisphère lésé, ne pouvaient être incriminés. Les lésions des lobes occipitaux (Meynert), non plus que celles de la circonvolution unciforme (Ferrier), ne déterminaient pas de troubles manifestes de la sensibilité générale. A cette époque, les idées dominantes étaient encore celles qui se trouvent si bien exposées dans la thèse de Rendu, sur les *Anesthésies spontanées* (1875); on rapportait, non à une lésion corticale, mais à une lésion du segment postérieur de la capsule interne, toutes les formes de l'anesthésie.

On supposait, dans les cas de lésions de l'écorce, que celles-ci s'étendaient assez en profondeur pour atteindre le faisceau sensitif de Meynert qui gagne directement le lobe occipital, et cela même quand les lésions étaient limitées aux circonvolutions ascendantes ! On imaginait une compression à distance des fibres de la capsule interne ou des troubles secondaires de la circulation dans cette région (Rosenthal). Tripier, qui, dans ses observations, n'avait jamais rencontré ces lésions secondaires de la capsule interne, rappelait que si les fibres sensitives qui passent dans la partie postérieure de ces faisceaux se rendent à l'écorce du cerveau, on a tout lieu de croire que ces fibres rayonnent dans les régions psychomotrices. En fait, Tripier avait trouvé que les parties les plus paralysées étaient aussi les plus profondément anesthésiées, quoique la motilité paraisse, à l'ordinaire, plus atteinte que la sensibilité. Il en concluait donc que les circonvolutions frontale et pariétale ascendantes renferment à la fois, quoique séparés et distincts, les centres du mouvement et de la sensibilité ; bref, que la zone dite *motrice* doit être appelée « sensitivo-motrice [1] ».

L'année suivante, en 1881, Gilbert Ballet, en tête de ses *Recherches anatomiques et cliniques sur le faisceau sensitif et les troubles de la sensibilité dans les lésions du cerveau*, écrivait ces paroles qui, plus vraies que jamais aujourd'hui, ne trouvaient alors que bien peu d'échos dans l'École : « La doctrine des localisations motrices est des mieux établies. » Dans l'étude du trajet intracéphalique des fibres de la sensibilité générale, de la capsule interne à l'écorce, il estimait que les circonvolutions frontale et pariétale ascendantes, tout au moins dans leurs parties supérieures (lobule paracentral), recevaient des fibres du faisceau sensitif. Les limites de la zone sensitive, qui comprenait

---

[1] Grasset, dans la 3ᵉ édition de son livre sur les *Localisations dans les maladies cérébrales* (1880), consacrait un chapitre spécial aux troubles de la sensibilité générale dans les lésions corticales ; la même année, Grasset publiait, dans la *Revue mensuelle de médecine*, deux cas remarquables de troubles simultanés de la sensibilité et de la motilité par lésions corticales pures.

alors dans une sorte de chaos indistinct les sensibilités spéciales, s'étendaient en arrière à la partie postérieure du manteau, en avant jusqu'aux pieds des circonvolutions frontales, mais la frontale ascendante et la pariétale ascendante, la zone motrice, en un mot, y était incluse, et, comme R. Tripier, Ballet pensait que cette zone pouvait être légitimement appelée « sensitivo-motrice ». S'il est exact, écrivait-il, que les circonvolutions ascendantes reçoivent des fibres émanées du faisceau sensitif, pourquoi — bien que l'on rencontre dans la substance grise de la zone motrice des cellules (les cellules de Betz) qu'on ne rencontre guère dans les régions exclusivement sensitives de l'écorce, — pourquoi continuerait-on d'opposer les circonvolutions motrices aux circonvolutions sensitives ?

Ballet rencontrait ici deux sortes d'adversaires. Les uns, non seulement admettaient que la sensibilité est altérée dans les lésions de la zone motrice : ils allaient jusqu'à subordonner les troubles du mouvement à ceux de la sensibilité. Les autres reconnaissaient l'indépendance réciproque des deux ordres de symptômes, mais ils affirmaient qu'aux lésions de la motilité étaient liés des troubles de la sensibilité. G. Ballet, au contraire, s'efforça de rassembler des faits cliniques capables d'établir, contre Schiff, Hitzig, Nothnagel et Munk, d'une part, que l'anesthésie tactile et la perte du sens musculaire peuvent être complètes (chez les hystériques) sans que la motilité soit manifestement troublée ; d'autre part, qu'il existe des paralysies motrices absolues sans troubles de la sensibilité.

Mais la même année (1881), Th. Petrina (de Prague) publiait un recueil d'observations cliniques sur les

Troubles de la sensibilité dans les lésions de l'écorce cérébrale des centres psycho-moteurs, et ce travail, qui a fait époque dans la science, ralliait les esprits hésitants, les ramenait vers la doctrine de R. Tripier, au moins en partie, les poussait dans le grand courant qui emporte, qu'elle le veuille ou non, la pathologie humaine vers la physiologie expérimentale [1].

Les six observations de lésions corticales pures qu'il rapporte sont de petits chefs-d'œuvre de critique et d'élégante précision. Ces lésions, étroitement circonscrites, intéressaient la zone psycho-motrice qui entoure le sillon de Rolando. Or, dans cette région, qui jusqu'ici, dit Petrina, ne passait que pour être motrice, il a observé, à côté de troubles très nets de paralysie motrice, des altérations non moins nettes de la sensibilité générale. Ne disons rien ici des premiers ; les autres consistaient dans un affaiblissement plus ou moins grand des divers modes de la sensibilité générale, c'est-à-dire du sens du toucher, du sens musculaire, du sens de la pression, de la température et de la douleur, tandis que les sens spéciaux, l'odorat et le goût, l'ouïe et la vue, demeuraient tout à fait intacts. Petrina signale même ici le critérium qui permet de distinguer les anesthésies corticales des anesthésies capsulaires, c'est-à-dire de celles qui dérivent d'une lésion du tiers postérieur de la capsule interne où, à côté d'une paralysie plus ou moins accusée de la sensibilité générale, on peut observer des troubles de l'odorat, du goût, de l'ouïe et de la vue. Dans l'une des deux observations qu'il a réunies à celles dont nous

---

[1] Th. Petrina, in Prag, *Sensibilitaetsstoerungen bei Hirnrindenlaesionen* (Zeitschrift f. Heilkunde, II, 375, 5 décembre 1881).

venons de rappeler les résultats, Petrina démontre, contre l'opinion de Meynert, que des destructions même étendues du lobe occipital, n'entraînent d'ordinaire aucun trouble de la sensibilité générale.

Goltz a surtout dirigé les traits de sa critique contre ce qu'on nomme, d'après Munk, « la sphère du tronc » (*Rumpfregion*), c'est-à-dire contre la sphère sensitive, et partant motrice, des régions de la nuque et du tronc, localisée par Munk dans l'écorce des lobes frontaux[1]. Le professeur de Strasbourg exhorte, en raillant, les cliniciens à recueillir des faits à l'appui de cette nouvelle localisation, la plus aventureuse de toutes, à son avis, car il n'a jamais, ni lui ni ses élèves[2], après l'ablation de ce territoire cortical, rien observé de semblable à ce que décrit Munk sur ses chiens (courbure latérale de la colonne vertébrale, attitude en dos de chat, etc.). Pour Goltz, les troubles consécutifs à cette lésion expérimentale ressemblent à ceux qui se montrent après une lésion étendue de la zone motrice. Ainsi, un chien auquel il avait enlevé le lobe frontal gauche, perdit pour un temps la facultté de présenter la patte droite; il marchait dans le vide avec les membres du côté droit et donnait d'autres preuves encore que sa motilité et sa sensibilité générale étaient atteintes

---

[1] V° *Mém.*, p. 484; *Deutsche Rundschau*, p. 482.

[2] Kriworotow. *Ueber die Functionen des Stirnlappens des Grosshirns* (Strasb., 1883). Cet auteur, très agressif contre Munk, ainsi qu'il convient, paraît-il, à un disciple de Goltz, n'a pu connaître le travail de Munk, *Ueber die Stirnlappen des Grosshirns*, publié dans les *Sitzungsberichte des k. preussischen Académie der Wissenschaften zu Berlin*. Séance du 20 juillet 1882. Kriworotow n'est guère moins agressif, d'ailleurs, contre Wernicke, qui admet la *Rumfregion* de Munk, et contre Charcot, pour qui l'encéphale est, non pas un organe homogène, mais une fédération d'organes divers. (*Leçons sur les localisations dans les maladies du cerveau*. Paris, 1876, p. 3.)

de ce côté. Nous reviendrons sur les troubles de la vision qu'entraîne quelquefois, suivant Goltz, la même lésion, ainsi que sur les considérations importantes qu'à plusieurs reprises il a présentées sur les rapports des lobes frontaux avec l'intelligence. Pour le moment, nous devons remarquer simplement que la pathologie humaine, imprudemment provoquée, a déjà fourni des armes pour la cause de Munk contre son ardent critique. Déjà en 1882, l'auteur célèbre du livre sur la *Symptomatologie et le diagnostic des tumeurs cérébrales*, Bernhardt, qui, lui aussi, avait souvent observé la simultanéité des troubles du mouvement et de la sensibilité dans les lésions de la zone motrice corticale de l'hémisphère opposé, communiquait une observation personnelle (cas V), où la moitié droite du cou, de la nuque et du tronc était, avec le membre supérieur, frappée à la fois de paralysie et d'anesthésie, observation « confirmative des expériences de Munk sur les chiens et les singes dans les lésions expérimentales de l'écorce du lobe frontal [1] ».

Je n'insisterai pas sur les travaux et les discussions relatifs à la « sphère sensitive » (*Fuehlsphaere*) de Munk qu'on trouve dans Wernicke, Westphal, Kahler et Pick, Binswanger [2], etc. Mais je signalerai au moins les résultats de l'espèce de statistique touchant les cas de troubles de la sensibilité générale, par lésions de la

---

[1] Martin Bernhardt. *Beitrag zur Lehre von den Stoerungen der Sensibilitaet und des Sehvermoegens bei Laesionen des Hirnmantels.* (Archiv f. Psychiatrie, XII, 1882, p. 780 et suiv.)

[2] *Charité-Annalen*, VI, VII, VIII Jahrg. Le travail de Binswanger, directeur de la clinique de psychiatrie d'Iéna, contient deux observations bien remarquables de troubles de la motilité et de la sensibilité générale, par lésion de la zone motrice corticale : *Casuistischer Beitrag zur Pathologie der Fuehlsphære* (Berlin, 1883).

zone motrice corticale, qui se dégagent d'un travail
d'Hermann Lisso, publié à Berlin en 1882, entrepris et
exécuté sous la direction de Munk lui-même et intitulé :
*Doctrine de la localisation de la sensibilité générale dans
l'écorce du cerveau*[1]. La doctrine de la « sphère sensitive », de Munk, peut être considérée comme une
synthèse des idées de Schiff, de Hitzig et de Nothnagel
à ce sujet : elle les embrasse toutes et les concilie,
mais en les transformant en une doctrine vraiment
psychologique. Comme les autres centres ou sphères
de la sensibilité spéciale, la sphère sensitive est composée de centres corticaux où les impressions de la
sensibilité générale, avec leurs divers modes, sont perçues, associées et conservées sous forme d'images ou
d'idées sensitives et motrices. La « sphère sensitive »
est le siège de la mémoire des images de la sensibilité
générale et du mouvement, comme la sphère de la
vision mentale est le siège des images visuelles, comme
la sphère de l'audition mentale est le siège des images
auditives, etc. Après avoir déterminé expérimentalement les rapports des diverses régions du corps, —
tels que les bras et les jambes, la tête, les yeux, les
oreilles, la nuque et le tronc, — avec les différents
points de l'écorce, Munk constitua cette *Fuehlsphaere*
qui comprend les circonvolutions frontales, rolandiques et pariétales, région du manteau qui coïncide
précisément en grande partie avec l'ancienne zone
motrice, mais avec une extension considérable.

Quant à la nature des troubles de la sensibilité
générale observés dans ses expériences, Munk, dis-

---

[1] *Zur Lehre von der Localisation des Gefuehls in der Grosshirnrinde*
(Berlin, 1882).

sociant en psychologue exercé les différents modes de cette sensibilité, distingue : 1° la perte des idées ou images de *contact* et de *pression*, qui ont pour origine les *sensations cutanées* ; 2° la perte des idées de *localisation* et de *situation dans l'espace* (*Lagevorstellungen*), qui dérivent à la fois des *sensations cutanées* et des *sensations musculaires* ; 3° et 4° la perte des idées du *toucher* et du *mouvement* (*Tast-und Bewegungsvorstellungen*), nées de l'association du *sentiment de l'innervation* avec les *sensations musculaires* et *cutanées* : c'est par ces idées que nous avons conscience des formes et des surfaces, ainsi que des mouvements actifs des parties de notre corps, en d'autres termes, des mouvements appelés volontaires.

Les observations des troubles de la sensibilité générale correspondant à cette division, ont été rassemblées et groupées par Lisso sous trois chefs principaux, selon que ces troubles dérivent : 1° de lésions corticales pures, c'est-à-dire limitées à l'écorce grise ; 2° de lésions où la substance blanche sous-jacente était intéressée, avec ou sans autres complications (tumeurs, etc.), et 3° de cas cliniques. Lisso a fait plus encore : poursuivant l'étiologie des troubles des différentes modalités de la sensibilité générale, il admet, mais seulement à titre d'hypothèse, qu'on veuille bien le remarquer : 1° que la *sensibilité cutanée*, avec les idées de pression et de contact qui en proviennent, avec ses divers degrés d'intensité, qu'on appelle *hyperesthésie, anesthésie*, et *paresthésie*, est surtout atteinte par les lésions les plus superficielles de l'écorce ; 2° que les images ou idées du *sens musculaire* sont affectées par les lésions des couches plus profondes, intermédiaires, de l'écorce;

3° que les images ou idées du *toucher* et du *mouvement* sont modifiées dans leur vie psychique, effacées ou abolies, par les lésions des couches plus profondes encore de l'écorce des circonvolutions frontales, rolandiques et pariétales, c'est-à-dire de la zone sensitivo-motrice. Il en résulte avec toute évidence que la perte de ce dernier groupe d'images équivaut à une *paralysie motrice*. Celle-ci varie naturellement avec l'intensité et l'étendue du processus pathologique, surtout avec la localisation anatomique de ce processus, suivant que ce sont les centres corticaux sensitivo-moteurs de la face ou des extrémités, de la nuque ou du tronc, qui ont été atteints par des foyers d'hémorrhagie ou de ramollissement, ou par des tumeurs cérébrales.

Les quatre-vingt-huit cas de troubles de la sensibilité générale observés dans les lésions corticales de la zone motrice, et empruntés par Lisso à Westphal, à Kahler et à Pick, à Petrina, à Cornil, à Grasset, à Landouzy, à Ballet, à Wernicke, etc., portent un coup décisif aux doctrines de Goltz et découvrent bien ce qu'il y a trop souvent de superficiel dans son scepticisme et dans son ironie.

Rappelons seulement les conclusions d'Exner[1], pour qui « les différents centres ou territoires de la sensibilité tactile des différentes parties du corps se confondent en général avec les centres ou territoires moteurs de l'écorce cérébrale », — et surtout celles de Luciani, de Tamburini et de Seppilli qui, au point de vue de la physiologie expérimentale, ont toujours constaté, après l'extirpation totale ou partielle de la zone motrice, des

[1] *Untersuchungen ueber die Localisation der Functionen in der Grosshirnrinde des Menschen* (Wien, 1881), p. 63 et suivantes.

paralysies, non seulement du mouvement, mais de la sensibilité cutanée et musculaire, et, au point de vue clinique, des troubles également de la sensibilité cutanée et musculaire correspondant à des lésions des circonvolutions frontale et pariétale ascendantes, du lobule paracentral, et aussi des frontales et des pariétales [1].

Goltz loue d'ailleurs Luciani, ainsi que Sigismond Exner, d'avoir étendu et confondu, dans une certaine mesure, les différents centres psychiques de l'écorce cérébrale, au lieu de les circonscrire ou de les juxtaposer exactement, comme il accuse ses adversaires de le faire. Il lui plaît de voir « s'engrener » et s'effacer vaguement les limites des sphères de la vision, de l'audition, de l'olfaction, du mouvement et de la sensibilité générale. Il applaudit surtout à cette sorte de *sensorium* et de *motorium commune* où viendraient confluer et se perdre en quelque sorte toutes ces sphères, dernier vestige, survivance affaiblie des conceptions de Flourens. Mais il est une erreur de Luciani que Goltz ne peut supporter. Le physiologiste de Florence soutient, en effet, que la sphère corticale qui préside à la sensibilité générale et au mouvement ne serait exclusivement en rapport qu'avec la moitié opposée du corps. Voici l'objection de Goltz : — Si l'on pratique sur un chien une destruction étendue et profonde de la zone excitable *gauche*, l'animal perd la faculté de présenter la patte droite ; mais, peu à peu, l'animal recouvre cette aptitude. Selon Luciani, ce sont les corps striés de l'hémisphère lésé qui suppléent la fonc-

---

[1] Luciani e Seppilli, *Le localizzazioni funzionali del cervello* (Napoli, 1885), pp. 296 et 328. Cf. la traduction allemande de cet ouvrage par Fraenkel (Leipzig, 1886), pp. 245 et 321.

tion perdue du centre cortical enlevé [1]. Mais si, plusieurs mois après, on enlève à l'animal, qui a appris dans l'intervalle à présenter les deux pattes, la zone excitable *droite*, pourquoi le chien perd-il pour toujours la faculté de présenter les deux pattes ? Si Luciani avait raison, la dernière opération n'aurait dû nuire qu'aux mouvements de la patte gauche. En outre, si la suppléance de l'écorce par les ganglions de la base est chose si facile, pourquoi le chien a-t-il pour toujours désappris à présenter les deux pattes ? — Pour moi, répète Goltz, il est indubitable que chaque moitié du cerveau est en rapport, par des voies nerveuses particulières, avec tous les muscles et avec toutes les régions sensibles du corps. Il faut convenir seulement que l'union entre chaque hémisphère cérébral et la partie opposée du corps, est plus intime que celle qui existe entre le cerveau et la moitié homonyme du corps. Ainsi l'hémisphère gauche du cerveau est en rapport plus étroit avec le bras droit qu'avec le bras gauche.

En somme, quoiqu'il nie qu'il n'existe aucun territoire de l'écorce cérébrale qu'on puisse considérer comme le centre de la sensibilité générale et du mouvement, Goltz a surtout observé des troubles de cette nature dans les lésions destructives du cerveau antérieur des animaux [2], c'est-à-dire des lobes frontaux et pariétaux : or c'est précisément dans ces régions que la physiologie expérimentale et l'observation clinique ont localisé ces troubles. Goltz soutient que, par l'a-

[1] « Cette hypothèse est insuffisante ; car chez notre chien dont l'hémisphère gauche a été enlevé, les corps striés et la plus grande partie de la couche optique l'ont été avec la substance du manteau. » VI° *Mém.*, p. 434.

[2] VI° *Mém.* (1888), p. 433.

blation de la sphère sensitive de Munk, l'animal n'est point frappé d'anesthésie ; mais, presque toujours en même temps, il remarque expressément : 1° que la sensibilité cutanée est plus émoussée sur toute la surface du corps du côté opposé à la lésion ; 2° que l'animal est devenu inhabile à se servir de la sensibilité tactile pour explorer les corps et les surfaces, par exemple qu'il n'ose pas sauter hors d'une cage peu élevée au-dessus du sol ; qu'il marche quelquefois dans le vide ; qu'il barbote dans l'eau froide sans s'en apercevoir, etc. Enfin, il est si vrai que Goltz a observé des troubles de la sensibilité générale chez les animaux dans les lésions des lobes frontaux et pariétaux, qu'il a rapporté, avec Schiff, les troubles paralytiques, ou, comme il s'exprime, « la lourdeur et la maladresse des mouvements » de ces animaux, à une « obtusion » de la sensibilité tactile.

Ces contradictions ne portent pas, sans doute, sur le fond des choses : la sensibilité peut être émoussée, la motilité peut être affaiblie, sans qu'il existe de paralysie ou d'anesthésie proprement dites : c'est la thèse de Goltz. Mais ces troubles caractéristiques, consécutifs aux lésions qui d'ordinaire les provoquent, indiquent assez que, si l'on peut discuter sur leur intensité, on doit tomber d'accord sur leur nature. Or celle-ci en montre suffisamment l'origine. Certes, des expériences pratiquées dans les conditions où Goltz a longtemps persisté et persiste encore à se tenir, ne sauraient être d'aucun usage pour les doctrines qu'il défend ou contre celles qu'il attaque : Hitzig, Munk et Luciani le lui ont souvent répété. Mais nous avons fait voir qu'en dépit des procédés défectueux de l'expéri-

mentateur, et des négations accumulées du doctri-
naire, il y a, chez Goltz, un observateur pénétrant et
sagace, un juge sincère, qui voit bien ce qu'il voit, et
le dit toujours avec franchise, alors même que les résultats de ses expériences sont favorables aux adversaires. A dire vrai, j'estime que Goltz n'a guère le
sentiment des coups qu'il se porte à lui-même. C'est
avec une sorte d'inconscience profonde qu'il a travaillé, depuis seize ans, au succès de la doctrine ennemie.

CHAPITRE IV.

LA SENSIBILITÉ SPÉCIALE.

LA VUE.

Il nous reste à parler des sens spéciaux et de l'intelligence. L'étude des troubles des fonctions de la vue a surtout attiré l'attention de Goltz et de ses disciples ; elle mérite donc un examen spécial.

Dans le domaine entier de la psychologie physiologique il n'est pas de sujet dont l'étude ait atteint un si haut degré de sûreté et de précision. Les doctrines de l'optique physiologique, la connaissance des rapports anatomiques de l'appareil périphérique de la vision avec les ganglions intermédiaires et l'écorce cérébrale, les théories de la vision mentale, de l'hémianopsie, de la cécité psychique et de la cécité corticale, possèdent un caractère de rigueur et de certitude expérimentales qui est encore des plus rares dans les sciences biologiques. On connaît sur ce sujet les travaux souvent admirables de Panizza [1], de Hitzig [2] et de Munk [3], de

---

[1] *Osservazioni sul nervo ottico* (1855), in *Memorie dell' Istituto Lombardo di scienze..... —* Milano, 1856, p. 373-390.

[2] *Centralblatt fuer d. med. Wissensch.* 1874, p. 548.

[3] *Ueber die Functionen der Grosshirnrinde* (1877-1880).Berlin, 1881 ; *Ueber die Centralen Organe f. das Sehen u Hoeren bei der Wirbelthieren.* In *Sitzungsber. d. Akad. d. Wissensch. zu Berlin*, 12 juillet 1883, avril 1884 ; 4 et 11 février 1886 ; 23 mai 1889 ; 21 novembre 1889.

Gudden [1] et de Monakow [2], de Mauthner [3], de Fuerst-
ner [4], de Stenger [5], de David Ferrier et de Yeo [6], de
Bechterew [7], de Crouigneau [8], de Luciani et de Tamburini [9], etc., sans oublier ceux de Christiani [10], l'adversaire de Munk, et de Jacques Lœb [11], un disciple
de Goltz.

Quant aux articles de revues et de journaux, notes
ou mémoires, qui se publient sur cette matière et dont

[1] *Recherches expérimentales sur la croissance du crâne* Trad. par Aug.
Forel. Paris, 1876, p. 57 et suiv. — *Archiv f. Psychiatrie,* 1870. — *Bericht
ueber die Jahresversammlung des Vereins d. deutschen Irrenaerzte
Baden-Baden,* sept. 1885,

[2] *Ueber einige durch Extirpation circumscripter Hirnrindenregionen
bedingte Entwickelungshemmungen des Kaninchengehirns.* Archiv f.
Psych., XII, 1882, p. 141 sq. — *Experimentelle und pathologisch-anatomische Untersuchungen ueber die Beziehungen der sogenannten Sehsphaere zur der infracorticalen Opticuscentren und zum N. opticus.* Ibid.,
XIII, 1883, p. 699 sq., XVI, 1885, p. 151 sq. ; p. 316 sq, — *Neurologisches
Centralblatt,* 1883. — *Einiges ueber die Ursprungscentren des N. Opticus u. ueber die Verbindungen derselben mit der Sehsphaere.* Verhandlungen der physiologischen Gesellschaft zu Berlin. Sitzung am 30 jan.
1885.

[3] *Gehirn und Auge.* In *Vortraege aus dem Gesammtgebiete der Augen —
Heilkunde.* Wiesb., 1881.

[4] *Ueber eine eigenthuemliche Sehstoerung bei Paralytikern.* Archiv
f. Psych., VIII° et IX° vol., 1877-1878.

[5] *Die cerebralen Sehstoerungen der Paralytikern.* Archiv f. Psych.,
XIII, 1882, 218-50.

[6] Les fonctions du cerveau, § 65. — *Cerebral amblyopia and hemio-
pia.* Brain, 1881, p. 456 et suiv.

[7] *Experimentelle Ergebnisse ueber den Verlauf der Sehnervenfasern
auf ihrer Bahn von den Kniehoeckern zu den Vierhuegeln.* Neur. Centrabl., 15 juin 1883. — *Ueber den Einfluss der Abtragung der Grosshirn-
hemisphaeren an Thieren auf das Gesicht und Gehoer.* (Mitgetheilt in
der Sitzung der St. Peterb. psychiatrischen Gesellschaft. Oct. 1883.)

[8] *Etude clinique et expérimentale sur la vision mentale.* Th. de Paris,
1884.

[9] *Sui centri psico-sensori corticali.* Reggio-Emilia. 1879.

[10] *Zur Physiologie des Gehirns.* Berlin, 1885.

[11] *Die Sehstoerungen nach Verletzung der Grosshirnrinde. Nach Ver-
suchen am Hunde.* Archiv f. d. ges. Physiologie... Pfluger's, 1884,
p. 67-172.

la connaissance, forcément incomplète, est nécessaire pour suivre en ses moindres fluctuations cette marée montante des sciences de la vie dans ce domaine de la sensibilité spéciale, le moyen d'indiquer chemin faisant tous ceux qui contiennent des observations ou des expériences de premier ordre [1]? La plupart de ces mémoires ont été analysés et résumés par nous à l'École pratique des hautes études. Mais ces résumés et ces analyses, nous ne pouvons les publier dans ce livre : ce serait d'ailleurs une prétention peu justifiée que d'espérer faire tenir en quelques lignes de généralités les résultats de tous ces grands travaux, qui valent surtout par les détails et par les précisions. C'est d'ailleurs à la lumière de ces travaux contemporains que nous allons examiner les doctrines de Fr. Goltz sur les fonctions centrales de la vision.

Lorsque Goltz publia, en 1869, son travail sur les *Fonctions des centres nerveux de la grenouille* [2], il démontra, contrairement aux doctrines de Flourens, de Longet et de Schiff, qu'après l'ablation du cerveau

---

[1] V. surtout A. Nieden. *Ein Fall von einseitiger temporaler Hemianopsie des rechten Auges nach Trepanation des linken Hinterhauptbeines.* In : Albr. v. Graefe's Archiv f. Ophthalmologie. XXIV° vol., p. 143. Berl., 1883. — O. Berger, *Zur Localisation der corticalen Sehsphaere beim Menschen.* Breslauer aerztliche Zeitschrift. 1885, n°ˢ 1-5. —Seguin, *A contribution to the pathology of hemianopsia of central origin.* Medical News. 14 nov. 1886 — Richter, *Ueber secundaere Atrophie der optischen Leitungsbahnen von den Occipitalwindungen aus nach dem Pulvinar.* Berl. Gesellschaft f. Psych. u. Nervenkrankh. 11 mai 1885. Les observations de Huguenin (1878), les expériences capitales de Vulpian (1878), etc., etc. Moriz Benedikt (de Vienne) a publié une observation magnifique d'aplasie des lobes occipitaux, partant des centres de la vision mentale de Munk, dans un cas de cécité congénitale : *Kephalometrischer Befund bei corticaler angeborener Blindheit.* Neur. Centralbl., 15 mai 1886.

[2] *Beitraege zur Lehre von den Functionen der Nervencentren des Frosches.* Berlin, 1869,

tout entier, une grenouille peut encore non seulement voir, mais éviter avec adresse les obstacles placés sur son chemin. Quelques années auparavant, Renzi avait soutenu que, par l'ablation du cerveau, la grenouille ne perd que la vision mentale; elle conserve, grâce au mésocéphale, les sensations brutes de la vue : elle voit sans conscience; elle sent : elle ne perçoit plus; elle est, comme le dira Munk, frappée de cécité psychique, ce qui ne l'empêche point d'éviter les obstacles, de voir, et de réagir par ses mouvements d'une façon appropriée. Or l'opinion reçue était alors que les animaux dont les hémisphères cérébraux ont été enlevés sont, ou complètement aveugles, ou, tout en voyant encore, incapables d'utiliser des mouvements appropriés à leurs impressions visuelles.

Il fallait distinguer : ce qui est vrai pour les oiseaux et les mammifères, dont l'organe central de la vision est dans le cerveau, ne l'est plus pour les amphibies, pour les grenouilles, qui voient avec leur mésocéphale, avec leurs lobes optiques. Les anciens anatomistes considéraient ces lobes comme une sorte de cerveau postérieur. Mais les dernières recherches d'anatomie comparée, celles de Gœtte entre autres, doivent faire envisager les lobes optiques de la grenouille comme correspondant aux tubercules quadrijumeaux des mammifères, dont ils possèdent d'ailleurs la structure histologique, très différente de celle du cerveau, du cerveau de la grenouille elle-même comme de celui des mammifères. Le cerveau de la grenouille n'est pourtant encore, dans l'évolution des êtres vivants, qu'une organe rudimentaire; son mésocéphale est au contraire d'une structure très complexe, indice d'im-

portantes fonctions. Un disciple très distingué de Goltz,
Max E.-G. Schrader, a prouvé dernièrement contre
l'opinion reçue (qui, entre parenthèse, a été celle de
Goltz), que, loin d'être incapable de se mouvoir « spontanément » et de s'alimenter, la grenouille dont les
deux hémisphères cérébraux ont été totalement enlevés peut encore, d'elle-même, changer de place et de
milieu, suivant les saisons, comme les grenouilles normales, et se nourrir de mouches qu'elle attrape, quand
les effets du traumatisme expérimental sont dissipés.
Les symptômes attribués jusqu'ici à la grenouille pri-
vée de ses hémisphères cérébraux ne s'observent que
lorsque, avec le cerveau, les thalami optici ont été détruits. Bref, la perte des mouvements « volontaires »,
comme les appelait encore Goltz, et l'incapacité de se
nourrir, dérivent directement des lésions étendues du
cerveau intermédiaire et du cerveau moyen de la grenouille : là sont situés, outre les centres des nerfs optiques, des éléments sensibles dont la destruction provoque des troubles graves et permanents de la motilité,
des phénomènes d'arrêt et de déficit. Schrader a constaté encore que le couack réflexe n'a point son centre
dans les lobes optiques (Goltz, Steiner), mais dans la
moelle allongée de la grenouille; que la lésion d'aucun point de la moelle allongée n'entraîne nécessairement la perte des mouvements coordonnés, et qu'il est
facile, au moyen de sections du système nerveux central, de partager une grenouille en trois animaux indépendants, en quelque sorte, en segments de la tête,
du membre antérieur et du membre postérieur. Cette
démonstration de l'autonomie fonctionnelle de chaque
segment de la moelle épinière permet de rapprocher

ce centre nerveux d'animaux vertébrés du système nerveux central des invertébrés, dont les ganglions, d'où sortent les nerfs, sont reliés uniquement par une commissure. La forte centralisation du système nerveux des vertébrés supérieurs n'a pas encore apparu chez les batraciens; elle n'existe que dans les rapports de stations relativement indépendantes [1].

Les expériences de Blaschko [2], instituées dans le laboratoire de Munk, ont également montré l'accord de la physiologie et de l'anatomie comparées. S'il est incontestable, comme Goltz l'a soutenu, que la grenouille voit sans cerveau, et qu'elle voit avec conscience, il restait à éliminer tous les centres nerveux encéphaliques situés derrière le cerveau, pour découvrir lequel de ces centres était le siège de la vision. C'est ce qui a été fait pour le cervelet, la moelle allongée, la couche optique. Seuls les lobes optiques ont paru être la condition nécessaire et suffisante de cette fonction.

En 1871, Lussana et Lemoigne [3] avaient publié de leur côté de bien curieuses expériences : un pigeon, dont l'hémisphère gauche et l'œil gauche ont été enlevés, sait encore fort bien éviter les obstacles, mais il ne *voit* plus la nourriture étendue devant lui et n'éprouve plus de crainte devant les objets menaçants. La raison en est, disaient les auteurs, que l'œil droit, demeuré indemne, n'étant en aucun rapport chez les oiseaux avec l'hémisphère cérébral droit conservé, les impressions de la vue n'arrivent plus à la conscience.

[1] Max E-.G. Schrader. *Zur Physiologie des Froschgehirns.* Archiv f. d. ges. Physiologie, XLI (1887), 75 sq.

[2] *Das Sehcentrum bei Froeschen.* Berlin, 1880.

[3] *Fisiologia dei centri nervosi encefalici.* Padova, 1871.

L'animal ne peut donc plus attacher une signification quelconque aux objets qui impressionnent sa rétine. Mais les rapports de l'œil droit avec le mésocéphale et avec le cervelet sont demeurés intacts : les organes centraux de la progression, situés derrière le cerveau, perçoivent encore les impressions transmises par l'œil droit ; c'est là ce qui permet à l'oiseau d'éviter machinalement les obstacles ; il voit sans conscience ; les images rétiniennes sont utilisées d'une façon appropriée sans qu'il existe de perceptions conscientes du sens de la vue.

Cette explication, qui pouvait à cette époque paraître pleinement satisfaisante pour les oiseaux, ne pouvait l'être pour les mammifères, car Goltz soutient déjà dans son premier Mémoire (1876) que, chez le chien, chaque hémisphère du cerveau est en rapport avec les deux yeux, et par conséquent que les impressions de la rétine droite arriveraient aussi à l'hémisphère droit du cerveau, à la conscience, chez un mammifère qui aurait subi la même opération que le pigeon de Lussana et Lemoigne. Munk a prouvé depuis que, chez les oiseaux comme chez les mammifères, chaque hémisphère est en rapport avec les deux rétines[1]. Mais on persiste à soutenir, dans l'École de Strasbourg, qu'après l'ablation complète des hémisphères cérébraux, et partant du centre de la vision mentale de Munk, les oiseaux voient encore.

Max Schrader raconte[2] comment les pigeons qui

<hr>

[1] *Ueber die centralen Organe f. das Sehen*, etc. Sitzungsb. der Akad. d. Wiss. Berlin, 1883.

[2] Max Schrader. *Zur Physiologie des Vogelhirns*. Arch. f. d. ges. Physiol., XLIV. 1889, p. 175 sq.

avaient subi cette opération, après être sortis de cet état
d'anéantissement, ressemblant à un sommeil profond,
bien décrit par Rolando et par Flourens, allaient çà et
là infatigablement dans le laboratoire, évitant tous les
obstacles placés sur leur chemin, les cloches de verre
transparentes aussi bien que les tables et les chaises.

Placés sur le bord d'une table ou sur la main, ces
pigeons sans cerveau se balançaient, compensant exactement tous les changements d'équilibre par des mouvements correspondants; les fausses positions impri-
mées aux membres étaient aussitôt corrigées; seuls,
les pigeons dont les couches optiques avaient été lésées
en même temps que le cerveau, laissaient paraître des
troubles d'adaptation. La vivacité des mouvements
n'étaient pas, chez ces oiseaux, l'effet d'une irritation
due au traumatisme, car ils dormaient paisiblement la
nuit (p. 211). Posé sur la main, l'oiseau s'envolait
quelquefois tout à coup vers un objet et s'y posait; il
jugeait parfaitement des distances. (Au contraire il ne
s'envolait presque jamais spontanément du sol.) Or on
ne peut pas dire que le pigeon opéré avait réappris à
voir; car, aussitôt après l'opération, certains pigeons
se comportent à cet égard comme d'autres après la
deuxième semaine : ils évitent tous les obstacles et témoignent assez qu'*ils voient encore* (p. 218). « L'animal
privé de son cerveau se meut dans un monde de corps
dont la situation dans l'espace, la grandeur et la forme
déterminent la nature de ses propres mouvements,
mais qui lui sont tout à fait indifférents » (p. 230). Le
mâle roucoule sans observer une femelle qui se trouve
à proximité. La femelle n'a souci des jeunes qui
crient après la nourriture. Pour le pigeon sans cer-

veau, le monde n'est qu'une masse remplissant vaguement l'espace. La crainte et la sympathie font également défaut. Les réactions correspondent exactement aux excitations. Schrader n'a pas observé que ses pigeons mangeassent seuls, aptitude qui lui paraît liée, chez les oiseaux comme chez les mammifères, au cerveau frontal (p. 220). Peut-être ces troubles étaient-ils dus simplement à des phénomènes d'arrêt portant sur les fonctions du mésocéphale. Le disciple de Goltz ne manque pas d'affirmer que le cerveau du pigeon n'est pas plus un centre moteur, au sens où sa destruction entraînerait l'abolition des mouvements, qu'il n'est un centre sensoriel, si l'on entend par là que sa destruction serait suivie de la perte de l'activité des sens. Toutefois, l'observation ne laisse pas de montrer que le cerveau exerce une influence considérable sur les domaines de la sensibilité et de la motilité. C'est dans les différences que présentent à cet égard les pigeons opérés d'avec les pigeons normaux, qu'il faut chercher à constater les phénomènes de déficit, plus ou moins masqués par les phénomènes d'arrêt. Toutes les actions de ces oiseaux donnent absolument l'impression des mouvements d'un automate. En dépit de leur variété et de leur complexité, elles ont un cours régulier et sont déterminables à un très haut degré. Elles présentent bien le caractère des mouvements de réponse (Goltz) et ne sont évidemment que des actions réflexes.

Il est impossible de ne pas reconnaître chez Schrader, plus encore que chez J. Loeb, dont on parlera plus loin, un disciple authentique de Goltz. C'est le même esprit, ingénieux et clair, d'une rare pénétra-

tion dans l'observation, d'une portée philosophique
très élevée, mais d'une dialectique vraiment trop subtile et qui rappelle les thèses et les exercices d'école.
— Le cerveau n'est pas un organe de sensibilité ni de
motilité, si l'on veut dire par là qu'après son ablation il
ne saurait exister ni mouvements ni sensations, mais
il est d'une importance capitale pour l'exercice de la
motilité et de la sensibilité. — On retrouve partout
ce balancement de la phrase et cette alternance de la
pensée.

Malheureusement, et quoique Recklinghausen ait
constaté, au moins macroscopiquement, dans deux
autopsies pratiquées sur les pigeons de Schrader, que
l'écorce du cerveau avait été complètement enlevée,
Munk, dont on connaît les expériences sur le centre
de la vision chez les pigeons [1], a écrit que ces protocoles d'autopsie ne sauraient servir à la thèse de Schrader. « Il faut, dit Munk, ou que des restes de cerveau
aient échappé à la vue de M. Schrader, ou que chez
mes pigeons tout à fait aveugles il ait existé une lésion du cerveau dépassant les limites des hémisphères.
Mais cette dernière supposition n'est pas admissible,
non seulement parce que, à un examen attentif, j'ai
trouvé complètement intactes toutes les parties du cerveau situées en dehors des hémisphères chez mes pigeons tout à fait aveugles, mais aussi parce que ces
oiseaux ont vécu pendant quatre à sept mois dans un
état de santé parfait ; or, comme on l'observe souvent,
les lésions des régions profondes du cerveau, dues
soit à l'opération elle-même, soit par le fait d'inflam-

______

[1] *Ueber die Functionen des Grosshirnrinde* (Berlin, 1890), p. 191.

mations et de ramollissements précoces ou tardifs, entraînent toujours la mort des pigeons. » Reste l'autre hypothèse, la première, que Munk admet comme très probable, et dont il donne de bonnes raisons. Enfin la nature de la mort et la courte survie des pigeons de Schrader (aucun n'a vécu plus de six semaines) ont été, pour Munk, la conséquence certaine d'un ramollissement des pédoncules et des couches optiques[1].

L'étude de la localisation des fonctions du cerveau chez les oiseaux a été reprise et continuée par Max Schrader dans un récent travail[2] où, au lieu de pigeons, il a choisi pour sujets d'expérience des oiseaux de proie, des hiboux et des faucons. Les résultats de ces expériences sont d'un intérêt très grand. Ainsi, après l'ablation de l'hémisphère cérébral droit, il vit un hibou boiter de la patte gauche; *l'œil gauche paraissait aveugle*. Les réflexes pupillaires étaient d'ailleurs égaux des deux côtés, et le vol ne semblait pas modifié dans son fonctionnement. Trois semaines après l'opération, les troubles de la motilité s'étaient un peu amendés; la serre gauche avait une attitude qui rappelait celle que présente la patte du chien opéré d'un hémisphère. Mais les troubles de la vue persistaient. La sensibilité générale était aussi lésée : on pouvait impunément caresser l'oiseau sur la moitié gauche du corps; à droite, tout contact lui faisait tourner la tête et l'excitait à mordre. Chez le faucon, l'ablation symétrique bilatérale du lobe frontal entraîna une paraplégie complète

---

[1] Munk. *Ueber die Functionen des Grossh.* (Berlin, 1890), p. 279-280.

[2] Schrader. *Zur vergleichenden Physiologie des Grosshirns* (Aus dem Physiolog. Institut der Universitaet Strassburg). — Deutsche med. Wochenschr., 1890.

des deux jambes, les ailes et la queue continuant à
fonctionner normalement. Ces troubles disparurent
plus tard entièrement. Les symptômes déterminés par
ces lésions expérimentales présentent des ressemblan-
ces frappantes avec ce que l'on observe chez les chiens
et chez les singes dans les mêmes circonstances, avec
cette différence, remarque Schrader, que, chez les oiseaux de proie, ce sont surtout les extrémités postérieures qui sont atteintes, chez les mammifères les
extrémités antérieures. Les pigeons ne présenteraient
aucun trouble appréciable de l'usage des membres. Or
chez ces oiseaux de proie, les altérations de la motilité
ont précisément frappé les organes conformés « comme
des mains », servant à prendre et à grimper.

Revenons à l'ingénieuse et élégante expérience de
Lussana et Lemoigne sur les oiseaux ; elle peut servir de
pendant à celles qu'a pratiquées Goltz sur les chiens [1].

Comment expliquer, demandait ce physiologiste, les
troubles étonnants du sens de la vue chez les chiens
dont un hémisphère cérébral a été détruit ? L'animal
évite tous les obstacles ; on ne peut dire qu'il est
aveugle ; et pourtant il ne *voit* pas la viande comme
telle, il a perdu la notion des dimensions de l'espace,
il ne s'effraie plus à la vue des objets, du fouet, par
exemple, qui d'ordinaire lui inspiraient de la crainte.

L'hypothèse que faisait Goltz alors pour expliquer
ces faits, était que, chez ces animaux, le *sens des couleurs (Farbensinn)*, le *sens de l'espace* et le *sens des
lieux (Raumsinn, Ortssinn)* devaient être extraordinai-
rement affaiblis. Le chien, disait Goltz, ne reconnaît

____

[1] 1ᵉʳ *Mém.*, p. 24.

plus un morceau de viande comme tel, parce que cet objet qui, avant l'opération, lui apparaissait de couleur rouge vif, avec des contours nets et arrêtés, ne lui présente plus maintenant qu'une masse grise, terne et vague. Il ne reconnaît plus un fouet comme tel, il ne distingue plus un individu déterminé, parce que les images qu'il perçoit sont indécises et incolores et ne ressemblent pas à celles qu'il a conservées dans sa mémoire visuelle. Mais il perçoit les mouvements d'un corps, d'une main, parce qu'il a conscience du déplacement de l'image rétinienne. L'activité automatique des centres nerveux inférieurs lui permet aussi d'éviter les obstacles qui l'impressionnent suffisamment, grâce aux effets d'ombre et de lumière. C'est ainsi que, par un brouillard épais, si l'on marche lentement, on peut avancer sans se heurter. En somme, concluait Goltz, en 1876, après une destruction considérable du cerveau (un hémisphère), les animaux sont toujours aveugles, dans les premiers temps, de l'œil opposé à la lésion ; peu à peu la faculté de voir se restaure, mais certains troubles visuels persistent. « Je prouverai, disait-il au commencement de ce premier Mémoire, qu'après une lésion considérable du cerveau d'un côté, la faculté de voir subit toujours une notable atteinte sur l'œil du côté opposé. »

Or, à cette époque, presque tous les physiologistes niaient qu'une simple mutilation du cerveau pût léser le sens de la vue. Schiff déclarait expressément que la destruction même d'un hémisphère entier n'exerce sur ces fonctions aucune influence. Seul Hitzig, en 1874, dans une courte notice du *Centralblatt fuer die med. Wissenschaften*, avait écrit qu'après une lésion

du lobe occipital, l'œil du côté opposé est frappé de
cécité.

Ce fut la deuxième découverte de Hitzig, une des
grandes découvertes de ce siècle, que Goltz enregis-
tra, mais avec des réserves, et sans en avoir compris
l'immense portée.

Dans le second Mémoire, où il s'agit de destruction
bilatérale du cerveau du chien, Goltz reconnaît que
les troubles de la vision, en particulier la perte de la
faculté de comprendre la nature et la signification
des images que les objets extérieurs réflètent sur la
rétine, doivent être considérés comme des symptômes
d'une lésion de déficit : il y a perte d'une fonction qui
appartenait en propre aux parties du cerveau détruites par l'opération. Cette fonction, c'était celle de
la vision mentale, ou, comme dit Goltz, de l'œil intérieur. Est-il possible de la localiser ? Il est bien remarquable qu'après avoir admis, dans le troisième
Mémoire, que « les lésions du lobe occipital semblent
avoir pour effet de déterminer un trouble permanent
plus profond de la vision », Goltz insiste de nouveau,
dans ce même Mémoire, sur la possibilité de déterminer ces troubles par la lésion des points les plus
distants du cerveau. C'est même la raison, à ses yeux,
de la divergence d'opinions des auteurs sur le siège
de cette localisation. Munk, Ferrier, Luciani, tous auraient également raison, si le centre de la vision mentale était à la fois partout et nulle part.

Goltz interprétait encore à cette époque comme
nous l'avons dit la nature des troubles visuels de ses
animaux opérés : ils devaient voir tout confondu
ainsi que dans un brouillard. « Je m'en tiens, disait-

il, à l'hypothèse que ce trouble visuel consiste dans un rétrécissement du sens des couleurs et du sens de l'espace. » Et il empruntait à Stilling l'observation d'un cas pathologique : une jeune fille de vingt-quatre ans, dans des accès de céphalalgie, voyait de l'œil correspondant comme à travers de la fumée. En outre, Munk ayant écrit que les singes auxquels il avait enlevé les sphères visuelles « se frottent les yeux avec leurs mains, comme un homme qui voudrait éclaircir sa vue », Goltz découvre là un nouveau fait favorable à son hypothèse. Car si l'animal continue à voir et à bien voir, ainsi que le soutient Munk, s'il n'a perdu que ses images visuelles antérieures, de sorte que les objets qu'il voit ne sont plus pour lui que des formes sans signification, pourquoi se frotte-t-il les yeux ? Les singes, demande Goltz, ont-ils donc l'habitude de se frotter les yeux, comme nous nous pressons le front pour rappeler nos souvenirs ? L'épigramme vaut ce qu'elle vaut. J'attache plus de prix à l'argument suivant : Pour que le singe, après l'ablation d'une sphère visuelle, se trouvât, pour l'œil opposé à la lésion, dans la situation d'un animal nouveau-né qui doit apprendre à voir, il faudrait admettre qu'il possède une double conscience et de nature hétérogène ; alors on comprendrait que l'hémisphère indemne, avec son trésor intact d'images mentales, ne pût suppléer l'hémisphère lésé. Mais on sait que, chez les mammifères, chaque œil est en rapport avec les deux hémisphères.

Je répondrai à Goltz : Qui soutient le contraire ? Munk moins que personne, à coup sûr. Le phénomène de la cécité psychique dont il parle ici, phénomène consécutif à l'ablation d'une sphère visuelle, n'apparaît que sur les deux moitiés homonymes des deux rétines qui avaient leur centre dans le lobe occipital de l'hémisphère enlevé. Les deux autres moitiés des deux rétines demeurent indemnes et fonctionnent normalement, aussi longtemps que leur centre cortical subsiste intact dans l'hémisphère non opéré. L'hémisphère sain supplée alors l'hémisphère mutilé, sans le moindre changement dans la vie psychique, dans la conscience de l'animal. Ce n'est qu'après l'ablation des deux sphères visuelles, qu'il doit apprendre à voir comme un animal nouveau-né qui ignore la nature et l'usage des objets qu'il regarde.

On rencontre chez Goltz une bonne exposition des doctrines de quelques physiologistes contemporains, de Luciani, par exemple, et surtout de Munk. On peut citer à cet égard les pages où il prétend démontrer, en s'appuyant sur ses propres expériences et sur celles de son disciple, Jacques Loeb, qu'il n'existe pas de rapport, ni anatomique ni physiologique, entre les deux rétines et les sphères visuelles de Munk. D'après le professeur de Berlin, en effet, chaque cellule nerveuse d'une sphère visuelle serait en rapport, au moyen des fibres du nerf optique, avec un ou plusieurs éléments sensibles des parties de la rétine avec lesquelles il est ainsi relié [1]. En d'autres termes,

---

[1] IIIe Communication (15 mars 1878), p. 28 et suiv., V^e commun (juillet 1878), p. 76 et suiv., VIe commun. (3 juin 1880), p. 96 et suiv., et VIIe commun. (2 juillet 1880), p. 121 et suiv., du recueil de ces mémoires de Munk : *Ueber die Functionen der Grosshirnrinde.* Cf. la 2e édition, très augmentée, de ces mémoires, qui vient de paraître à Berlin (1890).

chaque élément rétinien du point de la vision distincte, ou tache jaune, se trouve coordonné à des éléments corticaux correspondants de la sphère visuelle. Enlève-t-on une partie quelconque, latérale ou médiane, d'une sphère visuelle, la partie correspondante de la rétine subit une altération fonctionnelle. Ainsi, par l'ablation de la partie latérale d'une sphère visuelle, la partie latérale de la rétine du même côté (faisceau optique direct) devient aveugle, l'œil du côté opposé étant tout à fait normal ; si l'ablation porte sur la partie médiane de la sphère visuelle, c'est la partie médiane de la rétine du côté opposé (faisceau croisé) qui est frappé de cécité. De même pour la partie antérieure de la sphère visuelle et pour la moitié supérieure de la rétine. A l'état normal, les images visuelles, résidus des perceptions du sens de la vue, se déposent concentriquement à partir du centre de chaque sphère visuelle, reliée à la *macula lutea* par les faisceaux optiques. La destruction de ces centres efface donc toutes les images commémoratives des perceptions visuelles qui s'y étaient successivement déposées depuis que l'animal avait commencé à voir. Il en résulte que, si les deux sphères visuelles ont été enlevées, l'animal ne connaissant plus rien autour de lui, pas plus les autres chiens que les vases où sont ses aliments, paraît d'abord complètement aveugle.

Mais il n'en est rien : chaque sphère visuelle n'occupait en réalité qu'une partie minime des territoires corticaux affectés à la vision mentale, — une oasis au milieu d'un vaste désert, comme s'exprime Goltz. Sans doute, du fait de l'ablation des sphères visuelles qui correspondaient aux deux taches jaunes, l'animal conservera une lacune permanente dans son champ visuel, un second *punctum cæcum* expérimental, lacune qu'il parviendra à combler (psychologiquement, non anatomiquement) par l'exercice, ainsi qu'il est arrivé pour la tache aveugle normale. A défaut de vision centrale, il ne verra plus désormais que ce qui viendra se peindre sur les parties latérales de sa rétine ; mais ces impressions n'en seront pas moins perçues par les régions excentriques des sphères visuelles qui peu à peu s'empliront d'images, si bien que l'animal réapprendra à voir d'une façon consciente comme s'il entrait dans la vie, — avec cette différence toutefois que l'état des autres sens, du toucher, de l'odorat, etc., qui n'ont subi aucune lésion, accélère cette rénovation du sens de la vue. Un aveugle-né, auquel la faculté de voir serait tout à coup donnée par une opération, ne comprendrait que peu à peu, en s'aidant du toucher, la nature et l'usage de ce qu'il verrait. Il en est ainsi pour le chien qui a subi l'ablation des deux sphères visuelles de l'écorce cérébrale. Le fouet qu'il reconnaissait trop bien, il le regarde d'abord sans le reconnaître, puis, dès qu'il l'a senti sur son dos, il recommence à manifester de la crainte à sa vue. L'ancienne image du fouet, associée à son cortège de souvenirs, avait été abolie par l'opération ; elle a de nouveau apparu sur un autre point de la sphère visuelle, dans une région qui jusqu'alors était restée au moins virtuellement, sinon peut-être absolument stérile.

Mais la théorie de la cécité psychique de Munk veut être poussée plus loin : elle a des finesses de psychologie et des subtilités d'analyse qui n'ont point manqué d'exercer la verve de Goltz et de ses élèves. S'il n'y a point de physique sans métaphysique, peut-il exister une physiologie sans métaphysiologie ? Munk suppose, on le sait, qu'au centre de chaque sphère visuelle corticale, au point désigné dans ses schémas par A [1], coexistent deux sortes d'éléments anatomiques différents : 1° des éléments perceptifs *(Wahrnehmungselemente)* ; et 2° des éléments servant à la représentation idéale *(Vorstellungselemente)* et à la conservation, sous forme de résidus, d'images ou d'idées commémoratives *(Erinnerungsbilder)* des perceptions [1]. Or, les éléments perceptifs, terminaison centrale de l'opticus, correspondent aux éléments rétiniens de la tache jaune par l'intermédiaire des faisceaux de l'opticus et des ganglions encéphaliques intercalaires — corps genouillés externes, tubercules quadrijumeaux antérieurs, pulvinar de la couche optique, radiations optiques de Gratiolet, — de sorte que les excitations des éléments rétiniens se propagent aux éléments corticaux de la perception et, par ceux-ci, aux éléments de l'idéation.

Tandis qu'après chaque excitation, les deux premières sortes d'éléments (rétiniens et perceptifs) reviennent à leur état d'équilibre antérieur, une modification durable — qui n'est que l'exagération d'une fonction générale de la matière organisée [2], la mémoire, — affecte les éléments de l'idéation : aussi toute excitation nouvelle, d'une durée et d'une intensité suffisante, de ces éléments, fait-elle ressusciter l'image

---

[1] Munk. *Ueber die Functionen der Grosshirnrinde*, p. 109.

[2] Cf. Ew. Hering. *Ueber das Gedaechtniss als eine allgemeine Function der organisirten Materie*, 1870, p. 11, et Wernicke, *Der aphasische Symptomencomplex* (Breslau, 1874), p. 5.

commémorative dont ils sont le substratum organique. Un élément perceptif de l'écorce sert, comme un élément rétinien, à d'innombrables perceptions de la vue : chaque élément ou groupe d'éléments de l'idéation ne sert qu'à une seule image ou n'entre dans l'association que d'un groupe d'images limité, dont le siège est localisé au point A ^{1} d'une sphère visuelle, sphère dont l'amplitude croît avec le nombre des expériences et l'étendue du sens de la vue. Le réveil fonctionnel de l'image visuelle, sous l'influence d'une excitation d'origine périphérique ou centrale, est la *reconnaissance :* l'animal connaît ce qu'il voit parce qu'il le reconnaît. Mais enlève-t-on ou détruit-on le point A^1 d'une sphère visuelle, du même coup l'animal perd les images commémoratives qu'il avait perçues par l'œil du côté opposé pour la plus grande partie, et par l'œil du côté correspondant pour la plus petite partie. Il voit encore avec l'œil du côté opposé au moyen des régions latérales de la rétine et des territoires corticaux de la sphère visuelle qui entouraient le point A^1. Seulement comme les images des perceptions visuelles antérieures sont perdues, il ne reconnaît plus ce qu'il voit; il ne connaît donc plus rien de ce qui l'entoure, ni les choses ni les êtres; il est psychiquement aveugle (*seelenblind*) : il le deviendrait absolument et pour toujours, si les deux sphères visuelles, c'est-à-dire les deux lobes occipitaux, étaient radicalement extirpées.

Cette théorie de Munk, Goltz a commencé par la nier. Comme toujours, il affirme qu'il n'existe aucun territoire spécial, aucun centre circonscrit de l'écorce cérébrale qui serve exclusivement à la vision, ou à quelque autre fonction psychique que ce soit[1]. Il parle d'observations insuffisantes ou erronées, ce qui ne laisse pas de faire sourire le lecteur attentif, qui sait que la plus éclatante confirmation de la doctrine de Munk sur le siège de la vision mentale viendra précisément de Goltz. En attendant il commence par établir que les lésions de n'importe quel point du lobe frontal, du lobe pariétal, du lobe temporal, voire du lobe occipital (en dehors du point A¹ de Munk), peuvent produire d'irrécusables troubles de la vision, ce qui n'a pas lieu de surprendre, à coup sûr, ceux qui connaissent les procédés opératoires de Goltz. Après une destruction symétrique des lobes pariétaux, les animaux, dit-il, paraissent aveugles; bientôt on constate qu'ils voient les objets placés devant eux, les mouvements menaçants de la main; ils ne voient pourtant pas un doigt qui s'approche lentement de leurs yeux; ils ne ferment les paupières que lorsqu'on touche les cils.

Quant au lobe frontal [2], Goltz est ici tout fier de rencontrer un allié dans Hitzig; ce physiologiste a admis, en effet, qu'après des lésions du cerveau antérieur, on observe des troubles de la vision [3]. Un chien dont le lobe frontal gauche a été enlevé, peut, au moins pour un certain temps, dit-il, devenir aveugle de l'œil droit. Goltz a aussi observé un trouble de la vue unilatéral temporaire, consécutif à la lésion du centre moteur cortical d'un membre; l'animal voit plus mal du côté opposé à cette lésion : il ne voit pas un morceau de viande qu'on lui présente de ce côté; de l'autre

---

[1] IVᵉ *Mém.*, Conclus. et *passim*.

[2] Vᵒ *Mém.*, p. 484 et suiv., p. 493.

[3] *Zur Physiologie des Grosshirns.* Archiv f. Psych XV.

côté, il le happe aussitôt. Au congrès des neurologistes et des aliénistes de Baden-Baden (mai 1886), Goltz a présenté deux chiens qui prouveraient encore, selon lui, quant aux impressions de la vue, qu'après des lésions étendues et profondes du cerveau antérieur, un chien peut devenir aveugle, alors qu'un animal dont les deux lobes occipitaux ont été enlevés, et partant les deux sphères visuelles, ne serait pas nécessairement frappé de cécité! Voilà de prétendues démonstrations, en particulier la dernière, qu'on n'a plus guère aujourd'hui le loisir de discuter et nous allons dire tout de suite pourquoi.

Comment, d'après Goltz lui-même, se comporte un animal qui, après avoir subi l'ablation des deux lobes occipitaux, a pu être observé de longs mois? A la vérité, avant d'entendre sa réponse, il faudrait commencer par constater que l'ablation de ces lobes a été complète et qu'aucun fragment des deux sphères de la vision mentale n'est resté en place. Or c'est là une opération des plus difficiles, et l'on sait que Goltz ne s'est jamais piqué d'une grande précision dans ses extirpations « symétriques » ou unilatérales des lobes cérébraux. Au troisième congrès de médecine interne (Berlin, avril 1884), Fritsch a montré sur les coupes mêmes du cerveau d'un chien présenté par Goltz, qu'à peine les parties enlevées correspondaient au tiers de la masse cérébrale que le professeur de Strasbourg annonçait avoir extirpée ; que l'ablation n'était pas égale sur les deux hémisphères ; que le territoire d'innervation des extrémités postérieures était intact ; qu'à gauche il restait une partie du territoire d'innervation des extrémités antérieures. M. Mendel prit alors la parole pour rappeler que les mêmes faits s'étaient déjà produits au congrès international de Londres : là aussi il avait été constaté que les régions corticales des parties qui autrement auraient dû être paralysées, n'avaient pas été complètement enlevées sur les chiens présentés par Goltz. Que conclure de pareilles expériences, s'écriait Mendel, et en quoi la doctrine des localisations cérébrales peut-elle en souffrir?

Combien de fois Hitzig, Ferrier, Munk, n'ont-ils pas tenu à Goltz le langage de Mendel? Combien de fois ne lui ont-ils pas reproché d'employer des méthodes tout à fait incapables de nous renseigner sur les fonctions des différentes régions de l'écorce? A quoi Goltz répondait, avec une bonhomie charmante, que s'il négligeait souvent, en effet, d'indiquer exactement l'étendue et la profondeur des lésions cérébrales, « c'est qu'il n'avait pu encore se persuader que les phénomènes eussent été essentiellement différents, si telle ou telle circonvolution eût été épargnée dans un cas, détruite dans un autre... » Tout ce qu'il concède, c'est que « les troubles étaient d'autant plus considérables que les lésions étaient plus étendues ». D'ailleurs ces dévastations portaient aussi bien sur la zone excitable des auteurs que sur la zone inexcitable; elles n'étaient pas toujours limitées à la couche superficielle du cerveau; les corps striés et les couches optiques, nous le répétons, étaient maintes fois intéressés [1].

Depuis, Goltz a souvent déclaré qu'il apporterait désormais la même précision que ses adversaires dans les opérations; il a réformé ses méthodes et changé

____
[1] IIe *Mém.*, p. 439.

plusieurs fois ses procédés de vivisection. Ce qui lui est arrivé au troisième congrès allemand de médecine interne, montre pourtant qu'en lui le vieil homme n'est pas tout à fait mort, et qu'il lui reste encore beaucoup à faire pour devenir un vivisecteur de la force de Flourens. Quant aux difficultés toutes spéciales que présente l'ablation radicale des deux sphères visuelles des lobes occipitaux, — condition d'une cécité corticale durable et définitive, — il nous suffira de dire que Munk, qui a répété naguère ses anciennes expériences d'extirpation totale de ces deux organes, n'a, sur quatre-vingt-cinq chiens, réussi complètement que quatre fois [1]. Quatre chiens ont seuls survécu et pu être conservés, dans un bon état de santé, de trois à quatorze mois durant.

Ces réserves, qu'il ne faut jamais perdre de vue, devaient être rappelées avant d'exposer les résultats des expériences de Goltz. Nous venons de dire pourquoi ces résultats ne sauraient être tout à fait conformes à ceux de Munk ou de Monakow. Le premier fait qui frappe l'observateur, c'est que les animaux auxquels Goltz a enlevé les deux lobes occipitaux sont d'abord tout à fait aveugles, au moins pendant les premiers jours qui suivent l'opération. Puis Goltz note qu'ils ne sont plus insensibles aux impressions de la lumière; la faculté de voir revient peu à peu chez ses chiens. Pourtant, quelques mois après l'opération, il s'aperçoit qu'un reste de trouble visuel persiste qui ne disparaît plus. Quelques exemples feront comprendre en quoi consiste « ce reste de trouble du

---

[1] *Ueber die centralen Organe,* etc. Sitzungsb. d. Akad. d. Wiss. 4 et 11 févr. 1886.

sens de la vue », admis par Goltz lui-même, et qui ne peut correspondre, dans sa manière de voir, qu'à une lésion de déficit, non à un phénomène d'arrêt transitoire.

Dans une chambre remplie de meubles, le chien évite très bien les obstacles qui se trouvent sur son chemin; il ne se heurte jamais; il ne court point d'ailleurs; il marche lentement. Mais si on lui bande les yeux, il refuse de marcher; il fait effort pour se débarrasser de l'emplâtre qu'on lui a mis. Il se servait donc de ses yeux; il n'était donc plus aveugle, conclut Goltz. Il ne se détourne pas seulement des obstacles réels; il évite de même les obstacles imaginaires : une raie de lumière solaire sur le sol, par exemple. Goltz place par terre des feuilles de papier blanc de manière à faire une bande blanche. Quand, dans sa lente démarche, le chien s'en approche, il baisse la tête comme s'il la considérait et se détourne, longeant le bord de la bande en évitant de passer dessus, scrupule que ne montrent guère les chiens indemnes [1]. Si l'on place à quelque distance du chien opéré, sur le sol, le vase en porcelaine blanche dans lequel il mange chaque jour sa nourriture, l'animal ne paraît pas le voir, car ce n'est que s'il approche par hasard de ce vase que son odorat lui en révèle le contenu; il s'arrête et il mange. Mais ce qui fait croire qu'il *voit* cette tasse de porcelaine qu'il *ne reconnaît pas*, c'est que si l'on place à la file une série de vases blancs semblables et vides, le chien les évite comme il a évité la raie de lumière ou la bande de papier blanc.

[1] V. dans le Mémoire de Munk indiqué dans la note précédente la réfutation des conséquences que Goltz a tirées de ces expériences, p. 128-129.

Et pourtant ce chien n'a pas la moindre notion du
fouet ou du bâton dont on le menace ; on peut approcher subitement de ses yeux une bougie allumée,
voire la lumière aveuglante d'une lampe de magné-
sium, sans attirer son attention. La vue de l'homme ou
des autres animaux ne fait pas plus d'effet sur lui. Les
pupilles d'ailleurs se contractent bien à la lumière.
Présente-t-on à ce chien, à quelque distance, un gros
morceau de viande, il regarde en l'air sans fixer cette
proie ; il voudrait la happer, mais va cherchant sans
rien trouver. Pour qu'il l'aperçoive et la prenne, il
faut la lui approcher du nez. Ce chien n'est pas aveugle;
il voit sans ses lobes occipitaux, dit Goltz, « peut-
être même voit-il tout à fait bien » : il est seulement
hors d'état de reconnaître ce qu'il voit. Il a encore
des perceptions visuelles : ce qui lui fait défaut, absolument ou relativement, c'est une élaboration consciente des impressions de la vue pour une action
appropriée à quelque fin.

Avec quelle partie de son cerveau ce chien continue-
t-il à voir? Ce qui lui reste de cet organe n'est certainement pas, selon Goltz, sans prendre part à la fonction
centrale de la vue, puisque les lésions des différents
lobes cérébraux et du lobe frontal en particulier,
affecteraient ce sens. Mais Goltz croit [1] que même le
mésocéphale et la moelle allongée peuvent, indépendamment du cerveau, réagir et déterminer des actions
réflexes sous l'influence des excitations transmises par
le nerf optique. Stilling a indiqué, en effet, les voies
que suivraient, jusque dans ces régions, les excitations

[1] Ve *Mém.*, p. 494.

centripètes de l'opticus, lequel ne posséderait pas moins de dix racines cérébrales et spinales [1].

Goltz paraît abonder pleinement dans le sens de cet anatomiste, dont les doctrines à cet égard n'ont guère trouvé d'écho jusqu'ici. Il conclut donc qu'un mammifère sans écorce cérébrale peut encore, comme une grenouille qui a subi la même perte de substance, donner des preuves de la persistance du sens de la vue. Quant aux expériences et observations contraires de Munk, qui établissent que les mammifères et les oiseaux voient avec leur cerveau postérieur, si bien qu'ils deviennent fatalement aveugles après l'ablation complète des lobes occipitaux, Goltz déclare n'y pas attacher la moindre importance, — pour cette raison, qu'un cas positif a plus de valeur que tous les cas négatifs. Malheureusement, le professeur de Strasbourg est à peu près le seul à voir des cas positifs dans ceux qu'il cite, tandis que presque tous les physiologistes contemporains, et avec eux la plupart des cliniciens, sont convaincus de la vérité des cas négatifs de Munk.

Voici pourtant un point où Goltz se trouve d'accord

---

[1] V. *Archiv f. Psych.* XI, 274 sq., et *Ueber die centrale Endigung des N. opticus*, in *Arch. f. mikroskop. Anatomie* von La Vallette St-George et Waldeyer, 1880, p. 468. Outre le pulvinar, les corps genouillés externes et les tubercules quadrijumeaux (les deux paires!), noyaux des trois premières branches de l'opticus, Stilling parle d'une quatrième branche des nerfs optiques, la racine descendante de ce nerf, qui irait directement au pont de Varole et se terminerait dans la moelle épinière; une cinquième branche se terminerait dans le *corpus Luysii* (Forel), etc. De tous ces centres nerveux ou terminaisons centrales de l'opticus, le *corpus Luysii* est peut-être le plus étranger au nerf optique, car Monakow l'a trouvé intact, dans toutes ses expériences sur les animaux et dans les cas pathologiques, au cours de sa vaste enquête sur les rapports des centres corticaux de la vision avec les centres infra-corticaux du nerf optique et le nerf optique lui-même.

avec Munk : il s'agit de la nature propre du trouble visuel qui suit l'ablation d'un lobe occipital. Longtemps Goltz n'avait observé qu'une amblyopie complète de l'œil du côté opposé à la lésion cérébrale : il a reconnu plus tard que le trouble fonctionnel consécutif était bilatéral. C'est Munk, dit-il, qui a trouvé le premier qu'après la lésion d'un lobe occipital, il se produit une hémianopsie homonyme bilatérale. Si l'on bouche l'œil gauche d'un chien dont le lobe occipital gauche a été enlevé, l'animal ne remarque rien de ce qui se projette dans la partie gauche du champ visuel de l'œil droit. Quand l'animal est au repos, on peut déterminer, en faisant avancer un morceau de viande, la limite où a lieu la perception de l'impression rétinienne : cette limite correspond, suivant Goltz et Loeb, à une ligne qui passerait verticalement par la tache jaune. L'animal est donc frappé d'un trouble visuel hémilatéral ; il ne perçoit plus, au cas où un lobe occipital a été enlevé, les objets qui se peignent sur les moitiés homonymes de ses deux rétines. Seulement, le trouble produit sur l'œil du même côté (faisceau direct) est si peu intense, qu'il peut passer inaperçu chez le chien (à cause de la divergence des yeux, plus grande chez le chien que chez l'homme) ; l'homme frappé d'hémianopsie latérale homonyme n'a pas non plus toujours conscience, d'ailleurs, du trouble qui existe sur l'œil du même côté que la lésion[1]. Goltz conteste seulement qu'il s'agisse chez le chien d'une véritable hémianopsie ; les suites de l'ablation des deux lobes occipitaux prouvent assez, à l'en croire, que les

---

[1] Cf. Mauthner, *Gehirn und Auge.* Wiesb., 1881, p. 369.

animaux qui ont perdu un lobe occipital ne peuvent avoir une cécité unilatérale (*halbseitige Blindheit*), mais seulement un affaiblissement hémilatéral de la vision (*h. Sehschwaeche*), bref, une hémiamblyopie des deux yeux.

De bonne heure, Goltz n'a vu dans les troubles de la vue qui persistent après une destruction des lobes occipitaux, qu'un des symptômes d'une obtusion générale de la sensibilité spéciale, laquelle est toujours liée à une obtusion de l'intelligence [1]. Aussi a-t-il abandonné, il y a longtemps, l'hypothèse dont nous avons parlé (lésion du sens des couleurs et du sens de l'espace, vision trouble comme à travers un brouillard), qui lui avait d'abord paru suffisante pour expliquer chez les animaux opérés la nature des troubles de la vision. L'animal qui voit un fouet sans que cette idée éveille en lui l'association d'idées ordinaires, — qui voit sans la reconnaître la nourriture qu'on lui présente, — qui reste indifférent à la vue de l'homme et des animaux, cet animal se comporte tout de même à l'égard des autres modes de la sensibilité : aucun bruit ne l'effraye ; il ne répond pas à l'appel de son nom ; il respire sans déplaisir la fumée du tabac ; il dévore sans aversion la viande de chien, etc.

Cet état d'hébétude des sens et de l'intelligence en général, et du sens de la vue en particulier, Goltz avait proposé de l'appeler du nom de « cécité cérébrale » (*Hirnblindheit*), au lieu de « cécité psychique » (Munk), mot qui ne s'applique d'ailleurs qu'à une lésion spéciale du sens de la vue. Mais, comme il n'a

---

[1] IVe *Mém.*, p. 42.

jamais observé de cécité complète durable après des lésions de l'écorce cérébrale (ce qui ne prouve rien, naturellement, contre la réalité de cette cécité, quand l'opération en a réalisé les conditions nécessaires), Goltz préfère l'expression de faiblesse ou d'*affaiblissement cérébral de la vision* (*Hirnsehschwaeche*). Les animaux qui présentent cet affaiblissement cérébral n'ont pas seulement perdu, comme le veut Munk, les images commémoratives de leurs perceptions antérieures, ils ont perdu pour toujours la possibilité d'en acquérir de nouvelles ; du moins cette faculté est-elle très abaissée, et d'une manière permanente ; ils ne savent plus utiliser les impressions nouvelles de leur vue ni réapprendre à voir : comme les déments, ils souffrent d'un affaiblissement de la perception des plus accusés. « Dans le livre de leur mémoire, a écrit Goltz, ce n'est pas seulement l'écriture qui est effacée ; le livre lui-même est détruit ; il n'en reste plus que quelques feuillets. » Rabaissés en quelque sorte à l'intelligence rudimentaire d'animaux très inférieurs à leur espèce, ces chiens ne tirent plus parti des impressions de leurs sens que dans des limites très bornées.

On observerait donc simultanément un affaiblissement cérébral, une véritable parésie diffuse, sinon une paralysie complète, des sens de la vue (*Hirnsehschwaeche*), de l'ouïe (*Hirnhœrschwaeche*), de l'odorat (*Hirnriechschwaeche*), du goût (*Hirnschmeckschwaeche*), de la sensibilité générale (*Hirnfuehlschwaeche*)[1]. En somme, chez le chien opéré des lobes occipitaux, il

____

[1] IVe *Mém.*, p. 43.

s'agirait d'un affaiblissement général de la perception sensorielle (*eine allgemeine Wahrnehmungsschwaeche*), et non, comme l'enseigne Munk, du seul sens de la vue.

Il est constant pour Goltz, aujourd'hui encore, que les chiens opérés bilatéralement du cerveau occipital présentent toujours à la fois des troubles de la vision et des autres sens, de l'ouïe en particulier, de l'odorat et du toucher (*Tastempfindung*). « Lorsque je disais, dans mon dernier mémoire, écrit Goltz, que le chien opéré des régions postérieures du cerveau ne présente point de troubles de la sensibilité générale, je m'avançais beaucoup trop[1]. » Les expériences qu'il a faites depuis l'ont mieux instruit à cet égard. Pour explorer la sensibilité générale, Goltz se sert d'une poire en caoutchouc, munie d'une fine canule, dont la pression, détermine, au moyen du courant d'air, des sensations de contact et de froid sur la peau de l'animal. Toutefois, ajoute Goltz, la sensibilité générale est peu affaiblie chez les animaux ainsi opérés, si on la compare à l'état d'altération beaucoup plus accusée qu'elle présente chez les animaux opérés du cerveau antérieur.

Pour prouver que les chiens dont les lobes occipitaux ont été enlevés ne sont pas aveugles, que le sens de la vue est seulement affaibli et comme frappé, en même temps que tous les autres sens, de parésie fonctionnelle, Goltz les a comparés à un chien véritablement aveugle, mais dont le cerveau est intact (ou du moins n'a pas subi de traumatisme expérimental).

[1] **VI**ᵉ *Mém.*, 1888, p. 461-2.

Ce chien marche lentement, lui aussi, avec précaution, mais il s'oriente admirablement au moyen de
l'ouïe, de l'odorat et du toucher. Il vient en droiture
vers celui qui l'appelle. Si l'on frappe sur la tasse de
porcelaine qui contient sa nourriture, il accourt et la
trouve aussitôt. La lui retire-t-on pendant qu'il
mange, il en suit, en flairant, le mouvement[1].

Tout ce qu'a écrit Goltz à l'occasion de ce trouble
visuel, qu'il a le premier exactement décrit chez le
chien et désigné par le mot « d'affaiblissement de la
vision cérébrale ou mentale », nous paraît très remarquable. Le tableau des symptômes psychiques des
traumatismes étendus et profonds du cerveau postérieur, avec les atrophies consécutives, est tracé de
main de maître. L'obtusion des sens et de l'intelligence, la débilité mentale, l'affaiblissement des perceptions sensibles, qui ne laissent plus de traces persistantes dans le substratum organique de la conscience, parce que la condition de cet épiphénomène, la
substance grise corticale, est détruite dans de vastes
régions, et que le reste de l'organe subit à distance
l'involution régressive, la dénutrition, la mortifica-
tion, — tout ce cortège des dégénérescences qui
amènent à leur suite la démence, est fort bien décrit.
Sans doute, la doctrine des localisations cérébrales
ne peut guère utiliser les résultats de ces expériences :
ce n'est pas une raison pour en méconnaître la valeur à un point de vue général. L'anatomie, la physiologie expérimentale et l'observation clinique ont
trop solidement établi la localisation de la vision men-

_____
[1] V° *Mém.*, p. 498.

tale dans le lobe occipital pour que le sentiment général varie désormais à cet égard. Goltz a erré *toto cœlo*; il ne peut plus guère remonter le courant de l'âge, qui nous entraîne tous; il mourra dans l'impénitence finale. Il n'en a pas moins le droit de répéter ces fières paroles, qu'il écrivait déjà en 1879 : « Quoi que l'avenir décide touchant les questions que nous avons examinées, j'espère que l'on reconnaîtra que mes Mémoires renferment un riche matériel de faits nouveaux. J'ai consacré à ces études presque quatre ans de travail ininterrompu (1879). On ne m'en voudra pas si j'exprime le désir que les résultats de mes observations demeurent attachés à mon nom[1]. »

C'est, on peut le dire, pour n'avoir pas tiré lui-même toutes les conséquences qui découlaient de ses belles expériences sur « l'affaiblissement cérébral » des sens et de l'intelligence, par le fait de lésions destructives très étendues de l'écorce des lobes occipitaux, que Goltz, croyant produire des arguments décisifs contre les physiologistes qui localisent le centre mental de la vision dans le lobe occipital, a énuméré ainsi ses conclusions négatives, malheureusement erronées : « *a*) Un animal auquel on a enlevé entièrement l'écorce du lobe occipital ne demeure point aveugle d'une manière permanente ; *b*) un animal qui, outre l'écorce du lobe occipital, a perdu aussi celle du lobe pariétal, présente des troubles visuels plus accusés; *c*) un chien qui n'a perdu qu'un lobe pariétal présente longtemps, peut-être toujours, des troubles de la vision sur l'œil opposé à la lésion[2]. »

[1] IIe *Mém.*, p. 51.
[2] IVe *Mém.*, p. 41.

Bref, il n'existe aucun territoire de l'écorce cérébrale qui serve exclusivement à la vision.

Il est certain qu'après une lésion étendue du cerveau antérieur, outre les troubles de la motilité et de la sensibilité générale, Goltz a observé, comme Hitzig, des troubles de la vision [1] : le chien opéré à gauche n'observe guère les objets qui affectent la moitié droite de son champ visuel; il heurte quelquefois de la moitié droite de la tête et du corps ; pour qu'il ferme les paupières, il faut que le doigt effleure les cils de son œil droit; l'œil gauche, au contraire, se ferme dès que le doigt s'approche à une certaine distance. Il y a là certes, non pas comme l'avait cru Goltz jusqu'aux expériences de Loeb, une amblyopie complète de l'œil du côté opposé à la lésion cérébrale, mais une hémianopsie, ou, ainsi que s'expriment le maître et le disciple, une hémiamblyopie des deux yeux. Or, l'explication de ces troubles de la vision dans les lésions du cerveau antérieur se présente d'elle-même, et dans les termes mêmes du physiologiste qui a peut-être le mieux fait ressortir l'impor-

---

[1] Aujourd'hui, dans le VIe *Mémoire* (1888), chez un chien qui depuis plus d'un an avait subi l'ablation d'une moitié entière du cerveau, de l'*hémisphère gauche*, Goltz note ce qui suit : « La patte antérieure droite est moins habile que la gauche dans la préhension d'un os; elle est moins forte. Le chien se tourne plus facilement et plus vivement à gauche qu'à droite. Il doit déployer un plus grand effort pour mettre en activité les muscles des membres, de la face et du tronc du côté droit. La sensibilité est diminuée sur tout le côté droit du corps, sans qu'aucun point de la peau ne soit d'ailleurs insensible. Si l'on explore la sensibilité générale (au moyen de la poire en caoutchouc), à droite, le chien ne sent rien; c'est le contraire à gauche; il laisse pendre sa patte droite dans l'eau froide, il la retire à gauche. Il existe en outre des troubles de l'audition et de la vue : l'œil droit est hémiamblyopique. » Goltz ne doute plus aujourd'hui que l'ablation de l'hémisphère gauche n'ait provoqué ces troubles *durables* du mouvement et de la sensibilité du côté droit du corps.

tance des actions à distance, des phénomènes d'arrêt ou d'inhibition, dans les lésions du cerveau et de la moelle épinière, actions dues surtout à l'irritation inflammatoire de voisinage, et aux modifications inévitables de la circulation dans les parties de l'organe demeurées indemnes.

La meilleure critique des doctrines de Goltz, critique décisive, est certainement celle qu'on tire directement de ses paroles, des protocoles de ses propres expériences, des variations de ses opinions. C'est ce que nous nous sommes souvent bornés à faire dans cet examen ; c'est ce que Munk et Hitzig ont fait à propos des idées de Goltz sur les organes centraux de la vue. Mais il nous faut parler, avant, d'autres critiques, plus sensibles peut-être au professeur de Strasbourg, car elles viennent d'un de ses élèves, de Jacques Loeb. A la vérité, Loeb n'a pas plus conscience des coups qu'il porte à son maître, que celui-ci n'a eu conscience des larges blessures qu'il s'est faites en avançant dans son œuvre.

J. Loeb a surtout insisté sur ce point (qu'il a fait adopter par Goltz), que les troubles de la vision, à la suite de la lésion d'un hémisphère cérébral, intéressant toujours les deux yeux, constituent, sinon une hémianopsie, au moins, chez le chien, une hémiamblyopie latérale homonyme. Quant à cette amblyopie elle-même, est-elle un phénomène d'arrêt ou un phénomène de déficit ? Loeb incline nettement à admettre qu'elle dépend surtout de l'inflammation consécutive au traumatisme et du processus cicatriciel de la blessure. Ainsi, la restitution de la vue dans l'amblyopie ne résulterait pas de ce fait, admis par Munk, que l'animal parvient peu à peu, par l'exercice, à combler les lacunes de son champ visuel, comme il fait la lacune normale de la tache aveugle. Il n'existerait pas de lacunes nouvelles dans le champ visuel, donc pas de lésions de déficit : les troubles transitoires de la vision s'amenderaient en même temps que les phénomènes d'arrêt qui les avaient déterminés. L'irritation inflammatoire qui suit l'opération pourrait amener, d'ailleurs, suivant Loeb, des troubles fonctionnels durables des centres sous-corticaux de la vision. Il va même jusqu'à se demander « si l'écorce grise cérébrale joue un rôle dans les fonctions de la vision ! »

Naturellement, J. Loeb a trouvé, lui aussi, que ces troubles de la vision apparaissaient aussi bien après des lésions des lobes pariétal, temporal et frontal, qu'avec des lésions du lobe occipital.

Suivant Loeb, après l'ablation du lobe frontal gauche, le chien se tourne de préférence à gauche et ne voit pas ce qui frappe la moitié droite de son champ visuel : c'est une hémiamblyopie typique. Avec de petites extirpations superficielles du gyrus sigmoïde, l'hémiamblyopie peut manquer, mais elle apparaît avec des lésions plus profondes. D'autre part, il n'a point trouvé trace, sur le lobe pariétal, de la « sphère sensitive de l'œil », qu'y a localisée Munk. La destruction du lobe occipital détermine bien l'amblyopie, mais il ne saurait exister de projection des impressions rétiniennes sur la prétendue « sphère visuelle » que Munk y situe, puisque des troubles graves de la vision peuvent être également provoqués par des lésions des centres dits moteurs du cerveau antérieur (Hitzig, Goltz, Luciani).

Enfin les lésions du lobe occipital déterminent, comme celles d'autres parties du cerveau, des troubles moteurs, tels que mouvements de manège, etc. Munk ne saurait concéder, affirmait J. Loeb, que des lésions de la « sphère visuelle » causent des troubles de la motilité ; s'il le faisait, c'en serait fait du principe des localisations fonctionnelles[1]. Eh bien, cette concession, Munk l'a faite naguère, lorsque de nouvelles expériences lui ont démontré la nature mixte, c'est-à-dire sensorielle et motrice, des centres du lobe occipital, pour les yeux, il est vrai, et l'on ne voit pas que le principe des localisations cérébrales en ait beaucoup souffert. Mais, lorsqu'il s'agit de Munk, les « remarques critiques » de ce disciple de Goltz seraient plus justement appelées hypercritiques. Ajoutez les procédés dialectiques chers à cette école de Strasbourg : l'expérimentation physiologique établit, nous dit-on, que les lésions de la zone « motrice » peuvent produire des troubles de la vision, et celles de la « sphère visuelle » de Munk, de vrais troubles moteurs. Bref, l'amblyopie peut résulter de lésions intéressant presque *tous* les points des hémisphères cérébraux, et quoiqu'ils dépendent le plus souvent d'altérations de la « zone motrice », des troubles du mouvement peuvent résulter de lésions du lobe occipital. Mais, ajoute aussitôt Loeb, l'expérimentation physiologique constate également qu'il existe une différence essentielle dans les effets des lésions des parties antérieures et des parties postérieures du cerveau : celles-là déterminent

---

[1] J. Loeb. *Beitraege zur Physiologie des Grosshirns* (Aus dem thierphysiol. Institut der landwirthschaftlichen Hochschule zu Berlin). — Arch. f. d. ges. Physiologie, 1886, p. 323.

surtout des altérations de la motilité, celles-ci des troubles de la vision [1].

J. Loeb finit donc par reconnaître à son tour, qu'après les lésions du lobe occipital, les troubles de la vision l'emportent en intensité sur ceux des autres fonctions; en d'autres termes, que la vision est la fonction qui a le plus à souffrir des mutilations localisées aux lobes postérieurs du cerveau. C'est ainsi qu'il n'a pu observer de trouble notable de la sensibilité générale ni même de l'ouïe, dans ces lésions, encore moins cet état général d'obtusion profonde dont parle son maître. Ses observations ne s'accordent donc pas de tous points avec celles de Goltz; Loeb en fait lui-même la remarque [2].

En voici l'explication ingénue : les destructions que Goltz a pratiquées sur le cerveau de ses chiens étaient à la fois plus vastes en surface et en profondeur que les siennes; Goltz ne s'est pas borné à détruire l'écorce grise comme il l'a fait; Goltz a désorganisé la substance blanche [3] et atteint quelquefois les ganglions de la base. En outre, Goltz n'a observé les phénomènes d'affaiblissement général de la sensibilité et de l'intelligence que chez des animaux qui, ou avaient

---

[1] Alex. v. Koranyi. *Zur Physiologie der hinteren Teile des Grosshirns.* (Centralblatt f. d. med. Wissensch., 1890, 513 et 529) : « Ce trouble d'innervation (la tendance du chien opéré à regarder toujours du côté de la lésion) de l'appareil moteur oculaire est beaucoup plus net et persistant quand ce sont les parties postérieures du cerveau qui ont été lésées que lorsque la mutilation porte sur les régions antérieures; dans ce cas, le phénomène peut même manquer entièrement. »

[2] *Die Sehstoerungen nach Verletzung der Grosshirnrinde* (1884), p. 112.

[3] La nature et la portée des lésions de la substance blanche sous-jacente à l'écorce a préoccupé de plus en plus Fr. Goltz, comme presque tous les adversaires, d'ailleurs, des localisations cérébrales. Nous ne savons, dit Goltz, après une vivisection, quels troubles doivent être attri-

été opérés plusieurs fois, ou avaient subi de grandes pertes de substance sur les deux hémisphères, et dont les hémianopsies étaient devenues persistantes sur les deux yeux. Mais, si l'on ne lèse qu'une moitié du cerveau, l'œil du côté correspondant n'est jamais affecté d'affaiblissement de la vision mentale. Les trois quarts du champ visuel sont atteints sur l'œil du côté opposé, un quart seulement sur l'autre œil. Aussi le chien qui n'a subi qu'une seule opération peut-il compenser, par les mouvements de sa tête, les défauts transitoires de son champ visuel. Il ne le peut si, comme dans les expériences de Goltz, où les chiens subissent des pertes de substance considérables, il est devenu dément. S'il évite machinalement les obstacles placés sur son chemin, il n'est plus attentif à la forme et à la nature des excitations de sa rétine. Dément, il l'est, et à un très haut degré.

C'est donc bien de la démence (*Bloedsinn, dementia*) qu'il s'agit, en réalité, dans cet affaiblissement de la vision mentale et de toutes les autres perceptions et images sensorielles signalées par Goltz [1].

S'il en est ainsi, et c'est là ce que nous avons laissé entrevoir dans tout le cours de cette étude, il est clair que les expériences de Goltz n'ont aucune valeur pour

buès aux lésions de la substance blanche, toujours intéressée, quels aux lésions de la substance grise. Si les lésions des régions postérieures du cerveau déterminent surtout des troubles graves de la vision, la raison en serait, non dans la fonction physiologique de l'écorce des lobes occipitaux, mais dans la présence des faisceaux de l'opticus qui s'irradient en cette région, et qui s'y rencontrent naturellement en beaucoup plus grand nombre que dans les lobes antérieurs du cerveau. A l'appui de cette hypothèse, Goltz cite une expérience de J. Loeb qui prouve, selon lui, qu'une lésion de ces faisceaux peut provoquer à elle seule des troubles fonctionnels de la vision comme les lésions de la substance grise.

[1] J. Loeb. *Die Sehstoerungen*, etc., p. 161, 162, 165-167.

ou contre la doctrine moderne des localisations cérébrales. Une critique aussi radicale ne pouvait être formulée que par un disciple du maître. Elle nous paraît fondée.

On va voir maintenant que Hitzig et Munk ont su découvrir, dans l'œuvre de Goltz, des résultats positifs, d'autant plus précieux qu'ils venaient d'un adversaire, en faveur de la doctrine qu'ils professent.

Dès 1876, Hitzig écrivait que la voie dans laquelle Goltz s'engageait ne le conduirait pas au but en droiture, qu'il avait pris un chemin détourné. Et en effet, si Goltz est arrivé si tard, sans le savoir lui-même, et par la force des choses, au point d'où Hitzig est parti en 1870, où Munk et tant d'autres l'ont précédé, c'est aux innombrables détours de sa route, lente et sinueuse, qu'il le faut attribuer. Goltz avait commencé par soutenir que, quel que soit le point de l'écorce sur lequel porte la lésion expérimentale, sur les lobes antérieurs ou sur les lobes postérieurs du cerveau, le caractère des troubles consécutifs demeure le même. « Les animaux dont la lésion, comme on le constate à l'autopsie, a été limitée aux lobes occipitaux, partant à la zone inexcitable, ont présenté absolument les mêmes phénomènes que ceux chez lesquels la lésion avait porté sur le territoire antérieur de la zone excitable [1]. » Dès le quatrième Mémoire (Conclusion V), il admettait que « les lésions des régions antérieures du cerveau déterminent des phénomènes de déficit qui, à certains égards, se distinguent de ceux qui se montrent après la destruction des régions postérieures. »

____

[1] Ier *Mém.*, p. 38.

Dans le cinquième Mémoire (1884, *Remarques finales*), il déclare très haut qu'il n'a jamais dit ni écrit que la substance cérébrale est partout fonctionnellement homogène. Il ne répugne pas du tout à l'idée de l'hétérogénéité fonctionnelle de cette substance. Et il laisse entrevoir comment on pourra arriver à déterminer les fonctions cérébrales d'un territoire cortical : il suffira de distinguer avec soin ce qu'il a appelé les phénomènes de déficit permanents des phénomènes d'arrêt transitoires.

Il insiste plus qu'il ne l'avait fait sur la diversité absolue des symptômes, selon que les animaux ont subi une destruction du cerveau antérieur ou du cerveau postérieur : les premiers présentent des phénomènes de paralysie motrice et d'anesthésie sensitive (lourdeur et embarras des mouvements, émoussement de la sensibilité générale), mais aucun trouble prononcé des sens spéciaux ; les seconds, au contraire, des troubles de perception sensorielle, un affaiblissement extraordinaire de tous les sens spéciaux, surtout de la vue, sans altération de la motilité ni de la sensibilité générale. Il en conclut qu'à cet égard aucun doute n'est possible : un chien privé des lobes occipitaux diffère d'une façon permanente, et par des caractères essentiels, d'un chien dont les lobes antérieurs du cerveau ont été enlevés. Bref, « les lobes du cerveau n'ont point la même fonction ». Il y a des territoires corticaux dont les lésions sont toujours suivies de paralysies transitoires chez les chiens, de paralysies durables chez l'homme, avec altérations de la sensibilité générale ; il y en a d'autres, tels que ceux du lobe frontal ou du lobe occipital, dont les lésions ne sont pas suivies de troubles de la motilité ni de la sensibilité générale.

En un mot, et c'est là un fait d'expérience qui a fini par s'imposer à Goltz lui-même, les troubles de la vue, de l'ouïe, de l'odorat et du goût n'accompagnent pas nécessairement les lésions du cerveau antérieur, dont les troubles de la motilité et de la sensibilité générale demeurent les symptômes essentiels, tandis que les altérations fonctionnelles des sens spéciaux, et en particulier du sens de la vue, apparaissent d'ordinaire avec les lésions destructives des lobes occipitaux.

Je répète que ces thèses, quoi qu'en puisse penser Fr. Goltz, sont, au fond, d'accord avec tout ce qu'enseigne la doctrine moderne des localisations cérébrales.

Munk ne s'y est pas trompé, non plus que Hitzig[1]. En 1881, Goltz déclarait qu'il n'avait pu découvrir un atome de vérité dans les doctrines de Munk sur les fonctions du cerveau. Mais depuis, nous venons de le montrer, il a reconnu qu'un « chien qui a perdu les lobes occipitaux diffère d'une façon permanente, et par des caractères essentiels, d'un chien dont une portion considérable du cerveau antérieur a été enlevée[2] » ; que le « cerveau postérieur a des rapports plus étroits

---

[1] Le plus récent article dans lequel Hitzig, rappelant les variations de Goltz, esquisse en quelque sorte l'histoire de ce converti sans le savoir, a paru dans le *Neurologisches Centralblatt* du 1er avril 1886. Quelques jours après, en mai, au congrès des neurologistes et aliénistes allemands de Baden-Baden (22 et 23 mai 1886), Goltz, impénitent, retombait dans ses anciennes erreurs. Il est bien inutile désormais de les réfuter, surtout après Goltz lui-même, qui est et demeure le meilleur critique de ses doctrines physiologiques.

[2] Ve *Mém.*, p. 503.

avec les sens spéciaux que le cerveau antérieur[1] » ;
qu' « après une lésion du lobe occipital, on observe
de l'hémiamblyopie », etc. En 1881, Goltz avait soutenu que toute la sphère visuelle de Munk peut être
extirpée sans que l'animal devienne aveugle; mais les
figures qui accompagnaient le texte laissaient assez
paraître que la sphère visuelle n'avait pas été complètement enlevée, et que si les chiens opérés, en dépit
de troubles considérables de la vision, n'étaient pas
aveugles, on devait y voir une confirmation plutôt
qu'une réfutation des expériences de Munk.

Les chiens opérés par Goltz voyaient encore, par
l'excellente raison que les centres corticaux de la vision
n'avaient pas été radicalement extirpés! Inutile d'insister; nous avons déjà rapporté les témoignages de
Fritsch et de Mendel sur le même sujet, dans les divers congrès scientifiques où Goltz a coutume de présenter ses chiens. Les quatre chiens que Munk a seuls
pu conserver vivants et en bon état, sur quatre-vingt-
cinq, après l'extirpation totale des sphères visuelles,
sont tout à fait aveugles, mais ils ne présentent aucun
affaiblissement de la sensibilité générale ou spéciale,
en dehors du sens de la vue. Ni l'ouïe, ni l'odorat, ni
le goût, ni la sensibilité générale ne sont altérés.

Si, au lieu de dévastations considérables de lobes et
d'hémisphères cérébraux, Goltz avait limité ses lésions
à des régions définies de l'écorce, il se serait rencontré
plus tôt avec les résultats généralement acquis et ac-
ceptés : il a pu s'en apercevoir du jour où il a commencé une étude méthodique des fonctions du cerveau

---

[1] Ve *Mém.*, p. 480, 488.

antérieur et du cerveau postérieur, qu'il a déclarés lui-même fonctionnellement hétérogènes.

L'OUÏE.

Dès ses premières expériences sur le cerveau des chiens (1876), Goltz nota, après des destructions étendues de l'écorce, des troubles de l'audition. Longtemps, avec ironie, il demanda qu'on lui indiquât « où trônait le centre de l'audition mentale » (1877). De profondes destructions *latérales* du cerveau furent pourtant accompagnées d'altérations de l'ouïe. Mais Goltz ne fut frappé des troubles de cette fonction, d'ailleurs difficiles à constater chez les animaux (D. Ferrier), que lorsqu'il entreprit ses ablations méthodiques du cerveau antérieur et des lobes occipitaux. Il parle toujours, on le sait, d'un affaiblissement général des perceptions sensorielles, et, par conséquent, de l'audition, dans les lésions destructives du cerveau postérieur, observation tout à fait d'accord avec ce qu'on sait (Ferrier, Wernicke, Kussmaul, Munk) de la localisation du siège central de l'ouïe dans le « cerveau temporo-occipital, » comme s'exprimait Wernicke, dans la « zone sphéno-temporo-occipitale », comme écrit Flechsig[1].

Dans l'un de ses derniers articles, critiquant à son ordinaire toute tentative de circonscrire une sphère de l'ouïe (*Hoersphære*), Goltz convient pourtant qu'on ne peut nier qu'une lésion du lobe temporal n'altère l'audition mentale, c'est-à-dire le souvenir et la conscience

[1] C. Wernicke. *Der aphasische Symptomencomplex. Eine psychologische Studie auf anatomischer Basis.* Breslau, 1874. « Das Hinterhaupts-Schlaefehirn, » p. 9 et *passim.* — P. Flechsig. *Plan des menschlichen Gehirns.* Leip., 1883, p. 37.

que nous avons des images auditives nées des perceptions de l'ouïe. Mais il a toujours vu alors — après
une large destruction du lobe temporal — ce phénomène morbide escorté d'autres altérations des sens,
par exemple de troubles de la vision mentale. D'autre
part, il a observé des troubles de l'audition consécutivement à des lésions étendues du lobe occipital, le
lobe temporal étant indemne. Le chien paraît avoir
perdu l'intelligence des perceptions auditives, comme
il a d'ailleurs perdu en partie celle des perceptions des
autres sens. Stupide et indifférent, il entend sans comprendre. Goltz rappelle à ce propos des faits semblables
observés chez l'homme atteint de surdité verbale : le
sujet entend le son des paroles ; il n'en comprend plus
le sens. « Cela est exact, ajoute-t-il, mais *je suis convaincu* que, chez l'homme comme chez les animaux,
la surdité peut être observée sans lésion du lobe temporal. » Enfin, après une destruction bilatérale du lobe
pariétal, Goltz a encore observé des troubles transitoires du sens de l'ouïe : un bruit menaçant, le claquement d'un fouet, ne fait plus prendre la fuite à l'animal,
mais la surprise et l'inquiétude qu'il éprouve feraient
assez connaître qu'il comprend encore la signification
du bruit entendu. A un appel amical, il accourt en
remuant la queue de contentement.

Voilà tout ce qui, dans l'œuvre de Goltz, a trait à
l'audition mentale. On voit combien le professeur de
Strasbourg est à cet égard demeuré en arrière de ses
émules de Londres et de Berlin. Les pages de Ferrier
et surtout celles de Munk sur ce sujet, quoique peu
nombreuses, sont les meilleures qu'il y ait pour la
psychologie physiologique des fonctions centrales de

l'ouïe[1]. De la surdité psychique et de la surdité corticale, qui reposent aujourd'hui sur des données anatomiques bien établis, pas un mot chez Goltz (si ce n'est quelques paroles sur la surdité verbale). Il va sans dire qu'il a dédaigné les pathologistes, Wernicke, Kussmaul, Kalher et Pick[2], etc. ; il semble n'avoir accordé qu'une médiocre attention, s'il en a accordé quelqu'une, aux admirables expériences de Monakow[3] ; naturellement il n'a pu connaître le travail d'Onufrowicz[4], inspiré par Forel, ni tout le beau mouvement actuel des études des anatomistes, de Baginsky[5] notamment, sur l'origine et le parcours intracéphalique du nerf acoustique : ces études, en montrant la terminaison ultime du nerf auditif proprement dit dans le lobe temporal, sont une nouvelle et éclatante confirmation des doctrines de Ferrier, de Wernicke et de Munk sur la localisation des fonctions de l'audition mentale dans ce lobe. Elles permettent déjà d'instituer un parallèle frappant entre l'origine centrale, le parcours intra-cérébral

---

[1] D. Ferrier. *Les fonctions du cerveau*, ch. IX, section 1re. — Munk, *Ueber die Functionen der Grosshirnrinde*, p. 12, 13, 22, 40, etc.

[2] *Beitraege zur Pathologie und pathologischen Anatomie des Centralnervensystems*. Leipz., 1879. V. Ibid. : *Beitrag zur Lehre von der Localisation der Hirnfunctionen*, où les auteurs confirment la localisation, admise par Wernicke, des images acoustiques dans le lobe temporal. *Ein Fall von Wortlaubheit*, p. 24. — *Casuistische Nachtraege : b. Zur Localisation der Wortlaubheit*, 182. Cf. Schaefer, *Ein Fall von Herdenkrankung im Schlafenlappen* (Centralblatt f. Nervenheilkunde, 1881).

[3] V. plus haut l'indication des Mémoires de Monakow sur la vision et l'audition centrales, et, dans les *Archives de psychiatrie*, 1882 : *Experiment. Beitrag zur Kenntniss des Corp. restif. des aeusseren Akusticuskern*, etc.

[4] *Experimenteller Beitrag zur Kenntniss des Ursprungs des Nervus acusticus des Kaninchens*. Arch. f. Psych., XVI vol., p. 711 et suiv.

[5] *Ueber den Ursprung und den centralen Verlauf des Nervus acusticus des Kaninchens*. In : *Sitzungsberichte der Koen. preuss. Akademie der Wissensch. zu Berlin*, 25 février 1886, etc.

et les rapports avec les corps genouillés et les tubercules quadrijumeaux des nerfs optiques et acoustiques.

L'ODORAT ET LE GOUT.

C'est un fait d'expérience bien connu, et que Goltz a
constaté comme tout le monde, que les animaux atteints de cécité psychique ou de cécité corticale par
lésions destructives du cerveau postérieur, trouvent au
moyen de l'odorat les aliments qu'ils ne voient plus, et
discernent au moyen de ce sens l'homme et les divers
animaux. Goltz, qui n'admet théoriquement l'existence
dans l'écorce cérébrale d'aucun centre spécial des divers
modes de la sensibilité, n'a pas même essayé de ren-
verser les doctrines reçues sur la localisation cérébrale
des fonctions de l'odorat dans la région du subiculum
cornu Ammonis (Ferrier) ou dans la circonvolution de
l'hippocampe (Munk)[1], localisations bien antérieures
aux doctrines actuelles, et qui datent du jour où les
anatomistes ont constaté les rapports de développement existant entre le lobe olfactif, si développé chez
les mammifères inférieurs dont l'odorat est puissant, et
la terminaison unciforme du lobe temporal ou la circonvolution de l'hippocampe. Cette localisation, qui n'a
pas encore, il est vrai, été l'objet de nombreuses expériences et d'études bien approfondies, paraît à Goltz
au-dessous de sa critique. Il a pourtant noté, nous
n'avons garde de l'oublier, qu'après une lésion destructive des lobes postérieurs du cerveau, l'olfaction et le
goût sont altérés avec les autres sens spéciaux.

---

[1] *Ueber die Funct. der Grosshirnrinde*, p. 73, 128 et suiv. — *Riechs-
phaere* et *Schmecksphaere.*

CHAPITRE V.

L'INTELLIGENCE.

Ce chapitre, qui sera peut-être un jour le plus étendu de la science, n'est encore qu'un simple titre, — titre d'un grand livre dont les feuillets sont vierges, sorte d'en-tête magnifique bien fait pour éveiller les longs espoirs, mais gros d'illusions, et, sans doute, de déceptions finales.

Toutes les théories actuelles de l'intelligence sont prématurées; elles sont nées avant que l'on connût les faits d'anatomie et de physiologie qui doivent servir de fondement à ces constructions idéales de l'esprit. Ce qu'un physiologiste français, des plus célè‑bres, répète volontiers à propos de presque toutes les questions de sa science : — Qu'il nous faut « rejeter comme absolument faux tout ce que nous avons appris[1], » et recommencer notre instruction, — me paraît vrai surtout de l'intelligence considérée dans ses organes et dans ses fonctions. Ce n'est pas que l'immense labeur accumulé en cette province de la con-

---

[1] Brown-Séquard. *Doctrines relatives aux principales actions des centres nerveux.* Paris, 1879, p. 6.

naissance soit perdu; les bonnes observations, les
expériences exactes conservent toute leur valeur : elles
entreront, comme des matériaux, dans la future cons-
truction. Mais celle-ci ne ressemblera guère à toutes
celles qui l'ont précédée. Savoir oublier est d'ailleurs
une qualité presque aussi précieuse pour le savant que
savoir apprendre.

« Je considère comme le résultat le plus important
de mes recherches, a écrit Goltz, la démonstration
que l'écorce du cerveau est, dans toutes ses parties,
l'organe des fonctions psychiques supérieures, de celles
en particulier qui, pour nous, constituent l'intelligence... Par intelligence, j'entends la faculté d'élaborer avec réflexion les perceptions des sens en vue
d'actions appropriées à une fin. Je ne sais si les philosophes seront satisfaits de cette définition; elle suffit au
physiologiste. » Dès ses premières recherches expérimentales, Goltz a été frappé du changement considérable que présentent, dans leur aspect et dans leurs
actions, les animaux dont les hémisphères cérébraux
ont subi des pertes de substance étendues (à partir de
4 grammes et au-dessus) : ils lui faisaient l'effet d'im-
béciles, d'idiots ou de déments. « Tout chien dont les
deux hémisphères cérébraux ont été détruits en grande
partie, dit Goltz, a une lésion permanente de l'intelligence[2]. » Au contraire, après l'ablation de la plus
grande partie de l'écorce grise d'un seul hémisphère,
l'intelligence demeure à peu près normale. Ce fait,
Goltz l'explique comme Flourens : l'hémisphère cérébral conservé supplée les fonctions de l'hémisphère

---

[1] IIIe *Mém. Remarques finales.*
[2] IIIe *Mém.*, p. 39. Cf D. R., IV.

enlevé. L'unique symptôme est une sorte de fatigue plus rapide de l'organe.

On sait que Goltz voit dans l'état d'affaiblissement intellectuel où·tombe un animal dont les deux hémisphères sont en grande partie détruits, l'explication des perturbations du mouvement volontaire et des altérations de la sensibilité générale et spéciale. Il a bien décrit ces symptômes; mais il a mal raisonné : de faits admirablement décrits, il a tiré des conclusions erronées. La lourdeur et l'adaptation défectueuse des ·mouvements allaient nécessairement de compagnie avec l'expression stupide des yeux et la perte des instincts[1]. Dans la lutte pour l'existence, de pareils animaux sont vaincus d'avance. Goltz a vu les instincts maternels subsister, ainsi que les instincts sexuels, quoique l'animal n'ait plus la force de satisfaire ces derniers. La haine que certains chiens se portent persiste aussi, de même que leur attachement pour l'homme, surtout pour celui qui les nourrit. Il va de soi qu'ils ne peuvent plus rien apprendre; ils ne sont plus de garde non plus. C'est que les impressions des sens ne sont plus perçues, associées, conservées à l'état d'images sensitives, sensorielles ou motrices, de symboles mentaux des phénomènes du monde extérieur. Ce qu'on nomme la mémoire, l'attention, le jugement, diminuent naturellement en raison directe des pertes de substance cérébrale. Un des chiens de Goltz avait souvent reçu de la nourriture dans la maison du garçon de laboratoire; lorsqu'il se trouvait sur le chemin de cette habitation, il y courait avec empressement. Après

____

[1] IIe *Mém.*, § IV. Des instincts des animaux après la destruction des deux hémisphères du cerveau.

la destruction de ses deux hémisphères cérébraux, on eut beau le mettre sur la même route ; il ne retourna plus gratter à la porte de l'employé : il avait oublié jusqu'à ses sensations agréables d'antan.

Est-ce à dire que l'on puisse léser directement l'intelligence par la destruction d'une région déterminée de l'écorce? Il faudrait pour cela qu'elle y occupât un siège spécial, une aire délimitée, une sphère, un centre, comme la vision ou l'audition mentale, comme les mouvements volontaires, etc., dans la doctrine moderne des localisateurs. Mais c'est ce que ceux-ci ou n'ont jamais soutenu ou ne soutiennent plus guère.

Parler d'un « centre intellectuel », comme on parle d'un centre sensoriel ou d'un centre moteur, me semble une survivance fâcheuse des traditions psychologiques de l'École. En France, les médecins parlent encore couramment de « l'intelligence[1] » comme on parlait de la mémoire avant Gall, car c'est ce grand anatomiste qui a le premier posé, comme un postulat physiologique, la pluralité des mémoires. Il n'existe donc pas plus de « centre de l'intelligence » que de centre de la mémoire en général.

Comme la mémoire, l'intelligence, à ses divers degrés, est une propriété générale de la matière organisée, vivante, en voie de rénovation moléculaire.

L'intelligence ne nous apparaît comme liée à certains organes que parce qu'elle s'y manifeste avec une intensité particulière. Mais l'amphioxus, pour n'avoir point de cerveau, n'en possède pas moins une vie psy-

---

[1] Voyez, par exemple, dans la thèse d'agrégation de médecine (mars 1886) de M. G. Ballet, sur le *Langage intérieur et les diverses formes de l'aphasie*, le chapitre XI en particulier.

chique consciente (Meynert). Le système nerveux n'étant qu'un appareil de perfectionnement, l'effet d'une
différenciation histologique, indéfiniment progressive,
le résultat séculaire d'une division du travail biologique
poussée très loin, il n'y a rien dans ses fonctions, même
les plus élevées, dans le génie, par exemple, qui ne
soit réductible par l'analyse aux propriétés élémentaires de tout protoplasma.

Il en est donc de l'intelligence comme de la mémoire,
de la volonté, de la conscience : en soi, ce sont des
abstractions; par conséquent elles ne sauraient être
localisées dans une région quelconque de l'encéphale.

A cette question : « Où est le siège de l'intelligence? »
Munk a répondu : « L'intelligence a son siège partout
dans l'écorce cérébrale et nulle part en particulier;
elle est la somme, en effet, et la résultante de toutes
les images ou représentations issues des perceptions
des sens. Toute lésion de l'écorce du cerveau altère
l'intelligence d'autant plus profondément que la lésion
est plus étendue, et cela toujours par la perte de ces
groupes d'images ou représentations simples et complexes qui avaient pour fondement les perceptions du
territoire cortical lésé. Le trouble intellectuel sera définitif : 1° si les éléments perceptifs sont détruits; 2° s'il
ne reste plus de substance qui puisse redevenir le siège
des notions perdues. La cécité, la surdité, la paralysie
psychique, complète ou incomplète, d'une partie du
corps ou d'une autre, entraînent, chacune pour son
compte, un rétrécissement du champ de l'intelligence;
et plus elles s'ajoutent les unes aux autres, plus elles
diminuent l'étendue de l'intelligence, et plus elles resserrent, la perception étant conservée, le cercle des

notions persistantes, en mettant obstacle à la formation de nouvelles idées, si bien que, tôt ou tard, l'animal nous paraît frappé d'imbécillité, dément[1]... »

Pour réaliser expérimentalement ces troubles dépressifs de l'intelligence, Munk témoigne ne pas connaître de méthode meilleure que celle de Goltz.

Il importe de rapprocher de cette page de Munk une autre page de Hitzig, d'une portée également considérable, car, dirigée contre Munk, elle peut être considérée à la fois comme une sorte de testament de l'ancienne psychologie et comme l'annonce d'une ère nouvelle en ces études. On y distingue très nettement la transition des idées anciennes aux idées nouvelles.

Hitzig a été vraiment le précurseur de Munk.

« J'admets encore aujourd'hui (1884), dit Hitzig, ce que j'admettais déjà en 1870, lorsque je disais, sous forme hypothétique, que les centres corticaux par moi découverts ne sont que des centres (*Sammelplaetze*) ; j'étends aujourd'hui cette théorie aux autres centres découverts depuis. Je représente en outre l'opinion, souvent exprimée, que des lésions profondes ou très étendues intéressant le mécanisme central, rompent nécessairement une multitude de faisceaux reliant les différentes régions particulières du cerveau, et doivent par conséqnent produire des symptômes susceptibles d'un amendement relativement rapide. C'est à cette catégorie qu'appartiennent les troubles transitoires de la vision que l'on voit apparaître après des lésions profondes intéressant différentes régions des hémisphères.

« Mais je fais front contre l'opinion de Munk tou-

---

[1] *Ueber die Functionen der Grosshirnrinde*, p. 59 et suiv., 2ᵉ édit. (1890).

chant la nature des fonctions intellectuelles supérieures et celle de leur rapport avec le substratum matériel. D'après Munk, en effet, il n'existe pas d'organes spéciaux pour ces fonctions, et ils ne sont pas nécessaires. Je crois avec lui que l'intelligence, disons mieux, le trésor des idées (*der Schatz der Vorstellungen*) doit être cherché dans toutes les parties de l'écorce, ou plutôt dans toutes les parties du cerveau. Mais je soutiens que la pensée abstraite exige nécessairement des organes particuliers, et ces organes, je les cherche dans le cerveau frontal (*Stirnhirn*).

« A priori, il serait au plus haut point invraisemblable que l'énorme masse de substance cérébrale qui constitue les lobes frontaux de l'homme, dût servir à des fonctions presque entièrement aussi simples que les mouvements de la colonne vertébrale, et les recherches accomplies jusqu'ici n'ont fait que donner plus de force à mes doutes à ce sujet[1]. »

Goltz partage en partie ces idées, surtout celles de Munk, mais seulement en partie, je le répète : il croit que chaque territoire de la substance corticale du cerveau participe à la fois aux fonctions que nous désignons par les mots d'instinct, d'intelligence, de pensée, de sentiment, de passion, de volonté[2] ; ces manifestations élevées de la vie psychique sont des fonctions d'ensemble du cerveau : elles ne sauraient être localisées dans des centres circonscrits de l'écorce du cerveau ; elles ne dépendent pas de régions anatomiquement ni physiologiquement distinctes.

Goltz s'élève surtout contre l'antique préjugé, « in-

---

[1] *Archiv für Psychiatrie*, XV, 1884, p. 274.

[2] III° *Mém.*, Résultats ; IV° *Mém.*, Conclusions.

déracinable », qui a fait du lobe frontal le siège de l'intelligence. Prisonniers de ce préjugé, dit-il, Hitzig et Ferrier soutiennent que le lobe frontal est l'organe de l'intelligence; or il n'existe pas plus de rapport entre l'intelligence et le lobe frontal qu'avec n'importe quelle autre région du cerveau[1]. Dans le Mémoire que nous avons cité sur *la Physiologie du cerveau*, où il signale des troubles de la vision consécutifs à des lésions du cervean antérieur, Hitzig a surtout insisté sur la déchéance de l'intelligence qui suit l'ablation des deux lobes frontaux. Goltz ne nie point cette déchéance : il conteste qu'elle soit plus profonde qu'après une destruction du lobe occipital ou du lobe pariétal. Au contraire, les troubles de l'intelligence seraient incomparablement plus graves après des lésions étendues des deux lobes occipitaux qu'après l'ablation des deux lobes frontaux.

Ainsi, écrivait Goltz en 1884, les chiens opérés des lobes occipitaux ont à ce point perdu toute intelligence qu'ils n'apprendront plus jamais à présenter la patte; on réussirait plutôt à refaire cette éducation sur des chiens opérés des lobes antérieurs du cerveau, l'intelligence étant moins altérée chez ces derniers. La raison de ce fait, suivant Goltz[6], c'est que la quantité de substance grise corticale enlevée par une ablation des lobes postérieurs du cerveau est, chez le chien, beaucoup plus considérable que dans une ablation du cerveau antérieur.

Quoi qu'il en soit de cette explication, quatre ans plus tard, dans son dernier Mémoire (1888), Goltz dit

---

[1] *D. R.*, p. 366.
[6] Ve *Mém.*, 499-500 sq.; *D. R.*, 2e art.

au contraire que les chiens auxquels on a enlevé les
deux lobes occipitaux exécutent encore avec adresse
certains mouvements, qu'ils savent manger et, de leurs
deux pattes antérieures, maintenir un os, contrairement à ce que l'on observe chez les animaux qui ont
subi la même opération sur le cerveau antérieur. En
d'autres termes, Goltz vient de constater une fois de
plus que des troubles durables et persistants de la
motilité, de véritables phénomènes de déficit, dérivent
de lésions destructives du cerveau antérieur, ou,
comme il s'exprime aujourd'hui, de la *zone motrice*
des deux hémisphères. Ces troubles de la motilité,
qu'il avait attribués au cerveau postérieur n'existaient point du fait des lésions de cette partie du cerveau. Mais je veux traduire tout entière cette page,
qui ne fait pas seulement le plus grand honneur à la
conscience scientifique de Frédéric Goltz : elle est,
de plus, capitale pour l'histoire critique de la doctrine des localisations cérébrales :

« Les chiens qui ont subi de grandes et profondes
mutilations bilatérales du cerveau antérieur se montrent dans tous leurs mouvements singulièrement
lourds et maladroits. Ainsi ils ne peuvent maintenir
un os avec leurs pattes. Au contraire, les animaux
opérés bilatéralement du cerveau postérieur exécutent des mouvements habiles, savent bien manger et
maintiennent très bien un os avec leurs deux pattes.
La lourdeur et la maladresse de tous les mouvements
observés chez les chiens opérés du cerveau antérieur,
est en rapport avec ce fait qu'ils ont *pour toujours*
désappris à tendre la patte sur invitation. D'après
mes premières expériences, j'avais admis que les ani-

maux qui ont subi une ablation bilatérale du cerveau postérieur avaient aussi perdu pour toujours la faculté de présenter les pattes (V*e* *Mémoire*, 499). Je puis aujourd'hui rectifier ce que j'ai dit à cet égard et, en même temps, augmenter d'un le nombre des caractères distinctifs entre les animaux opérés du cerveau antérieur ou du cerveau postérieur. Je n'ai encore observé jusqu'ici un seul chien, et par là je confirme ce que j'ai dit plus haut, qui, après de grandes et profondes mutilations de *la zone motrice des deux hémisphères*, ait récupéré la faculté de présenter les pattes antérieures sur invitation. Depuis la publication de mon dernier Mémoire, j'ai vu au contraire plusieurs chiens, opérés des lobes occipitaux, qui avaient conservé cette faculté. Quand je tenais alors pour une chose tout à fait improbable que l'on pût apprendre à des animaux si profondément déments à présenter la patte, je n'avais pas pris garde qu'il ne s'agit pas du tout de dresser à nouveau les animaux à cet exercice. Les chiens qui ont été dressés, pendant des années, à présenter la patte à l'appel acquièrent un mouvement réflexe, qui leur est devenu aussi commode et facile à exécuter que d'autres mouvements qui n'ont pas été appris, tels que l'élévation du membre postérieur dans l'émission de l'urine ou l'usage qu'ils font de leurs membres antérieurs pour ronger un os. Si, après la mutilation du cerveau postérieur, l'animal est devenu dément, il n'a pas perdu nécessairement pour cela ce réflexe acquis ; il a seulement perdu la faculté d'exécuter ce réflexe avec intelligence [1]. »

VI*e* *Mém.*, 461-2.

Mais le même savant qui, d'accord en ceci avec Munk, repousse toute localisation de l'intelligence et considère les fonctions que résume ce mot comme une sorte de résultante de l'activité de toutes les régions du cerveau, refuse d'admettre que des animaux qui ont perdu une partie de leurs images sensorielles, telles que celles de la vue ou de l'ouïe, subissent une déchéance partielle de l'intelligence et s'acheminent ainsi vers la démence. L'intelligence, écrit Goltz contre Munk, peut exister et persister sans trouble alors même que les représentations d'un sens sont perdues ou n'ont jamais existé. Un vieux chien aveugle et sourd, par exemple, peut donner des preuves d'une intelligence remarquable, parce qu'il élabore avec réflexion les impressions des sens qui lui restent, celles de l'odorat et du toucher, — tandis qu'un jeune chien, doué des sens les plus pénétrants, peut ne tirer aucun parti raisonnable de ses vives et nombreuses perceptions sensibles. Puis Goltz retombe dans ses intempérances de polémique : il soutient sérieusement que, si l'on en croyait Munk, les pensionnaires d'un institut d'aveugles ou de sourds-muets devraient tous être ou devenir déments ! Et il ne manque pas de rappeler le cas de Laura Bridgmann, si intelligente, quoique aveugle et sourde-muette.

Que de paralogismes ! Comment, en effet, comparer le cerveau sain d'un aveugle ou d'un sourd-muet ordinaire, à l'encéphale d'un animal qui, à plusieurs reprises, a subi des lésions profondes, étendues de l'écorce cérébrale, des ganglions de la base quelquefois, ainsi que des faisceaux blancs de la capsule interne, avec tout le cortège ordinaire des atrophies secondaires et des dégénérescences progressives ? Certes, des atrophies secondaires existent ou doivent exister dans les cerveaux de sourds-muets ou d'aveugles ; il suffirait de les chercher pour les trouver toujours ; l'absence congénitale ou la perte d'un organe périphérique des sens entraîne nécessairement, par le défaut d'usage, l'atrophie des voies nerveuses et des centres corticaux de ces organes. Le sourd-muet, l'aveugle, livré à lui-même, sans éducation, subirait fatalement la déchéance intellectuelle qui accompagne tout processus régressif du cerveau. Mais qui ne sait que, chez les sourds-muets qui apprennent à parler, les images optiques et tactiles suppléent les images acoustiques, si bien que des rapports anatomiques s'établissent, plus étroits que chez les autres hommes, entre les territoires corticaux de la vision et du toucher et ceux de l'articulation des mots ? Frappé d'aphasie sensorielle, un tel sourd-muet perdra, non les images acoustiques des mots, mais les images tactiles et optiques de son langage ; atteint d'aphasie motrice, ce seront, comme chez les autres hommes, les images motrices des mots articulés qui s'effaceront [1].

Mais c'est assez défendre Munk contre des objections aussi paradoxales. L'aveugle et le sourd-muet, comme le pied bot congénital, sont frappés d'un arrêt de développement dans leurs centres psycho-sensoriels ou psycho-moteurs. Mais, ainsi que l'ont vu Panizza, Gudden, Monakow, l'atrophie d'une région cérébrale est souvent compensée par l'hypertrophie d'une autre région ; une sorte de balancement orga-

---

[1] Wernicke. *Der aphasische Symptomencomplex*, p. 34.

nique s'établit; l'intelligence, qui n'est que la somme des résidus de toutes les perceptions sensibles, est plus ou moins étendue chez l'aveugle ou le sourd-muet de naissance : elle est saine, sinon normale, et peut fournir sa carrière. On n'en peut dire autant de celle des chiens que Goltz a rendus déments, en détruisant précisément tous les centres psycho-sensoriels et psycho-moteurs.

Des préoccupations du même genre, c'est-à-dire inspirées surtout par des raisons de polémique, ont conduit Goltz dans un autre nid de paralogismes, véritable guêpier. Goltz avait admirablement vu et établi, grâce aux traumatismes presque toujours considérables du cerveau de ses chiens, que l'animal qui a subi de grandes pertes de substance cérébrale peut être appelé une « machine réflexe mangeant et buvant[1] ». Mais, s'étant aperçu que les partisans des localisations cérébrales s'empareraient de cette remarque pour expliquer par des mouvements purement réflexes, et non plus volontaires, tous les mouvements qu'accomplit un animal après la destruction complète de ses centres psycho-moteurs, c'est-à-dire des centres des mouvements volontaires ou conscients, il se hâte de fermer cette porte à l'invasion de la doctrine ennemie. Un chien mutilé du cerveau, qui éprouve encore le désir de satisfaire sa faim et sa soif est, dit-il, plus qu'un mécanisme réflexe. Les grenouilles et les oiseaux dont le cerveau tout entier a été enlevé ne manifestent plus par aucun signe qu'ils souffrent de la faim ou de la soif.

[1] IVe *Mem.*, p. 31.

Faut-il donc conclure de ces paroles de Goltz que, chez ces chiens mutilés, les mouvements sont volontaires, non réflexes ? Il le paraît bien : mais quel sera, à cet égard, le critérium ? De son aveu, il n'en existe aucun. « Je tiens, dit-il, pour incapable d'aboutir tout essai de distinction tranchée entre les purs mouvements réflexes et les mouvements volontaires conscients. » Dans la plupart des cas, tout indice fait défaut pour reconnaître avec certitude si tel mouvement d'un organisme vivant est accompli avec ou sans conscience.

Ici encore nous trouvons des faits bien observés, mais un raisonnement défectueux. Puisqu'il est impossible de distinguer rigoureusement les mouvements réflexes des mouvements volontaires, pourquoi essayer de les distinguer ? Des mouvements volontaires supposent d'ailleurs l'existence d'une volonté, c'est-à-dire d'une faculté qui, comme la mémoire et l'intelligence, n'est qu'une abstraction, une vaine entité d'école. La volonté, a très bien dit Max Schrader, doit être bannie de la physiologie comme un *deus ex machinâ*. Il faut, avec Schiff, faire du réflexe la cause unique de tous les mouvements des animaux[1].

Tout mouvement d'un organisme est nécessairement réflexe, qu'il s'agisse d'une simple contraction musculaire ou d'une réaction aussi complexe que celle de tout notre être en présence d'un danger à éviter, qu'il s'agisse des mouvements externes par lesquels nous manifestons nos besoins, notre humeur, notre caractère, ou des mouvements internes des réactions

---

[1] Schrader. *Zur Physiologie des Vogelhirns*. Arch. f. d. ges. Phys., 1889, p. 205.

mutuelles de nos éléments nerveux. Dans les organismes comme dans le reste du monde, il n'y a qu'actions et réactions ; et, naturellement, les mêmes lois
du mouvement, les mêmes lois mécaniques, qui régissent les corps célestes des plus lointains systèmes
comme les mouvements de la sève chez les végétaux,
gouvernent également le chœur des atomes de nos
molécules cérébrales et spinales. Le mécanisme des
représentations mentales, des images sensorielles ou
des images motrices, est donc aussi fatalement déterminé que celui de la cristallisation d'un sel ou du flux
et reflux des marées. Point d'autre différence que la
complexité croissante ou décroissante des phénomènes.

La seule distinction spécieuse qu'on pourrait faire
entre les mouvements de l'organisme serait celle de
conscients et d'inconscients, distinction d'ailleurs admise et maintenue par Goltz. Mais la conscience n'est
qu'un état, un épiphénomène : ce n'est pas plus un
être que la volonté. Ainsi que la mémoire, la conscience, à quelque degré que ce soit, est une propriété
universelle de la matière organisée tout au moins. Si
elle ne nous est généralement connue que sous certains modes, auxquels nous donnons le nom d'activité
psychique, de fonctions psychiques de la vie, elle n'en
existe pas moins *pour soi*, sinon pour nous, dans les
ganglions du grand sympathique et de la moelle épinière, bref dans tout groupe de cellules nerveuses
associées.

La conscience varie en intensité et en étendue avec
la nature et le nombre des éléments cellulaires d'un
ganglion, que celui-ci soit constitué par deux éléments,

voire par un seul élément aux fonctions encore indif-
férenciées (cellules neuro-musculaires de l'hydre d'eau
douce), ou par des milliards de cellules nerveuses
indéfiniment différenciées, telles que celles des circonvolutions cérébrales. Peut-être n'existe-t-il point, à
proprement parler, de mouvements organiques inconscients *en soi*.

En tout cas, les mouvements devenus tels en apparence, pour nous, par l'accoutumance, l'adaptation et
l'instinct, sont tout au plus subconscients dans le
cours ordinaire de la vie : ils peuvent toujours redevenir conscients, et ils le redeviennent en effet sous
l'influence d'un grand nombre de causes.

Mais il y a, chez Goltz, pour la science de l'intelligence, quelques pages bien curieuses, quoique étranges,
qu'on devra méditer. Il s'agit de l'action profonde, et
absolument opposée, que peut exercer sur le caractère
(*Gemuethsart*) des animaux l'ablation des parties antérieures ou postérieures du cerveau. « Quand j'ai commencé ces recherches, a dit Goltz en parlant de ces
expériences, j'étais bien éloigné de penser que les différentes régions du cerveau pussent avoir une action
différente sur le caractère. On peut bien croire que
j'ai observé sans parti pris[1]. »

Après l'ablation des lobes antérieurs du cerveau
(*Vorderhirn*), Goltz a observé, outre les altérations du
mouvement et de la sensibilité générale que nous
avons signalées, trois ordres de phénomènes, d'ailleurs tout à fait connexes, qui diffèrent diamétralement
de ceux qui suivent l'ablation du cerveau postérieur

[1] V⁰ *Mém.*, p. 502.

(*Hinterhirn*), abstraction faite également des diverses altérations de la sensibilité spéciale.

Les phénomènes observés chez le chien après l'ablation bilatérale du cerveau antérieur sont : 1° des phénomènes d'excitation générale exagérée ; 2° l'absence de contrôle ou de domination sur soi-même ; 3° l'exagération de certains mouvements réflexes incoercibles, par défaut des fonctions d'arrêt ou d'inhibition. — Laissés libres dans la chambre, ces chiens courent en faisant de grands cercles jusqu'à épuisement : « Ils obéissent, dit Goltz, à une impulsion interne, toute mécanique, qu'ils ne peuvent maîtriser. » « Ces chiens sont fous, » répètent les gens qui les voient. « Ils ont perdu la faculté d'arrêter volontairement les réflexes qui ont leurs centres dans la moelle allongée et dans la moelle épinière [1]. »

Cette façon de parler est tout à fait inexacte pour les physiologistes, encore plus peut-être que pour les psychologues, mais ce qui suit l'expliquera sans autre commentaire.

L'hyperesthésie de la peau et l'hyperexcitabilité réflexe, la violence et l'irrésistibilité des mouvements et des actes, tous phénomènes connexes, doivent dériver de la lésion expérimentale des fibres qui relient le cerveau antérieur à la moelle allongée et à la moelle épinière. Tandis qu'un cerveau normal peut tempérer, modérer, régler, arrêter les réflexes spinaux, le cerveau de ces chiens en est incapable, en partie parce que la puissance d'inhibition de cet organe est affaiblie ou abolie, en partie parce que les solutions de

____
[1] V° *Mém.*, p. 477.

continuité des faisceaux lésés s'opposent à ce que le reste du cerveau puisse encore agir inhibitivement sur le bulbe et sur la moelle épinière.

Voilà l'hypothèse de Goltz, hypothèse des plus séduisantes lorsqu'on se rappelle les relations anatomiques du lobe frontal avec le pont de Varole et les hémisphères du cervelet entre autres, c'est-à-dire avec des parties plus particulièrement en rapport avec la moelle épinière. Flechsig[1] fait même la remarque que, dans la série animale, le développement de la zone frontale est en rapport avec celui du pont de Varole et des hémisphères cérébelleux.

Au point de vue psychologique, les phénomènes d'hyperexcitabilité réflexe et d'irrésistibilité motrice après l'ablation du cerveau antérieur, se traduisent par ce que Goltz appelle le caractère irritable, agressif, violent jusqu'à la fureur. De bons animaux, les chiens les plus pacifiques du monde, peuvent devenir, après cette opération, méchants, hargneux, batailleurs. Emportés par une sorte d'aveuglement furieux, ils se précipitent, dès qu'ils les aperçoivent, sur des chiens qui ne leur ont jamais fait aucun mal, qu'ils traitaient même autrefois en amis : ils les mordent, les déchirent avec rage. Ce « changement de caractère », qui a été observé par Goltz dans vingt-deux cas, nous paraît de tous points explicable par l'hypothèse dont nous venons de parler.

Aussi bien, chez l'homme aussi on a signalé les mêmes phénomènes d'excitation, d'agitation inquiète, de violence, dans les lésions du lobe frontal. Le cas

---

[1] Flechsig. *Plan des menschlichen Gehirns*, p. 37.

du mineur américain, relaté tout au long par D. Ferrier, est célèbre [1]. Phinéas P. Gage, âgé de vingt-cinq ans, bourrait un trou de mine au moyen d'une barre de fer pointue ; la charge éclate ; la barre de fer, la pointe en avant, traversa net le sommet du crâne, dans la région frontale, près de la suture sagittale. Ni paralysie, ni anesthésie, dit-on, mais changement profond du caractère. Or, d'après la relation de Harlow, ce mineur, jusqu'alors considéré par ses chefs comme un des meilleurs conducteurs de travaux, fut jugé incapable de continuer ses anciennes fonctions. « L'équilibre, la balance pour ainsi dire entre ses facultés intellectuelles et ses penchants instinctifs semblent détruits. » Nerveux, irrespectueux, il jure maintenant de la façon la plus grossière ; il supporte impatiemment la contrariété et n'écoute plus les conseils des autres ; à certains moments il est d'une obstination excessive, bien qu'indécis et capricieux. « C'est un enfant pour l'intelligence, un homme pour les passions et les instincts. » Chacun dit : « Ce n'est plus là Gage. »

Le caractère irritable et violent dans les lésions du lobe frontal a encore été noté dans des observations de Congreve-Selwyn, Lépine, Davidson, etc., ainsi que la nature automatique, purement réflexe, des mouvements. Dans le cas de Baraduc, un vieillard, dont les trois circonvolutions frontales des deux hémisphères furent trouvées atrophiées, se promenait constamment *en rond*, ramassait ce qu'il rencontrait, ne parlait plus, et était tombé d'ailleurs dans un état de démence complète. Depuis assez longtemps mon atten-

[1] *De la localisation des maladies cérébrales,* trad. par H.-C. de Varigny (Paris, 1880), p. 46 et suiv.

tion ayant été attirée sur ce point, j'ai pu réunir moi-même un certain nombre d'observations qui s'accordent à montrer l'existence du caractère irritable et violent dans les lésions des lobes frontaux.

Après l'ablation du cerveau postérieur, les symptômes psychiques offrent le plus frappant contraste. Les chiens les plus mauvais, les plus violents et les plus agressifs, deviennent bons, doux et inoffensifs[1]. Dans douze cas, Goltz a observé ce « changement de caractère ». C'est en vain que les autres chiens les attaquent, les mordent, les volent, leur enlèvent l'os qu'ils rongent, ils n'entrent plus en colère. Leur démarche est lente, circonspecte (ce qui s'explique d'ailleurs par l'état du sens de la vue). Veulent-ils sortir de leur cage, ils ne manifestent leur désir que par des plaintes, non plus par des aboiements.

Il est remarquable que ces chiens, en effet, n'aboient plus. Goltz déclare ironiquement qu'il renonce à la tentation de situer le centre de l'aboiement (Bell-Centrum) dans le lobe occipital. « Cela suffit, ajoute-t-il, pour apprécier ce que je pense du travail de H. Krause. » La vérité est pourtant que ce travail, inspiré par les doctrines et les expériences de Munk, est un modèle de solidité scientifique et d'élégante précision[2].

Krause met à nu le gyrus préfrontal d'un chien nar-

---

[1] V⁰ *Mém.*, 500 sq. Il y a pourtant des exceptions qui, sans doute, confirment la règle. Goltz parle d'un chien opéré des parties postérieures du cerveau qui conserva sa nature sauvage. VI⁰ *Mém.*, 464.

[2] *Ueber die Beziehungen der Grosshirnrinde zu Kehlkopf und Rachen*, (Comptes rendus des séances de l'Acad. des sciences de Berlin, 8 nov. 1883.) Munk avait supposé que les centres corticaux des mouvements du larynx devaient se trouver dans les parties latérales de la région de la nuque (*Nackenregion* H.). Cf. F. Semon et V. Horsley. *Ueber die centrale motorische Innervation des Kehlkopfes*.

cotisé, entre le sillon crucial et le lobe frontal ; en
excitant cette circonvolution avec un courant d'induc-
tion, il obtient entre autres des mouvements de déglutition, l'élévation du voile du palais, de la partie
postérieure du dos de la langue et du glosso-palatin,
la contraction du constricteur supérieur du pharynx,
l'occlusion partielle ou totale de la glotte et de l'orifice
supérieur du larynx. Il extirpe ensuite le gyrus préfrontal des deux côtés : comme les chiens dont nous
parle Goltz, ces chiens ainsi opérés ou n'aboient plus
du tout ou ne poussent qu'un léger gémissement. A
l'autopsie (huit à onze semaines après l'opération),
les chiens dont l'ablation du gyrus préfrontal avait été
unilatérale, présentent des dégénérations secondaires
dans le pédoncule cérébral et dans le corps mamillaire
du même côté, ce qui impliquerait que les corps ma-
millaires, placés sur le parcours des fibres du gyrus
préfrontal, sont en rapport anatomique et physiologique
avec l'écorce de cette région cérébrale. Quoi qu'il en
soit, car de nouvelles recherches sont encore nécessaires pour bien établir les relations de l'écorce avec
le larynx et le pharynx, il semble qu'il y avait mieux
à faire qu'à railler et à défier la science : elle ne
fait guère attendre ses réponses aujourd'hui, et Goltz
devrait se rappeler comment elle a toujours répondu
à ses défis.

Chez les chiens dont les lobes occipitaux ont été
enlevés, et qui présentent un « caractère » si différent
des chiens opérés du cerveau antérieur, Goltz a noté
que, contrairement à ce qui arrive chez ces derniers,
il n'y a point trace d'hyperexcitabilité réflexe. Ces
chiens ne savent plus s'orienter dans l'espace : à

l'appel de leur nom, ils ne vont jamais directement vers le point d'où est parti le son. Goltz parle bien à ce sujet d'une lésion du « sens de l'orientation » *(Richtungssinn)*, mais il ne donne pas la seule explication plausible peut-être de ce trouble. Je la trouve dans Munk[1] : après l'ablation du cerveau postérieur, le chien, sans sphères visuelles, outre les représentations de la vision mentale, perd aussi celles de l'espace *(Raumvorstellungen)* qui sont dérivées des perceptions de la vue. Il doit lui rester encore les idées de l'espace qu'il a acquises par l'exercice du sens musculaire et de la sensibilité générale. En tout cas, il y a dans ces modes de la sensibilité une source de notions d'espace qui, avec le temps, pourraient suppléer celles qui manquent, mais seulement dans la mesure où un aveugle intelligent, par le toucher, et aussi par l'ouïe et par l'odorat, peut suppléer le sens de la lumière et des couleurs. La vision ne fait très probablement connaître que des surfaces colorées à deux dimensions. Cette sorte de suppléance est donc tout à fait *sui generis*; en réalité, elle ne peut plus remplacer que par des équivalents d'un tout autre ordre des sensations absolument hétérogènes, et dont rien ne peut donner l'idée à celui qui ne les a jamais connues ou qui, comme les chiens opérés des lobes occipitaux, ne peut plus se les représenter.

Goltz a noté chez ces chiens une tendance à engraisser, tandis que ceux dont les lobes antérieurs du cerveau ont été enlevés ont de la tendance à maigrir. En outre, il a observé chez ceux-ci une maladie de la

---

[1] *Ueber die centralen Organe*, etc. Acad. d. sciences de Berlin, 3 et 11 févr. 1886.

peau de nature inflammatoire, un eczéma plus étendu et moins curable que chez ceux-là. Ces troubles de nutrition étaient importants à signaler[1].

Rappelons encore qu'on ne surprend pas, chez les chiens privés du cerveau postérieur, ce défaut d'adaptation musculaire, cette maladresse dans la préhension et la fixation entre leurs pattes des os à ronger, qu'on observe chez eux qui ont subi l'opération contraire. Le toucher et le sens musculaire n'avaient pas d'abord paru altéré. Mais si la motilité et la sensibilité générale sont peu ou ne sont pas lésées, on sait que tous les autres sens ont paru à Goltz frappés de cet affaiblissement diffus de la perception, de cet effacement des images ou représentations visuelles, auditives, olfactives, etc., qui correspond si bien à ce qu'on nomme la démence[2].

Jacques Loeb, qui, à plusieurs reprises, s'est occupé de l'interprétation de ces phénomènes, insiste particulièrement sur la doctrine qui considère le cerveau tout entier comme un organe d'arrêt (*Hemmungsorgan*), doctrine dont les principaux représentants sont Goltz

---

[1] Ces troubles vaso-moteurs, dont le siège est bien en effet dans le cerveau antérieur, n'auraient pas été observés, à une exception près, chez les animaux opérés du cerveau postérieur. J. Loeb, *Beitraege zur Physiologie des Grosshirns*, l. l., 346.

[2] On trouvera dans les *Leçons cliniques sur les maladies mentales et sur les maladies nerveuses* (1883) de M. Auguste Voisin, de curieux rapprochements qu'il serait peut-être permis de faire entre cet état d'affaiblissement général de la perception sensorielle, observé chez les animaux amputés du cerveau postérieur, et les troubles de la sensibilité spéciale (vision, odorat, goût, ouïe) et de la sensibilité générale signalés par le médecin de la Salpêtrière dans la mélancolie prodromique de la périencéphalite diffuse (p. 508-511). C'est aux cliniques de maladies mentales de M. Auguste Voisin, à la Salpêtrière, et dans ses démonstrations d'anatomie pathologique du système nerveux, que j'ai entrevu pour la première fois (1865), — qu'on me pardonne ce souvenir, — l'immense portée de ces études pour le renouvellement de la science de l'intelligence.

et Brown-Sequard [1]. Les animaux dont le cerveau antérieur a été détruit présentent les troubles moteurs décrits par Goltz, parce qu'ils ont perdu le pouvoir d'inhiber les courants nerveux d'innervation des muscles : de là l'hyperexcitabilité musculaire, l'agitation désordonnée, l'excitabilité du caractère, le déchaînement des instincts violents, les excès de coït, etc.

Chez les animaux opérés du cerveau postérieur, toute activité musculaire, telle que quête de la nourriture, attaque et défense de la propriété, coït, etc., est, au contraire, réduite au minimum, parce que les impressions sensibles qui sont encore perçues exercent une action d'arrêt sur le courant des excitations musculaires [2].

Du reste, qu'il détermine un arrêt ou une exagération de l'activité musculaire, le système nerveux central accomplirait la même somme de travail, le stimulus restant le même ; seule, la forme du travail effectué différerait. L'énergie employée chez le mélancolique à l'inhibition des réflexes ne serait pas nécessairement inférieure à celle qui se dépense en activité musculaire chez le maniaque. L'homme normal, dit Loeb, présente les deux formes de travail : un travail musculaire moins grand que celui du maniaque, plus grand que celui du mélancolique. Entre l'activité des muscles et celle de l'intelligence, il y a un antagonisme

---

[1] J. Loeb. *Beitraege zur Physiologie des Grosshirns*. Arch. f. d. ges. Physiologie, 1886, p. 265 sq.

[2] Pour J. Loeb, en effet, les fonctions des sens peuvent exister sans cerveau, non seulement chez la grenouille, mais chez le lapin (Christiani, von Gudden), et sans doute chez le chien (Goltz). Il ne nie pas toutefois que la destruction des parties postérieures du cerveau ne détermine surtout des troubles de la vue ou ce que Goltz appelle un affaiblissement général de la perception.

que Loeb a démontré expérimentalement[1]. Mais ce n'est pas le lieu d'insister sur les travaux de psychophysique qu'a publiés Loeb, qui, s'il est en physiologie le disciple de Goltz, de Gudden, de Luciani, voire de Hitzig, se rattache surtout à Fechner et à Mach dans cet autre domaine des sciences biologiques[2].

Si l'animal opéré du cerveau postérieur paraît d'une intelligence bien plus affaiblie que le chien dont les lobes antérieurs ont été détruits, c'est donc que chez lui toute excitation de la sensibilité générale et spéciale inhibe l'activité musculaire. De là son infériorité radicale dans la lutte pour l'existence, surtout en face d'animaux dont toute l'énergie disponible du système nerveux central se trouve, par l'effet d'une opération contraire, employée sous forme d'activité musculaire, et avec une intensité telle qu'aucune excitation sensible n'est plus perçue.

Voilà l'interprétation des « changements de caractère » observés chez les chiens de Goltz. A un point de vue plus général, il convient de considérer que le cerveau antérieur est considéré par Loeb comme étant dans un rapport anatomique plus étroit avec les appareils moteurs, le cerveau postérieur avec les organes des sens. Tant que ces deux régions cérébrales sont intactes, les courants centrifuges de l'innervation mus-

---

[1] J. Loeb. *Muskelthætigkeit als Maass psychischer Thætigkeit.* Arch . f. d. ges. Physiologie, 1886, 592.

[2] V. J. Loeb. *Untersuchungen über den Fühlraum der Hand.* Arch. f. d. ges. Physiologie, XLI, 107 et s. J'ai parlé ailleurs de son travail, considérable à tous égards, et conçu dans un véritable esprit scientifique, sur l'héliotropisme des animaux et des plantes (*Der Heliotropismus der Thiere und seine Uebereinstimmung mit dem Heliotropismus der Pflanzen.* Wurzburg, 1890), où se trouvent, pour ce qui nous occupe ici, quelques remarques originales (p. 105-106) sur les sensations de l'espace et les troubles d'orientation chez les animaux.

culaire peuvent subir un arrêt aussi bien que les courants centripètes venus des organes des sens. Les réflexes cérébraux entrent en lutte, et la réaction finale, positive ou négative, résulte toujours du conflit des forces psychiques. Mais chez l'animal dont le cerveau antérieur a été détruit, rien ne s'oppose plus aux courants déchaînés de l'énergie motrice. Il donnera de la tête sur les obstacles qu'il voit plutôt que d'arrêter sa course. De même, si le cerveau postérieur a été mutilé, l'impossibilité d'inhiber l'excitation centripète et de déterminer des mouvements musculaires coordonnés en vue d'une fin utile, donnera à l'animal l'aspect d'un être tombé en démence. L'activité musculaire, dit Loeb, peut bien encore être excitée ; seulement, chaque nouvelle excitation des sens, en faisant irruption dans le système nerveux central, interrompt la contraction musculaire commencée : c'est ainsi qu'un homme occupé d'exercices de gymnastique s'arrête tout à coup s'il entend à proximité une explosion.

Ce qui distingue un animal privé de ses hémisphères cérébraux d'un animal qui a son cerveau, c'est donc uniquement la perte de ces processus d'arrêt, qu'on appelle « volonté », quand l'arrêt s'étend surtout aux processus psychiques d'origine centripète ; « attention », lorsqu'il a trait surtout aux processus psychiques de nature centrifuge. Or ce sont là, précisément, les éléments essentiels de ce complexus, l'intelligence. Dans toute la série des vertébrés, l'importance des actions d'arrêt croît avec le degré d'évolution des êtres. Seuls, les processus d'arrêt ou d'inhibition cérébrale permettent à l'animal de lutter avec avantage pour la conservation et le bien de son existence. L'intégrité des fonctions du cerveau est la condition de cette lutte.

On n'est pas peu surpris d'entendre Goltz nous dire que, peut-être, le principal symptôme de déficit mental des animaux qui ont subi une ablation bilatérale du cerveau antérieur ou du cerveau postérieur, la vraie cause de l'obtusion de leurs sens, c'est le *défaut d'attention*[1]! Quand nous sommes distraits, dit-il, les choses passent sans laisser de traces dans notre conscience, bien que nos organes des sens aient pu être et aient été souvent excités; cependant, nous ne voyons ni n'entendons. — Certes, mais nous pourrions voir ou entendre, tandis qu'un chien dont les deux hémisphères cérébraux sont profondément mutilés manque précisément des organes de la perception consciente. Goltz veut-il faire de l' « attention » une faculté de l'esprit? Cet adversaire acharné des phrénologistes anciens et modernes veut-il ressusciter de vaines entités spirituelles? Il n'aurait que trop de tendance, s'il ne s'observait, à revenir à Gall, comme il est revenu à Flourens. Sans doute, il existe bien un état d'esprit qu'on appelle attention, état dont nous sommes loin de connaître toutes les conditions anatomiques et physiologiques. Mais, comme tous les états de l'esprit, comme toutes les fonctions de l'organisme, l'attention est un effet tout autant qu'une cause ; elle accompagne certains processus du cerveau avec lesquels elle apparaît et disparaît ; elle est l'aspect interne, psychique, conscient, d'un phénomène biologique dont les condi-

---

[1] IV⁰ *Mém.*, 44.

tions physico-chimiques sont pour nous l'explication ultime. Ce n'est pas « la perte de l'attention » qui empêche des chiens opérés des deux hémisphères cérébraux de percevoir et d'élaborer les impressions de leurs sens ; ils ne sont plus attentifs, parce que leurs perceptions sont très affaiblies[1] ; les deux symptômes relèvent d'une même cause : la destruction étendue de l'organe de l'intelligence.

C'est à cette profonde déchéance psychique généralisée, consécutive aux traumatismes cérébraux, qu'il convient certainement d'attribuer ce que Goltz persiste à appeler un « changement de caractère ». Des animaux violents, hargneux, vindicatifs, sont devenus sous ses yeux, après l'extirpation du cerveau postérieur, bons et dociles : voilà ce qu'il redit sans cesse, toujours étonné et perplexe. N'a-t-il pas été jusqu'à écrire : « On dirait que l'organe de la défiance et de la colère leur a été enlevé ! » Il ne manquerait plus, je le répète, à ce contempteur de la doctrine moderne des localisations, à ce continuateur de Flourens, de finir par devenir disciple de Gall ! Les extrêmes ont quelquefois de ces rencontres. Mais ce n'est point tout à fait le cas ici, quoique Goltz parle de caractères « bons » et « méchants » comme un phrénologiste de l'ancienne école. « Je suis bien éloigné, dit-il, de songer à suivre les traces de Gall. » Il nous prévient donc qu'il ne cherchera pas dans le cerveau postérieur un

---

[1] Un disciple de Goltz, Alex. v. Koranyi, attribue à un trouble de *l'attention* le trouble de la vision que Loeb appelle hémiamblyopie ; il attribue encore à *l'attention* les mouvements de l'œil provoqués (Schaefer, Munk) par l'excitation électrique du lobe occipital. *Zur Physiologie der hinteren Teile des Grosshirns.* — Centralblatt. f. d. medic. Wissensch., 1890, 531.

organe de la circonspection et de l'empire sur soi-même, dans le cerveau antérieur un organe de la violence et de la colère. Nous voilà avertis. Mais, quant à expliquer les modifications contraires du caractère après l'ablation de certains lobes cérébraux, c'est une entreprise devant laquelle il recule décidément. Goltz demeure plus surpris qu'il ne le voudrait paraître de ces résultats inattendus de ses propres expériences.

Or, cet étonnement de Goltz est dû encore à un paralogisme. Il considère le « caractère » comme il fait la « volonté » : il réalise, il crée une entité purement imaginaire. Le caractère n'est pas un être, c'est la manière dont un organisme réagit aux excitations du milieu, c'est un mode de la matière vivante, un état qui diffère avec chaque être organisé parce que les conditions internes et externes d'évolution n'ont jamais été, ne sont et ne seront jamais les mêmes, ni phylo-géniquement ni ontogéniquement, pour deux organismes. Le caractère de chaque homme est ce qu'il y d'élémentaire en quelque sorte dans sa structure organique, dans son protoplasma cellulaire, dans la matière et dans les fonctions de cette colonie d'organites qu'on nomme un individu. La conscience n'éclaire presque jamais ces profondeurs inconnues de nous-mêmes, où plongent cependant les racines de notre existence psychique.

Après quoi, il y a quelque simplicité de la part de Goltz à parler du « caractère » comme on parle de la mémoire ou de la contractilité musculaire. Il y a encore plus de naïveté à parler d'une localisation du caractère, soit dans « les régions de la base du cerveau », soit ailleurs, comme l'a fait M. Azam. Autant

vaudrait localiser « les idées de tristesse » dans « les
régions temporales et sphénoïdales, » ainsi qu'a tenté
de le faire M. Mairet dans un livre entier (1883). Tout
effort de bonne foi pour établir ce qu'on croit être le
vrai ou le vraisemblable est certes respectable. Mais
il est clair qu'en cherchant à réaliser de simples résultantes, comme le caractère, la tristesse ou la gaîté, etc.,
on ne paraît point avoir une idée bien juste de ce qu'on
appelle aujourd'hui, en Europe, la doctrine moderne
des localisations cérébrales. En tous cas, ces essais
malheureux sont absolument contraires à l'esprit de
cette doctrine.

CONCLUSION.

Arrivé au terme de cet examen critique des doctrines
de Fr. Goltz sur les fonctions du cerveau, il nous reste
à jeter un dernier regard sur le chemin parcouru.

Après avoir indiqué le but et la méthode, nous
avons successivement exposé, en les rapprochant des
doctrines contemporaines sur les mêmes sujets et en
les discutant à la lumière de ces écrits, les résultats
des expériences de Goltz sur les fonctions motrices
du cerveau, ainsi que sur les fonctions de la sensibilité générale, de la sensibilité spéciale, de l'intelligence. Très hostile en fait à toute localisation cérébrale, sans en nier en principe la possibilité, Goltz a
été l'adversaire le plus redoutable, le mieux armé
aussi, de la doctrine contraire. C'est pourquoi nous
l'avions choisi pour inaugurer cette histoire des doctrines de psychologie physiologique contemporaines.
Quoiqu'il se défende d'être homme de parti, Goltz a
été le chef d'une École, il a des disciples d'un rare
mérite, tels que J. Loeb et Max Schrader, et lui seul
vaut toute une armée. Nous avons rendu justice à sa
science, à son grand talent, à sa loyauté, à ses

longues, patientes et délicates observations, continuées durant tant d'années.

Si les résultats des expériences et des observations de ce physiologiste éminent avaient prévalu, surtout s'ils avaient le sens et la portée que Goltz, par un vice de raisonnement, a presque toujours été le seul à leur attribuer, la doctrine de l'hétérogénéité fonctionnelle du cerveau, la doctrine de Fritsch et Hitzig, de Ferrier, de Munk, de Luciani, d'Exner, de Charcot, auraient reçu, au moins pour un temps, une atteinte sensible.

Mais, non seulement les faits et les doctrines de Fr. Goltz n'ont point prévalu : ils ont fourni contre Goltz lui-même des preuves et des arguments décisifs en faveur de la doctrine des localisations cérébrales. Nous nous sommes appliqué à mettre en pleine lumière l'accord profond qui résulte des recherches de Goltz et de celles des physiologistes et des cliniciens contemporains, sur les fonctions de la zone fronto-pariétale et sur celles de la zone occipito-temporale du cerveau.

Qu'importe que Goltz ait pris les chemins les plus détournés dans l'obscure forêt de la science, s'il a fini, lui aussi, par arriver à cette clairière où tant d'autres l'avaient précédé, s'il a fini par reconnaître que les troubles de la motilité et de la sensibilité générale se montrent surtout dans les lésions du cerveau antérieur, les altérations de la sensibilité spéciale, surtout dans les lésions du cerveau postérieur?

Le jour où Goltz a écrit que « les lobes du cerveau n'ont point la même fonction », que les lobes antérieurs et les lobes postérieurs sont fonctionnellement hétérogènes, il a rendu hommage, quoi qu'il ait dit depuis et quoi qu'il puisse dire dans l'avenir, à tout un ordre de vérités supérieures qui tendent aujourd'hui à se dégager des faits d'observation et d'expérience, et qui seront demain le plus solide fondement de la science nouvelle, de la psychologie physiologique et expérimentale.

II.

La part de l'Italie dans l'étude scientifique des localisations cérébrales peut être dès maintenant indiquée et caractérisée avec une assez grande sûreté. La critique, qui ne recule pas devant les dernières précisions, reconnaît bientôt, sous l'ampleur de la phrase et l'exubérance du langage, le goût des faits bien observés, la passion de l'ordre, l'aversion des solutions extrêmes, l'instinct même de la méthode expérimentale, bref, la solidité et la sobriété du génie italien. Peu de peuples étaient aussi bien préparés à comprendre toute la portée de la grande découverte de Hitzig et de Fritsch. Des cliniciens et des physiologistes comme Tamburini, Luciani, Seppilli, Bianchi, Albertoni, Morselli, Vizioli, Maragliano, Riva, etc., sans parler de Golgi, de Lombroso, de Giacomini, de Mosso, de Marchi, et sans oublier des morts tels que B. Panizza et Buccola, ont étendu ou assuré les conquêtes récentes de l'anatomie, de la physiologie et de la pathologie du système nerveux. Les temps sont revenus où, pour ne parler que des sciences biologiques, il n'est pas plus loisible d'ignorer les travaux des Italiens que ceux des Allemands ou des Anglais. Pour reprendre son rang dans la science contemporaine, l'Italie n'a eu qu'à continuer les traditions de ses savants des trois derniers siècles, de Galilée, de Léonard de Vinci, de Borelli, de Malpighi, de Spallanzani, de Galvani.

Ce chapitre de l'histoire des doctrines contemporaines des fonctions du cerveau n'embrassera que l'étude des faits et des idées qui, dans l'école italienne, et en particulier dans celle de Florence, ont trait d'une façon spéciale à la théorie scientifique des localisations cérébrales. Cette théorie repose, on l'a vu, sur le solide fondement de l'anatomie, de la physiologie expérimentale et de l'observation clinique. Quoique la pathologie cérébrale ait devancé l'expérimentation physiologique en ce domaine de la connaissance, il est certain qu'une bonne anatomie topographique du cerveau a été la première condition de la science nouvelle. Sans cette anatomie, la connaissance des fonctions du cerveau, à l'état normal ou pathologique, serait encore plongée dans cette confusion et cette obscurité où l'ont trouvée les médecins et les psychologues il y a seulement vingt ans. Sur la foi de Flourens, de ses précurseurs et de ses successeurs, on considérait la surface du cerveau comme douée, dans toutes ses parties, des mêmes propriétés, si bien qu'un éminent psychologue compare encore le cerveau à une sorte de polypier, dont les éléments ont mêmes fonctions[1].

[1] H. Taine. *De l'intelligence*, I, 274 (3ᵉ édit.) : « C'est (le cerveau)

Précisément à ce sujet, M. Charcot écrivait, en 1876 : « En présence des expériences et des observations qui démontrent la réalité des localisations corticales, il faut renoncer à cette théorie[1]. » La théorie qui la remplace, la théorie des localisations cérébrales, n'a été définie par personne en meilleurs termes, et avec plus d'autorité : « Le principe des localisations cérébrales est fondé sur la proposition suivante, dit M. Charcot : l'encéphale ne représente pas un organe homogène, unitaire, mais bien une association, une fédération constituée par un certain nombre d'organes divers. A chacun de ces organes se rattacheraient physiologiquement des propriétés, des fonctions, des facultés distinctes. Or les propriétés physiologiques de chacune de ces parties étant connues, il deviendrait possible d'en déduire les conditions de l'état pathologique, celui-ci ne pouvant être qu'une modification plus ou moins prononcée de l'état normal, sans l'intervention de lois nouvelles[2]. »

Luciani, Tamburini et Seppilli sont aujourd'hui les principaux représentants, en Italie, de la théorie qui vient d'être définie. L'œuvre qui la résume, et qui sert de lien en quelque sorte au faisceau de doctrines nées ou élaborées à ce sujet en Italie, depuis les

un organe répétiteur et multiplicateur dans lequel les divers départements de l'écorce grise remplissent *tous les mêmes fonctions,* » p. 270.

[1] *C. R. de la Soc. de biologie*, 1876, 254 suiv. Cf. 1875, 425, ce qu'il faut penser des observations tirées d'observations anciennes et en particulier de celles que mettait alors en avant M. le professeur Brown-Séquard, dans les mémorables discussions de la Société de biologie sur les localisations cérébrales.

[2] *Leçons sur les localisations dans les maladies du cerveau et de la moelle épinière,* recueillies par Bourneville et Brissaud, 1876-80, p. 3.

recherches de Fritsch et Hitzig, de David Ferrier, de Charcot, de Goltz, de Munk et d'Exner, est intitulée : *Le localizzazioni funzionali del cervello* (Napoli, 1885). Une traduction allemande de ce livre, contenant un chapitre nouveau sur l'épilepsie corticale, peut en être considérée comme une seconde édition [1].

Un physiologiste, Luciani, professeur et directeur de l'Institut physiologique de Florence, et un clinicien, Seppilli, médecin du manicome d'Imola, sont les auteurs de cet ouvrage. Mais ces savants ne pourront que se trouver honorés si nous continuons d'associer à leurs noms celui de Tamburini, l'illustre professeur de psychiatrie et directeur de l'asile d'aliénés de Reggio d'Emilie, le premier collaborateur de Luciani, avec Maragliano et Riva. Il y a je ne sais quoi de grave et de touchant dans ces collaborations désintéressées de savants, dont l'influence secrète, j'entends la méthode et le tour des pensées, survit aux jeunes années et aux anciennes études. C'est ainsi que dans les *Leçons sur les fonctions motrices du cerveau*, de François-Frank, revivent tant d'admirables recherches du professeur Pitres, comme en témoigne si souvent l'auteur de ce beau livre. Si l'œuvre de François-Frank a surtout mérité les éloges de Charcot, par l'heureuse alliance des recherches de laboratoire et des données de la clinique, et cela grâce à la collaboration d'un physiologiste et d'un médecin, il faut reconnaître le même mérite à l'ouvrage de Luciani, qui s'est associé, après Tamburini, avec un clinicien et un anatomo-pathologiste tel que Seppilli. Ici

____

[1] *Die Functions-Localisation auf der Grosshirnrinde.* Deutsche und vermehrte Ausgabe von Dr M.-O. Fraenkel. — Leipzig, 1886.

aussi l'expérimentation sur les animaux et la clinique de l'homme marchent du même pas.

Mais, comme il arrive lorsque l'on considère une œuvre de synthèse scientifique si laborieusement édifiée, le livre des *Localisations fonctionnelles du cerveau* ne serait guère intelligible en toutes ses parties sans une connaissance particulière de ses éléments constituants, je veux dire sans l'étude préalable des Mémoires publiés par Luciani et Tamburini *Sur les centres corticaux psycho-moteurs* (1878-1879[1]), *Sur les centres corticaux psycho-sensoriels* (1879 [2]), suivis de leurs *Études cliniques sur les centres corticaux sensoriels* (1879)[3]. Dès 1878, Luciani avait publié *Sur la pathogénèse de l'épilepsie*[4] un travail magistral de physiologie expérimentale, dont le point de départ avait été le premier des mémoires cités ici, et dont il faut citer les termes lorsqu'on aborde l'analyse des récents travaux de Seppilli sur l'épilepsie corticale. Enfin, il convient de tenir grand compte des idées vraiment géniales de Tamburini *Sur la genèse des hallucinations*[5]. Si l'on ignore toute cette littérature un peu touffue, si l'on n'a point présentes à l'esprit les formes

---

[1] Luigi Luciani e Augusto Tamburini. *Ricerche sperimentali sulle funzioni del cervello. Sui centri psico-motori corticali.* In *Rivista sperim. di freniatria...* IV-V, 1878-79. — Et, à part, Reggio-Emilia, tipogr. di Stefano Calderini, 1878.

[2] *Sui centri psico-sensori corticali.* In *Rivista sperim. di fren.*, 1879.

[3] *Studi clinici sui centri sensorj corticali.* Communicazione preventiva. — *Annali universali di medicina e chirurgia*, vol. 247, Fasc. 742, aprile 1879.

[4] *Sulla patogenesi della epilessia.* Studio critico sperimentale del prof. Luciani. In *Rivista sperim. di freniatria*, 1877-8. — *Communicazione*, al terzo congresso freniatrico in Reggio-Emilia, 1880. *Discussione* fra i prof. Luciani, Vizioli et Morselli. In *Archivio Italiano per le malatie nervose*, 1881.

[5] *Sulla genesi delle allucinazioni. Riv. di fren.*, 1880, p. 126, sq.

diverses qu'ont traversées les doctrines de ces auteurs, depuis leur origine rudimentaire jusqu'à leur épanouissement, on risque fort de se trouver devant le livre de Luciani et de Seppilli comme devant un organe dont on ne connaît pas la lente évolution progressive.

Nous voudrions donc, sans toutefois sacrifier, s'il est possible, ce que nous avons pu apprendre, après une assez longue enquête, touchant les faits et les idées des autres auteurs italiens, nous attacher surtout à faire connaître les travaux de Tamburini, de Luciani et de Seppilli sur les localisations des fonctions du cerveau. Pour qu'un pareil travail soit utile, il doit avant tout reproduire l'ordre des faits et des pensées des auteurs italiens, en s'écartant aussi peu que possible des textes originaux. Si, dans l'exposition et la discussion de ces faits et de ces doctrines, nous signalons d'autres faits et d'autres doctrines, empruntés à d'autres auteurs italiens, à Golgi, par exemple, dont nous avons fait une étude particulière, et dont les travaux considérables, renommés dans le monde savant, mériteraient une étude entière, ce ne peut être, à moins de briser l'unité de notre sujet, qu'à titre d'illustrations, de corrections, d'additions.

Fixer, à un moment de son développement, la théorie des localisations cérébrales en Italie, et en particulier dans l'Ecole de Florence, comme nous l'avons fait pour l'Ecole de Strasbourg, comme nous espérons le faire pour l'Ecole de Berlin, et pour celles de Vienne et de Paris, voilà l'unique fin que nous poursuivons, œuvre d'histoire et de critique, non de dogmatisme.

CHAPITRE PREMIER.

LA MÉTHODE ET LE BUT.

L'étude singulièrement large et approfondie que Luciani intitula : *Introduction à la méthode expérimentale et clinique des centres fonctionnels du cerveau* est une véritable logique inductive, contenant les règles directrices et les lois fondamentales que doivent suivre, dans l'état actuel de la science, les diverses méthodes expérimentales, l'observation clinique et l'interprétation des phénomènes qui servent de base à la doctrine des localisations cérébrales. Ces règles ou critères, au nombre de cinq, ont souvent pour objet de permettre de distinguer les vrais phénomènes de déficit des phénomènes collatéraux ou d'arrêt, dus aux lésions destructives de l'écorce cérébrale, soit expérimentales, soit pathologiques.

Voilà, en effet, le premier problème à résoudre. Tant qu'il n'a point reçu de solution, au moins approximative, il est impossible de déterminer la fonction d'une partie quelconque du cerveau. Car si la méthode d'excitation expérimentale de l'écorce, si les lésions irritatives du cerveau réalisées par les maladies peuvent fournir des indications d'une grande valeur, la méthode expérimentale de destruction de l'écorce, ainsi que les lésions destructives de la maladie, ont seules la valeur nécessaire et suffisante d'une preuve suivie de contre-épreuve. « Les effets de la destruction (ablation) peuvent seuls décider de la nature fonctionnelle d'une aire excitable, » écrivaient Luciani et Tamburini, en 1878, dans leur premier mémoire[1].

Mais, si ce problème est ici posé dans les termes mêmes de Goltz, il s'en faut bien qu'il reçoive une solution identique. Inutile de signaler, une fois pour toutes, l'indépendance et l'originalité scientifique des travaux des auteurs italiens dont on expose ici les doctrines. Ainsi Luciani critique les diverses définitions des phénomènes de déficit qu'a données Goltz. Le caractère de persistance attribué à ces phénomènes ne lui paraît pas toujours avoir été exact. Dans les cas de lésions corticales unilatérales, ou même de lésions bilatérales peu étendues, les phénomènes paralytiques de déficit s'amendent et finissent par disparaître, aussi bien que les phénomènes irritatifs collatéraux ou d'arrêt, de nature transitoire. Dans les cas de lésions étendues bilatérales du cerveau, il existe, il est vrai, des phénomènes de déficit qui persistent durant toute la vie, mais ils ne conservent pas toujours la même intensité : ou ils s'atténuent ou ils s'aggravent. Aussi Goltz a-t-il défini ainsi lui-même ces phénomènes : « Par phénomènes de déficit, j'entends le minimum des troubles qu'on observe, en quelque temps et en quelque cas que ce soit, après une lésion déterminée du cerveau. » (Ve Mém., 1884.) Luciani n'est pas

[1] *Riv. sperim. di fren.*, IV (1878), p. 259.

encore satisfait de cette nouvelle définition. Le physiologiste de Strasbourg lui semble avoir négligé le fait de la compensation ou suppléance, fait en vertu duquel la fonction abolie d'un centre serait suppléée, au moins en partie, par les parties homonymes. Loin donc de reconnaître, dans les phénomènes de déficit de Goltz, « la somme de tous les troubles dépendant de l'abolition de la fonction de l'organe détruit », il faudrait y voir le « minimum de ces troubles que les organes homonymes du cerveau demeurés intacts ont été hors d'état de suppléer ».

Objecte-t-on que la disparition progressive de ces troubles résulte, non d'une suppléance véritable, mais de la cessation des troubles de nutrition et de l'inhibition fonctionnelle qu'avait causés le traumatisme ? Luciani, sans nier ces conséquences de l'opération, ne veut pas qu'on les exagère au point d'exclure l'idée de la suppléance, car il est incontestable, selon lui, que « les graves désordres consécutifs à l'extirpation de régions déterminées du cerveau peuvent graduellement s'atténuer jusqu'à la restitutio ad integrum *presque* complète, laquelle d'ailleurs peut avoir lieu seulement après quelques mois, quand les conséquences du traumatisme ont déjà depuis longtemps cessé. Dans tous ces cas, les phénomènes de déficit de Goltz sont réduits à un minimum *presque* indéterminable. Il faut donc admettre ou bien qu'une véritable suppléance *quasi complète* des désordres a eu lieu, ou refuser toute fonction appréciable à la partie du cerveau qui a été extirpée [1] ».

---

[1] *Le localizzazioni funzionali*, p. 6. C'est nous qui avons souligné les mots qui atténuent en partie la force de l'argumentation de l'auteur.

On ne pourrait donner le nom de permanents aux phénomènes de déficit, et celui de transitoires aux phénomènes collatéraux, que dans les cas où aucune sorte de suppléance n'est possible. Par exemple, lorsque l'ablation d'un centre cortical a été complète sur les deux hémisphères, et qu'il ne reste aucun élément nerveux homonyme susceptible de le suppléer. Mais c'est là l'exception, « comme le sait quiconque a en ce genre de recherches une longue expérience ». Dans la plupart des cas, les faits consécutifs à une destruction déterminée de l'écorce sont plus complexes. Au lieu de deux périodes, l'une dans laquelle les phénomènes de déficit se compliquent des phénomènes collatéraux, l'autre où ils se montrent seuls, Luciani croit devoir en distinguer au moins trois : une première où les phénomènes de déficit sont aggravés des effets du traumatisme ; une seconde, où les phénomènes de déficit vont s'atténuant par la suppléance des éléments nerveux homonymes de l'écorce ; une troisième, où les phénomènes de déficit sont réduits au minimum d'effet que les centres homonymes n'ont pas été capables de suppléer.

Mais, en somme, toutes les méthodes d'investigation directe des fonctions du cerveau, n'ont livré dans la plupart des cas, suivant Luciani, aucun critérium suffisamment exact pour la connaissance des fonctions propres à tel ou tel territoire cortical. De là la nécessité d'en appeler à des critères approximatifs. Puisque la voie directe ne mène pas au but, il faut y parvenir par des voies détournées. Ces voies sont au nombre de cinq : ce sont les cinq règles ou critères dont nous avons parlé. Enumérons-les rapidement, presque dans les mêmes termes que Luciani.

I. *Critère des effets négatifs des extirpations des différentes parties du cerveau.* — On a vu que les troubles consécutifs à la destruction d'une région du cerveau ne doivent pas être tous attribués à la partie détruite, les phénomènes de déficit se trouvant compliqués des phénomènes irritatifs collatéraux ou d'arrêt. On ne peut parvenir à déterminer ainsi la fonction véritable de la région détruite. Pour y arriver, considérons les fonctions demeurées intactes. On peut, en effet, scientifiquement soutenir que *les fonctions restées intactes n'avaient rien à faire avec les parties du cerveau qui ont été détruites*. Voilà le critérium des *effets négatifs*. Il convient surtout au complexus de phénomènes qui apparaissent immédiatement après l'opération, ou dans la première période. Dans la seconde période, on ne pourrait exclure absolument l'intervention, au moins partielle, des processus de suppléance.

II. *Critère des effets positifs de destruction des parties homonymes du cerveau.* — Une théorie vraiment scientifique des localisations cérébrales implique nécessairement cette loi : chaque région déterminée du cerveau d'un animal quelconque possède des fonctions identiques chez tous les individus de la même espèce ; les régions cérébrales homologues des autres espèces possèdent les mêmes fonctions (en tenant compte toujours du développement morphologique variable de ces régions). Théoriquement, les infractions à cette loi ne sont pas admissibles. Dans la pratique, les différences observées ne doivent pas être interprétées comme des exceptions à la loi ; il faut supposer que les lésions déterminant ces phénomènes divergents n'ont pas intéressé des points du cerveau absolument homonymes, ce qu'expliquent assez les anomalies morphologiques si communes des sillons et des circonvolutions.

Puisque les phénomènes de déficit consécutifs à l'ablation d'une même région du cerveau doivent être *constants*, tandis que les effets collatéraux des lésions sont variables, on possède un critérium pour distinguer les premiers des seconds : il suffit donc de comparer les effets *positifs* chez les annimaux de la même espèce, opérés dans les mêmes conditions.

III. *Critère des effets positifs de destruction des parties hétéronomes du cerveau.* — Le principe des localisations cérébrales postule que des phénomènes de déficit identiques apparaissent après la destruction de parties identiques du cerveau. Le même principe exige donc que des phénomènes de déficit différents se montrent après la destruction de parties différentes du cerveau.

IV. *Critère des effets négatifs et positifs d'extirpations cérébrales successives pratiquées sur le même animal.* — La comparaison des effets de lésions destructives répétées sur des points symétriques des deux hémisphères établit, d'une manière décisive, la réalité des suppléances cérébrales. Une extirpation pratiquée sur une région déterminée de l'hémisphère gauche, amène à droite un trouble de l'audition ; ce trouble s'amende peu à peu et, autant que nous pouvons en juger, finit par disparaître. Il est bien vraisemblable que c'est là l'effet d'une suppléance fonctionnelle. Mais on pourrait aussi expliquer ce fait par la disparition progressive des phénomènes collatéraux ou d'arrêt, qui se manifestent, comme les phénomènes de déficit, du côté opposé à la lésion. L'extirpation de la zone cérébrale symétrique droite élucidera la question. Cette seconde opération est suivie non seulement d'un trouble de l'audition à gauche, mais de la réapparition de l'ancien trouble de même nature à droite. « Voilà une preuve irréfutable que l'amendement des désordres qui existaient à droite a eu lieu par le fait d'une véritable suppléance, et que celle-ci était due à la zone corticale de l'hémisphère droit. » Qu'ont à répondre à cette argumentation, s'écrie Luciani, ceux qui, avec Munk, excluent toute idée de suppléance dans l'interprétation des phénomènes [1]?

V. *Critère des plus petites extirpations cérébrales nécessaires et suffisantes pour obtenir des phénomènes déterminés de déficit au maximum.* — Pour déterminer exactement les limites d'un centre fonctionnel quelconque, on doit s'efforcer de produire la moindre destruction possible de l'écorce. Si cette partie du cerveau, extirpée sur les deux hémisphères, embrasse réellement la sphère d'une fonction donnée, vision, audition, etc. — comme la suppléance est alors impossible, les phénomènes de déficit qui en résultent persisteront et représenteront le maximum

---

[1] Luciani et Tamburini ont commencé par nier eux-mêmes toute suppléance fonctionnelle des phénomènes de paralysie par les aires circonvoisines (Carville et Duret), par les régions symétriques de l'hémisphère opposé (Soltmann), etc. *Jacet anguis in herba.* Sous l'hypothèse des suppléances se cachait une conception qui, suivant les auteurs italiens, était la négation même de la doctrine des localisations cérébrales. Nous verrons plus loin quelle hypothèse ils y substituaient. *Sui centri psico-motori corticali.* Riv. sperim. di fren., IV, 1878, 271 et concl. X.

des désordres appréciables à un moment quelconque du temps postérieur à l'opération.

Dès ces prolégomènes, il est expressément noté que, par phénomènes de déficit au maximum d'une fonction de l'écorce cérébrale, de la vue ou de l'ouïe, par exemple, Luciani n'entend pas ce que Munk appelle cécité ou surdité absolues (corticales). « Nous n'avons pas encore, dit-il, une connaissance suffisante des fonctions de toute l'écorce cérébrale ; nous ne pouvons les distinguer nettement de celles qui appartiennent aux ganglions sous-corticaux (corps striés et couches optiques). D'après les faits acquis jusqu'ici à la science, il est assez vraisemblable que le complexus des fonctions du cerveau chez les différentes espèces d'animaux n'est pas réparti de la même manière entre l'écorce et les ganglions sous-corticaux, de sorte que les phénomènes de déficit au maximum de la vue ou de l'audition par lésion corticale, sont plus ou moins accusés, selon les animaux mis en expérience. Pour décider, si, dans un cas donné, tels désordres de la vue ou de l'ouïe représentent bien le degré le plus élevé de déficit cortical de ces phénomènes, on doit donc recourir aux résultats obtenus dans d'autres cas d'extirpations plus étendues de l'écorce, ou appliquer le critère précédent des effets d'extirpations successives. » Si le déficit de la vue ou de l'ouïe n'augmente pas avec des extirpations de l'écorce plus considérables, cela signifie que le phénomène de déficit obtenu est vraisemblablement le maximum de ce qu'il est possible de réaliser par la destruction de cette partie de l'écorce cérébrale.

De même en clinique. Les mêmes lois doivent

diriger le savant dans l'étude des lésions plus ou moins circonscrites ou diffuses du cerveau humain. Mais la théorie scientifique des localisations cérébrales chez l'homme ne saurait être uniquement édifiée sur les données de l'observation clinique. Luciani s'exprime sur ce point avec la plus grande netteté. « Dans les expériences sur les chiens et sur les singes, dit-il, — abstraction faite de leur valeur propre, — l'essentiel est la clarté qu'elles répandent sur la nature et les fonctions du cerveau humain en ouvrant les yeux du clinicien sur les troubles partiels de cet organe. Nier que les faits généraux acquis par l'expérimentation sur les animaux supérieurs, sur les singes en particulier, ne soient applicables à la physiologie et à la pathologie de l'homme, serait nier le principe fondamental sur lequel repose toute la biologie moderne... L'importance des observations cliniques n'est pas diminuée pour cela. Elles ne sont pas seulement indispensables pour établir jusqu'à quel point la localisation des fonctions cérébrales diffère chez l'homme de celle des autres animaux supérieurs : elles servent à éclairer le côté subjectif des phénomènes observés chez les animaux, et donnent un plus solide fondement à leur interprétation. »

Tout en reconnaissant les immenses services rendus par l'expérimentation physiologique, Charcot et Pitres ont revendiqué, on le sait, pour les recherches cliniques, une sorte d'autonomie. « Les études pathologiques bien dirigées ont une valeur scientifique tout aussi grande que les études expérimentales. Elles n'ont pas besoin d'être tenues en tutelle. Elles doivent seules intervenir dans la discussion et la solution de certains problèmes, et, particulièrement dans le cas qui nous occupe, elles peuvent seules fournir des données précises pour la détermination de la topographie fonctionnelle du cerveau de l'homme [1]. »

Il suffit de relire tout entière cette page pour défendre les auteurs français du reproche qu'on leur fait d'avoir voulu, dans le pays de Claude Bernard, élever on ne sait quelles murailles de la Chine entre les différentes provinces de la biologie, entre la physiologie expérimentale et la physiologie pathologique du cerveau. Il est évident pour tout le monde qu'entre les diverses sciences de la vie, comme le dit très bien Luciani, il n'existe point de rapports de subordination absolue ; il n'existe que des rapports de coordination. Charcot et Pitres ont simplement protesté contre les « prétentions de certains physiologistes » qui réclament précisément pour leur science une autonomie absolue, et dont les généralisations imprudentes ont été la source d'erreurs presque séculaires dans la physiologie et la pathologie cérébrales. « Tout le monde sait, disent ces auteurs, comment Flourens et Magendie ont été induits en erreur pour avoir étendu à tous les animaux supérieurs les résultats d'expériences pratiquées sur des pigeons, des poules et des lapins. »

Il ne reste donc rien de cette lutte courtoise entre savants également épris de leur science. Elle était née, chez les auteurs italiens, d'une pure apparence, qui est maintenant dissipée.

Voyons comment Luciani juge applicables aux cas

[1] J.-M. Charcot et A. Pitres. *Etude critique et clinique des localisations motrices*. Paris, 1883, p. 3.

cliniques des lésions localisées du cerveau humain
les règles posées pour arriver, au moyen de l'expérimentation sur les animaux, à déterminer la nature
et le siège des fonctions cérébrales. Exner, Charcot
et Pitres ont naturellement une grande part dans
l'élaboration et la constitution de ces lois.

I. *Critère des effets négatifs.* — Il ne s'applique
pas sans restriction aux cas cliniques. On connaît la
méthode des cas négatifs d'Exner. Pour déterminer
l'aire d'un centre cortical, la sphère d'une fonction
donnée, par exemple du mouvement volontaire d'un
membre, il réunit tous les cas de lésions cérébrales
dans lesquels la motilité de ce membre était demeurée
intacte. Puis il reporte sur un schéma du cerveau
toutes les lésions révélées dans ces cas par l'autopsie.
Ce qui ressort d'un tel graphique, c'est qu'au milieu
des différents centres corticaux plus ou moins chargés
et remplis, le centre du membre considéré reste en
blanc. Ce centre coïncide donc avec le centre cherché ;
tous les autres demeurent en dehors. Les résultats
fondés sur cette méthode, quoique très importants
pour la médecine, paraissent trop vagues et incomplets aux auteurs italiens pour la topographie fonctionnelle de l'écorce. Car, encore que le centre cherché occupe bien l'aire corticale laissée en blanc, il est
de tous points probable qu'il ne s'étend pas à ce
territoire entier, mais à une partie seulement. Telle
est la principale critique, faite ici du point de vue
physiologique. Les auteurs italiens estiment que, si
l'on voulait procéder avec une rigueur vraiment scientifique (mais il faudrait un temps très long pour rassembler assez de cas cliniques de cette nature), on

devrait s'en tenir aux cas très rares d'hémorrhagies récentes en foyer : elles se produisent subitement, elles sont nettement limitées, enfin leurs effets sur les différents sens et sur les mouvements volontaires peuvent être étudiés avec soin pendant la vie.

II. *Critère des effets positifs*. — Luciani subdivise en trois ce critérium, selon qu'il s'agit des effets des lésions cérébrales *homonymes*, *non homonymes*, *successives*, uni ou bilatérales, asymétriques ou symétriques, le dernier caractère, celui des lésions successives, n'ayant guère d'application en clinique. Une nouvelle critique d'Exner et de sa *méthode des cas positifs*, sur laquelle repose surtout la doctrine des *centres absolus* et des *centres relatifs* du professeur de Vienne, reproduit en partie, en les citant, les objections de Charcot et de Pitres.

Procédant à l'inverse, pour arriver à déterminer un centre cortical, Exner réunit les observations cliniques dans lesquelles la fonction du centre cherché est altérée, puis il reporte et superpose sur un schéma les lésions révélées par l'autopsie, de manière à faire ressortir, grâce à l'intensité différente des teintes plus ou moins foncées, les régions les plus fréquemment lésées. A l'aide de cet artifice chromographique, une zone corticale assez étendue se détache des régions environnantes restées intactes : c'est dans cette zone qu'est le centre cherché, ou plus exactement dans l'aire centrale de cette zone. Là est le *centre absolu* de la fonction corticale considérée ; son *centre relatif*, beaucoup plus étendu, rayonne au loin, constitué d'éléments nerveux de même nature, mais en proportion progressivement décroissante. La destruction d'un centre relatif peut produire quelquefois, s'il s'agit d'un centre moteur par exemple, la parésie ou la paralysie du groupe musculaire correspondant : la destruction du centre absolu doit la produire presque sûrement.

Certes, c'est bien dans ces aires corticales que les fonctions respectives doivent être localisées. Mais ces aires sont trop étendues, plus étendues encore que celles qu'avait déterminées la méthode des cas négatifs. « Un simple examen des planches de l'ouvrage de M. Exner montre que les centres déterminés par la méthode des faits positifs sont toujours bien plus étendus, beaucoup plus diffus que les mêmes centres déterminés par la méthode des faits négatifs : cela prouve évidemment que les méthodes manquent de précision ou que l'une d'elles est moins précise que l'autre. La plus défectueuse est évidemment celle des faits positifs [1]. »

Enfin, comme le font remarquer les auteurs français et les auteurs italiens dont nous parlons, les 167 observations cliniques dont s'est servi Exner pour construire ses diagrammes ne sont pas comparables entre elles. Les centres absolus d'Exner répondent bien à l'idée de centres fonctionnellement localisés, distincts, isolables ; malheureusement, entre les confins de ces centres et ceux des centres relatifs, il n'y a point de délimitation possible, et tout essai de localisation véritable demeurerait arbitraire.

Ce n'est pas le lieu d'insister sur les défauts ou les avantages des méthodes d'Exner pour la détermina-

---

[1] Charcot et Pitres. *Étude critique et clinique de la doctrine des localisations motrices*, p. 53, 55, Cf., p. 26.

tion des différents centres fonctionnels de l'écorce cérébrale. Nous aurons le loisir de le faire quand nous exposerons sur ce sujet les doctrines de l'Ecole de Vienne. Mais nous ne pouvons nous empêcher de trouver bien sévères les critiques qui viennent d'être présentées, moins celles de Charcot et de Pitres cependant, que celles de Luciani et de Seppilli. Les localisateurs français, en considérant comme erronée, avec la méthode qui l'a produite, la topographie des centres moteurs corticaux d'Exner, sont au moins d'accord avec eux-mêmes : ils enseignent, en effet, en se fondant surtout sur l'étude des monoplégies pures et des lésions qui les déterminent, que les centres fonctionnels de la motilité volontaire occupent, dans le cerveau, des points différents, qu'ils se juxtaposent sans se confondre, bref, qu'il y a un certain nombre d'organes moteurs *isolables*. Ils ajoutent, il est vrai, qu'en cherchant à circonscrire les divers centres moteurs de l'écorce, on ne saurait prétendre à une précision géométrique » (1878-79) ; qu'il est probable qu'entre ces différents centres, « il n'y a pas de limites brusquement tranchées », et qu'il est possible que « les centres voisins se confondent au niveau de leurs bords, qu'ils se pénètrent réciproquement ».

Mais, dans un concile de localisateurs, s'il était permis d'en rêver un, Charcot et Pitres siégeraient entre Ferrier et Munk, tandis que Luciani et Seppilli devraient prendre place précisément entre Exner et Goltz! On verra par la suite de ce travail que ces auteurs italiens pèchent par le même défaut que Exner, si défaut il y a : eux aussi sont des latitudi-naires en matière de localisation cérébrale, et l'extension qu'ils accordent à leurs zones corticales sensorielles et sensitivo-motrices, qui se continuent insensiblement entre elles et « s'engrènent » sans délimitation nette, rappelle tout à fait les vagues confins des centres relatifs d'Exner. Aussi, dans un travail sur les *Derniers résultats de l'étude des localisations cérébrales*, publié dans la *Wiener medizinische Wochenschrift* (1886)[1], Exner s'est-il borné à remarquer que, quoiqu'ils le combattent, Charcot et Pitres se sont plutôt rapprochés qu'éloignés de lui dans leur dernier Mémoire (1883), — tandis qu'il traite Luciani et Seppilli avec une ironie des plus légères : « Comparez, dit-il, mon schéma avec celui de Luciani et de Seppilli, qui m'attaquent, et, d'un coup d'œil, vous verrez qu'il n'existe au fond aucune différence entre nous. » Puis, après une réfutation des objections qu'ont soulevées contre sa méthode ces auteurs italiens, Exner ajoute : « Mais eux-mêmes, ils ont encore emprunté à 'quelques cas cliniques et aux autopsies de ces cas, leurs résultats sur les localisations qui se rapportent à l'homme. Ils citent, comme on l'a déjà fait mille fois, un certain nombre de cas où il existait tel symptôme et où telle région de l'écorce cérébrale se trouvait lésée, quoique j'aie montré en son temps que c'est là une méthode qui mène aux résultats les plus erronés. Pour faire voir combien cette méthode est peu sûre, je me suis autrefois amusé — bien que personne n'ait jamais prétendu que le centre moteur du bras fût dans le gyrus angulaire, — à réunir vingt et un cas dans

---

[1] *N°s 49-58. Ueber neuere Forschungsresultate die Localisation in der Hirnrinde betreffend.*

lesquels cette circonvolution était lésée et où il existait des troubles de la motilité du membre supérieur du côté opposé à la lésion. On peut, si l'on est diligent, rassembler une vingtaine de cas cliniques pour prouver que le centre moteur du bras siège dans le lobe frontal, etc. On peut ainsi tout prouver. J'estime qu'on possède aujourd'hui de meilleures méthodes pour étudier ces choses, et que là où il y en a une autre à appliquer, on devrait laisser reposer l'ancienne. »

III. *Critère des lésions minima avec phénomènes de déficit au maximum.* — Théoriquement, on devrait attendre de ce critère une délimitation plus exacte des diverses sphères fonctionnelles de l'écorce cérébrale. C'est sur ce critère, Luciani le rappelle, que Charcot et Pitres ont fondé leur doctrine des centres moteurs de l'écorce. « Pour déterminer la topographie d'un centre moteur cortical,... il vaut mieux rechercher et comparer, sur le plus grand nombre possible d'observations *régulières*, le siège et l'extension des lésions minima, qui ont produit la paralysie permanente des parties dont on veut déterminer les centres corticaux[1]. » Les conditions requises pour l'application légitime du critère, telles qu'elles sont nettement indiquées dans ces paroles, sont ainsi énumérées par Luciani : 1° les observations sur lesquelles porte la comparaison doivent, pour être *régulières*, se rapporter à des cas cliniques comparables entre eux à tous égards ; 2° les lésions rencontrées doivent occuper la même région de

---

[1] Charcot et Pitres. *Etudes critiques et cliniques de la doctrine*, p. 55.

l'écorce, être superposables au moins en partie, pour pouvoir déterminer le territoire de la lésion *minima*, commun à tous les cas particuliers et représentant le centre de la fonction cherchée; 3° enfin, il est nécessaire de connaître exactement, dans chaque cas particulier, le cours entier de la maladie, et de savoir si celle-ci a été d'assez longue durée pour qu'on soit certain que la paralysie ou la perte absolue de la fonction du centre considéré était vraiment *permanente*, qu'elle ne dépendait pas de phénomènes *collatéraux*, que toute compensation ou *suppléance* était impossible, et qu'elle n'était point la suite de *dégénérations secondaires*.

Les cas cliniques de Charcot et de Pitres remplissent-ils ces conditions? Les monoplégies pures d'origine corticale n'ont-elles point la valeur que ces auteurs leur attribuent dans ces paroles mémorables : « En comparant entre elles un nombre suffisant d'observations de ce genre, on doit arriver à déterminer sur le cerveau de l'homme la topographie des centres moteurs corticaux avec autant de précision que cela pourrait être fait sur les animaux par la méthode des vivisections. » Au dire de Luciani, les cas de monoplégies faciales (et linguales), brachiales et crurales rassemblés par les auteurs français n'auraient point cette portée, c'est-à-dire qu'ils ne répondraient pas à tout ce que postule le critère des lésions minima avec phénomènes de déficit au maximum. D'abord ils ne seraient pas toujours comparables entre eux ; la terminaison fatale est survenue souvent après peu de jours ; la marche de l'affection a été souvent obscure ; tout enfin conduirait à admetttre que la perte des fonctions motrices volontaires n'a atteint le degré de paralysie observé que par une complication des phénomènes collatéraux. Bref, la tentative d'édifier une doctrine physiologique des centres moteurs de l'écorce sur le critère des lésions minima soulèverait les mêmes objections que le critère des cas négatifs et positifs d'Exner. Avec les méthodes d'Exner, les sphères fonctionnelles sont trop étendues, avec la méthode de Charcot elles sont trop étroites. Il résulte de tout cela, que, pour la détermination, au moins approximative, de ces centres, les observations cliniques auraient moins de valeur que les expériences physiologiques sur le cerveau du singe.

Les études cliniques ont toutefois une importance capitale pour l'interprétation des phénomènes subjectifs qui accompagnent, chez les animaux, les lésions de l'écorce cérébrale. En outre, les maladies du cerveau sont souvent des merveilles d'analyse, qui disjoignent et isolent les différents éléments physiologiques d'une fonction. L'observation exclusive des animaux en expérience est incapable de révéler de pareils faits au physiologiste : il lui faut l'aide et l'appui du clinicien. Il est difficile de reconnaître chez l'animal la cécité absolue, plus difficile de distinguer l'hémianopsie de l'hémiamblyopie. Les différentes formes de cécité chromatique ont échappé jusqu'ici à l'observation des animaux. Certains troubles de la vision que Goltz avait considérés comme des lésions du sens des couleurs et du sens de l'espace, ont été rapportés par Munk, et avec raison, à la cécité psychique, état dans lequel, on le sait, l'animal continue à voir sans pouvoir reconnaître ce qu'il voit. « Or, ces troubles de la vision seraient demeurés obscurs et de signification incertaine, si la clinique n'avait mis en relief, et surtout Kussmaul, les cas de cécité verbale, où un individu voit parfaitement les lettres et les mots sans pouvoir les lire ni les comprendre. » De même pour ces troubles de l'ouïe, observés chez les animaux, que Munk a décrits sous le nom de surdité psychique, et qui permettent seuls de bien interpréter les cas cliniques d'aphasie sensorielle (Wernicke) ou de surdité verbale (Kussmaul).

Ce qui caractérise la méthode dont nous venons d'exposer les principes, et qui seule a paru capable de mener au but entrevu, c'est un scepticisme profond, raffiné, et comme résigné d'avance, uni à un ardent besoin de foi scientifique, à une large intelligence des opinions et des systèmes opposés, au désir de concilier dans une synthèse supérieure les théories adverses et contraires. Chez ces critiques, chez Luciani, qui a écrit cette *Introduction*, comme chez Seppilli, d'une si forte érudition, d'un esprit si délié, on devine des apôtres, mais qui ne sont jamais dupes de leurs passions, et demeurent toujours froids et lucides. Ils savent les faits ; ils possèdent une méthode, et ne se font point d'illusion sur la part d'erreur et de vérité de leur œuvre. C'est que ces savants sont des artistes, comme l'ont été tous les physiologistes et tous les cliniciens de marque : ils sont supérieurs à leur œuvre. L'étude des fonctions sensorielles et celle des fonctions sensivo-motrices, que nous allons maintenant aborder, feront mieux comprendre et le caractère de ce scepticisme, et cette tendance à présenter des solutions provisoires, éclectiques, dont on connaît la fragilité.

Aussi bien, dans l'état actuel de nos connaissances, il ne s'agit pas de conclure, mais d'indiquer avec réserve les directions de l'investigation scientifique et de faire pressentir la nature et la portée des solutions possibles.

CHAPITRE II.

CENTRES CORTICAUX DES SENS SPÉCIFIQUES.

VISION.

Panizza est enfin entré dans cette sorte d'immortalité qu'une découverte scientifique assure à l'homme. Longtemps oubliée, cette découverte n'est rien de moins que celle du centre cortical de la vision. Après Tamburini[1] et Verga, Luciani et Seppilli ont rappelé comment, au cours d'une étude à la fois anatomique, expérimentale et clinique, sur les origines centrales du nerf optique et sur les rapports de ce nerf avec le cerveau, Panizza avait démontré, dès 1855, que, chez les mammifères, outre les tubercules quadrijumeaux, les couches optiques, etc., « les faisceaux de fibres issus des circonvolutions cérébrales postérieures » concourent à la formation des nerfs optiques. La lecture du mémoire de Panizza peut seule donner une idée de l'étendue et de la pénétration de cette rare intelligence[2].

[1] Tamburini. *Rivendicazione al Panizza della scoperta del centro visivo corticale*, en appendice au grand Mémoire de Tamburini *sur la genèse des hallucinations* (*Rivista sperimentale di freniatria*, 1880, 153).

[2] *Osservazioni sul nervo ottico*. Memoria di Bartolomeo Panizza 19 aprile 1855. Dans : *Memorie dell' J. R. Instituto Lombardo di scienze, littere ed arti*. Milano, 1856, V, 375-390.

Bien des années avant Hitzig, Huguenin, Gudden, Monakow, Vulpian, Panizza avait constaté, au point de vue expérimental, non seulement qu'une lésion intéressant les faisceaux qui, du pulvinar de la couche optique, viennent s'épanouir dans les « circonvolutions postérieures », détermine toujours la cécité de l'œil opposé, et, si la lésion est bilatérale, la cécité complète, « sans qu'il en résulte aucun désordre dans les autres fonctions cérébrales » : il notait, chez un oiseau dont un œil avait été énucléé dès la naissance, une hypertrophie compensatrice du cerveau et du crâne du côté de l'œil détruit[1]. C'est ainsi que la figure 3 de la planche IX représente cette hypertrophie développée surtout « à la partie postérieure latérale » du crâne d'un chien, du côté correspondant à la destruction de l'œil, hypertrophie qui s'était étendue, toujours du même côté, à la couche optique, au corps genouillé externe et aux tubercules quadrijumeaux antérieurs ! Quant aux faits pathologiques, Panizza a bien vu les atrophies secondaires du nerf optique, des circonvolutions du « cerveau pariéto-occipital » et du crâne, chez des sujets devenus aveugles depuis nombre d'années. Ainsi, chez un individu, mort à dix-huit ans, dont l'œil gauche était atrophié par suite d'une blessure reçue à l'âge de trois ans, la région pariéto-occipitale de l'hémisphère droit et le thalamus du même côté étaient atrophiés. Bref, Panizza savait qu'une lésion unilatérale d'une partie de la substance cérébrale des lobes postérieurs produit, sur l'œil du côté opposé, des phénomènes de cécité, comme Hitzig

---

[1] Cf. Gudden. *Recherches expérimentales sur la croissance du crâne.* Trad. de l'allemand par Aug. Forel. Paris, 1876, 57 sq.

l'observa en 1874, et que la perte d'un œil détermine une atrophie ascendante des tubercules quadrijumeaux antérieurs, des corps genouillés externes, de la couche optique, et des faisceaux qui s'irradient dans le lobe occipital. Je dois ajouter que, comme les premiers expérimentateurs qui ont inauguré de nos jours la science nouvelle des localisations cérébrales, comme Munk lui-même au début, du moins quant au chien[1], Panizza n'admettait pas la décussation partielle des nerfs optiques dans le chiasma. Il croyait que l'entre-croisement de ces fibres était complet, chez l'homme même, « opinion, écrivait-il, qui rend facilement raison d'un phénomène pathologique bien connu de tous, qu'après un désordre cérébral il y a souvent cécité complète d'un œil, l'autre restant tout à fait indemne (illeso), phénomène qui serait inexplicable si l'on admettait la décussation partielle ».

C'est en 1879 que Luciani et Tamburini, aidés de Seppilli et de Maragliano, médecins du manicome de Reggio, publièrent leurs premières recherches expérimentales sur les centres psycho-sensoriels de l'écorce cérébrale, en particulier sur les centres de la vision et de l'audition. Les résultats de ces premières expériences s'accordaient en partie avec ceux de Ferrier, mais ne s'accordaient point avec ceux de Munk. Le centre cortical de la vision, loin d'être circonscrit à la région moyenne ou pariétale de la deuxième circonvolution externe du chien, où l'avait situé Ferrier, s'étendait fort en avant, comprenant presque toutes la partie antérieure ou frontale de cette circonvolution. Le centre

---

[1] Munk. *Ueber die Functionen der Grosshirnrinde*, 1881. 39.

visuel du chien était ainsi représenté par une longue zone d'écorce qui s'étendait, sur la seconde circonvolution externe, de la région frontale au commencement de la région occipitale. Ils niaient par conséquent que la sphère visuelle fût confinée dans le lobe occipital, comme l'enseignait Munk. Frappés du changement de caractère et des façons d'être et d'agir des chiens opérés de la région occipitale, ces auteurs italiens inclinaient à y voir un centre de « fonctions psychiques » où les perceptions des sens s'élaboraient en idées.

Ils combattaient aussi la doctrine, alors toute récente de Munk (1877-1878), sur la cécité psychique. Ils ne pouvaient comprendre comment, si le siège des perceptions visuelles est identique avec celui des images-souvenirs, nées de ces perceptions, les images ou représentations visuelles peuvent être abolies sans que les perceptions de la vue le soient aussi après l'ablation d'une partie des sphères visuelles. Selon eux, la doctrine de Munk ne pouvait s'entendre qu'en admettant que le siège des images de la vision mentale était distinct de celui des perceptions visuelles. « La cécité consécutive à l'extirpation des centres corticaux de la vision n'est pas seulement psychique, disaient-ils expressément ; elle consiste dans l'abolition, plus ou moins complète, des perceptions de la vue. » Munk avait pourtant montré, dans sa troisième communication (15 mars 1878), que, si l'ablation du point de l'écorce correspondant à la tache jaune de la rétine, abolit, en ce point, les images mentales de l'animal, ainsi que la possibilité de nouvelles perceptions visuelles, les fonctions du reste de la sphère visuelle corticale, en rapport avec le reste de la rétine, expliquent assez et que l'animal continue à voir et qu'il acquière de nouvelles notions sur l'existence, la forme et les rapports des objets du monde extérieur.

Ce qui est plus important, les auteurs italiens, ignorant encore les travaux de Munk à ce sujet, arrivaient à constater, au cours de leurs expériences sur la décortication du gyrus angulaire et du lobe occipital des singes, qu'une lésion unilatérale du centre de la vision détermine, non une cécité complète de l'œil opposé, comme le voulait Ferrier, mais une cécité partielle des deux rétines correspondant au côté opéré, une hémianopsie bilatérale homonyme. « Nous fûmes les premiers à démontrer, disent-ils, que, non seulement chez les singes, mais aussi chez le chien, la sphère visuelle d'un côté est en rapport avec les deux rétines, et non uniquement avec la rétine de l'œil du côté opposé, les faisceaux croisés des nerfs optiques l'emportant seulement en quantité sur les faisceaux directs. » Ainsi, une destruction unilatérale de la zone visuelle du chien provoquait une amaurose presque complète de l'œil opposé à la lésion et une légère amblyopie de l'œil du côté correspondant. Il fallait donc admettre, contrairement aux idées qu'avaient partagées Goltz, Ferrier et Munk lui-même, que la décussation des fibres du nerf optique est incomplète chez ce mammifère, comme venaient d'ailleurs de le démontrer, pour le chat, les belles recherches anatomiques et expérimentales de Nicati[1]. « Si les recherches ultérieures confirment ces faits, écrivaient alors les auteurs italiens, l'hypothèse d'un second

---

[1] *C. R. de l'Acad. des sciences*, 10 juin 1878 ; *Arch. de phys. norm. et pathol.*, 1878, 2ᵉ sér., V, 658.

entre-croisement des fibres optiques, outre celui du chiasma, dans un point plus central, deviendra inutile. »

Quant à cette hémianopsie qu'ils avaient si bien observée chez le singe, ils la considéraient, encore avec Ferrier, comme la conséquence de la destruction du gyrus angulaire, mais aussi, avec Munk, du lobe occipital : « Le centre visuel du singe ne peut être confiné dans le lobe occipital ; il doit comprendre encore tout le gyrus angulaire. » Toutefois, fidèles à leur humeur éclectique, ils ne tiennent pas le gyrus angulaire pour le centre exclusif de la vision, et lui associent « une grande partie, sinon toute la convexité du lobe occipital ». Mais ils croient encore à l'existence d'autres centres de la vision. Car, rappelant que dans les cas de destruction unilatérale d'une sphère visuelle, la suppléance ou le retour de la fonction est dû au centre visuel du côté opposé, et, dans les cas de destruction bilatérale incomplète, aux parties de ces centres demeurées indemnes, ils se demandent comment on pourrait expliquer ces phénomènes de restitution fonctionnelle, si la destruction bilatérale, au lieu d'être incomplète, avait été complète ? Il faudrait « logiquement » admettre que cette restitution a lieu par les ganglions de la base, c'est-à-dire par les couches optiques et les tubercules quadrijumeaux. Or le cas s'est présenté : ils ont enlevé successivement à un singe l'écorce des deux plis courbes et celle du lobe occipital, bref, les centres de la vision selon Ferrier et selon Munk. La vision de ce singe fut pourtant en partie conservée et rapidement rétablie ! Voilà donc qui démontrait, suivant ces auteurs, que, outre les centres corticaux, on devait admettre des centres basilaires de la vision, localisés sans doute dans les tubercules quadrijumeaux et les thalami, capables de suppléer, en vertu d'une sorte d'exaltation fonctionnelle, les centres corticaux détruits dans toute leur étendue.

Les nouvelles recherches de Luciani sur le sens de la vue, telles qu'elles sont exposées dans les *Localizzazioni funzionali del cervello* (1885), sont précédées de considérations bien propres à intéresser les physiologistes et les psychologues, touchant les différents modes d'examen de ce sens chez les animaux. Nous ne mentionnerons, en passant, que la meilleure épreuve, au dire de l'auteur, pour découvrir les troubles partiels ou généraux de la vision, la *prova dell'alimentazione*, avec occlusion d'un des deux yeux.

L'œil gauche étant bandé, par exemple, on jette au chien, sans bruit, un fragment de nourriture devant le museau, à gauche, puis à droite, pour que l'image s'en peigne sur le segment externe et interne de la rétine droite. Si la partie de la rétine sur laquelle tombe l'image est normale, le chien se tourne du côté du petit morceau de viande pour s'en emparer ; sinon, c'est qu'il ne le voit pas : la région correspondante de la rétine est aveugle Enfin il peut arriver que l'animal distingue le fragment d'aliment, mais, qu'au lieu d'aller en droiture le saisir, il hésite, incertain sur la direction à suivre, soit parce que l'image ne se présente pas à sa conscience avec des contours assez nets, soit parce que le sens des couleurs ou le sens de l'espace est lésé (Goltz) : le segment correspondant de la rétine, ou la rétine tout entière, est amblyopique.

On distingue ainsi, avec plus ou moins de difficulté, la cécité particlle de l'amblyopie partielle, l'amblyopie de la cécité psychique. Dans l'amblyopie, si le chien a de la peine à voir la nourriture, dès qu'il l'a vue, il la reconnaît ; dans la cécité psychique, au contraire, il la voit, mais il ne la reconnaît pas et passe à côté sans y toucher.

Pour supprimer l'intervention possible des autres sens dans cet acte de reconnaissance, Luciani mélange aux petits morceaux de viande des morceaux de liège d'égal volume : s'il est simplement amblyopique, le chien ou le singe reconnaîtra par la vue et distinguera les morceaux de liège des morceaux de viande, sans avoir besoin de les flairer ni de les goûter ; s'il est frappé de cécité psychique, l'olfaction, le goût et le toucher devront intervenir pour faire ce départ. De même s'il est aveugle. Car, à son tour, la cécité psychique devrait être distinguée de la cécité absolue ou « corticale » (Munk). Mais cette cécité absolue, expérimentale, existe-t-elle chez le chien ou chez le singe ? demande Luciani. S'agit-il en réalité d'une cécité complète, ou d'une cécité psychique très accusée ? Dans un jardin, ce chien réputé « aveugle » suit les voies tracées et évite les obstacles ; dès qu'on lui bande les yeux, il se comporte tout autrement : il va lentement, avec précaution, et se heurte du museau au premier obstacle. Enfin, en quoi consiste cette cécité corticale ? Dans la perte des images mentales ou dans celle des sensations brutes de la vue ? Avant de répondre à ces questions, Luciani nous convie à examiner les faits, j'entends les expériences originales qu'il a instituées sur des séries de chiens et de singes, expériences dont les protocoles font le principal attrait, selon nous, des dernières recherches de ce physiologiste.

Trois questions ont été surtout ici bien étudiées : Dans quelles régions du cerveau doit-on localiser les centres de la vision ? Quels rapports existent entre le champ rétinien de chaque œil et les sphères visuelles de l'écorce ? Quelle est la nature des centres visuels de l'écorce ?

1. Au premier abord, et si l'on considère comme faisant partie de la sphère visuelle toutes les aires cérébrales dont la destruction provoque des troubles de la vision, cette sphère paraît s'étendre à toute la convexité de l'écorce chez le chien, puisque les lésions destructives des lobes temporaux et frontaux ont déterminé des troubles de ce genre, comme celles des lobes pariétaux et occipitaux. Peut-être l'écorce de la face inférieure et de la face interne du cerveau reste-t-elle étrangère à cette fonction, se demandait Luciani, car ces régions n'avaient guère été explorées par l'expérimentation [1]. Toutefois, si l'on y regarde de plus

---

[1] Cette tendance à étendre ou même à supprimer les frontières des sphères sensorielles est générale chez les Italiens. Bianchi, le célèbre professeur de l'Université de Naples, considère non seulement toute la deuxième circonvolution externe du chien, mais aussi une partie de la première et de la troisième, comme le centre cortical de la vision. Dans la partie antérieure de la deuxième circonvolution seraient déposées les impressions lumineuses et chromatiques, dans la partie moyenne celles de la forme et de la dimension des corps, dans la partie postérieure, enfin, « ces facteurs élémentaires de la perception optique » seraient coordonnés. V. *Contribuzione sperimentale alli compensazioni funzionali corticali del cervello*, dans la *Riv. speriment. di freniatria*, 1882, 431 sq. Cette note préventive, assez étendue, que j'ai lue, et dont je reparlerai en traitant des fonctions motrices du cerveau, est devenue un mémoire publié à Naples, en 1883, que je n'ai connu d'abord que par ce qu'en avait cité Christiani : *Zur Physiologie des Gehirnes* (Berlin, 1882, p. 120), au chapitre consacré par cet auteur à Luciani et à Tamburini.

près, on constate que, parmi ces lésions, les unes diffèrent des autres quant au degré et à la persistance des effets qu'elles produisent. Tandis que les désordres de la vision consécutifs à l'ablation uni ou bilatérale de parties plus ou moins étendues des lobes frontaux ou des lobes temporaux sont *transitoires*, ceux que détermine l'extirpation bilatérale des lobes occipitaux et pariétaux sont *permanents*. En outre, alors que les lésions peu étendues ·des lobes frontaux ou temporaux peuvent ne donner lieu à aucune altération appréciable de la vision, les lésions, même limitées, des lobes pariéto-occipitaux, déterminent toujours des troubles évidents de cette fonction. Faut-il en conclure que les centres de la vision sont exclusivement localisés, chez les chiens, dans les lobes occipito-pariétaux, si bien qu'on devrait attribuer à des effets à distance du traumatisme les troubles visuels, transitoires, il est vrai, mais constants, consécutifs aux lésions destructives des lobes frontaux et temporo-sphénoïdaux ? Mais, dans les troubles de la vision observés par Hitzig après l'ablation de la pointe d'un lobe frontal, on ne peut arguer de la proximité de ce lobe avec les régions occipito-pariétales. D'autre part, chez la chienne S et chez le chien X, après l'extirpation de l'écorce des lobes temporaux, les troubles visuels ont persisté bien après la cessation des effets du traumatisme. Luciani s'arrête donc à l'hypothèse suivante : la sphère visuelle a bien son centre fonctionnel, sa localisation centrale, dans la zone occipito-pariétale des hémisphères du chien, mais elle n'y est point circonscrite : elle *s'engrène* avec d'autres sphères, avec d'autres centres corticaux, et, en rayonnant vers les lobes frontaux et les lobes temporo-sphénoïdaux, elle se trouve être en rapport anatomique direct avec ces centres.

Cette conception d'un « engrenage » du centre fonctionnel de la vision mentale, et de tout centre sensoriel ou sensitivo-moteur, avec les autres centres de l'écorce, supprime toute limite précise entre ces régions. Ces centres se confondent aux vagues confins de leurs limites. L'idée de l' « engrenage [1] » des centres corticaux du cerveau fut exposée par Luciani dans le troisième congrès de phréniatrie italien de Reggio d'Emilie (septembre 1880), au cours d'une discussion de ce savant, avec Vizioli et Morselli, sur la pathogénie de l'épilepsie [2]. « Il n'est pas connu que d'autres aient exprimé la même idée auparavant, écrivait Luciani en 1885. Toutefois nous pouvons assurer le lecteur que nous tenons beaucoup moins à la priorité de l'hypothèse qu'à sa vérification expéri-mentale. » Evidemment la pensée fondamentale de Luciani, comme celle de Seppilli, de Tamburini et de la plupart des auteurs italiens, est celle-ci : « Aujour-d'hui, la solution de la question des localisations céré-brales ne consiste pas dans la confection d'une carte du cerveau, sur laquelle cet organe serait divisé en un certain nombre de provinces aux confins nettement arrêtés, chacune représentant le territoire exclusif de fonctions psychiques distinctes sensorio-motrices [3]. » L'œuvre consiste, au contraire, à rechercher et à

---

[1] Ingranaggio, parziale confuzione, conglobazione.

[2] *Archivio italiano par le malatie nervose.* 1881. A part, 1881, Mi-lano, in-8°.

[3] *Le localizz. funz.*, p. 88.

établir quelles fonctions différentes ont les diverses
parties du cerveau, et à indiquer l' « engrenage »
réciproque des sphères sensorielles et sensitivo-motrices, — ce qui correspond, dans l'ordre des faits
physiologiques, à l'association des perceptions, des
idées et des impulsions volontaires dans l'ordre des
faits psychologiques.

De ces données de l'expérimentation physiologique,
il résultait que, chez le chien, d'après la dernière manière de voir de Luciani, les lobes occipitaux et pariétaux représentent, en somme, le centre fonctionnel de
la vision, et que ce centre n'est en rapport anatomique
direct avec les autres lobes du cerveau que par les
irradiations décroissantes qu'il leur envoie. De même
pour les singes. « Nul doute que l'écorce des lobes
occipitaux des singes ne représente la partie centrale
essentielle de la sphère visuelle de ces animaux. »
Voilà donc une nouvelle confirmation de la doctrine
de Munk à ce sujet[1]. Car, quoique les anciennes
recherches de Luciani et de Tamburini, d'une part,
celles de Ferrier et de Yeo d'autre part, aient prétendu
démontrer que les sphères visuelles du singe s'irradient
vers les lobes pariétaux, en particulier vers l'écorce
des plis courbes, la décortication isolée de ces circonvolutions ne produit que des troubles légers et
transitoires de la vision (singe E). « Il paraît donc

---

[1] Munk attribue l'hémiopie transitoire consécutive à l'extirpation d'un
gyrus angulaire, à la réaction inflammatoire du lobe occipital, surtout
à la lésion des faisceaux optiques qui, des ganglions d'origine des
tractus optiques. gagnent les lobes occipitaux en passant sous l'écorce
du pli courbe. *Ueber die Functionen der Grosshirnrinde* (Berlin, 1881),
p. 125, et la note, inspirée par Wernicke. Cf. Seguin, de New-York,
*Contribution à l'étude de l'hémianopsie d'origine centrale. Arch. de
Neurol.*, 1886, 206 sq.

juste d'en conclure que les irradiations des centres de la vision du singe dans l'écorce des lobes pariétaux n'ont point, pour ces animaux, une plus grande importance que les irradiations des centres visuels du chien dans les lobes frontaux et temporaux[1]. » Il restait encore à rechercher si la décortication étendue du lobe temporo-sphénoïdal du singe donnerait lieu, comme chez le chien, à des troubles transitoires de la vision, ce qui paraissait probable à Luciani.

On le voit, dans ces nouvelles recherches expérimentales comme dans les premières, ce physiologiste a peu varié. Il localise toujours, d'une manière générale, chez les animaux, le centre cortical de la vision dans la région pariéto-occipitale. Il a vu d'ailleurs la confirmation de sa doctrine à cet égard dans les beaux travaux d'anatomie fine du système nerveux et de physiologie expérimentale de Ferruccio Tartuferi[2] : Luciani l'a déclaré dans la discussion qui suivit deux communications de ce savant (27 sept. 1881) sur les centres visuels mésencéphaliques et corticaux.

II. — Quels rapports existent entre le champ rétinien de chaque œil et les deux sphères visuelles de l'écorce ? Les belles recherches périmétriques de Foerster ont établi que, des deux parties de la rétine divisée par la ligne qui traverse verticalement le point

_____

[1] *Le localizz. funz.*, p. 155. Plus loin, Luciani maintient que, chez le singe aussi, les sphères visuelles s'étendent sur une aire considérable de l'écorce, et s'irradient dans les régions pariéto-frontales et temporo-sphénoïdales.

[2] *I corpi genicolati dei mammiferi studiati nei loro rapporti colle fibre del tratto ottico e nelle loro forme cellulari.— Il tratto ottico ed i centri visivi mesencefalici e corticali.* Dal laboratorio del prof. Bizzorero. — *Archivio ital. por le malatie nervose,* 1881. 47, 53, 58. Cf. du même auteur, *ibid,* 1885, p. 3 : *Sull'anatomia minuta dell' eminenze bigemine anteriori dell' uomo,* etc.

de fixation, le centre de la tache jaune, la partie externe ou latérale est plus petite que la partie interne ; on a pu en conclure que chaque centre visuel cortical soutient des rapports plus étendus avec le faisceau croisé qu'avec le faisceau direct. On connaît la doctrine de Munk sur ce sujet. Les auteurs italiens se félicitent d'être d'accord avec le physiologiste allemand sur un point : chaque sphère visuelle est en rapport direct, chez le chien, avec le segment interne (les 2/3) de la rétine de l'œil du côté opposé, et avec le segment externe (1/3) de la rétine de l'œil du côté correspondant. Chez les singes, comme chez l'homme, le faisceau direct serait presque aussi fort que le faisceau croisé. L'extirpation d'un lobe occipital produit donc une hémianopsie bilatérale homonyme. Mais Munk soutient, en outre, que les faisceaux optiques directs et croisés conservent, dans leur distribution ultime dans l'écorce, l'individualité qu'ils ont au sortir des deux segments interne et externe de la rétine, si bien que chaque point de la rétine soutiendrait, avec un point correspondant de l'écorce cérébrale, un rapport constant et fixe. Les éléments rétiniens de la tache jaune, par exemple, ne seraient associés qu'avec une région distincte de l'écorce du lobe occipital (le point A). L'ablation d'un point déterminé des sphères visuelles frapperait donc de cécité le point correspondant de la rétine et produirait à volonté un nouveau punctum cæcum.

Cette cécité partielle, résultant d'une destruction partielle bilatérale de l'écorce, serait naturellement permanente.

A ces thèses, les auteurs italiens opposent trois

groupes de faits : 1° on réalise une hémianopsie bilatérale, homonyme au côté opéré, non pas seulement
après l'extirpation d'un lobe occipital, mais après
l'ablation étendue d'un lobe pariétal ou d'un lobe
temporal ; 2°. les extirpations partielles bilatérales des
lobes occipitaux, c'est-à-dire des sphères visuelles de
Munk, ne produisent jamais de cécité partielle correspondante bien nette ; on n'observe alors que des
troubles diffus des deux rétines ; 3° enfin, les phénomènes d'hémianopsie consécutifs aux larges extirpations unilatérales des lobes occipital, pariétal ou
temporal, sont aussi peu permanents que ces troubles
diffus de tout le champ rétinien : les uns et les autres
sont plus ou moins transitoires. Il en est de même
chez les singes après l'extirpation d'un lobe occipital
entier. Il faut donc admettre, dit Luciani, que la
sphère visuelle du singe s'étend, elle aussi, au delà
des limites du lobe occipital, et que chaque partie du
centre de la vision mentale y est en rapport avec les
fibres des faisceaux croisés et des faisceaux directs du
nerf optique. Loin de conserver leur individualité, les
faisceaux optiques se confondraient dans leurs trajets
vers les centres ; ils y contracteraient sans distinction
des rapports avec les cellules nerveuses des différentes
parties des sphères visuelles.

Ce *schéma* de Luciani (fig. 1) montre bien quel serait ce mode de distribution des faisceaux croisés et
directs de l'écorce. Les *points noirs*, surtout nombreux
dans la région occipito-pariétale de l'hémisphère représenté ici, font voir quel rapport les fibres optiques du
faisceau croisé, issues du segment interne de la rétine
de l'œil opposé, soutiennent avec l'écorce du centre

visuel ; les *points hachés*, plus clairsemés, indiquent les rapports des fibres optiques du *faisceau direct*, issues du segment externe de la rétine de l'œil correspondant, avec les mêmes régions centrales.

On conçoit ainsi comment l'extirpation d'un lobe occipital, pariétal ou temporal, causera de l'hémiopie

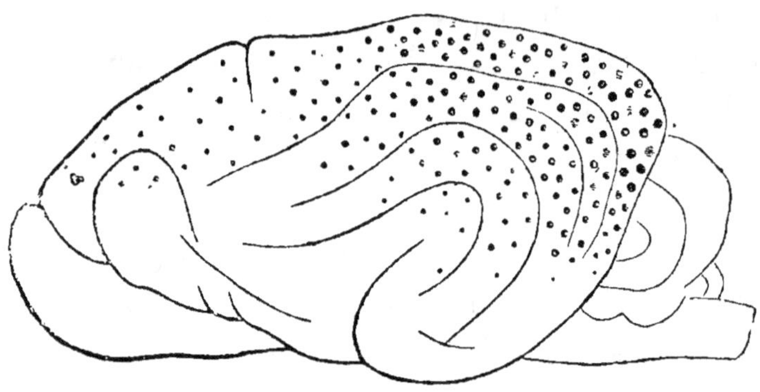

Fig. 1.

bilatérale, car les éléments nerveux de l'aire corticale détruite se trouvaient à la fois en rapport, dans chaque hémisphère, avec les deux rétines.

III. La troisième question, celle de la nature des centres corticaux de la vision, a plus de portée qu'aucune autre pour la psychologie physiologique, puisqu'il s'agit de savoir si l'écorce est le siège des sensations en même temps que des perceptions et des images, ou si les sensations ont pour siège, en dehors des hémisphères cérébraux, le mésocéphale, les couches optiques, les tubercules quadrijumeaux, etc., voire la protubérance annulaire, ainsi que l'ont admis les successeurs de Flourens.

Il est certain que les poissons et les batraciens,

après l'ablation des hémisphères cérébraux, continuent
de voir avec conscience : ils ne sont aveugles, ni
psychiquement, ni absolument (Blaschko). Les sensations, les perceptions et les images visuelles n'ont pas
encore pour siège les hémisphères, mais le mésocéphale. De même, étudiant au laboratoire de Florence,
sur des tortues terrestres et palustres, les effets de l'extirpation des hémisphères cérébraux seulement, en
respectant les thalami et les lobi optici, Fano a constaté que, quant à la vue et aux autres organes des
sens, ces tortues ne présentaient guère de différence
appréciable qui permît de les distinguer à cet égard
des tortues normales [1]. Mais, chez les oiseaux, si l'extirpation des lobes cérébraux est complète des deux
côtés, la cécité est absolue (Flourens, Munk) : les sensations brutes, les sensations élémentaires, ont donc
chez ces vertébrés le même siège que les perceptions
distinctes et les images mentales. De même chez les
mammifères. Cette doctrine permet de comprendre
comment chaque sens peut être isolément aboli par
la destruction du centre cortical correspondant. Si les
perceptions et les images mentales étaient seules localisées dans l'écorce, l'ablation des centres de la
vision ne déterminerait qu'une cécité psychique,
jamais une cécité absolue. L'animal perdrait ainsi la
mémoire des images perçues ; il conserverait encore la
possibilité d'éprouver des sensations visuelles. Munk,
après Flourens, prétend réaliser à volonté (chez le
chien) la cécité psychique et la cécité corticale [2], c'est-

---

[1] *Pubblicazioni del R. Ist. di studi super... in Firenze*, 1884, p. 41 sq.

[2] Au lieu de « cécité corticale », il vaudrait mieux dire sans doute
« amaurose cérébrale », car les deux sortes de cécité décrites par Munk,

à-dire absolue, permanente : il tient donc l'écorce des centres visuels pour le siège et des images et des sensations. Luciani n'a pu produire que de la cécité psychique, d'abord complète, puis incomplète, mais durable, permanente ; il admet donc l'opinion opposée et n'attribue au centre cortical de la vision que l'élaboration psychique des sensations visuelles, dont le siège serait situé dans les noyaux gris du mésencéphale, dans les tubercules quadrijumeaux antérieurs.

Les auteurs italiens vont même jusqu'à supposer que la cécité absolue, que Munk prétend réaliser, ne serait qu'une cécité psychique très accusée [1], ou résulterait d'une action à distance, d'une dégénération secondaire descendante, d'une atrophie des ganglions du mésocéphale consécutive à une large destruction de l'écorce. Si Munk n'a jamais pu, comme il le déclare, produire la cécité absolue chez le singe, ce n'est pas, comme il le croit, parce que l'extirpation des deux sphères visuelles a été incomplète : la vraie raison de cet insuccès serait que, chez le singe aussi, les centres corticaux de la vision ne sont que le siège des perceptions et des images, non des sensations élémentaires de la vue. Chez deux singes, *dont l'extirpation des centres corticaux de la vision a d'ailleurs été incomplète*, Luciani a pu constater que les sensations de la vue étaient redevenues parfaites : ces animaux distinguaient

---

en tant qu'elles résultent d'une lésion de l'écorce, sont, comme le dit Stenger, des « cécités corticales ». (*Die cerebralen Sehstœrungen der Paralytiker. — Arch. für Psych.*, XIII, 1882.) David Ferrier a fait exactement la même remarque dans la seconde édition des *Functions of the Brain* (1886), p. 429, mais sur un ton que nous ne pouvons nous empêcher de trouver, avec Hitzig, d'assez mauvais goût.

[1] Cf. l'observation de la chienne W., p. 116 et suiv. des *Localizzazioni funz.*, etc.

les plus petits objets, mais n'en reconnaissaient pas la nature. Pour distinguer, par exemple, des morceaux de liège mêlés à des morceaux de figues, ils devaient recourir aux sens du goût et du toucher. Bref, ces singes avaient perdu les représentations mentales des objets.

Quant aux études cliniques et anatomo-pathologiques sur les centres fonctionnels de la vision, il est certain que, après Panizza, l'honneur de les voir inaugurées paraît bien revenir à Luciani et à Tamburini. L'opuscule que ses savants publièrent, en 1879, sous ce titre : *Studi clinici sui centri sensorj corticali*[1], est peu connu. Ils s'étaient proposé de rechercher si l'examen des faits cliniques confirme ou contredit les résultats expérimentaux auxquels ils étaient arrivés, après Ferrier (1876) et après Munk (1877-1878), touchant le siège et la nature des centres sensoriels de l'écorce. Admirant « quelle splendide confirmation » avait apportée à la théorie des centres psychomoteurs de l'écorce, au point de vue clinique, les *Leçons* de Charcot *sur les localisations dans les maladies du cerveau* (1875), les articles de Charcot et de Pitres dans la *Revue mensuelle de médecine et de chirurgie* (1877-1879), le mémoire de Dario Maragliano *sur les localisations motrices dans l'écorce cérébrale* [2], ils avaient voulu tenter une entreprise du même genre pour les centres sensoriels.

De tout temps on a noté la rencontre d'altérations

[1] Dans les *Annali universali di medicina e chirurgia.* Parte originale, vol. 247, fasc. 742. Aprile 1879.

[2] *Le localizzazioni motrici nella corteccia cerebrale, studiate specialmente dal lato clinico. Riv. sperim. di freniatria,* 1878.

de la vision avec des lésions des hémisphères cérébraux. Mais le vague et l'inexactitude des indications
relatives au siège anatomique de ces lésions rendent,
on le sait, les anciennes observations à peu près inu-
tiles pour l'étude scientifique des localisations cérébrales. Tout était à refaire. Sur quarante cas cliniques,
accompagnés d'un examen anatomo-pathologique, que
Luciani et Tamburini recueillirent, trente-quatre étaient
relatifs à des lésions de la vue, trois à des lésions de
la vue et de l'audition. Tout d'abord, ils furent frappés
de la fréquence des altérations fonctionnelles bilatérales avec une seule lésion en foyer de l'écorce, ce
qui était conforme aux résultats de leurs recherches
expérimentales. Les lésions étaient localisées dans les
lobes pariétal, occipital, ou dans les deux, pariétal et
temporal, occipital et frontal. Tamburini et Luciani
furent donc aussi amenés à conclure. sur le terrain de
l'observation clinique et de l'examen anatomo-pathologique, que les centres psycho-sensoriels de la vision
ne sont ni dans le gyrus angulaire (Ferrier) ni dans le
lobe occipital (Munk), considérés isolément, mais dans
ces deux régions. « Nous ne pouvons dissimuler,
ajoutaient-ils, qu'on rencontre en clinique un grand
nombre de faits négatifs relativement à la zone sensorielle de l'écorce. » Ces cas, ils les expliquaient : 1° par
l'extension considérable de la zone visuelle corticale ;
2° par la difficulté que présente la constatation des
phénomènes ; 3° par la possibilité des suppléances
quand la lésion a évolué lentement, suppléances dues
soit aux régions symétriques de l'hémisphère opposé,
soit aux centres secondaires de la base (tubercules
quadrijumeaux et couches optiques).

Sans parler ici des cliniciens allemands tels que Fürstner et Nothnagel, qui, vers cette époque, indiquaient nettement l'importance des lésions des régions occipitales dans la production des troubles de la vision, et avant Wilbrand, Mauthner et Exner, Angelucci, du manicome de Macerata, publiait un mémoire remarquable sur *les lésions de la circonvolution pariétale inférieure (lobule du pli courbe) relativement à la théorie des localisations cérébrales* [1]. Ce médecin partit de cette vue, profonde selon nous (que lui avait inspirée le professeur Morselli, directeur de l'asile), que la contiguïté anatomique du *lobule pariétal inférieur* avec le *lobe occipital* doit correspondre à des rapports physiologiques et fonctionnels de ces deux régions du cerveau; en d'autres termes, que les centres moteurs des bulbes oculaires et des paupières doivent être aussi intimement associés au centre sensoriel de la vision, que l'est, par exemple, le centre du langage articulé aux centres moteurs des lèvres et de la langue. Les réactions synergiques des muscles de l'œil aux diverses impressions lumineuses ou à cet état de la vision intérieure qu'on appelle l'attention, le confirmaient dans cette conception, qui représente comme un couple anatomique et physiologique les centres moteurs et les centres sensoriels de l'œil et de la vision. Les fonctions du lobe pariétal, en dehors de la pariétale ascendante, étaient et sont encore bien peu connues, on le sait. Des centres sensoriels, sensitifs et moteurs de l'œil et de la vision ont été, entre autres,

<hr>

[1] Giovanni Angelucci. *Sulle lesione della circonvoluzione parietale inferiore (lobulo della piega curva) in rapporto alla teoria delle localizzazioni cerebrali.* (*Archivio italiano par le malatie nervose*, 1880, 74 suiv.)

localisés sur le lobe pariétal, mais aucune de ces localisations n'a encore, il me semble, conquis sa place au soleil. Selon Angelucci, qui montre bien les habitudes de latitudinarisme si communes, en pareille matière, aux savants italiens, le centre « oculo-visuel », comme il l'appelle, s'étendrait, chez l'homme, sur tout le lobule pariétal inférieur, relié, en avant, par les frontale et pariétale ascendantes, aux mouvements de la face, de la bouche et des lèvres ; en arrière, aux régions psycho-sensorielles du lobe occipital. La partie antérieure du lobule pariétal inférieur lui paraissait être le siège du centre des mouvements oculo-palpébraux, la partie postérieure, ou pli courbe, serait le centre, ou du moins une partie intégrante du centre de la vision, car Angelucci admet que, chez l'homme, ce centre est surtout localisé dans les régions occipitales du cerveau.

Dans les nouvelles recherches anatomo-cliniques qu'il publie avec Luciani, Seppilli a rassemblé trente-six cas, dont deux lui sont personnels, les autres étant empruntés à Nothnagel, Westphal, Wernicke, Huguenin, Fürster, Monakow, Petrina, Dejerine, Heilly et Chantemesse, Giovanardi, Gowers, Bernard, etc. Dans un premier groupe (cas 1-18), Seppilli a rangé les cas d'hémianopsie bilatérale homonyme dans lesquels on trouve, comme caractères communs, une lésion du lobe occipital : dans cinq cas même, la lésion est exclusivement limitée à ce lobe. Dès que l'examen du fond de l'œil n'a révélé durant la vie aucune altération, lorsqu'aucun. indice de compression des bandelettes optiques ou du chiasma, aucune lésion des tubercules quadrijumeaux ni des corps genouillés, du pulvinar

de la couche optique, du lobule pariétal inférieur, etc.,
n'apparaît à l'autopsie, force est bien d'établir une
relation entre l'hémianopsie et les lésions du lobe
occipital, que le processus se limite à l'écorce cérébrale (5 cas), à la substance blanche (2 cas), ou intéresse à la fois l'écorce et les faisceaux sous-jacents
(6 cas). Le pli courbe n'a été trouvé lésé en toute
évidence qu'une seule fois (dans un cas de Westphal),
et il existait en même temps une lésion du lobe occipital.

Les conclusions que Seppilli tire de ces faits sont
naturellement semblables à celles de Luciani, quoique
plus fermes et décidément en faveur de la doctrine
qui, chez l'homme, considère les lobes occipitaux
comme les organes, non pas exclusifs, sans doute,
mais essentiels de la vision mentale. L'hémianopsie
bilatérale homonyme, consécutive à la lésion d'un lobe
occipital, démontre que chacun de ces lobes est en rapport avec la moitié homonyme de chacune des deux rétines. La méthode anatomo-clinique, comme la méthode
physiologique, établit donc que chaque hémisphère
cérébral a des fonctions visuelles bilatérales. Et, pour
le dire en passant, cette bilatéralité fonctionnelle,
propre à chaque moitié des centres nerveux, pour être
plus évidente dans les centres sensoriels, n'en existe
pas moins à un certain degré dans les centres sensitivo-moteurs, en dépit de l'importance incontestablement plus considérable des effets croisés. Il suffira
de noter avec une exactitude toujours plus grande les
troubles de la motilité et de la sensibilité dans l'hémiplégie et l'hémianesthésie d'origine corticale pour
constater, avec Hitzig, Exner, Landolt et tant d'autres,

l'existence de ces troubles bilatéraux, d'intensité inégale, mais réels, déterminés par une lésion unilatérale des centres nerveux.

L'esprit critique de Seppilli excelle à dissiper les contradictions et, en dépit des apparences contraires, à toujours faire pressentir l'unité des lois naturelles de l'organisation, j'entends la constance et l'uniformité des phénomènes que présentent les êtres vivants dont la structure et les fonctions sont comparables entre elles. Un seul exemple de cette sûreté d'analyse. On se rappelle l'attention qu'excita le grand travail de Fürstner *sur un trouble particulier de la vision chez les paralytiques*[1]. Au cours de la paralysie progressive, après une attaque épileptiforme ou apoplectiforme, l'œil du côté hémiplégié, d'ailleurs intact à l'examen ophthalmoscopique, semblait frappé quelquefois de cécité pure et simple, quelquefois de cécité psychique. Voilà donc des troubles unilatéraux et croisés de la vision consécutifs à une lésion de l'hémisphère opposé? En outre, dans deux cas ce n'était pas le lobe occipital, mais le lobe frontal et le lobe temporal qui étaient trouvés atteints. « Ces cas, on pourrait les expliquer, disait Seppilli, en disant que le lobe frontal et le lobe temporal reçoivent des irradiations des nerfs optiques, comme nous l'avons noté chez les chiens. *Mais l'observation clinique n'appuie en rien ce mode d'explication :* les affections exactement limitées aux lobes frontaux ou aux lobes temporaux ne provoquent point de troubles visuels permanents avec le caractère de cécité psychique. »

---

[1] *Ueber eine eigenthümliche Sehstoerung bei Paralytikern.* (*Archiv f. Psych.* VIIIe et IXe vol., 1877-78.)

A la rigueur, ce trouble de la vision devrait donc être attribué à une action exercée à distance sur le lobe occipital par les régions encéphaliques malades. Puis, comme on rencontre des variétés cliniques qui s'écartent des formes connues, il n'est pas invraisemblable que le mode d'entre-croisement des fibres optiques varie parfois comme celui des faisceaux moteurs des pyramides, ainsi que l'ont montré les recherches anatomiques de Flechsig et les belles études anatomo-cliniques de Pitres. Mais que doit-on penser d'abord, avant tout essai d'interprétation, de la réalité de ces troubles unilatéraux et croisés de la vision? Ces observations sont en bien petit nombre au regard des cas d'hémianopsie bilatérale homonyme consécutifs à la lésion d'un seul lobe occipital. Elles ont été faites sur des malades dont l'état de l'intelligence, surtout aux périodes avancées de la maladie, ne permet guère de renseigner exactement le médecin sur les fonctions de la sensibilité ni d'instituer des expériences à cet effet. Entre temps, comme il est arrivé pour l'amblyopie croisée dans l'hémianesthésie hystérique [1], Stenger et d'autres auteurs ont établi que, chez les paralytiques généraux aussi, ces troubles de la vue étaient en réalité bilatéraux.

Nous n'insisterons pas sur ce que dit Seppilli de la cécité verbale, qu'il considère comme une variété de la cécité psychique, et dont il situe le siège, avec les auteurs français, dans le lobule pariétal inférieur, dont fait partie le pli courbe. Quoique la cécité ver-

____

[1] Charcot. *Leçons sur les localisations dans les maladies du cerveau,* p. 119.

bale s'accompagne souvent d'hémianopsie[1], la localisation de ces deux affections n'est pourtant pas identique. Seppilli veut seulement retenir de ces faits que, chez l'homme comme chez les singes, les centres de la vision ne sont pas limités aux lobes occipitaux, mais s'irradient dans les circonvolutions du pli courbe. Aucun doute sur ce point chez les auteurs italiens.

L'étude des centres nerveux dans les cas d'*anophthalmie* congénitale serait aussi très utile pour l'anatomie et la physiologie des centres de la vue. Parmi les cas publiés jusqu'ici, on ne connaît guère que celui de Giovanardi, professeur de l'Université de Modène, où il ait été tenu compte de l'état du cerveau[2]. Chez une fille de quatorze mois, aveugle-née et manquant des deux globes oculaires, les nerfs optiques, le chiasma et les bandelettes faisaient entièrement défaut, et les circonvolutions occipitales étaient atrophiées des deux côtés. Giovanardi, qui rappelle avec une joie bien légitime que la découverte du centre cortical de la vision est due à Bartolomeo Panizza, et que cette observation d'anophthalmie congénitale, où les lobes occipitaux ont été trouvés atrophiés, confirme le fait que « ces lobes sont bien une des origines réelles des nerfs optiques », ajoute, en terminant sa com-

---

[1] Tous les faits connus et bien observés nous montrent jusqu'ici l'hémianopsie accompagnant toujours la cécité verbale.

Cf. Bernard. *De l'aphasie et de ses diverses formes* (1885) : « Ni l'hémiopie ni, en son absence, un symptôme équivalent, tel que le rétrécissement concentrique du champ visuel, n'ont encore fait défaut dans aucun des cas de cécité verbale où l'examen de la vue a été convenablement pratiqué. » P. 133.

[2] Eugenio Giovanardi. *Intorno ad un caso di anoftalmia doppia congenita (mancanza dei nervi ottici, atrofia dei lobi occipitali).* — (*Riv. speriment. di freniatria*, 1881, 244-50.)

munication : « Il est très probable que les circonvolutions occipitales étaient peu développées déjà à l'époque de la naissance de l'enfant, mais il est certain que, durant les quatorze mois qu'elle a vécu, ces circonvolutions ont dû s'atrophier », atrophie résultant de l'inactivité fonctionnelle de ces lobes par suite d'absence complète de la vue. Tartuferi aussi a signalé ces atrophies des corps genouillés, des tubercules quadrijumeaux et de la pointe du lobe occipital chez de jeunes lapins dont il avait énucléé un œil six ou sept mois auparavant[1].

Inversement, dans un cas de *porencéphalie* portant sur les deux lobes occipitaux, publié par Monakow[2], atrophie descendante dégénérative bilatérale des tubercules quadrijumeaux antérieurs, des corps genouillés externes, du pulvinar, des tractus et des nerfs optiques, comme chez les mammifères (chats, lapins) dont on extirpe les lobes occipitaux les premiers jours après la naissance. Monakow témoigne, dans cette observation, contre Meynert et Huguenin, que les centres optiques infracorticaux n'envoient de radiations que dans le lobe occipital, non dans le lobe temporal aussi, et que le corps genouillé interne n'est pas en rapport avec le lobe occipital, mais avec le lobe temporal.

Tout ce qu'ont écrit Luciani et Seppilli sur ces altérations dégénératives, descendantes ou ascendantes, consécutives aux destructions centrales ou périphéri-

---

[1] *Atti dell' Academia di med. di Torino*, 1881.

[2] *Experimentelle und pathologisch-anatomische Untersuchungen über die Beziehungen der sogenannten Sehsphaere zu der infracorticalen Opticuscentren und zum Nervus opticus.— Arch. f. Psychiatrie*, XIV, 1883, 699 sq. Il s'agit d'un fœtus humain de huit mois environ auquel manquaient tout le lobe occipital des deux côtés et une partie du lobe pariétal.

ques de l'organe de la vue, prouve qu'ils ont bien compris la haute portée de ces expériences, d'ailleurs en si profond accord avec les observations cliniques. C'est grâce à la recherche des physiologistes, unies à celles des embryogénistes, que le parcours des faisceaux nerveux a pu être suivi dans tant de régions du système nerveux central et que le trajet intra-céphalique des nerfs optiques, en particulier, a été assez nettement tracé, de station en station, à travers les centres visuels infracorticaux ou basilaires, depuis la rétine jusqu'au lobe occipital.

Nous terminerons ce chapitre, consacré à l'étude expérimentale et anatomo-clinique de la vision, par quelques vues d'ensemble sur la théorie des hallucinations de la vue.

Tamburini [1] reconnaît expressément que cette théorie n'a pu acquérir quelque solidité que du jour où la terminaison centrale, dans l'écorce cérébrale et non ailleurs, des appareils périphériques des sens, a été connue, où les centres psycho-sensoriels de l'écorce ont été découverts, bref, où les régions des transformations des sensations en perceptions et en images mentales ont pu être étudiées par la méthode expérimentale et par la méthode anatomo-clinique. Dès 1878, Luciani et Tamburini avaient considéré ces centres sensoriels de l'écorce comme étant à la fois de vrais centres de perceptions élémentaires des sensations et des dépôts d'images mentales. Dès l'origine, ils ont défini l'hallucination une excitation morbide des centres sensoriels de l'écorce, analogue à celle qui, pour

---

[1] *Sulla genesi delle Allucinazioni.* — (*Riv. sperim. di freniatria* 1880, 126 sq.)

les centres moteurs, produit l'épilepsie d'origine corticale. L'irritation qui, ici, détermine des convulsions,
évoque là de fausses sensations, ressuscite des perceptions, des images qui, si l'intensité est suffisante,
s'imposent à la conscience avec tous les caractères de
la réalité extérieure. « Les hallucinations sont aux
centres sensoriels et à leurs lésions ce que l'épilepsie
est aux centres moteurs » (p. 151). Elles constituent
une sorte d' « épilepsie des centres sensoriels ». Les
hallucinations sont d'ailleurs assez fréquentes chez les
épileptiques : l'accès est souvent précédé, accompagné
ou suivi d'hallucinations. Le même processus irritatif
qui envahit les centres moteurs de l'écorce atteint
les centres sensoriels et y suscite les sensations ou les
images intenses de l'hallucination[1]. Hitzig, Ferrier et
Munk n'avaient-ils pas montré que l'excitation électrique qui, dans de certaines conditions de durée et
d'intensité, détermine, appliquée aux centres moteurs,
des convulsions épileptiformes, — appliquée aux centres sensoriels, fait naître des sensations subjectives
de la vue, de l'ouïe, etc., que manifestent les animaux
par des mouvements correspondants? Dans les deux
cas, l'excitation électrique, substituée à l'irritation
morbide, détermine, ici l'épilepsie, là l'hallucination
expérimentale. Enfin, l'ablation des centres sensoriels
abolit également ces deux formes de réactions nerveuses.

---

[1] « Une image mentale, quand elle est suffisamment intense, est
perçue *comme* si c'était une sensation ; cette image visuelle est projetée
au dehors comme une sensation extérieure... L'image mentale est perçue
et interprétée *comme* si elle était une sensation rétinienne. On perçoit
une image comme on perçoit une sensation. » Alfred Binet. *La vision
mentale.* (*Rev. philos.*, avril 1889.)

Les observations cliniques et anatomo-pathologiques établissaient-elles le même rapport entre les hallucinations et les lésions de la zone sensorielle de l'écorce? Il ne fallait pas s'attendre à recueillir une riche moisson de faits. Voici pourquoi. Les hallucinations, dit Tamburini, ne se manifestent guère qu'à la période irritative des affections cérébrales; elles cèdent d'ordinaire en partie devant l'envahissement des phénomènes de dégénérescence psychique. Si la mort survient quand les hallucinations sont dans toute leur force, les lésions irritatives de l'hallucination ne laissent pas plus de trace appréciable que les lésions irritatives de l'épilepsie corticale. On ne les a guère recherchées d'ailleurs; c'est toute une étude à faire.

Les cas de lésion destructive du lobe occipital ont souvent été précédés de processus irritatifs qui ont déterminé des hallucinations de la vue. Charcot, Ferrier, Gowers, etc., l'ont noté expressément. Seppilli a cité trois cas d'hallucinations de la vue empruntés à Westphal, à Gowers, à Monakow, où existaient à l'autopsie des lésions du lobe occipital. Tamburini et Riva, dans un récent travail sur l'anatomie pathologique de la paralysie progressive des aliénés, ont trouvé, sur seize cas d'hallucinations de la vue ou de l'ouïe (la plupart de concert), quatorze fois les sphères sensorielles respectives lésées[1]. Il y a plus : les hallucinations de la vue peuvent servir à déterminer le point circonscrit de l'écorce cérébrale où siège la lé-

[1] *Ricerche sulla anatomia patologica della paralisi progressiva... Atti del quarto congresso di Società freniatr.* Voghera, 16-22 septembre 1883. Milano, 1884, p. 8, 10.

sion dont elles sont le symptôme. Seppilli rapporte, d'après Pick, le cas d'un homme de vingt-huit ans, atteint de délire de persécution qui, le soir, avant de s'endormir, voyait de l'œil droit des personnes à lui connues, de grandeur naturelle : mais la tête et le buste de ces hommes lui apparaissaient seuls le plus souvent. De même, si dans son hallucination il voyait une forêt, il ne distinguait que la cime des arbres, les parties inférieures restant dans l'ombre. Le périmètre indiqua un rétrécissement considérable du champ visuel de l'œil droit, en haut et un peu en dedans, c'est-à-dire une cécité du segment inférieur et externe de la rétine droite. Seppilli estime que la meilleure hypothèse qu'on puisse proposer pour expliquer la pathogénie de cette cécité partielle de la rétine droite et le caractère incomplet de ces hallucinations, c'est d'admettre l'arrêt ou l'abolition fonctionnelle d'une partie seulement des éléments nerveux de la sphère visuelle corticale droite. Quant à cette partie même du centre visuel, quelque délicate et subtile que puisse paraître une pareille tentative de localisation cérébrale, Munk, on le sait, la verrait dans la moitié postérieure de la portion latérale de la sphère visuelle. Mais, à l'exemple de Luciani, Seppilli estime contradictoire aux faits la doctrine si hardie de Munk, d'après laquelle il existerait un rapport fixe et déterminé, au moyen des faisceaux du nerf optique, entre chaque segment de la rétine et chaque territoire correspondant des centres corticaux de la vision.

Quoi qu'il en soit, la conclusion à tirer de ces faits expérimentaux et anatomo-cliniques est, à coup sûr, fort importante : de même que le diagnostic topographique des lésions motrices de l'écorce, soit irritatives, soit destructives, et déterminant les épilepsies ou les paralysies corticales, est aujourd'hui assez sûr pour que le siège exact en puisse être circonscrit, il devient possible également de délimiter la région cérébrale des lésions, soit irritatives, soit destructives, des divers centres sensoriels, déterminant soit la production des hallucinations, soit l'abolition fonctionnelle de tel ou tel sens.

L'hallucination est simple ou composée. Ainsi, elle peut n'intéresser qu'un seul sens et être unilatérale, si l'excitation est limitée à un territoire cortical restreint d'un seul centre sensoriel et d'un seul hémisphère. Mais l'hallucination peut résulter aussi de la synergie morbide de plusieurs zones sensorielles. Dans le premier cas, on s'explique jusqu'à un certain point que l'hallucination soit compatible avec ce qu'on appelle la santé de l'esprit. Les forces psychiques demeurées intactes suffisent, en effet, d'ordinaire pour faire échec à cette force isolée, et pour neutraliser en quelque sorte les effets de ce foyer limité d'irritation. Encore tout dépend-il du degré d'intensité de cette force perturbatrice, que le reste de l'encéphale peut être impuissant à enrayer. L'hallucination nous domine alors complètement; nous croyons fatalement à la réalité des sensations ou des visions qu'elle suscite en nous, et aucun raisonnement ne saurait prévaloir contre le témoignage de notre conscience. Voilà, du moins, comment on peut se représenter la pathogénie des hallucinations dans les centres sensoriels de l'écorce cérébrale. Mais Tamburini a inutilement ici compliqué les choses en évoquant, au-dessus des centres sensoriels,

on ne sait quels centres d'idéation (centri della idea-
zione), si bien que l'hallucination dériverait de quatre
sources — appareils périphériques des sens, voies nerveuses centripètes, centres sensoriels, centres d'idéation. — Naturellement, plus la lésion initiale sera périphérique, plus les hallucinations de la vue, etc.,
seront de nature élémentaire (étincelles, globes de
feu, etc.); plus elle sera centrale, plus les hallucinations seront complexes (figures, paysages, ta-
bleaux, etc.). Mais, quel que soit le point de départ de
l'hallucination, l'intervention du centre sensoriel cortical du sens considéré est indispensable pour que
l'hallucination se produise dans la conscience avec
tous les caractères de la réalité objective.

L'hypothèse d'un ou de plusieurs centres d'idéation
cérébraux est une simple vue de l'esprit, de tous
points arbitraire; elle paraît chère à beaucoup de
médecins qui se sont occupés des diverses formes de
l'aphasie, voire à des physiologistes : elle nous semble
être une survivance des vagues notions traditionnelles
d'esprit et d'intelligence considérés comme des êtres
réels, et non comme de simples résultantes des fonctions du cerveau. Il faut très résolument exorciser
tous ces fantômes. J'estime, avec David Ferrier lui-
même, qui se sépare ici de son maître Hughlings
Jackson, qu'il est inutile d'imaginer une sorte d'Olympe
où seraient représentées, sous une forme supérieure, les fonctions sensorielles et sensitivo-motrices
de l'écorce, substratum des opérations de l'intelligence. « Cette hypothèse, a écrit D. Ferrier, ne reçoit
aucune confirmation des faits expérimentaux, et elle
ne paraît pas du tout nécessaire pour expliquer les

faits de mentation normale ou anormale[1]. » Les centres moteurs, sensitifs et sensoriels constituant l'écorce cérébrale sont les seuls substrata connus des sensations, perceptions, idéations, volitions, émotions. Qu'il y ait des degrés de complexité et d'évolution dans ces centres, cela est possible ; mais ce n'est pas une raison pour créer de toutes pièces des centres supérieurs d'idéation dont rien jusqu'ici n'a révélé l'existence ni au physiologiste ni au clinicien.

AUDITION.

Lorsque Luciani et Tamburini entreprirent leurs premières recherches expérimentales sur le centre cortical de l'audition, c'est-à-dire, d'après eux, sur les régions pariéto-occipitales de la troisième circonvolution externe du chien (et sans doute au delà de ces limites), et, chez le singe, sur les première et deuxième circonvolutions temporo-sphénoïdales, ils s'étaient proposé d'étudier, de plus près que ne l'avait fait David Ferrier, les effets de la destruction de ce centre sensoriel. Les résultats de leurs expériences à ce sujet, publiés en 1879[2], établissaient qu'après la destruction unilatérale de la sphère auditive du chien, survenait immédiatement une surdité des deux oreilles, mais plus accusée sur l'oreille du côté opposé à la lésion. Puis cette différence dans la sensibilité de l'ouïe des deux oreilles diminuait progressivement et dispa-

---

[1] *The Functions of the Brain* 2ᵉ édit. 460.

[2] *Sui centri psico-sensori corticali.* (*Riv. speriment. di. freniatria*, 1879, V, 1 sq.)

raissait, ou du moins semblait disparaître, quelques jours après l'opération. Une lésion destructive semblable sur la région homonyme de l'autre hémisphère déterminait une surdité presque absolue et sensiblement égale des deux côtés. Cette surdité allait d'ailleurs, elle aussi, en diminuant, sans qu'on pût dire si, avec le temps, elle devait s'amender complètement.

Mais un autre problème préoccupait alors ces auteurs, et si la solution, aussi profonde qu'ingénieuse, qu'ils en faisaient entrevoir, n'a pas prévalu, on ne saurait affirmer qu'elle n'a point pour elle l'avenir. Une excitation électrique, portée sur T_1 du singe, détermine un mouvement de l'oreille du côté opposé, qui se dresse; les yeux s'ouvrent tout grands, les pupilles se dilatent, la tête se tourne elle aussi du côté opposé. Ces mouvements d'étonnement et de surprise qui ressemblent à ceux que provoque, chez l'animal, un bruit violent ou insolite, Ferrier les interprétait comme l'effet d'une sensation auditive subjective. Cette sensation provoquait, par action réflexe, les mouvements observés. Sans nier absolument que ces réactions représentent des mouvements *réflexes* consécutifs à des sensations subjectives, les auteurs italiens inclinaient bien plutôt à croire qu'elles dépendaient de l'excitation *directe* de centres moteurs siégeant dans la zone corticale du centre de l'audition.

Cette hypothèse appartient tout entière à Tamburini, qui l'avait proposée, dès 1876, à propos des centres psycho-moteurs de l'écorce, et de tous les centres corticaux en général, dans un beau mémoire sur la physiologie et la pathologie du langage[1]. Voici comment Tamburini avait formulé cette hypothèse : « Chacun de ces centres est en même temps le foyer de réception et de perception des excitations sensorielles provenant d'une partie donnée du corps, et le point de départ de l'excitation volitive centrifuge pour les muscles de cette partie. » Ainsi, dans les centres sensoriels corticaux de l'audition, de la vision, etc., existeraient, mêlés aux éléments sensoriels, ou isolés en îlots, des éléments moteurs des muscles des organes périphériques des sens correspondants, du pavillon de l'oreille, par exemple, pour le centre cortical de l'audition, des muscles oculo-palpébraux pour le centre cortical de la vision, etc. Tous les centres de l'écorce seraient donc mixtes, à la fois sensoriels (ou sensitifs) et moteurs.

En quoi les effets de l'électrisation des centres sensoriels diffèrent-ils de ceux qu'on observe en excitant la zone motrice de Hitzig? Les auteurs italiens ne le voyaient pas. En électrisant le centre de l'audition, ils déterminaient une attaque d'épilepsie générale : les convulsions débutaient par le pavillon de l'oreille du côté opposé. Enfin l'hypothèse de Tamburini présentait certaines affinités avec la théorie de la sphère sensitive de Munk. Cette idée, quelle qu'elle soit, de la constitution élémentaire de l'écorce, devait précisément trouver en Italie une base scientifique dans les études de Golgi, le célèbre professeur de Pavie, sur l'histologie des centres nerveux. La thèse principale de ce savant anatomiste, qui ne dédaigne pas les ré-

[1] Aug. Tamburini. *Contribuzione alla fisiologia e patologia del linguaggio.* (*Riv. sperim. di freniatria*, 1876.) — A part : *Reggio Emilia*, 1876, p. 33.

sultats de la physiologie expérimentale, de la clinique
et de l'anatomie pathologique, et qui invoque surtout
les noms de Tamburini et de Luciani, c'est que les
centres fonctionnels de la sensibilité et de la motilité,
loin d'être absolument séparés, se mêlent dans l'écorce
et ont un siège anatomique commun[1]. D'autres Italiens, tels qu'Albertoni, se sont aussi sentis attirés
vers ces idées, bien avant que l'histologie des centres
nerveux leur eût prêté quelque fondement. Le chapitre
de ce travail consacré aux localisations sensitivo-motrices ramènera notre attention sur Golgi et sur ces
auteurs. Mais, sans vouloir insister, il était peut-être
utile de signaler ici cette conception de Tamburini
comme une preuve nouvelle du tour subtil et ingénieux, surtout éclectique, de l'esprit scientifique italien.

Il y a peu de choses à dire des recherches récentes
de Luciani sur le centre cortical de l'audition, dont
les limites lui semblent bien dépasser aujourd'hui
celles du lobe temporal : ce centre enverrait des irradiations dans le lobe pariétal, le lobe frontal, la circonvolution de l'hippocampe et la corne d'Ammon.
Comme, suivant Luciani, il est extrêmement probable,
a priori, que les centres corticaux des différents
sens spécifiques sont construits sur le même plan et
d'après la même loi générale que celui de la vision, il
insiste sur les rapports de chaque oreille avec les deux
hémisphères cérébraux au moyen d'un faisceau croisé
et d'un faisceau direct. Quoiqu'on ne sache encore

---

[1] Cette thèse de Golgi est particulièrement bien exposée dans le
mémoire suivant : *Considérations anatomiques sur la doctrine des
localisations cérébrales*, publié dans la *Gazzetta degli ospitali*, 3ᵉ année (1882), et, en français, dans les *Archives italiennes de biologie*,
II, 236 et suiv,

rien du mode et du lieu d'un entre-croisement partiel des nerfs acoustiques, il faudrait admettre pour les nerfs acoustiques ce qui a été démontré pour les nerfs optiques. Les expériences démontreraient, avec la même clarté, que ce qui est vrai pour les uns doit l'être aussi pour les autres. Le physiologiste pose un problème à l'anatomiste. Que celui-ci parvienne à suivre les faisceaux de l'acoustique dans leur trajet vers les centres corticaux de l'audition, et il découvrira sûrement, chemin faisant, le lieu et le mode de cet entre-croisement. « C'est ainsi, écrit Luciani, *si parva licet componere magnis*, que l'astronome Galle a découvert Neptune dont, par le calcul, Leverrier avait démontré l'existence. »

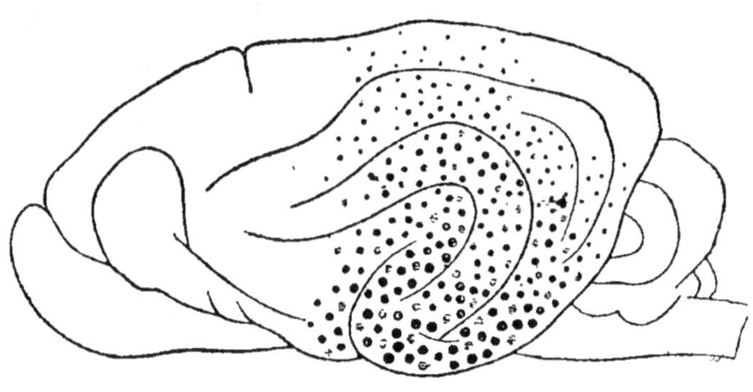

Fig. 2.

Il suffit de superposer sur le schéma de la sphère visuelle, ce schéma (*fig.* 2) de la sphère auditive, où les points noirs et les points hachés indiquent le mode supposé de distribution des faisceaux croisés et directs du nerf acoustique dans l'écorce, pour voir comment ces deux sphères sensorielles, aux vagues confins, se confondent en partie, se pénètrent et s' «engrènent», suivant les doctrines localisatrices de l'École italienne.

De même que pour le centre cortical de la vision, Luciani s'est demandé quelle est la nature fonctionnelle du centre cortical de l'audition. Est-ce à la fois, comme le soutient Munk, un centre de perceptions auditives, d'images mentales de l'audition, et de sensations simples, élémentaires, de ce sens? Voyons les nouvelles expériences. Après l'ablation unilatérale d'une sphère auditive, il existe une obtusion plus ou moins accusée de l'ouïe, mais point de surdité complète; ces troubles s'amendent bientôt avec les effets du traumatisme, et il ne subsiste et persiste que des signes de surdité psychique. En d'autres termes, l'animal ne *comprend* plus la signification des sons ou des bruits, tels que l'appel de son nom, le claquement du fouet, etc., mais il *entend*. Les effets de l'ablation bilatérale, même incomplète, sont toujours plus graves : le trouble auditif peut atteindre d'emblée le degré de la surdité absolue; puis celle-ci diminue peu à peu, et il ne reste encore que des signes de surdité psychique. Encore ceux-ci vont-ils s'atténuant si l'animal survit assez longtemps. Mais les sensations brutes de l'ouïe redeviennent toujours parfaites comme devant. Luciani tire donc de ces faits la même conclusion que pour la sphère visuelle : le centre cortical de l'audition est uniquement destiné aux perceptions et aux images acoustiques ; les sensations simples de l'ouïe parviennent ailleurs, mais Luciani ne désigne point ces centres infracorticaux ou basilaires de l'audition, assez bien connus aujourd'hui.

L'étude clinique et anatomo-pathologique du centre cortical de l'ouïe, considérée comme fonction générale, n'est pas plus avancée en Italie que dans le reste de l'Europe. Pas plus que Ferrier ou Nothnagel, Seppilli n'a pu trouver une observation clinique décisive de surdité par lésion corticale du lobe temporal. Ce qu'il a surtout étudié avec prédilection, on sait avec quel succès [1], c'est l'affection décrite d'abord par Wernicke (1874), puis par Kussmaul (1876), dans laquelle les malades, tout en distinguant les plus légers bruits, sont incapables de comprendre la signification de la parole entendue, le sens des mots mêmes qu'ils entendent. C'est là un véritable phénomène de surdité psychique, de tous points comparable à ceux que Luciani a réalisés expérimentalement sur les animaux par la destruction des sphères auditives, alors que l'animal, qui entend les moindres bruits, les sons qui composent son nom, le claquement du fouet, etc., ne comprend plus la signification de ces bruits ou de ces sons. C'est bien l'idée, la représentation mentale auditive du mot, qui est effacée dans la surdité verbale, la sensation élémentaire des sons ou des bruits demeurant souvent intacte.

La lésion amnésique porterait essentiellement sur les centres d'élaboration psychique de ces sensations, non sur les centres des perceptions ou des sensations brutes, si toutefois on inclinait encore à admettre, avec les auteurs italiens, que ces centres sont distincts et ont pour substratum anatomique, les uns l'écorce cérébrale, les autres les ganglions de la base. Mais les expériences de Munk nous paraissent avoir décidément ruiné cette manière de voir.

[1] Giuseppe Seppilli. *Sulla sordita verbale.* — Atti del IV congresso freniatrico italiano, 1883.
La Sordità verbale ed afasia sensoriale. Studio clinico ed anatomc-patologio. — *Riv. speriment. di freniatria*, 94-125.

Après Wernicke, Kahler et Pick, Nothnagel, etc., Seppilli, qui a pu rassembler des cas plus nombreux de surdité verbale, situe la lésion de cette affection dans le lobe temporal gauche, surtout dans la T^1, mais il étend le siège anatomique de l'audition verbale à la T_2. Seppilli connaît et loue à son habitude les travaux français sur cette matière, surtout ceux de Charcot, « qui a traité ce sujet, dit Seppilli, avec sa finesse d'observation ordinaire, avec cette pénétration que l'on rencontre dans tous ses travaux de pathologie nerveuse ». Il est juste de reconnaître que, dès 1883, Seppilli avait montré, avec une largeur de vue bien remarquable, toute l'importance de la surdité verbale pour la localisation et le diagnostic exact du siège des affections cérébrales. Voici le tableau où le savant médecin du manicome d'Imola a présenté les résultats des vingt observations de surdité verbale qu'il rapporte :

CIRCONVOLUTIONS cérébrales	FRÉQUENCE ET CÔTÉ DES LÉSIONS		LES DEUX HÉMISPHÈRES
	Hémisphère gauche	Hémisphère droit	
T_1	17 fois	»	3 fois
T_2	11 —	»	3 —
T_3	2 —	»	2 —
Insula	5 —	»	»
F_1	2 —	»	»
F_2	2 —	»	»
F_3	5 —	»	»
F_A	4 —	»	»
P_A	1 —	2 fois	»
P_1	»	1 —	»
P_2	6 —	»	»
O_1	1 —	»	»
O_2	2 —	»	»
O_3	2 —	»	»

1° La T¹ et la T² sont incontestablement les plus souvent lésées dans la surdité verbale : 14 cas sur 20, soit dans les 3/4. — 2° La lésion ne siège que très rarement à la fois sur les deux lobes temporaux (3 fois). — 3° Le lobe temporal droit n'est jamais lésé isolément.

Enfin, ce tableau montre aussi avec quelle fréquence le processus morbide atteint d'autres régions du cerveau. Si la surdité verbale se complique d'aphasie motrice, l'insula et le pied de la F³ gauches sont lésés. Si elle est accompagnée de phénomènes paralytiques, la lésion s'étend aux circonvolutions centrales et même aux ganglions de la base. A côté de la surdité verbale, il existait dans quelques cas des phénomènes de cécité psychique, de cécité verbale en particulier, ce qu'expliquent les lésions, sur l'hémisphère gauche, non seulement du lobule pariétal inférieur, et en particulier du pli courbe, mais aussi celles des circonvolutions du lobe occipital. Quoique considérée généralement comme un symptôme de lésion en foyer, soit de l'écorce, soit des faisceaux sous-jacents, bref, comme un phénomène de déficit (Ausfallserscheinung), la surdité verbale peut n'être qu'un symptôme indirect, un effet secondaire (Nebenwirkung), et résulter d'une action à distance exercée sur le lobe temporal gauche par un processus morbide d'une région quelconque du cerveau : il peut exister alors une surdité verbale sans lésion appréciable des T¹ et T gauches.

Quant au mécanisme des lésions qui produisent la surdité verbale, Seppilli rappelle naturellement ce que nous a appris l'anatomie de la circulation cérébrale (Duret, Heubner) sur la distribution de l'artère sy¹-

vienne aux F³, FA, PA et T¹. On comprend ainsi
pourquoi, dans les lésions destructives résultant d'un
foyer de ramollissement hémorrhagique ou ischémi-
que, par thrombose ou embolie, la surdité verbale
apparaît tantôt seule, tantôt associée à l'aphasie motrice, ou à des troubles paralytiques de la motilité et
de la sensibilité générale du facial et des extrémités.
Seppilli réfute l'opinion de ceux qui voient dans la
surdité verbale, non un symptôme d'une lésion en
foyer, mais un symptôme d'affaiblissement intellectuel, hypothèse que contredit suffisamment, en effet,
et l'observation des cas de surdité verbale sans altération notable de l'intelligence, et celle des déments qui,
en dépit d'une amnésie générale souvent si étendue,
d'une ruine si profonde de l'intelligence, comprennent
encore pourtant les questions qu'on leur adresse.

Enfin, on sait que l'amnésie verbale peut exister
sans aucun symptôme de surdité verbale, et que
celle-ci peut également exister sans celle-là, quoique
ces deux affections aillent souvent de compagnie. Si,
en effet, comme l'admet Wernicke, les circonvolutions temporales sont les centres des images acoustiques des mots, on conçoit que, dans le cas de lésions
destructives des T¹ et T², la perte de ces images verbales, qui entrent dans la constitution si complexe de
nos concepts, ne nous permet plus ni de comprendre
la signification des mots entendus, ni d'exprimer nos
propres idées au moyen de ces symboles ou images
acoustiques verbales. Un cas de Cattani[1], où un

---

[1] Cattani a publié une étude comprenant vingt-quatre observations
rassemblées dans la littérature, sur les localisations pathologiques des
lobes temporo-sphénoïdaux (*Le localizzazioni delle malatie nei lob*

homme de soixante et un ans, atteint d'amnésie verbale, avait l'ouïe intacte et répondait « aussi bien que
possible » aux questions, a même inspiré à Seppilli
une hypothèse originale sur les localisations fonctionnelles des T₁ et T₂, hypothèse en accord d'ailleurs avec
les idées dualistes de Luciani sur l'espèce de hiérar-
chie des éléments constitutifs des centres sensoriels.

Chez le malade de Cattani, atteint d'amnésie verbale
et ne disposant plus qu'en partie des images verbales
acoustiques nécessaires à l'expression des idées par la
parole, un foyer de ramollissement occupait la moitié
antérieure du lobe temporal gauche, mais *la* T¹ *était
intacte*. Or les sensations acoustiques verbales étaient
perçues et comprises : le malade n'était pas sourd,
et répondait tant bien que mal, mais avec justesse.
« Ces faits portent à croire, dit Seppilli, que les points
où sont perçues les paroles comme images verbales
sonores, ne sont pas identiques avec ceux où se forment
les images sonores des paroles correspondantes aux
idées... On pourrait donc admettre, si l'on voulait faire
une hypothèse, que la perception acoustique des mots
a surtout pour siège la T¹ gauche, tandis que les autres
circonvolutions temporales du même côté auraient
pour fonction de conserver les images acoustiques
verbales indispensables à l'expression des idées. »

---

temporo-sfenoidali del cervello). Les conclusions, assez négatives, de ce
clinicien, disent entre autres que ces lobes peuvent être lésés sans
donner lieu à aucun symptôme appréciable, que les phénomènes les plus
fréquemment observés (aphasie) dérivent de l'abolition ou de l'affaiblissement de la mémoire, et que les altérations de la sensibilité spécifique
de cette région, qui ne sont rien moins que constantes, sont loin de
confirmer les résultats de l'expérimentation physiologique. L'*Archivio
italiano per le malatie nerv.* (1881, p. 353), qui rapporte ces conclusions,
renvoie à la *Gazzetta degli Ospitali* (1880), que je n'ai pu consulter.

Voilà ce que la physiologie et la clinique ont trouvé touchant les fonctions et les rapports du lobe temporal avec les nerfs acoustiques[1]. Quant à l'anatomie, elle aurait « vainement tenté jusqu'ici de découvrir le parcours intracéphalique et l'origine de ces nerfs[2] ». Nous avons assez loué l'érudition étendue et de bon aloi des auteurs italiens, celle en particulier de Luciani et de Seppilli, dans leur domaine respectif, pour qu'il nous soit permis de nous étonner un peu ici de les entendre parler ainsi. En 1884, quand ces auteurs présentèrent leur grand travail à l'Institut royal lombard des sciences et lettres, M. M. Duval avait indiqué la racine postérieure du nerf acoustique comme le nerf véritable de l'audition, et Monakow[3] avait constaté que le corps genouillé interne s'atrophie secondairement après extirpation du lobe temporal, ce qui montrait assez, les fonctions de ce lobe étant connues, que le nerf acoustique proprement dit, « le nerf du limaçon » (Flourens), se trouvait en rapport avec le corps genouillé interne. Les auteurs italiens n'ont pu connaître les travaux postérieurs à la publication de leur livre en langue italienne ; mais, si l'on remarque que la partie clinique et anatomo-pathologique du travail de Seppilli, consacré au centre cortical de l'audition, a paru avec des additions considérables dans l'édition allemande de 1886, en même temps que les

---

[1] Tamburini et Riva (*Ricerche sulla anatomia patologica della paralisi progressiva*, etc.) ont constaté des lésions du lobe temporal, de la T_1 en particulier, dans des cas d'hallucinations de l'ouïe. Dans un cas d'hallucination unilatérale de l'ouïe, la lésion était limitée à la T_1 du côté opposé.

[2] *Le Localizzazioni funz. del cervello*, p. 234.

[3] *Archiv. für psychiatrie*, 1882.

recherches physiologiques de Luciani sur le même sujet, pourquoi ni les auteurs italiens ni le traducteur allemand, M. O. Fraenkel, n'ont-ils au moins signalé ni les études de Flechsig, ni celles de Bechterew, faites au laboratoire de Flechsig et publiées, en 1885, dans le *Neurologisches Centralblatt* de Mendel, ni les études de Forel et d'Onufrowicz[1], sur le trajet et l'origine central du nerf acoustique, en particulier sur les rapports de ce nerf avec les tubercules quadrijumeaux postérieurs (Flechsig, Bechterew)? Les belles études postérieures de Baginsky (1886) et de Spitzka (1886), que nos auteurs n'ont pu connaître, n'ont guère modifié ce que l'on savait dès lors. Mais on en savait assez, on l'avouera, pour suivre le parcours intracéphalique du nerf acoustique, depuis le limaçon jusqu'à l'écorce du lobe temporal, à travers quelques-unes des principales stations intermédiaires de ce nerf, dans les tubercules quadrijumeaux postérieurs, les corps genouillés internes et la couronne rayonnante. On en sait davantage, sans doute, sur le trajet et l'origine des nerfs optiques. Mais l'analogie si nette entre le parcours de ces deux espèces de nerfs aurait déjà dû frapper des esprits pénétrants.

Nous ne voulons pas terminer ce chapitre sans faire remarquer de quelle importance capitale serait, pour la physiologie et l'anatomie pathologique de l'audition, l'étude des cerveaux de sourds-muets[2]. Il n'existe

---

[1] *Archiv. f. psych.*, 1885.

[2] Silvio Venturi a publié une note clinique intéressante sur l'*Audition chez les épileptiques* (*Sull' udito degli epilettici. — Arch. di psichiatria*, 1886). L'acuité de l'ouïe serait très notablement abaissée, surtout du côté opposé à la plagiocéphalie, que l'auteur a constatée 30 fois sur 40 épileptiques hommes, et 26 fois sur 35 épileptiques femmes.

pourtant pas de recherches d'ensemble sur ce sujet.
A l'autopsie, les médecins s'appliquent d'ordinaire à
constater les lésions de l'oreille interne, les malformations de l'organe périphérique de l'audition, etc. Mais
l'examen du cerveau n'a pas encore assez attiré leur
attention. Aussi bien, la connaissance de la structure
et des fonctions des centres corticaux et infracorticaux
de l'audition, nécessaire pour un examen scientifique
de ce genre, a fait longtemps défaut. On doit précisément à Seppilli une bonne étude de deux cerveaux
de sourds-muets de naissance : l'un appartenait à une
femme de trente-six ans, l'autre à un homme de quarante ans. Dans les deux cas, il existe un arrêt de
développement des lobes temporaux au regard des
autres régions cérébrales, en particulier une atrophie
marquée, sur l'un de ces cerveaux, de la T_1 gauche.

GOUT ET OLFACTION.

Les résultats auxquels sont arrivés les Italiens
dans l'étude expérimentale et anatomo-clinique du
centre cortical de l'odorat ne laissent pas d'offrir
quelque intérêt. Au cours de ses expériences (chiens
et singes), Luciani a noté que ce centre s'irradie certainement dans le lobe pariétal, moins dans le lobe
temporal, et que, sur la face externe des hémisphères, il siège surtout sur la quatrième circonvolution externe ou périsylvienne, en avant et au-dessus
de la scissure de Sylvius, et, sur la face interne, vers
la partie postérieure de la circonvolution de l'hippocampe, dans la corne d'Ammon. Par exemple, chez

un chien auquel il avait enlevé, dans une première
opération, une portion considérable de la corne d'Ammon gauche, il observa des phénomènes très nets
d'obtusion de l'odorat, « probablement bilatéraux,
mais surtout dans la narine gauche ». Quand ces phénomènes eurent progressivement disparu, on fit la
même opération sur la corne d'Ammon du côté droit
(l'extirpation fut moins étendue qu'à gauche). Les
mêmes phénomènes se montrèrent des deux côtés,
mais plus intenses et plus persistants qu'après la première opération. Ces faits sont bien connus depuis
Ferrier, et, avant Ferrier, l'anatomie comparée eût seule
presque permis de les prédire. Je ne les rapporte que
parce que Luciani croit pouvoir en conclure que les
fibres du nerf olfactif, comme celles du nerf optique
et du nerf acoustique, subissent une décussation partielle dans leur parcours intracéphalique. Toutefois les
faisceaux directs seraient ici plus forts que les faisceaux croisés. Ce n'est d'ailleurs qu'une simple hypothèse ; mais elle permettrait de comprendre pourquoi
Ferrier, dans ses premières expériences, fut conduit
à admettre que l'action des centres corticaux de l'olfaction était directe et unilatérale, en d'autres termes,
que les nerfs olfactifs gagnaient directement leur
centre respectif du côté correspondant, sans subir
d'entre-croisement. L'activité prépondérante du faisceau olfactif direct sur le faisceau croisé aurait créé cette
illusion. C'est ainsi que dans ses expériences sur les
centres corticaux de la vision et de l'audition, trompé
cette fois par la prédominance fonctionnelle des faisceaux croisés sur les faisceaux directs, il avait d'abord
cru à l'activité croisée et unilatérale de ces centres.

Dans ce schéma de Luciani (*fig.* 3), qui ne représente que les irradiations de la sphère olfactive sur la convexité de l'hémisphère gauche, les points hachés, les

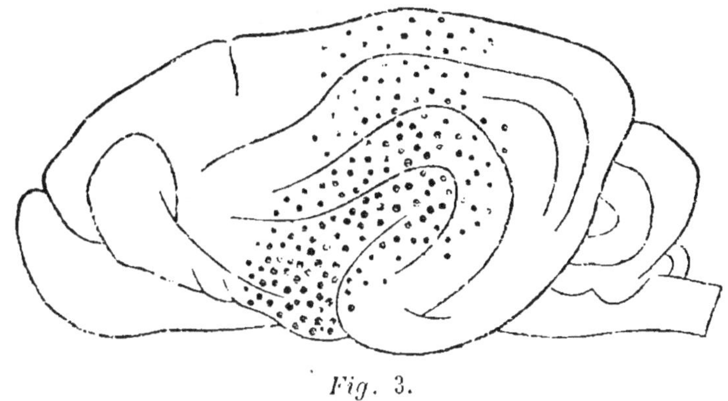

Fig. 3.

plus nombreux, indiquent les rapports du faisceau olfactif *direct* avec l'écorce cérébrale, les points noirs, moins nombreux, ceux du faisceau *croisé* avec les mêmes régions.

Giuseppe Fasola a fait récemment, au laboratoire de physiologie comparée de l'Institut royal de Florence, et sous la direction même du professeur Luciani, quelques recherches expérimentales sur la physiologie du grand hippocampe. En dehors de leur valeur intrinsèque, ces recherches présentent un air de famille bien frappant avec tous les travaux de l'École italienne sur les localisations cérébrales[1]. Après un aperçu historique des théories de Golgi, de Giacomini, de M. Duval entre autres, sur l'anatomie et la physiologie de la corne d'Ammon, l'auteur tire les conclusions suivantes, assez inattendues, de ses essais d'extirpation totale ou partielle, uni ou bilatérale, du grand

[1] G. Fasola. *Sulla fisiologia del grande hippocampo. Ricerche sperimentali.* — *Riv. speriment. di freniatria*, 1885, 434 suiv.

hippocampe : 1° la corne d'Ammon prend une part importante aux fonctions de la vue et de l'odorat, moindre aux fonctions de l'audition ; il y aurait là une sorte de zone commune où seraient en partie confondues ces trois sphères de sensibilité spécifique ; 2° les fibres optiques issues des éléments nerveux du grand hippocampe subiraient, comme celles qui émanent du lobe occipital, une décussation partielle avant de se distribuer aux territoires rétiniens, avec prévalence du faisceau croisé sur le faisceau direct ; 3° de même pour les fibres acoustiques issues de la même région ; 4° enfin, es fibres olfactives issues des régions ammoniques ne subiraient pas d'entre-croisement, ou du moins ces fibres se trouveraient également réparties des deux côtés. Quant aux altérations de la sensibilité générale qui, selon Ferrier, seraient consécutives aux lésions de la région hippocampale, Fasola non plus que Luciani n'en ont point trouvé trace.

Les cliniciens se plaignent de la rareté et de l'insignifiance des matériaux. « Un groupe d'observations permet toutefois d'admettre, écrit Seppilli, que dans la zone frontière de la scissure de Sylvius il existe une région en rapport avec l'odorat. Cela résulte des cas d'embolie de l'artère sylvienne gauche dans lesquels, en même temps que de l'hémiplégie droite et de l'aphasie, on a aussi observé de l'anosmie sur la narine gauche (Ogle, Notta). Ces faits prouvent l'importance de cette région comme partie de la sphère olfactive ; ils semblent aussi indiquer qu'il existe un rapport direct entre la scissure de Sylvius et les faisceaux du nerf olfactif. En outre, si l'on réfléchit que dans l'hémianesthésie (sensitivo-sensorielle) par lésion de la capsule interne, l'affaiblissement ou la perte complète de l'odorat a lieu du côté opposé à l'affection cérébrale, et si l'on cherche l'explication de ce fait, force est bien d'admettre que les nerfs olfactifs d'un côté subissent un entre-croisement avec les nerfs olfactifs de l'autre côté avant de pénétrer dans la capsule interne[1]. »

Tous les autres faits anatomiques connus sur le parcours intracéphalique et la distribution ultime des trois racines du nerf olfactif, en particulier dans la circonvolution de l'hippocampe et le subiculum de la corne d'Ammon, s'accordent du reste avec les observations de Ferrier, de Munk et de Luciani touchant les rapports fonctionnels du lobe et du bulbe olfactif avec ces régions. Au congrès des médecins italiens de Pavie, de 1887, Frigerio a rapporté une observation d'atrophie de la corne d'Ammon gauche dans un cas d'hallucination de l'odorat.

Les auteurs italiens, dont nous avons exposé les doctrines sur les centres sensoriels de l'écorce cérébrale, auraient pu trouver dans Golgi, pour la corne d'Ammon aussi, une confirmation de leurs vues sur la coexistence des éléments sensoriels et moteurs, partant des fonctions de la sensibilité et de la motilité, dans le centre cortical de l'olfaction, comme dans ceux des autres sens spécifiques : ainsi, les fibres nerveuses à myéline de la lamina medullaris involuta, perdues dans le réseau nerveux diffus, appartiendraient, suivant Golgi, à la sphère sensitive ; les fibres de l'alveus et de la fimbria, en communication directe avec les

---

[1] *Le Localizzazioni funz. del cervello*, p. 237 de l'édition allemande seulement.

cellules du stratum convolutum et de la fascia dentata, à la sphère motrice ou psycho-motrice [1].

Quant au centre cortical du sens du goût, dont les affinités profondes avec le sens de l'odorat ne sont pas douteuses, c'est encore un pays à peu près inconnu à la physiologie expérimentale : la situation peu accessible de ce centre (sans doute à la base et à la face interne des hémisphères) et l'insuffisance des moyens de diagnostic des lésions du goût chez l'animal, en sont, suivant Luciani, la principale cause. « On sait d'ailleurs, écrit-il, d'après les recherches classiques de B. Panizza (1834), de Biffi et de Morganti (1846), de Lussana et d'Inzani (1862), que, même après l'abolition complète du sens du goût par la section et la dégénération des nerfs du goût, l'animal continue à manger avec un appétit visible, ce qui ne s'explique que par l'intégrité des autres sens, en particulier de l'odorat. »

Ce sont surtout des anatomistes, tels que Meynert, Broca, Golgi, qui, pour l'étude des centres corticaux de l'olfaction et du goût, ont indiqué et largement ouvert les voies où les physiologistes et les cliniciens entreront quelque jour. Quelque rudimentaires que soient encore nos connaissances en ce domaine, peu d'études ont autant d'attrait que celle de la localisation centrale du sens de l'odorat, entré depuis si longtemps en involution chez les primates et chez les cétacés. De grandes ruines attestent seules, chez l'homme, l'importance de ce sens dans la longue série

Camillo Golgi. *Sulla fina anatomia degli organi centrali del sistema nervoso* (Milano, 1886). — *Sulla fina anatomia del grande piede d'hippocampo*, p. 81-110.

ancestrale des vertébrés. Si notre conception actuelle du monde est surtout saturée d'images visuelles, celle du reste des mammifères l'est certainement d'images olfactives, et quoique la théorie de la connaissance n'en puisse pas être aussi profondément modifiée que l'admettait Broca, il est vrai cependant que le monde doit apparaître un peu différemment aux carnivores, aux pachydermes et aux ruminants, qu'aux singes anthropoïdes et à l'homme.

CHAPITRE III

CENTRES CORTICAUX DE LA SENSIBILITÉ CUTANÉE ET MUSCULAIRE ET DES MOUVEMENTS VOLONTAIRES.

I

On convient généralement aujourd'hui que les centres moteurs ou psycho-moteurs de l'écorce cérébrale, comme on les appelle, peuvent être déterminés avec tant de sûreté et de précision par les physiologistes que, s'il est possible au clinicien de porter un diagnostic régional presque certain de certaines affections encéphaliques, le chirurgien connaît presque par millimètre carré les différentes aires corticales sur lesquelles doit porter son intervention. La zone motrice a été divisée « en petits carrés de deux millimètres chacun », disaient naguère Horsley et Beevor devant la Société de biologie de Paris (12 novembre 1887). Ces résultats de la grande découverte de Fritsch et Hitzig (1870) étant devenus des vérités de pratique, personne ne les met plus en doute. L'ère des discordes et des luttes sur la réalité d'une localisation des fonctions motrices du cerveau est fermée ; le calme règne dans les esprits pacifiés. Et, comme s'exprime M. Charcot, « le temps, — ce juge suprême, équitable entre tous, — paraît avoir accompli en grande partie son œuvre de sélection, rejetant ce qui devait périr et consacrant ce qui doit vivre ».

Peut-être même y a-t-il une pointe d'exagération à considérer cette conquête définitive de la science comme unique jusqu'ici dans la théorie des localisations cérébrales. L'étude des centres fonctionnels de la vision n'est guère moins avancée que celle des centres moteurs ; elle est seulement moins connue, et, jusqu'ici du moins, elle n'a été que d'une application pratique assez rare. Mais, là aussi, des physiologistes, tels que Munk et Monakow, ont déterminé, avec une admirable précision, la topographie des diverses régions, fonctionnellement différentes, des centres de la vision mentale, tandis que des cliniciens, tels que Nothnagel et Seguin, par la méthode anatomo-clinique, arrivaient à localiser, et cela avec une étonnante hardiesse, dans le coin et dans la première circonvolution externe du lobe occipital, d'autres fonctions de la vision que dans le reste de ce lobe.

S'il suffit au médecin et au chirurgien de connaître le point d'où partent les réactions excito-motrices de l'écorce cérébrale, et auquel les paralysies du mouvement et de la sensibilité générale doivent être rapportées, le physiologiste et le psychologue ne sauraient naturellement se contenter de ces données empiriques. Certaines régions du cerveau sont en rapport avec les fonctions motrices ou sensitives de telle ou telle partie du corps : cela suffit, je le répète, à la pathologie interne et externe. Mais quelle est la nature de ces centres corticaux, qu'on a appelés « moteurs » parce que, en effet, leur excitation expérimentale ou leur irritation pathologique détermine des réactions motrices, simples ou convulsives, de la face, des extrémités et du tronc, suivant l'intensité et la durée de l'excitation des cellules nerveuses de ces centres? Rien de plus net que les paralysies motrices qui succèdent à l'ablation et aux lésions destructives des mêmes aires corticales ; mais de quelle nature sont ces phénomènes de parésie ou de paralysie des mouvements? Le chien auquel on a enlevé les deux gyrus sigmoïdes ne présente point pour cela de paralysie motrice proprement dite, si l'on entend par ces mots un défaut absolu de motilité. Personne, pas même Munk, n'a jamais soutenu rien de semblable[1]. Si un lapin, dont le cerveau tout entier a été enlevé, peut encore courir, pourquoi l'ablation des zones motrices du chien, une fois les effets du traumatisme opératoire disparus, empêcherait-elle cet animal de courir, de nager, d'exécuter tous les mouvements possibles, — à l'exception toutefois de ceux dont les représentations idéales ont été pour toujours détruites par l'ablation de leur substratum organique, c'est-à-dire des deux gyrus sigmoïdes? Ainsi tombent les arguments spécieux de l'éternelle polémique de Goltz contre la doctrine nouvelle des localisations cérébrales. De ce qu'un chien peut marcher, courir, sauter, éviter les obstacles, broyer et déglutir ses aliments, bref, exécuter tous les mouvements automatiques et réflexes, tous les mouvements associés et

---

[1] Hitzig. *Ueber Funktionen des Grosshirns* (*Biologisches Çentralblatt*, VI, 1886, 569-70).

profondément organisés, dont l'intégrité des centres bulbo-médullaires est la condition nécessaire et suffisante, il ne suit pas qu'il puisse présenter volontairement la patte, la retirer devant une aiguille menaçante, ou s'en servir avec adresse pour saisir un os.

Ces troubles de la motilité volontaire, ni Hitzig, ni Munk ne les ont jamais vus s'amender et disparaître quand les régions motrices avaient été exactement enlevées sur les deux hémisphères; dans le cas contraire, une portion de ces centres avait sûrement été épargnée. Aussi tout le monde sera d'accord avec Goltz, avec l'adversaire le plus déterminé que la doctrine scientifique des localisations ait rencontré, lorsqu'il écrit qu'après une lésion profonde, bilatérale, du cerveau antérieur, « les chiens ont perdu la faculté de faire jouer certains groupes de fibres musculaires d'une manière appropriée dans certains actes ». Mais encore quelle est la nature de ces troubles du mouvement volontaire consécutifs aux destructions de la zone motrice? « Je les ai considérés, dit Hitzig, dans deux travaux de 1873 et de 1876, comme l'expression de troubles de l'activité représentative, » c'est-à-dire comme l'effet de la destruction des images motrices de telles ou telles catégories de mouvements volontaires. Si donc l'animal opéré n'exécute plus certains mouvements, ou ne le fait que d'une façon défectueuse, ce n'est pas parce que ses muscles sont paralysés : c'est parce qu'il ne peut plus se représenter idéalement ces mouvements.

Voilà une solution, mais ce n'est qu'une solution d'un problème qui en comporte tant d'autres !

A côté, en effet, de la théorie de Fritsch et Hitzig, de Nothnagel et de Bastian (avec cette réserve, que celui-ci sépare le sens musculaire des autres éléments constituants de la kinesthésie), théorie pour laquelle les centres dits moteurs de l'écorce cérébrale sont les origines centrales du sens ou de la conscience musculaire, il y a la théorie de Schiff, suivant laquelle les troubles de la motilité d'origine cérébrale résultent de la perte de la sensibilité tactile dans les parties correspondantes du corps, si bien que la zone motrice ne serait qu'une manière de surface sensible, dont les réactions provoquées seraient identiques à des réflexes.

Il y a la théorie de Munk, pour qui la prétendue zone motrice, subdivisée en « sphères sensitives », où sont conservées et associées les images nées des sensations cutanées, musculaires et d'innervation, des régions correspondantes du corps, ne détermine des mouvements ni directement ni d'une façon réflexe, mais par évocation de ces images ou représentations mentales de la sensibilité générale et du mouvement.

Il y a la théorie, absolument motrice, de David Ferrier, dont les centres moteurs sont tout à fait distincts anatomiquement des centres de la sensibilité générale et du sens musculaire. Il y a la théorie de Charcot, pour qui les centres moteurs corticaux sont le siège des représentations motrices qui précèdent nécessairement l'accomplissement d'un mouvement volontaire, tandis que le sens musculaire, ou plutôt la sensibilité kinesthésique de Bastian, serait localisé dans les centres corticaux de la sensibilité, où pourrait avoir lieu le rappel idéal de ces images.

Il y a la théorie de François Franck, qui, adversaire de la théorie de centres moteurs par eux-mêmes, autonomes, incline décidément vers la théorie de l'influence réflexe des éléments excitables de l'écorce, et pour qui la zone motrice, assimilée à une surface sensible périphérique, n'est que le point de départ d'incitations motrices volontaires, l'appareil incitateur de réactions motrices volontaires, dont les véritables appareils moteurs ou d'exécution sont les cellules nerveuses du bulbe et de la moelle. « Psychologiquement, a écrit M. Gley, ces organes de l'écorce apparaissent comme des centres de représentations des divers mouvements qui déterminent la véritable action motrice, par un mode assimilable au mécanisme purement réflexe. » C'est bien cela. Ces points de l'écorce sont, pour François Franck, des *centres d'association volontaire*, plutôt que des centres moteurs proprement dits. Ces centres, il les appelle « psycho-moteurs », parce qu'ils commandent par leur action toute psychique à de véritables appareils moteurs. « En envisageant, dit-il, les mouvements produits par l'excitation de points déterminés de l'écorce cérébrale comme analogues aux mouvements réflexes, la différence essentielle entre les mouvements ainsi provoqués et les réflexes ordinaires consisterait dans le point de départ, ici cérébral, là cutané, mais en tout cas périphérique par rapport au centre du mouvement (centres médullaires)[1]. » Aussi le faisceau pyramidal, qui transmet aux centres moteurs bulbo-

---

[1] Système nerveux. — *Physiologie.* Dictionnaire des sciences médicales de Dechambre, 2ᵉ série, XII, 577. Cf. *Leçons sur les fonctions motrices du cerveau,* 299.

médullaires les incitations motrices de l'écorce cérébrale, constitue-t-il, au point de vue physiologique,
un système *afférent* aux cellules motrices du bulbe et
de la moelle.

Il y a la théorie des confluents. Mais les résultats
contradictoires des expériences de « circonvallations »
ou d' « isolement[1] », instituées par François Franck
et Pitres, par Marique, par Vareth, par Exner et
Paneth, ne permettent guère encore de décider si les
« centres moteurs » ont ou n'ont point *par eux-mêmes*
d'influence directrice sur les mouvements, si leur
activité est subordonnée à celle des autres aires fonctionnelles de l'écorce, des centres de la sensibilité
générale et spéciale, bref, si ces prétendus moteurs
de la machine animale doivent, pour agir, être
actionnés par le reste du cerveau. Que l'on songe

---

[1] Après la section circulaire ou circonvallation d'une région limitée,
éprouvée comme motrice, F. Franck et Pitres ont vu se conserver les
mouvements dépendant de la section corticale circonscrite, et la paralysie
motrice succéder à l'ablation de la même région, si bien que « les
points dits centres moteurs conservent tout au moins une influence
directrice sur le mouvement, malgré leur séparation du reste de
l'écorce ». (*Leçons sur les fonctions motrices du cerveau*, p. 371.) Tout
au contraire, Marique, après l'isolement du gyrus sigmoïde, c'est-à-dire
après la section des fibres d'association qui rattachent ce territoire
moteur aux régions voisines (frontale, temporale et pariéto-occipitale),
constate des phénomènes paralytiques, identiques à ceux qui suivent
l'ablation du gyrus sigmoïde lui-même. Marique en conclut que les centres
moteurs n'ont point de fonctionnement spontané, autonome, et que
leur mise en activité est subordonnée aux excitations venant des régions
sensorielles voisines, surtout de la région pariéto-occipitale, par un
mécanisme analogue à celui des centres *réflexes* médullaires (*Recherches
expérimentales sur le mécanisme de fonctionnement des centres psycho-
moteurs du cerveau.* Bruxelles, 1885, p. 104, 125). — Cf. Vareth (sous la
direction d'Exner), *Untersuchung über Lage, Ausdehnung und Bedeutung
der motorischen Rindenfelder an der Hirnoberflæche des Hundes*, 1885.
(Congrès des naturalistes et médecins allemands de Strasbourg, 1885.)
— Exner et Jos. Paneth. *Versuche über die Folgen der Durchschneidung
von Associationsfasern am Hundehirn* (*Arch. f. d. gesamm. Physiologie*,
1889, XLIV).

aux cas bien constatés d'aphasie motrice et d'agraphie consécutifs à des surdités et à des cécités verbales.

Stricker, qui a tant insisté sur les images motrices, dit expressément que toute représentation de ce genre est accompagnée de sensations musculaires, si bien que la vue seule d'un objet en mouvement ne saurait faire naître en nous aucune idée motrice : pour qu'elle naisse, il nous faut reproduire ces mouvements avec ou sans conscience ; les résidus de ces sensations musculaires constituent seuls la condition du réveil de l'image motrice. Quand il se représente, par exemple, le vol des nuages, Stricker éprouve dans les muscles des yeux les mêmes sensations que s'il suivait en réalité les nuages ; s'il cherche à arrêter cette sensation musculaire, l'image du nuage en mouvement s'arrête aussitôt : la nuée paraît immobile[1].

Enfin, et pour ne rien dire d'autres théories encore sur la nature probable des fonctions motrices du cerveau, il y a celles des auteurs italiens, dont nous devons uniquement nous occuper ici. Ainsi, pour Lussana et Lemoigne, « les centres de l'innervation motrice ont leur siège en dehors des hémisphères cérébraux » : ceux-ci peuvent bien, sous l'influence du stimulus électrique porté sur certaines régions de l'écorce, déterminer l'activité volontaire des vrais centres de l'innervation motrice, mais ils ne le font qu'à la manière des sensations qui déterminent des mouvements réflexes[2]. Quant à la théorie que Tam-

---

[1] Stricker. *Studien über die Bewegungsvorstellungen.* Wien, 1882. A. § 1-6.

[2] Lussana et Lemoigne. *Des centres moteurs encéphaliques (Arch. de physiol. norm. et pathol.,* 1877).

burini, Luciani et Seppilli ont élaborée, depuis 1876, c'est une théorie mixte, frappée au coin du génie éclectique des Italiens. Loin de subordonner les troubles du mouvement aux altérations des organes centraux de la sensibilité, elle considère la zone motrice comme constituée à la fois par des centres de sensibilité cutanée et musculaire, d'une part, et, d'autre part, par des centres d'idéations motrices.

Avant d'indiquer l'évolution de cette doctrine chez les auteurs italiens eux-mêmes, rappelons que, depuis les expériences de Goltz et de Tripier, les cliniciens ont rassemblé un nombre toujours croissant de faits en faveur de la nature mixte des fonctions de la zone excitable du cerveau. Outre Tripier, Petrina, Kahler et Pick, Wernicke, Binswanger, Bernhardt, il est peu de médecins et de physiologistes qui n'aient recueilli des cas de paralysie de la sensibilité générale et du mouvement, ou de la sensibilité générale seule, dans les lésions destructives des circonvolutions centrales et pariétales. Dès 1882, Lisso avait réuni 88 cas de troubles de la sensibilité générale observés dans les lésions corticales de la zone motrice. C'est cette zone que Tripier et Gilbert Ballet ont appelée « sensitivo-motrice ». Exner, enfin, professe, on le sait, que « les différents centres ou territoires de la sensibilité tactile des diverses parties du corps se confondent en général avec les centres ou territoires moteurs de l'écorce cérébrale ». Les temps sont donc loin où de grands cliniciens, tels que Nothnagel en 1879, dans son livre sur le *Diagnostic topique des maladies du cerveau*, et, plus tard encore, Charcot, pouvaient passer devant ces phénomènes sans être frappés de la rencontre fréquente des troubles de la sensibilité générale et de la motilité volontaire dans les lésions des centres moteurs du cerveau [1].

Aujourd'hui Nothnagel ne croit pas encore, non plus que Charcot, qu'on puisse dire sans réserve que les lésions des parties de l'écorce qui déterminent des paralysies motrices entraînent après soi des troubles de la sensibilité cutanée. Nothnagel incline certainement à localiser ceux-ci dans les « lobes pariétaux », où, depuis longtemps déjà, il a localisé le sens musculaire. Nothnagel dissocie donc les centres de la motilité volontaire, de la sensibilité musculaire et des autres modes de la sensibilité générale, car s'il existe souvent des formes mixtes des altérations fonctionnelles de ces centres, ils sont aussi quelquefois lésés isolément. Nothnagel croit donc que l'existence des paralysies du sens musculaire sans paralysies motrices est d'une importance capitale pour une conception théorique de la nature des paralysies corticales motrices. Selon lui, le lobe pariétal soutiendrait

---

[1] Déjérine. *Etude sur l'aphasie.* (*Rev. de médecine*, 1885, p. 183.) « Ces troubles de la sensibilité cutanée... accompagnent le début de la paralysie elle-même dans la plupart des cas, quelquefois même ils peuvent précéder cette dernière. Ces phénomènes ne sont point rares dans le cours des hémiplégies d'origine corticale et méritent d'être étudiés avec soin... » Dans le cas de Déjérine, la zone motrice corticale était seule lésée ; les conducteurs sensitifs étaient indemnes. — Cf. Dupuy. *De la perte de la sensibilité après la destruction des centres moteurs.* L'auteur rappelle que Horsley, au congrès de Brighton (1886), a rapporté qu'après avoir fait l'ablation des centres moteurs corticaux chez trois malades qui présentaient des accès épileptiformes symptomatiques de lésions cérébrales, la sensibilité avait été altérée ou abolie après l'opération. *Soc. de biologie*, 30 oct. 1886. — Ziehen. *Ueber eine frühe Stœrung der Sensibilitæt bei Dementia paralytica.— Neurol. Centralblatt*, 1886, 480. De même que les fonctions motrices de l'écorce, celles de la sensibilité générale ne laissent pas d'être altérées au début de la paralysie générale progressive des aliénés.

les mêmes rapports avec les circonvolutions centrales
et le lobe paracentral, que la circonvolution de Broca,
par exemple, avec le centre moteur cortical de l'hypoglosse. Une lésion de la circonvolution de Broca
peut produire une aphasie motrice sans paralysie de
l'hypoglosse ; d'autre part, une lésion du territoire
cortical de l'hypoglosse peut déterminer une paralysie
pure de l'hypoglosse. De même, une lésion du lobe
pariétal pourrait produire une ataxie pure des extrémités sans paralysie motrice, et, d'autre part, une
lésion des circonvolutions centrales déterminer une
paralysie motrice sans abolition du sens musculaire [1].

Pour localiser dans d'autres régions que D. Ferrier
les centres du sens musculaire et de la sensibilité cutanée, on ne saurait nier que ces vues dernières de
Nothnagel ne nous ramènent aux doctrines du célèbre
physiologiste anglais, pour qui les fonctions de la
zone motrice sont distinctes de celles des centres corticaux de la sensibilité cutanée et musculaire.

Ce rapide aperçu des principales conceptions théoriques de la nature des fonctions motrices de l'écorce
cérébrale peut donner une idée de la complexité des
problèmes qui restent à résoudre avant de posséder
une connaissance vraiment scientifique, et non pas
purement empirique, de ces phénomènes. Il faut avoir
toujours présentes à l'esprit la plupart de ces difficultés quand on aborde ces hautes questions de physiologie cérébrale. La clarté de l'esprit, la beauté des
raisonnements et toutes les subtilités de la dialectique
ne sont ici d'aucun secours pour l'avancement des

---

[1] Nothnagel. *Ueber die Localisation der Gehirnkrankheiten.* Wiesbaden, 1887, p. 14-18.

questions. Les solutions qu'on serait tenté de proposer n'auraient de valeur qu'autant qu'elles explique-
raient tous les faits connus et ne seraient en contradiction avec aucun. Or, la seule connaissance de ces
faits, leur classement, leur examen critique exigent
déjà un très long temps. Plus l'enquête aura été étendue et sévère, moins le physiologiste sera tenté d'ajouter de nouvelles hypothèses à celles qui existent
déjà. Ce qui semble clairement intelligible à des esprits
novices, lui apparaît souvent fort obscur. Comme François Franck, qui est peut-être l'homme du monde qui a
le plus réfléchi sur la nature fonctionnelle des régions
excitables de l'écorce cérébrale, le physiologiste et le
clinicien avoueront sans doute, après bien des années d'études expérimentales et anatomo-cliniques,
qu'ils ont conscience de leur ignorance des processus
cérébraux.

II

Entre toutes les conceptions théoriques de la nature
des fonctions motrices du cerveau, celle qui domine
et l'emporte chez les physiologistes et chez les cliniciens italiens, dans les années qui suivent la découverte de Fritsch et Hitzig, est décidément hostile à
Hitzig et à Nothnagel comme à Schiff et à Goltz ; elle
incline du côté de Ferrier. En d'autres termes, les phénomènes d'ordre moteur, consécutifs aux lésions destructives, soit expérimentales, soit pathologiques, de la
zone motrice, ne semblent pas être de nature ataxique
ou réflexe. Albertoni et Michieli[1], Lussana et Lemoigne[2], Tamburini, Luciani, Seppilli, Maragliano, Bianchi[3], Palmerini[4], Tonnini, etc., considèrent ces troubles

[1] *Sui centri cerebrali di movimento* (*Sperimentale*, 1876).

[2] *Des centres moteurs encéphaliques. Recherches physio-pathologiques.*
— Arch. de phys. norm. et pathol., 1877, 2ᵉ sér., ɪᴠ, 119 et suiv. « La
destruction des centres corticaux entraîne une parésie des mouvements
qui en dépendent habituellement, » p. 135. Les vrais centres d'innervation motrice ne sont pas d'ailleurs, pour ces auteurs, ainsi que nous
l'avons déjà rappelé, dans l'écorce cérébrale, mais dans « certains centres
pédonculaires encéphaliques ».

[3] *Sul significato della eccitazione elettrica della zona motrice corticale.*
— *Archivio ital. per le malatie nervose*, 1881. « Ces centres sont de
vrais centres moteurs psychiques... Il n'est pas prouvé que la fonction
dévolue aux centres moteurs volontaires puisse être accompli par
d'autres centres cérébraux ; cela paraît même improbable. »

[4] *Tre casi di rammolimento cerebrale nell'emisfero sinistro interes-*

moteurs comme parétiques ou paralytiques. Ainsi, après avoir déclaré inadmissibles les hypothèses de Schiff, de Hitzig et de Nothnagel, Dario Maragliano écrivait que les points de l'écorce cérébrale dont l'irritation donne lieu à des phénomènes moteurs, et la destruction à des paralysies, doivent être regardés comme « de vrais centres moteurs volontaires, capables, sans l'intermédiaire d'aucun autre centre moteur, de faire fonctionner les divers appareils musculaires [1] ».

Luciani et Tamburini n'étaient pas moins nets : après la destruction des centres corticaux des membres, ils n'avaient toujours constaté que des phénomènes paralytiques ou d'abolition de la motilité, jamais de phénomènes ataxiques ou d'incoordination des mouvements [2]. Ces phénomènes, plutôt parétiques chez les chiens, plutôt paralytiques chez le singe, mais toujours transitoires, avaient une durée en rapport avec l'étendue des aires corticales détruites. Mais ce qu'il importe ici de noter, c'est, d'une part, que ces auteurs avouent que, longtemps après encore, un examen minutieux permet de constater des traces de la persistance de ces troubles. D'autre part, ils répètent que l'examen des diverses formes de la sensibilité cutanée, y compris le sens du toucher, n'a jamais révélé aucune altération de cette fonction chez les animaux opérés de la zone motrice. Ainsi, les aires excitables

---

sante *la circonvoluzione frontale ascendente. (Archivio ital. per le mal. nerv.,* 1877, XIV, 303.)

[1] D. Maragliano (di Reggio). *Le localizzazioni motrici nella corteccia cerebrale studiate specialmente del lato clinico. — Rivist. speriment. di freniatria.* (1878, p. 1 et 307.)

[2] *Ricerche sperimentali sulle funzioni del cervello. Sui centri psico-motori corticali. — Riv. sperimentale di freniatria,* IV-V, 1878-79. A part : Reggio-Emilia, tip. di Stef. Calderini, 1878.

du cerveau sont des centres moteurs, et ne sont pas autre chose. Si, au lieu d'être suivie d'une paralysie, leur destruction n'entraîne qu'une parésie des muscles correspondants, la nature de ces centres n'en apparaît pas moins comme motrice. Ce qui est vrai, c'est que ces aires motrices de l'écorce cérébrale ne sont pas les seuls et uniques centres des muscles volontaires, c'est que les ganglions de la base, les corps striés en particulier, sont, eux aussi, des centres moteurs, et non pas seulement des centres de mouvements automatiques (Ferrier), mais de vrais centres de mouvements volontaires. Du même coup, ces auteurs italiens expliquaient les suppléances des fonctions motrices détruites, le caractère transitoire des troubles moteurs et le retour de la motilité volontaire dans les parties frappées de paralysie, sans recourir à aucune des théories proposées jusqu'à eux : ils les répudient toutes, celle de Flourens et de ses successeurs, tels que Longet et Vulpian, comme celles de Hitzig, de Soltmann, de Carville et Duret et de Ferrier lui-même.

Cela ne laisse pas d'être assez piquant, car cette théorie de Luciani et de Tamburini porte bien la marque d'origine du physiologiste anglais. J'estime même, sans croire pour cela que Ferrier ait raison, que Luciani aurait sagement fait de ne point dépasser de si haut les vues déjà bien hardies de son devancier. Ferrier, on le sait, voit dans le corps strié un centre où les mouvements primitivement volontaires et appris tendent à s'organiser, à devenir automatiques, si bien que le chien privé de ses centres corticaux moteurs, de ses « centres de motilité volontaire », comme il les nomme après Carville et Duret, peut continuer à courir, à nager, etc. En réalité, ce chien a perdu tout ce qu'il y avait de volontaire dans ses mouvements : il n'a conservé que ce qu'il y avait encore d'automatique, d'organisé, dans les ganglions de la base. Ferrier ruine ainsi radicalement la doctrine des suppléances fonctionnelles telle que l'ont admise les auteurs. Mais Luciani n'est pas convaincu du pur automatisme des mouvements du chien, soit avant toute éducation, soit après l'ablation bilatérale des deux gyrus sigmoïdes.

Nous pourrions nous arrêter un moment dans cette analyse et nous demander comment un physiologiste, en distinguant ainsi les mouvements volontaires des mouvements automatiques ou réflexes, peut laisser croire qu'il les tient en effet pour distincts quant à leur nature, et contribuer ainsi à perpétuer la doctrine équivoque de la volonté. Certes, un pareil reproche ne saurait s'adresser à Ferrier, qui, souvent profond à force de simplicité et de franchise, est toujours d'une correction parfaite dans les questions de psychologie physiologique. Par volontaire il entend naturellement un mouvement qui résulte de l'intensité actuelle d'un groupe d'images prépondérant. Quand le substratum organique de ces représentations mentales est détruit, il ne peut plus exister de mouvement volontaire. Rien de plus évident.

Luciani l'entend bien ainsi. Les mouvements excités par les centres corticaux, dit-il, ont le caractère de mouvements purement volontaires ; ils sont l'expression objective des modifications de la conscience qui, dans leur ensemble, constituent la volonté. Ces centres corticaux sont bien des centres de la motilité volontaire. « Aussi n'appelons-nous pas ces centres corticaux simplement *moteurs,* mais *psycho-moteurs.* » Toutefois, pour conserver le caractère intentionnel et voulu aux mouvements des mammifères privés de leurs centres moteurs corticaux, Luciani et Tamburini ont admis non seulement des centres moteurs corticaux et des centres moteurs basilaires : ils ont doué ceux-ci des mêmes propriétés psychiques fondamentales que ceux-là, ce que Ferrier n'a point fait.

Tout nous induit à conclure avec nécessité, disent expressément ces auteurs, que « les ganglions basilaires, et spécialement les corps striés, peuvent avoir effectivement la valeur physiologique de centres de la motilité volontaire, ou de centres pouvant être mis directement en action par des processus psycho-sensitivo-sensoriels » . Cette opinion, ils nous la donnent comme une manière de voir (*concetto*) qui résulte de leurs expériences sur les singes. Ainsi, comme l'attribution de fonctions « psycho-motrices », partant volontaires, aux centres basilaires, implique l'idée (*concetto*) que « ces centres sont en connexion anatomique directe avec les centres psychiques et avec les centres de la sensibilité, et non pas seulement avec les centres psycho-moteurs de l'écorce, ainsi qu'on l'admet », on doit supposer que « des fibres intercentrales relient les corps striés aux diverses régions de l'activité cérébrale ». Une excitation partie des « centres psychiques », par exemple, et constituant une détermination volitive, pourrait suivre deux voies pour se transformer en impulsion motrice : 1º celle dés centres psychomoteurs corticaux ; 2° celle des faisceaux blancs qui, sans aucun doute (*indubitamente*), relient les « centres de l'idéation », comme toutes les autres régions corticales, aux ganglions sous-corticaux. Les auteurs italiens se défendent d'ailleurs d'attribuer une nouvelle fonction — une fonction psychique — aux ganglions de la base : il leur suffit, disent-ils, d'avoir démontré (car ils croient l'avoir fait, et les hypothèses gratuites de tout à l'heure son déjà devenues pour eux des faits bien et dûment prouvés) qu'il existe, entre les ganglions de la base et les « centres psychiques », des rapports anatomiques de nature à déterminer directement l'activité des fonctions volontaires des corps striés, et cela sans que les centres volontaires de l'écorce aient à intervenir.

Puisque Luciani et Tamburini se sont placés, dans ce premier mémoire, sur le terrain anatomique pour édifier leur hypothèse des fonctions psycho-motrices des ganglions de la base, et des corps striés en particulier, — restons-y. Sans doute, à l'époque où ils écrivaient ce travail, ils subissaient l'influence des doctrines régnantes sur la nature fonctionnelle des corps striés : pendant plus d'un siècle, on les a considérés comme des centres moteurs, et l'on a attribué l'hémiplégie typique à la lésion de ces ganglions. On sait aujourd'hui que les paralysies motrices dues aux hémorragies du noyau lenticulaire ou du noyau caudé résultent simplement d'une action à distance exercée sur la capsule interne, et que ces paralysies rétrocèdent, ce qui n'est pas le cas lorsqu'une lésion destructive intéresse la capsule interne elle-même et a interrompu la continuité de ses faisceaux[1]. Lépine, Bourneville, Bramwell, James Ross, Fürstner, ont souvent trouvé le noyau lenticulaire et le noyau caudé complètement détruits et transformés en kystes sans qu'il ait existé de paralysie motrice, pourvu que la capsule interne fût demeurée intacte. Les recherches expérimentales de François Franck et Pitres, dont on connaît les résultats contraires à ceux de Ferrier, de Nothnagel, de Carville et Duret, ont même trouvé inexcitables les noyaux lenticulaires et caudés.

D'autre part, il y a beau temps qu'on ne fait plus passer les faisceaux pyramidaux à travers les masses grises des corps striés, et que les impulsions motrices volontaires émanant de l'écorce cérébrale prennent une autre route. De ce que les fonctions motrices, si longtemps attribuées aux ganglions de la base, doivent être revendiquées, à titre de simple conduction, il est vrai, par les faisceaux blancs du tiers postérieur de la capsule interne, il n'en suit pas, naturellement, que les corps striés n'aient point de fonctions. Seulement, à dire le vrai, on ignore encore quelles sont ces fonctions, et, quelque séduisante que fût l'hypothèse ancienne sur la suppléance des fonctions de l'écorce cérébrale par les corps opto-striés[2], il n'y a sans

---

[1] C'est à ces idées que Seppilli se range dans son récent travail sur les *Tumeurs cérébrales*, d'une érudition si étendue et d'une doctrine scientifique si élevée. V. *Tumori cerebrali*, p. 68. In *Biblioteca medica contemp.* de Vallardi, 1889, p. ii.

[2] Pour Lussana et Lemoigne, les couches optiques seraient des centres d'innervation motrice du bras, de la main et des doigts, par conséquent du membre supérieur. L'extrémité inférieure serait au contraire en rapport avec le corps strié. Le développement des couches optiques chez l'homme correspondrait au degré exquis d'innervation motrice dont jouissent ses doigts et ses mains. Les paralysies produites par les lésions de ces centres moteurs seraient proportionnelles à l'étendue des lésions. — *Des centres moteurs encéphaliques*, 1877, I. I.

doute plus lieu de s'y arrêter, à moins peut-être qu'on ne le fasse avec la réserve et la sobriété de David Ferrier.

Mais que dire de l'hypothèse de Luciani et de Tamburini, hypothèse qui repose sur l'existence indémontrée de faisceaux de projection reliant directement les corps striés aux centres corticaux de la sensibilité et à de prétendus « centres psychiques » ?

La masse grise des corps striés ne paraît avoir aucune connexion directe avec l'écorce du cerveau. Des faisceaux de fibres isolées pénètrent bien de la substance blanche du centre ovale dans le noyau lenticulaire, mais on ignore si ces faisceaux sont en relation réelle avec la substance grise du cerveau (Flechsig, Wernicke, Gowers). Même incertitude sur les rapports anatomiques de la tête du noyau caudé avec diverses régions de l'écorce. Tout ce qu'il est permis d'affirmer, c'est que le corps strié est dans les mêmes rapports avec le pédoncule cérébral (pied et calotte) et avec le cervelet, que l'est le thalamus avec l'écorce du cerveau. Enfin, des récentes recherches de Marchi, dont nous parlerons, sur la structure histologique des corps striés et des couches optiques, il résulte que les corps striés auraient surtout des fonctions sensitives, et non motrices, mixtes en tout cas [1].

[1] En Italie, Bianchi a soutenu récemment au cours de recherches expérimentales, faites avec d'Abundo, sur les dégénérations descendantes, que le corps strié, contrairement à ce qu'enseigne Wernicke, est en connexion intime avec l'écorce cérébrale au moyen d'un système de fibres de la couronne rayonnante (distinct du faisceau pyramidal), et s'atrophie secondairement aux lésions destructives de la zone motrice. Il en résulterait que la restitution partielle des fonctions de cette zone après la semaine qui suit l'opération, ne peut être effectuée ni par le noyau caudé ni par le noyau lenticulaire, « car l'hyperfonction ne saurait aller de compagnie avec l'hypotrophie et la dégénération ». Bianchi se confirme

A la vérité, les résultats d'une récente étude expérimentale de Baginsky et de Lehmann, sur la *Fonction du corps strié (noyau caudé)*, seraient en partie favorables aux vues de Luciani [1].

Ces auteurs ont trouvé que les troubles du sens musculaire, la diminution de la tension musculaire, et même les légers états parétiques de quelques groupes de muscles, sans paralysie ni anesthésie véritables, consécutifs aux lésions destructives du noyau caudé, sont tout à fait de même nature que les altérations de la motilité qui suivent les mêmes lésions de la zone motrice corticale. Si l'animal survit assez longtemps au traumatisme opératoire, tous ces troubles d'innervation motrice, dus aux lésions du noyau caudé, finiraient par s'amender, comme ceux qui suivent les destructions de l'écorce. Tels sont les principaux troubles, — avec une excitation psychique très vive de l'animal, qui est pris de peur, d'angoisse, et cherche à échapper par la fuite, — que la physiologie expérimentale constate aujourd'hui dans les lésions du noyau caudé. Tous les phénomènes traditionnels décrits par les auteurs, depuis Magendie jusqu'à Nothnagel, — l'impulsion irrésistible à courir, à accomplir

donc de plus en plus dans son idée que la suppléance fonctionnelle observée est due aux parties restées indemnes de l'écorce cérébrale elle-même. *Die in's Gehirn und Rückenmarck herabsteigenden experimentalen Degenerationen als Beitrag zur Lehre von den cerebralen Localisirungen.* Deutsche Uebers. von Dr G. d'Abundo. — Neurologisches Centralbl. 1886, 385 sq. Le texte italien est plus développé : *Le degenerazioni sperimentali nel cervello e nel midollo spinale. A contributo della dottrina delle localizzazioni cerebrali.* Per Bianchi e d'Abundo. Estr. dal Giorn. *La Psichiatria.* Napoli, 1886.

[1] Ad. Baginsky und Curt Lehmann. *Zur Function des corpus striatum (nucleus caudatus). Experimentelle Studie.* — Arch. f. pathol. Anatomie und Physiologie. Berlin, 1886, t. 106, p. 258 sq.

des mouvements de manège, les paralysies totales des
extrémités, les contractures des muscles de la nuque,
le ralentissement de la respiration, la courbure de la
colonne vertébrale, etc. — étaient certainement dus à
des lésions qui avaient intéressé en même temps la
capsule interne, le noyau lenticulaire, la couche optique. Il n'y aurait donc pas lieu d'attribuer d'autres
fonctions aux corps striés qu'aux parties sus-jacentes
de l'écorce cérébrale. « Les corps striés, disent expressément Baginsky et Lehmann, forment une partie
intégrante des appareils ganglionnaires de l'écorce
cérébrale située au-dessus. » Mais il existe des faits,
que ces auteurs ont constatés à leur tour, peu conci-
liables avec cette interprétation de la nature fonctionnelle des corps striés.

Je veux parler des faits très nets de thermogénèse,
d'hyperthermie, qui suivent les lésions du corps strié,
faits bien démontrés depuis les expériences et les
observations cliniques d'Aronsohn et de Sachs, de
Girard, d'Ott et Colmar, de Sawadowski, de Hale
White, de Horsley, de Guicciardi et de Petrazzani.
Pour ne parler ici que de ces deux auteurs italiens,
qui ont attribué à un petit kyste hémorrhagique,
trouvé dans le noyau caudé gauche, des phénomènes
d'hyperthermie unilatérale, observés dans un cas
d'hémiplégie motrice droite, l'observation clinique
et anatomo-pathologique qu'ils rapportent [1] n'est peut-
être pas de nature à bien établir la réalité d'une
localisation de centres thermo-régulateurs dans le corps

---

[1] *Delle piu recenti localizzazioni di centri termo-regolatori nel corpo
striato. Nota clinico-critica.* (Dall' Istituto psichiatrico di Reggio.) —
Riv. speriment. di freniatria, **1886**, 399 sq.

strié. Ils conviennent eux-mêmes qu'il ne s'agissait peut-être que d'un symptôme bien connu de l'hémiplégie, de troubles vaso-moteurs locaux, et non d'une augmentation diffuse de la température, comme dans les expériences : le siège circonscrit de la lésion, aussi limitée que Nothnagel et Charcot l'auraient pu souhaiter, les a engagés à publier ce cas.

Mais Baginsky et Lehmann, en enfonçant une aiguille dans la tête du noyau caudé, mis à découvert par l'ouverture des ventricules latéraux, ont aussi constaté une élévation rapide de la température qui, mesurée dans le rectum, s'éleva en quelques secondes jusqu'à 41°,6 C., et resta quatre jours stationnaire, pour retomber à la normale. Or, comme ces phénomènes de thermogénèse se montrent déjà, ainsi qu'on le sait depuis les premières recherches de Hitzig (1874), dans les lésions superficielles de l'écorce de la zone motrice[1], sans que les ventricules latéraux aient été ouverts, ni que le noyau caudé ait par conséquent à intervenir, peut-être cette hyperthermie consécutive aux lésions du corps strié pourrait-elle être invoquée comme un nouvel argument de l'identité de fonctions des corps striés et du cerveau. En somme, les résultats de la physiologie et de la clinique seraient jusqu'ici plus favorables aux vues de Luciani et de Tamburini que ceux de l'anatomie.

Quoi qu'il en soit, dans l'état actuel de nos connaissances, la route qui, suivant les auteurs italiens, relie-

---

[1] C'est ce qui vient d'être encore vérifié au point de vue clinique. V. Horsley, *Clinical observations during the past seven years on the value of differences observed in the temperature of the two sides of the body as symptomatic of cerebral lesions.* — The Brit. med. Journ. 1889.

rait les corps striés aux aires corticales de la sensibilité et aux « centres psychiques » du cerveau, est au moins aussi imaginaire que le château de nuages où elle conduirait. J'appelle ainsi la survivance métaphysique qui se perpétue dans l'idée, dénuée de tout fondement expérimental ou clinique, de ces « centres psychiques », admis encore par tant de psychologues et de médecins.

Il ne reste donc rien, croyons-nous, de l'hypothèse aventureuse dont nous venons de montrer la fragilité. Ce qui, dans cette hypothèse, était propre à Luciani et à Tamburini, — l'attribution de fonctions psycho-motrices aux corps striés, — n'était point supportable, et ce qui s'y trouvait de plausible n'était point à eux, mais à Ferrier.

A leur tour, ils ont bien vu les rapports inverses existant entre le développement des fonctions des centres moteurs corticaux et celui des prétendus centres moteurs basilaires chez les mammifères. Chez l'homme, avait écrit Maragliano, « les centres de la base sont tout à fait dépourvus de fonction psycho-motrice ; celle-ci se développe exclusivement dans les centres corticaux ». Luciani et Tamburini étaient également bien venus, selon nous, à remplacer l'idée de suppléance fonctionnelle, au sens ordinaire des auteurs, par celle du perfectionnement et du développement, au moyen de l'exercice, d'organes naturellement capables de compenser dans une certaine mesure les parties détruites. Ils avaient raison d'invoquer à ce sujet les vues de Pflüger sur l'extension des fonctions psychiques à tout le système nerveux central [1]. Ils s'acheminaient

---

[1] Cf. Œhl. *Sulla probabile diffusione dei centri di volontà nel midollo spinale dei vertebrati inferiori. — Archivio ital. per l. mal. nerv.*, 1881,

ainsi vers l'hypothèse de la suppléance par perfectionnement de l'action médullaire, de François Franck
(1877), seule hypothèse scientifique qui rende compte,
selon nous, des phénomènes de suppléance. Si, par
une sorte d'éducation, la moelle épinière devient en
effet capable de suppléer dans une certaine mesure
les centres supérieurs, il n'y a là que « le perfectionnement d'une propriété préexistante, tandis que la
suppléance des régions corticales enlevées, par
d'autres régions de l'écorce, n'a pour elle aucune
vraisemblance, et a contre elle la persistance de la
paralysie des mouvements volontaires chez l'homme
et chez les animaux qui s'en rapprochent le plus ».
Ainsi, cette activité supplémentaire de la moelle,
dont l'importance est en raison inverse du développement des centres moteurs corticaux, et par conséquent
du volume du faisceau pyramidal, a des limites : elle
permet la restitution des mouvements associés des
membres dans la locomotion ; « elle ne va pas jusqu'à
la réparation des mouvements compliqués, véritablement volontaires [1] ».

En regard du grand nombre des physiologistes et
des cliniciens italiens qui tenaient pour la nature purement motrice, non ataxique ni sensitive, des phé-

---

355. L'auteur, professeur de physiologie à l'Université de Pavie, a réussi
à provoquer, sur des grenouilles décapitées, des mouvements à tel point
variés et coordonnés, qu'ils revêtent, selon lui, le caractère de la volonté. D'après ses expériences, Œhl incline à croire que, chez les vertébrés inférieurs, les *centri di volontà* ne sont pas limités, comme chez
les vertébrés supérieurs, au cerveau et au bulbe, mais s'étendent aussi
à la moelle épinière.

[1] François Franck. *Système nerveux. Physiologie.* Dictionn. des sciences
médicales de Dechambre, p. 592 ; *Leçons sur les fonctions motrices du
cerveau*, p. 387. Hitzig aussi s'est rangé à cette doctrine. V. *Ueber Funk
tionen des Grosshirns* (1886). Biolog. Centralbl., VI, 569.

nomènes consécutifs aux lésions destructives de la zone excitable du cerveau, à peine en citerait-on quelques-uns qui, comme Silvio Venturi[1], médecin de Padoue, croient à la nature ataxique de ces désordres moteurs et supposent, avec Schiff, qu'une lésion de la sensibilité tactile peut suffire à les expliquer.

L'illustre prédécesseur de Luciani dans la chaire de physiologie de Florence, Maurice Schiff, tient une si grande place dans l'étude de cette question (qu'il a d'ailleurs traitée à l'origine dans des livres et dans des recueils savants rédigés en langue italienne), qu'il nous faut dire ici quelques mots de sa doctrine. Dans ses *Lezioni di fisiologia sperimentale sul sistema nervoso encefalico* (2ᵉ édit., Florence, 1873 ; voir l'*Appendice*, 523-540), comme dans ses articles de la *Rivista sperimentale di freniatria*, de 1876[2], Schiff rappelle que, dès 1871, un an après les expériences de Fritsch et Hitzig, le rédacteur d'un journal de médecine, l'*Imparziale medico*, de Florence, avait écrit, sous son inspiration, que tous les effets immédiats de la destruction des prétendus centres moteurs (alors considérés comme tels par Hitzig) dérivent de lésions de la sensibilité, et sont bornés à cette sphère (*rimane nella sfera della sensibilita*).

Sans insister sur les arguments tirés par Schiff de l'absence de réponse aux irritations électriques du gyrus sigmoïde chez l'animal profondément narcotisé, sur la longue durée du retard des réactions détermi-

---

[1] S. Venturi.— *Se lo studio delle psicopatie possa venire in appoggio all'attuale teoria dei centri motori e psicomotri.* — Archiv. ital per le mal nerv., 1878, 421 sq.

[2] *Dei pretesi centri motori negli emisferi cerebrali.*— *Riv. speriment. di freniatria,* 1876, p.1 et 265.

nées par l'excitation de ces régions de l'écorce, ce qui permet de les assimiler à des centres d'actions réflexes, non à des centres moteurs, etc., le professeur de Florence témoignait qu'il suffit d'être familier avec la nature des mouvements que présentent les animaux après la perte de la sensibilité tactile par section des cordons postérieurs de la moelle, pour les reconnaître chez les animaux dont les lobes antérieurs du cerveau ont été extirpés. Ce que le chien a perdu dans les membres, le tronc ou la face du côté opposé à la lésion cérébrale, ce n'est pas l'énergie des mouvements musculaires, mais, avec les sensations de tact et de contact, la sûreté et l'ajustement exact de ces mouvements. Ainsi, le chien court bien et avec énergie, il saute et s'élance avec les extrémités postérieures, mais il lui arrive de s'appuyer sur le dos du pied, il glisse sur un terrain uni, tombe sur les genoux : c'est qu'avec la perte de la sensibilité tactile, il n'est plus exactement renseigné sur la position de ses membres ni sur la qualité du sol qui le porte. Il mâche bien des deux côtés sa nourriture (avec une lésion unilatérale du cerveau), et la force des muscles de la mastication est très grande. Si on lui offre un os du côté opposé à la lésion, il le prend dans sa gueule et le brise avec ses dents ; mais, après la première bouchée, il ne sent plus l'os qui touche sa joue et s'arrête. Si on lui présente l'os du côté sain, il sent au contraire le contact et continue à manger. « Existe-t-il rien de plus caractéristique d'une anesthésie tactile? » Ajoutez que ce chien ne retire pas sa patte de l'eau et ne réagit pas au contact d'une plume. C'est donc bien d'une anesthésie cutanée qu'il s'agit, selon

Schiff. La sensibilité à la douleur et à la pression est conservée. Cette ataxie motrice des extrémités est l'effet, non d'une paralysie motrice, mais d'une paralysie de la sensibilité tactile. Tous les troubles de la motilité observés, ceux de la position et des mouvements des membres, dérivent de cette altération de la sensibilité cutanée et sont purement secondaires. A l'appui de cette anesthésie de la peau et des muqueuses, consécutive aux lésions destructives des centres dits moteurs, Schiff rapporte qu'il a trouvé un grand nombre d'insectes parasites sur le côté anesthésié des chiens en expérience.

Goltz avait noté le même fait après la mutilation d'un hémisphère cérébral ; seulement, outre la sensibilité tactile, la sensibilité à la pression, la thermoesthésie, le sens musculaire, lui avaient paru diminué du côté opposé à la lésion, alors qu'aucun muscle de l'animal n'était paralysé[1]. Goltz a donc résumé et concilié, comme l'a fait Munk, les idées de Schiff et de Hitzig sur la nature de ces troubles, puisqu'il constate à la fois des lésions de la sensibilité tactile et du sens musculaire. Hitzig, on le sait, n'était pas arrivé du premier coup à cette dernière interprétation. Le professeur Schiff en prend souvent texte pour répéter, à propos de ce qu'il appelle la « conversion de Hitzig », que ce physiologiste, « afin de sauver son idée d'un rapport existant entre la zone excitable et les organes du mouvement, avait donné aux phénomènes observés le nom de désordres de la *conscience musculaire :*

---

[1] Schiff attribue ces troubles des sens de la pression et de la température, qu'il n'a pas observés, à l'étendue et surtout à la *profondeur* des mutilations du cerveau. Pflüger's *Archiv f. Phys.*, XXX, 218 sq.

grâce à cet artifice, Hitzig avait pu abandonner l'idée de paralysie ».

Mais, avec son étrange pénétration, Hitzig a appelé la ruine sur l'édifice si laborieusement élevé, durant tant d'années, par son adversaire. « S'il s'agissait de réflexes, dit-il, les contractions ne devraient plus se produire après l'ablation de l'écorce, puisque l'écorce représente le centre réflexe, ce qui n'est point le cas. C'est évidemment pour parer à cette objection que, dans son hypothèse la plus récente, Schiff a situé ce centre réflexe ailleurs que dans l'écorce, mais sans désigner autrement le lieu[1]. » En effet, comme s'il pénétrait dans un pays inconnu et absolument inexploré, Schiff imagine l'existence d'un centre réflexe sous-cortical de perceptions tactiles (*Tastcentrum*), où monteraient les cordons postérieurs de la moelle épinière, et d'où descendraient les faisceaux pyramidaux, ces deux sortes de fibres, sensitives et motrices, formant un même système et représentant, les unes, les voies centripètes, les autres, les voies centrifuges ou kinésodiques d'un arc réflexe, grâce auquel les sensations tactiles, qui règlent nos mouvements, provoquent cet ensemble de contractions musculaires nécessaires à la direction, à la coordination et à l'équilibre de ces mouvements. Le point où ces deux faisceaux de fibres ascendantes et descendantes se rencontrent et coïncident est le centre réflexe de la sensibilité tactile. Il ne faut plus le chercher dans l'écorce cérébrale ; il doit siéger quelque part, dans

---

[1] Hitzig. — *Zur Physiologie des Grosshirns.* — *Arch. f. Psych. und Nervenkrankh.*, XV, 1884, 270-5. Congrès des neurologistes et aliénistes de Bade, juin 1883. Cf. *Ueber Funktionen des Grosshirns* (1886).

les parties plus profondes du cerveau. La lecture du
Mémoire où Schiff a traité, sous forme d'appendice,
ce difficile sujet, ainsi que l'étude du schéma compliqué qu'il y a joint, laisse à la fois une impression
d'admiration pour la grande et forte culture du physiologiste, et de respectueuse compassion pour la
faiblesse de sa logique, que tant de science n'a pu
préserver des paralogismes et de l'aveuglement sys-
tématique le plus extraordinaire. On songe involontairement à Goltz. Mais Schiff perd plus complètement de vue la terre et se laisse décidément emporter
sans retour par la chimère.

Il pouvait, comme Munk, qu'il loue fort et admire,
demeurer dans le monde des choses connues ou con-
naissables. Si Hitzig a découvert les troubles moteurs
consécutifs aux lésions de la zone excitable, Schiff
nous a révélé ceux de la sensibilité tactile. Ni l'un ni
l'autre ne sont tombés dans l'explication banale d'une
paralysie véritable. Les troubles de la motilité volontaire, tous deux les ont rapportés à une altération
soit de la conscience musculaire, soit des représentations centrales de la sensibilité tactile. L'avenir, à
en juger par la doctrine de Munk et par celle de
Luciani et de Seppilli, paraît être à ceux qui saluent
dans Hitzig, comme dans Schiff, des précurseurs [1].
Mais ces grands inventeurs semblent destinés à se
méconnaître et à se nier, quoique Hitzig ait l'esprit

[1] Pflüger's *Archiv f. Physiol.*, XXX, 253 sq. « Une seule chose est
sûre : ce ne sont pas des centres corticaux. » V. les savants mémoires du
professeur Schiff, *Ueber die Erregbarkeit des Ruckenmarks*, dans les Archives de Pflüger . XXVIII (1882), p. 537. XXIX (1882), p. 537. XXX (1883),
p. 199 ; p. 212 : *Anhang uber die angebliche motorische Erregbarkeit der
Grosshirnrinde*, et, p. 267, le schéma qu'a construit Schiff pour montrer
quelles idées théoriques il se fait de la disposition des parties du cerveau

plus ouvert, et qu'il ne parle qu'avec une ironie de bon goût des dernières imaginations de Maurice Schiff. Pourquoi, demande-t-il, ces faisceaux de fibres se donneraient-ils rendez-vous sous l'écorce, où ils ne pénètrent pas? Comment Schiff pourra-t-il expliquer ces désordres de la motilité qui succèdent aux plus minimes lésions de l'écorce cérébrale?

Schiff a rencontré de plus rudes adversaires, et des contradicteurs au verbe haut et dur. Je ne parle pas des Italiens. Lussana lui avait bien adressé cette objection topique : « Les symptômes de parésie par ablation des centres cortico-cérébraux sont tout à fait transitoires, tandis que l'ataxie par destruction des centres sensitifs est permanente » (1877). Luciani et Tamburini lui faisaient cette autre critique : — L'hypothèse de « mouvements réflexes » se heurte contre le fait de la décomposition, de la coordination, de la constance des mouvements isolés, qu'on obtient par des excitations localisées de l'écorce. Ni la forme ni les caractères des mouvements réflexes ne présentent rien de semblable. Au fond, l'hypothèse de Schiff ne diffère point de celle de Hitzig : tous deux rapportent les altérations du mouvement à des troubles de la sensibilité générale. On pourrait donc retourner contre Schiff les critiques qu'il adresse à Hitzig[1]. — En

dans la région de la zone excitable. Cf. encore XXXIII (1884), p. 264-71. *Ein neuer Versuch an der erregbaren Zone der Hirnrinde*, contre l'article publié par Bechterew, dans le Centralblatt de Mendel, sur la localisation de la sensibilité cutanée dans les hémisphères cérébraux.

[1] *Riv. speriment. di freniatria*, IV, 250 (1878). Cf. *Sull' eccitamento meccanico dei centri motori corticali*, Milano, 1884. (Extrait des Atti del IV Congresso freniatrico ital. tenuto in Voghera nel sett. 1883), p. 10 : « S'il était vrai que les éléments excitables de l'écorce ne fussent que les prolongements cérébraux des faisceaux sensitifs des cordons postérieurs de la moelle, et qu'après l'extirpation des aires excitables

Russie, Bechterew a renouvelé contre Schiff la même critique que Luciani : « Il n'existe, dit-il, aucune identité entre les mouvements dus à l'irritation des cordons postérieurs de la moelle, et ceux qui résultent de l'excitation de la substance corticale du cerveau. Dans le premier cas, ce qui se produit, ce sont des *réflexes communs* des membres ; dans le second, des mouvements complètement *différenciés* des différents groupes musculaires de telle ou telle région [1]. » Pour Bechterew, l'aire corticale dont l'excitation détermine ces mouvements est, on le sait, purement motrice. Là sont « les centres véritables du mouvement », au sens de David Ferrier. Jamais il n'a observé un trouble quelconque de sensibilité dans ses expériences sur les fonctions de la zone motrice. Il a donc localisé ailleurs, sur le lobe pariétal, les centres des sensations tactiles, musculaires, douloureuses [2]. Schiff ne pouvait donc rencontrer un adversaire plus résolu. Bechterew, par exemple, lui de-

des membres, il n'existât qu'une simple paralysie de la sensibilité tactile des extrémités, comment expliquer le fait que, dans le cas spécial ici communiqué, non seulement il n'y eut pas d'anesthésie, mais une hyperesthésie tactile des membres antérieurs, associée à une parésie des extrémités ? »

C'est dans ce mémoire que Luciani démontre qu'en excitant *mécaniquement*, avec un corps obtus, les parois et le fond du sillon crucial du chien, on obtient des réactions motrices correspondantes des membres du côté opposé. En avant comme en arrière de ce sillon, l'écorce a été trouvée mécaniquement inexcitable.

Cf., pour la question de l'excitabilité de l'écorce cérébrale, en Italie, les recherches expérimentales de Cipollini et de Vizioli. *Giornale di neuropatologia*, de Naples, juillet 1882.

[1] Bechterew. — *Physiologie de la région motrice de la substance corticale du cerveau.* (*Archives slaves de biologie*, III, 1887, p. 189.)

[2] *Ueber die Localisation der Hautsensibilitæt (Tast-und Schmerzempfindungen) und des Muskelsinnes an der Oberflæche der Grosshirnhemisphæren.* — Neurol. Centralbl., 1883, n° 18.

mande : Si un chien, dont le centre moteur de la patte antérieure droite a été enlevé, ne tend plus cette patte quand on l'en prie, parce qu'il aurait perdu les images ou représentations tactiles (*Tastvorstellungen*) correspondantes, pourquoi ne se laisse-t-il pas guider par le sens musculaire et par la vue, puisque, d'après Schiff lui-même, il n'existe pas de paralysie du mouvement [1] ?

Mais c'est des Anglais que sont venues à Schiff les critiques décisives. Dans un article, où il répondait à Horsley, Maurice Schiff, reproduisant ses thèses bien connues, — que l'unique effet de l'ablation de la zone excitable est une anesthésie tactile, et, ajoute-t-il maintenant, l'insensibilité au froid (Herzen [2]), — répétait que les mêmes troubles ataxiques qu'on observe chez le chien après l'ablation de la prétendue zone motrice, apparaissent après la section des cordons postérieurs de la moelle ; mais il ajoutait que, cinq jours après la section de ces cordons, l'excitation de la zone motrice demeurait sans effet. Les résultats contraires de Horsley devaient être attribués à l'action des courants induits sur le fameux centre réflexe inconnu ! En d'autres termes, la section des voies de la sensibilité cutanée entraînerait, d'une façon quelconque, une dégénération ascendante, qui

---

[1] *Wie sind die Erscheinungen zu verstehen, die nach Zerstœrung des motorischen Rindenfeldes an Thieren auftreten ? — Arch. f. d. gesamm Physiol.*, XXXV, 1885, 137.

[2] Selon Herzen, la même région du cerveau (gyrus sigmoïde chez le chien) contient le centre (ou les conducteurs nerveux conduisant au centre) des sensations du tact et du froid ; ces deux sensations sont transmises par les cordons postérieurs de la moelle épinière. *Ueber die Spaltung des Temperatursinnes in zwei gesonderte Sinne. —* Versammlung der deutschen Naturforscher und Aerzte in Strassburg, 18-23 sept. 1885.

se propagerait jusqu'à l'écorce[1] ; de là l'inexcitabilité de la « zone motrice ». Suivant Horsley, la perte des réactions motrices de l'écorce est due à une lésion des faisceaux latéraux des pyramides ; d'après Schiff, la zone motrice ne serait qu'un centre trophique pour les cordons latéraux : ils n'auraient pas de rapport fonctionnel avec cette zone. Si donc Horsley n'a pu constater la perte des sensations du tact et du froid après la section des cordons postérieurs, c'est que la section était incomplète ou que la critique de ce physiologiste est en défaut.

Qu'a répondu Horsley ? Que, sans discuter les opinions de Schiff sur la nature réflexe des effets de l'excitation de la zone motrice, l'ancien professeur de physiologie de Florence n'a pas prouvé que les cordons postérieurs de la moelle sont en relation directe avec la zone motrice corticale, et que, si cette zone n'est plus excitable cinq jours après la section des cordons postérieurs, la cause n'en est point dans une prétendue dégénération ou influence dégénérative ascendante, car, lorsque le faisceau pyramidal est intact, les résultats négatifs de Schiff ne se produisent pas : la raison suffisante de ce fait, c'est que, en même temps que les cordons postérieurs, Schiff a lésé la voie motrice des pyramides[2] !

---

[1] Schiff. — *On the excitable area of the cortex and its relations to the columns of the spinal cord. A reply to prof. Horsley.* (Brain, 1886.)

[2] Horsley. — *A further and final criticism of Prof. Schiff's experimental demonstration of the relation which he believes to exist between the posterior columns of the spinal cord and the excitable area of the cortex.* (Brain, 1886.) L'article de Horsley, auquel a répondu Schiff, avait paru également dans le *Brain* (1886, IX, 42 sq.) sous ce titre : *On the relation between the posterior columns of the spinal cord and the excitomotor aréa of the cortex, with especial reference to prof. Schiff's views on the subject.*

III.

Frappé de la force des arguments des deux théc-
ries motrice et sensitive, Tamburini chercha, dès 1876,
dans son mémoire sur la *Physiologie et la Pathologie du langage,* la conciliation de ces doctrines
contraires sur la nature des centres moteurs corticaux. La théorie éclectique qu'il présenta était bien
faite, ce semble, pour rapprocher ces interprétations
divergentes. Déjà, d'ailleurs, Hitzig avait vaguement
indiqué que la zone excitable de l'écorce cérébrale
devait renfermer à la fois des éléments nerveux en
rapport avec les mouvements volontaires des différents
groupes musculaires et avec la perception des impressions sensibles de la périphérie. « L'âme n'est nullement, comme le pensait Flourens, une manière de
fonction d'ensemble du cerveau, disait Hitzig ; au
contraire, certaines fonctions psychologiques, vraisemblablement toutes, à leur entrée dans la matière ou à
leur sortie de la matière, appartiennent à des centres
circonscrits de l'écorce cérébrale[1]. » Il est évident,
pour Luciani et Seppilli, que, dans cette sorte de

____

[1] 1870. *Untersuchungen über das Gehirn. Abhandlungen...* (Berlin,
1874), p. 31.

formule, assez obscure, de la nature fonctionnelle de la zone excitable, les mots « entrée » et « sortie » de la matière, ne peuvent désigner que les éléments moteurs et sensitifs de cette zone [1]. Hitzig aurait donc dû admettre la nature mixte ou sensitivo-motrice de cette région. Mais on chercherait en vain dans l'œuvre du physiologiste allemand la confirmation explicite de cette interprétation de sa pensée.

La constance des mouvements localisés produits par l'excitation électrique de régions déterminées de l'écorce, l'inexcitabilité des zones environnant l'aire motrice, la localisation des convulsions et des paralysies d'origine corticale, plaidaient fortement, aux yeux de Tamburini, pour la nature motrice de ces centres. D'autre part, les phénomènes d'ataxie et d'anesthésie qui suivent leur ablation ne témoignaient pas moins en faveur de la nature sensitive de ces territoires corticaux. Dans ce domaine de la sensibilité générale, quelle est la fonction physiologique des cellules nerveuses de l'écorce cérébrale ? Sentir et percevoir les excitations centripètes, transmises par l'appareil spinal, et les transformer en impulsions motrices volontaires. « Il doit donc exister nécessairement, écrivait Tamburini, des points qui sont le siège primitif où l'excitation sensitive, devenue perception consciente, se transforme en impulsion motrice. » Ces points devaient être en grand nombre et en rapport spécial avec les différentes régions du corps. Tamburini admettait donc, comme très probable, que ces « *points premiers de transformation sensitivo-motrice* correspon-

---

[1] *Le localiz. funzion. del cervello*, 240-1.

daient précisément aux centres corticaux étudiés »
par les auteurs. Ainsi, « chacun de ces centres serait,
à la fois, un foyer de réception et de perception des
excitations sensitives provenant d'une partie donnée
du corps, et le point de départ du stimulus centrifuge
volontaire, allant aux muscles de cette partie »[1]. La
production directe de mouvements localisés s'expliquerait alors aussi bien que la perte de la sensibilité.
Dans le premier cas, le courant électrique serait l'é-
quivalent de courant nerveux ; dans l'autre, l'ablation
des centres abolirait la perception des impressions
périphériques.

Mais, dans le mémoire publié avec Luciani *sur les
centres corticaux psycho-sensoriels* (1879), Tamburini
a étendu aux centres de la vision et de l'audition
l'hypothèse qu'il avait appliquée à ceux de la zone
excitable. Celle-ci d'ailleurs n'est plus confinée à la
zone motrice. Car les effets de l'électrisation des régions
sensorielles de l'ouïe et de la vue « ne diffèrent en
rien de ceux qu'on observe en excitant les centres
moteurs de la zone de Hitzig ». Les mouvements du
pavillon de l'oreille et des muscles oculo-palpébraux
qu'on détermine ainsi, ne sont sans doute pas de nature
réflexe (Ferrier), mais impliquent l'existence, dans les
aires sensorielles de l'écorce, d'éléments moteurs,
confondus avec les cellules de sensibilité spéciale, ou
groupés et isolés en nids. Les impressions périphériques des sens, parvenues à ces centres, s'y transforment en impulsions motrices volontaires des muscles
des organes de ces sens. On peut également provoquer

---

[1] Tamburini. — *Contribuzione alla fisiologia e patologia del linguaggio.*
Reggio-Emilia, 1876, p. 33.

un accès d'épilepsie générale en portant sur ces centres sensoriels un stimulus électrique d'une durée et d'une intensité suffisantes : si l'on excite la zone de l'audition, par exemple, les convulsions débuteront par le pavillon de l'oreille du côté opposé[1].

En 1880, Luciani déclarait que l'étude des faits l'avait amené à une notion peut-être moins précise, mais certainement plus vraie, moins exclusive, des localisations cérébrales. Ainsi, la surface du cerveau ne doit pas être divisée en zones distinctes du mouvement et de la sensibilité. « Nous croyons que les centres moteurs et les centres sensoriels qui concourent à l'effectuation d'une fonction complexe sont confondus (*commisti*) ou se trouvent très rapprochés *(in gran vicinanza)* dans l'écorce cérébrale. » Avec Seppilli, Luciani avait constaté que les effets qui suivent la destruction d'un centre moteur cortical ne consistent pas uniquement en une paralysie ou une parésie du mouvement, mais aussi en une altération plus ou moins nette des diverses formes de la sensibilité cutanée et musculaire. Il avait pu vérifier l'existence des phénomènes décrits par Munk ; seulement, ces paralysies de la motilité, il ne les attribuait pas à des paralysies de la sensibilité générale, à la perte des images ou représentations psychiques qui doivent précéder l'exécution de tout mouvement volontaire ou intentionnel, bref, à des paralysies psychiques. Luciani soutenait que, mêlés aux vrais centres moteurs des différents groupes musculaires, et fonctionnant simultanément, il existe dans

---

[1] Luciani et Tamburini. *Sui centri psico-sensori cortali. — Riv. speriment. di freniatria*, V (1879), p. 47 sq. ; 70. — Luciani. *Sulla patogenesi dell' epilessia*, Comunicazzione... Discussione... Milano, 1881, p. 17.

l'écorce des centres de sensibilité cutanée et musculaire, des centres sensitivo-moteurs. Et de même qu'il existerait des centres moteurs confondus avec les centres sensoriels de la vue et de l'ouïe, il existerait, confondus avec les centres moteurs de la zone excitable, des centres de sensibilité générale. « Les centres moteurs, disait Luciani, ne se trouvent pas localisés dans l'aire corticale appelée jusqu'ici « zone motrice », dénomination à abandonner, puisque cette zone n'est pas exclusivement motrice. Toutes les différentes régions de l'écorce sont, à des degrés divers, semées de centres moteurs spéciaux. *Pour être sûr d'avoir détruit tous les centres moteurs, il faudrait donc enlever toute l'écorce cérébrale.* »

L'expression de pareilles idées chez les auteurs italiens, de 1876 à 1881, nous paraît bien digne d'être remarquée. Elles n'avaient pas encore de base anatomique et manquaient des solides fondements que les grandes études histologiques de Golgi devaient leur apporter. Depuis, d'autres physiologistes ont confirmé ces faits d'une manière indépendante. C'est ainsi que Bechterew a déterminé, en dehors de la zone motrice proprement dite, des points aussi constants que ceux de cette région, dont l'excitation provoque toujours des mouvements des yeux, des oreilles, du nez et des joues. L'excitation de la deuxième circonvolution externe du chien, par exemple, entre le bord postérieur du gyrus sigmoïde et la pointe du lobe occipital, produit une déviation conjuguée des yeux du côté opposé, un rétrécissement des pupilles, une légère occlusion des paupières; appliqué à quelques millimètres en arrière du gyrus sigmoïde, sur la même circonvolution, le stimulus électrique détermine un plissement du nez et des joues ; les dents se découvrent ; l'excitation de la troisième circonvolution, toujours en arrière du gyrus sigmoïde, est suivie du redressement de l'oreille opposée, quelquefois aussi du même côté, etc. Quand Ferrier a décrit ces mouvements, il les attribuait, on le sait, à des réactions réflexes des centres sensoriels de l'écorce, interprétation que Bechterew repousse à son tour, comme l'avaient fait Luciani et Tamburini, comme l'a fait Danillo[1], parce que ces mouvements, toujours uniformes et localisés à un groupe de muscles, n'ont rien qui ressemble à des mouvements réflexes généraux. Or, ces points excito-moteurs n'appartiennent pas à la zone motrice, c'est-à-dire au girus sigmoïde, où se distribuent uniquement les fibres du faisceau pyramidal. Les mouvements que ces centres déterminent ne sont point dus non plus à la propagation du courant aux régions motrices, car si on isole ces centres par la méthode des circonvallations, les mouvements en réponse persistent. Outre qu'ils sont situés en dehors de l'aire corticale où s'irradient les fibres du faisceau pyramidal, ces centres, pour être excités, exigent l'application d'un courant plus fort et d'une plus longue durée ; leur destruction n'entraîne pas de troubles manifestes de la motilité ; enfin, les mouvements qu'ils provo-

---

[1] Danillo a prouvé que les mouvements des yeux observés dans l'excitation du lobe occipital ne peuvent être de nature réflexe, c'est-à-dire résulter de sensations optiques subjectives, car, après l'ablation totale de l'écorce du lobe occipital, ces mouvements se produisent avec une parfaite identité lorsqu'on excite la substance blanche de ce lobe. — *Les lobes occipitaux dans leurs rapports avec les fonctions oculo-motrices chez les animaux nouveau-nés ou très jeunes* (Laboratoire de Mierziejewsky), Wratsch, 1888. — Analysé dans les *Archives de Neurologie*, 1888, 145.

quent ne sont pas aussi bien différenciés que ceux qui résultent de l'excitation de la zone motrice proprement dite.

Mais, en dépit de ces caractères négatifs, ces centres disséminés à la surface de l'écorce sont bien, pour Bechterew, des centres moteurs véritables, des points d'origine de faisceaux moteurs indépendants, dont les fibres centrifuges vont innerver des muscles de la moitié opposée du corps. Le fait que, pour les exciter, il faut employer des courants plus intenses que pour les centres de la région motrice, prouverait qu'ils ne sont pas, comme ceux-ci, unis directement aux racines antérieures de la moelle épinière, et que, selon toute apparence, « ils transmettraient aux muscles leur excitation par l'intermédiaire de masses grises situées profondément dans le cerveau, probablement les couches optiques[1] ».

Il existerait donc des centres corticaux moteurs de deux sortes : les uns facilement excitables, les autres plus difficilement excitables. Cette distinction, Bechterew l'a trouvée également fondée dans ses récentes expériences sur l'*Excitabilité des différents territoires de l'écorce cérébrale chez les animaux nouveau-nés*[2]. Ainsi, l'excitation des points *facilement excitables* du gyrus sigmoïde provoque déjà des mouvements des membres, alors que celle des centres moteurs *difficilement excitables* demeure encore sans effet. Les mouvements du pavillon de l'oreille n'ont pu être produits

---

[1] Bechterew. — *Physiologie de la région motrice de la substance corticale du cerveau. (Archives slaves de biologie,* III, 1807, 177, sq.)

[2] *Ueber die Erregbarkeit verschiedener Hirnbezirke bei neugeboren Thieren. (Neurologisches Centralblatt,* 1889, 15 sept.)

qu'une semaine environ après l'apparition des réactions motrices des membres, dues à l'excitation du gyrus sigmoïde. Quant aux mouvements conjugués des yeux, déterminés par l'excitation de l'écorce du lobe occipital, ils n'ont apparu qu'après la fin du premier mois.

Telle est la dernière forme scientifique qu'a revêtue et que traverse aujourd'hui l'hypothèse géniale de Tamburini.

Quel que soit le centre de la zone motrice extirpé, les altérations du mouvement et de la sensibilité ne se limitent pas, suivant Luciani et ses collaborateurs, aux muscles et au territoire cutané correspondant à ce centre : elles s'étendent à d'autres régions du même côté. Ainsi, après l'ablation du centre cortical du membre postérieur gauche, la paralysie du mouvement et de la sensibilité s'étendrait plus ou moins au membre antérieur et à la moitié de la face du même côté. Qu'en conclure ? Qu'il n'existe pas de limites tranchées entre les différents centres de l'écorce, que les aires sensitivo-motrices des extrémités et de la face sont « engrenées » entre elles, si bien que l'ablation d'un centre retentit plus ou moins sur les autres, et cela abstraction faite des phénomènes bien connus, de nature transitoire, qui accompagnent et suivent le traumatisme opératoire.

Les idées théoriques d'Albertoni sur la nature fonctionnelle des « centres moteurs » sont en accord avec celles de Tamburini, dont il adopte l'hypothèse de la constitution mixte des centres moteurs et sensoriels. Il en résulte que la dénomination d'aire psycho-motrice appliquée, d'une manière spéciale, à la région rolandiqué, si elle est utile en clinique, ne lui paraît pas fondée au point de vue physiologique, car le cerveau tout entier, et non pas seulement une certaine région, participe plus ou moins à la production des mouvements volontaires. La vie psychique, qui se manifeste par les mouvements les plus variés, n'a-t-elle pas pour substratum anatomique toute l'écorce cérébrale ? Toutefois, avec Vulpian, Albertoni admettait que, partie des points les plus différents de l'écorce, l'impulsion motrice volontaire devait passer par certaines régions plus particulièrement considérées comme psychomotrices, pour atteindre les faisceaux en rapport avec les noyaux gris moteurs de la moelle épinière. Ces régions corticales « psycho-motrices » ne seraient donc qu'indirectement motrices : elles ne provoqueraient des mouvements que par l'intermédiaire des centres directement moteurs[1].

L'exposition des expériences de Raymond Tripier (1877, 1880) et de Goltz sur les troubles de la motilité et de la sensibilité générale, consécutifs aux lésions destructives des régions motrices de l'écorce, nous mènerait trop loin, si nous suivions ici les auteurs italiens. Qu'il nous soit permis de renvoyer à l'étude que nous en avons déjà faite. Goltz, avec sa verve éclatante et l'audacieuse indépendance de son esprit, a toujours exercé une véritable séduction sur les Italiens. Le physiologiste de Strasbourg a retrouvé la faveur qu'ils accordaient autrefois à David Ferrier, et qu'ils n'ont jamais accordée sans réserve ni à Hitzig, ni à Munk, ni à Exner lui-même. Luciani ne va pourtant

----

[1] Albertoni. — *Le localizzazioni cerebrali* (*Italia medica*, 1881). Compte rendu, par Tamburini, dans la *Riv. speriment. di freniatria*, 1881, 352-3.

pas jusqu'à admettre que, si les chiens mutilés du cerveau antérieur acquièrent ou semblent réacquérir la sensibilité générale et la motilité volontaire, c'est que les régions postérieures du cerveau, demeurées indemnes, suppléent les parties enlevées. Il rappelle très bien à Goltz qu'il a lui-même reconnu et confessé que les fonctions des régions occipitales diffèrent de celles des régions antérieures. Mais c'est pour retomber dans son ancienne théorie de la suppléance des fonctions psycho-motrices de l'écorce par celles des ganglions de la base, des corps striés. Cette compensation, toutefois, reste toujours incomplète : les troubles persistants de déficit, les altérations résiduelles de la sensibilité tactile et musculaire, ainsi que celles des « idéations motrices », représentent pour Luciani ce minimum de désordre fonctionnel que les centres sous-corticaux sont impuissants à suppléer. Quant à la coexistence d'une hyperesthésie de la sensibilité cutanée (telle que Goltz et Luciani l'ont quelquefois observée dans des lésions destructives de la zone excitable) avec une perte partielle des représentations mentales correspondantes, elle viendrait à l'appui de la théorie, peu vraisemblable, selon nous, qui a été exposée plus haut, savoir, que l'écorce cérébrale est le siège des idées et de la mémoire, c'est-à-dire des résidus des perceptions antérieures, mais non des sensations.

J'arrive aux résultats des dernières expériences connues de Luciani sur le sujet de ce chapitre[1]. Voici d'abord deux questions qu'il s'était posées et qu'il a résolues au point de vue expérimental : 1° Après une

---

[1] *Le localizzazioni del cervello*, p. 252.

extirpation partielle ou totale de la zone dite motrice, les phénomènes de parésie ou de paralysie affectent-ils non seulement la motilité volontaire, mais aussi la sensibilité cutanée et musculaire ? — Oui, car dans *aucune* des expériences les troubles les plus nets de la sensibilité générale n'ont manqué, associés à ceux de la motilité volontaire. La sensibilité tactile s'est toujours montrée la plus altérée ; les sensibilités à la douleur et à la température étaient aussi diminuées et, dans les premiers jours, quelquefois abolies. Quant au sens ou à la conscience musculaire, dont le trouble se manifeste souvent par l'indifférence absolue ou relative de l'animal dont on place les membres dans des positions anormales (Hitzig, Munk et Nothnagel), Luciani l'a trouvé aussi souvent altéré ou même aboli, et d'une manière peut-être encore plus accusée que la sensibilité cutanée. La durée de ces désordres fonctionnels varie avec l'étendue de ces lésions. Si toute la zone motrice des membres est détruite, et si cette destruction s'étend en profondeur jusqu'aux corps opto-striés, les phénomènes de déficit persistent naturellement, bien qu'ils s'atténuent avec le temps. — 2° Les phénomènes de déficit consécutifs à l'extirpation circonscrite de différentes aires corticales motrices d'un hémisphère sont-ils limités exclusivement, ou de préférence, aux parties du corps correspondant au siège de la lésion centrale, ou s'étendent-ils uniformément à toute la moitié opposée du corps ? — Non ; les paralysies sensitivo-motrices, qui succèdent à la décortication isolée d'une aire motrice quelconque, s'étendent plus ou moins à d'autres parties du corps, quoique les phénomènes soient plus nets et plus intenses dans la région dont le centre cortical a été détruit en tout ou en partie.

Il résulte de ces expériences que si, pour délimiter exactement un centre quelconque de la zone excitable, on se fonde, non sur les réactions motrices des excitations électriques, mais sur les effets des destructions partielles de l'écorce, on échouera. Cette extension des lésions fonctionnelles du mouvement et de la sensibilité générale dépend-elle de phénomènes d'arrêt ou de phénomènes de déficit? En d'autres termes, est-elle due au retentissement passager des suites du traumatisme opératoire sur les parties voisines de l'aire corticale extirpée, ou à cette circonstance que les différents centres corticaux sont si étroitement « engrenés » entre eux, qu'il est impossible d'en détruire un sans en léser fatalement plusieurs autres? La réponse à cette question ne peut être douteuse chez les auteurs italiens. Cependant, même dans la dernière hypothèse, il faudrait expliquer les phénomènes de suppléance, si rapides chez les mammifères inférieurs à l'homme et au singe. Les centres voisins du point extirpé doivent avoir subi des pertes de substance trop peu étendues, relativement à ce qui en reste, pour que l'extension des phénomènes de déficit au delà de la région du corps dont le centre cortical a été détruit pût être permanente. Puis, comme le prouve l'amendement rapide des troubles fonctionnels, certaines parties du centre enlevé, qui empiétaient sur les centres voisins, ont dû demeurer illésées. Luciani n'a-t-il pas montré aussi que les centres des extrémités ne siègent pas uniquement sur la face externe du gyrus sigmoïde, qu'ils s'étendent jusque dans le sillon crucial? Il est donc bien difficile d'extirper entièrement un seul centre sensitivo-moteur de l'écorce : voilà pourquoi les effets de la stimulation électrique peuvent seuls en déterminer la topographie fonctionnelle. Mais, forts de leur hypothèse de l'identité des fonctions des corps striés et des régions motrices de l'écorce, Luciani, Tamburini et Seppilli pourront toujours répondre que la suppléance des phénomènes de paralysie peut s'effectuer, au moins en partie, grâce aux ganglions de la base. Luciani note même que, chez un chien dont le corps strié avait été détruit avec une portion considérable de la zone excitable de l'écorce, les phénomènes de déficit sensitivo-moteurs étaient encore très nets neuf mois après l'opération, contrairement à ce qu'on observe quand la lésion n'intéresse que l'écorce cérébrale.

Puisqu'il est impossible, avec la méthode des extirpations, de localiser nettement les différents centres sensitivo-moteurs de la zone excitable, attendu que ces centres, comme ceux de la sensibilité spécifique, sont étroitement unis et engrenés entre eux, voici comment on peut se représenter, suivant Luciani, la topographie de l'aire sensitivo-motrice. Toute la partie antérieure du cerveau fait certainement partie de cette aire : elle comprend donc le *lobe frontal*, de la pointe des hémisphères jusqu'au sillon crucial, et la moitié antérieure du *lobe pariétal*, représentée par la région postcruciale du gyrus sigmoïde et par les segments correspondants de la deuxième et de la troisième circonvolution externe. Mais l'aire sensitivo-motrice, en particulier pour ce qui a trait aux impressions tactiles, n'est pas circonscrite aux régions antérieures du cerveau : elle rayonne et s'irradie aux régions postérieures, elle s'unit

et s'engrène avec les centres de sensibilité spéciale,
avec les sphères de la vision, de l'audition et de l'olfaction. Ces irradiations des perceptions tactiles n'atteignent sans doute ni le lobe occipital, ni le lobe
temporo-sphénoïdal, ni la corne d'Ammon, ainsi qu'en
témoignent les expériences; mais elles s'étendent
sûrement jusqu'aux parties postérieures du lobe pariétal (région F. de Munk).

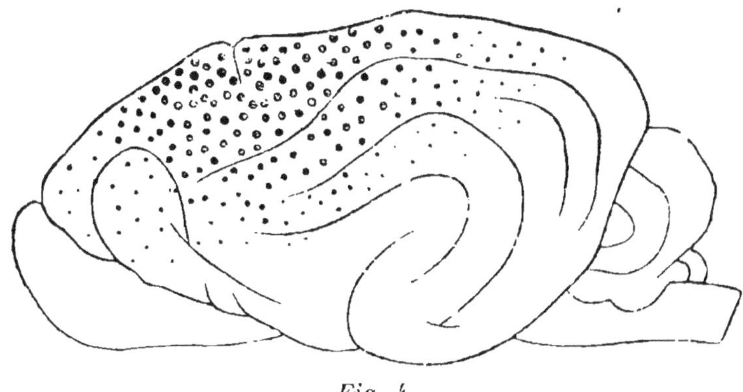

Fig. 4.

Voici d'ailleurs la représentation schématique de
l'extension probable, sur l'écorce cérébrale du chien,
de l'aire sensitivo-motrice de Luciani. On remar-
quera qu'il n'y a plus, sur ce schéma, de points
hachés, mais des points noirs seulement. La raison
en est que, suivant le physiologiste italien, les expériences d'extirpation unilatérale de l'aire corticale
sensitivo-motrice démontrent l'entre-croisement complet des fibres de la sensibilité générale et du mouvement. Les phénomènes de déficit, les troubles de la
sensibilité tactile et musculaire, ou les altérations de
la motilité volontaire, se sont montrés du côté opposé
à la lésion cérébrale, non du côté correspondant. Les
fibres nerveuses centripètes et centrifuges seraient

donc toutes croisées, en rapport avec le côté opposé du corps.

A vrai dire, si cela n'est pas exact même pour le chien, dont le faisceau pyramidal direct est sans doute très grêle, cela serait tout à fait erroné pour le singe et pour l'homme. Hitzig, Albertoni, François Franck et Pitres, Exner surtout, ont constaté que l'excitation unilatérale de l'écorce chez le lapin et le chien est suivie de mouvements bilatéraux, c'est-à-dire du côté opposé et du côté correspondant, pourvu que l'excitation ait une intensité suffisante ou que la moelle soit très excitable. Exner professe que chaque zone motrice est en rapport avec les mouvements des deux côtés du corps, doctrine qui est aussi celle de Goltz et de Brown-Séquard, si l'on applique à chaque hémisphère ce qui est dit ici de chaque zone excitable de l'écorce. François Franck a bien établi que la réaction directe est moins énergique que la réaction croisée, et que celle-là est en retard sur celle-ci ; selon cet auteur, l'association se ferait dans la moelle, au niveau des commissures transversales qui relient les cellules des nerfs moteurs symétriques : l'impulsion volontaire, transmise par le faisceau pyramidal croisé, retentirait là, à un certain niveau de l'axe spinal, sur les cellules motrices des muscles du côté opposé et sur celles du côté correspondant. Dario Maragliano avait même invoqué, chez l'homme, l'action du faisceau pyramidal direct pour expliquer les suppléances cérébrales [1].

Ce faisceau, le faisceau de Turck, a d'ailleurs été

[1] *Le localizz. motrici nella corteccia cerebrale.* in *Riv. speriment. di fren.*, 1878, 33 sq.

trouvé lésé chez les chiens, après des lésions destructives de la zone motrice, par Bianchi et d'Abundo[1], comme par Marchi et Algeri[2]. Bianchi a pu se convaincre de la bilatéralité des désordres moteurs chez le chien, consécutifs à une lésion unilatérale de la zone excitable ; la paralysie était naturellement plus intense du côté opposé à la lésion.

Ces résultats expérimentaux concordent avec les faits cliniques. Chez l'homme, en effet, les troubles de la motilité volontaire, qui succèdent aux lésions de la zone motrice ou des faisceaux pyramidaux croisés, ne sont pas limités au côté opposé : ils affectent aussi le côté correspondant, considéré comme normal. Parmi les symptômes bilatéraux de l'hémiplégie, Pitres a relevé la diminution de la force musculaire dans les membres du côté prétendu sain, l'exagération des réflexes tendineux, la trépidation épileptoïde du pied, la contracture tardive permanente du membre inférieur, les troubles de l'équilibration et de la marche : ces derniers troubles seraient en rapport avec une distribution bilatérale de la dégénération de la moelle. En tout cas, Pitres les a rencontrés dans les dix observations de scléroses bilatérales de la moelle épinière, consécutives à des lésions unilatérales du cerveau, qui servent de fondement aux célèbres *Recherches anatomo-cliniques* qu'il a publiées sur ce sujet, et que nous avons eu déjà l'occasion de signaler[3].

---

[1] *Die in's Gehirn und Rückenmark herabsteigenden experimentalen Degenerationen. — Neurolog. Centralbl.*, 1886, 385, sq.

[2] *Sulle degenerazioni discendenti consecutive a lesioni sperimentali in diverse zone della corteccia cerebrale. —* Riv. speriment. di freniatria, 1886, XI, 492 ; 1887, XII. 208.

[3] V. *Arch. de physiol.*, 3ᵉ série, III, 1884, 176.

De son côté, Bianchi a bien démontré qu'on a tort de juger de la motilité volontaire par la locomotion : celle-ci peut être en apparence parfaite chez des animaux qui ont subi des mutilations étendues de la zone motrice. A les voir, personne ne dirait qu'ils sont hémiplégiques. Or, il suffit de suspendre par le tronc l'animal pour qu'apparaisse l'hémiplégie avec tous ses caractères classiques : la tête et le tronc se courbent du côté de l'hémisphère mutilé, les deux membres du côté opposé demeurent inertes et sans mouvement, tandis que les membres du côté sain s'agitent, fuient la piqûre menaçante, etc.[1]. Je ne rappellerai que pour mémoire les belles expériences semblables de Hitzig. Bianchi rapporte encore que, chez de jeunes chiens nouveau-nés, mais capables de marcher, il avait, du quatorzième au dix-huitième jour, détruit largement le cerveau antérieur. A sa grande surprise, ces chiens cheminèrent comme devant. « Il paraît donc bien, écrit-il, que chez les chiens, et peut-être chez tous les mammifères, la locomotion peut être considérée comme un de ces complexus de mouvements coordonnés qui, ainsi que la succion, n'ont besoin pour se manifester que du stimulus adéquat, sans que la volonté y soit pour rien[2]. »

---

[1] L. Bianchi. *Contribuzione sperimentale alli compensazioni funzionali corticali del cervello.* (*Riv. speriment. di fren.*, 1882, 431. sq.) Cf. le beau livre du même auteur, l'*Hémiplégie*, Naples, 1886. Il répète, dans ces *Leçons*, que, dans les monoplégies corticales, la paralysie n'est pas limitée à un membre d'un seul côté ; l'autre membre du même côté est aussi affaibli, et cette altération de la motilité existe également du côté opposé.

[2] François Franck et Pitres (1877), qui ont vérifié et précisé les expériences des physiologistes italiens touchant les effets des destructions partielles ou totales de la zone motrice sur l'excitabilité de la substance blanche du centre ovale, rappellent les noms d'Albertoni et Michieli

Les trois séries d'expériences instituées par V. Marchi et G. Algeri pour étudier les dégénérations descendantes consécutives aux lésions destructives des diverses zones de l'écorce cérébrale du chien et du singe, ont porté : 1° sur la sphère motrice (gyrus sigmoïde) d'un hémisphère correspondant à peu près aux territoires de D H G de Munk ; 2° sur la région pariétale et angulaire (à peu près F de Munk) ; 3° sur la région occipitale (A de Munk). Dans la première série d'expériences, dont les principaux symptômes furent une hémiplégie qui, tout en s'atténuant, persista d'une manière appréciable jusqu'à la mort, une diminution semblable de la sensibilité tactile et musculaire, du sens de la température et de la douleur, la dégénération descendante avait, à l'examen microscopique, atteint les deux faisceaux pyramidaux, le faisceau croisé plus que le faisceau direct, et, en outre, quelques faisceaux isolés des cordons antérieurs et des cordons de Burdach. Dans la seconde série, hémiparésie plus légère, également persistante, mais troubles très accusés de la sensibilité spécifique (cécité, puis amblyopie bilatérale, affectant surtout la moitié interne de l'œil opposé à la lésion, altération transitoire de l'ouïe et de l'odorat) : outre le faisceau pyramidal croisé, la dégénérescence avait surtout atteint les cordons de Burdach. Enfin, dans la troisième série de ces expé-

---

(1876). La perte de l'excitabilité des faisceaux blancs du centre ovale a lieu au bout d'un certain temps (96ᵉ heure après la lésion destructive de l'écorce) à peu près exactement égal à celui qui est nécessaire pour qu'un nerf moteur séparé de la moelle cesse de réagir aux excitations. « Les physiologistes italiens avaient montré que la substance blanche du centre ovale cesse d'être excitable dans la portion qui constitue la gerbe motrice après l'ablation de l'écorce correspondante. » (*Leçons sur les fonctions motrices du cerveau*, XXVIIIᵉ leçon.)

riences, point de troubles moteurs, quoiqu'il existât un très léger affaiblissement des muscles du côté opposé; analgésie considérable et persistante; amblyopie bilatérale, le côté croisé étant le plus affecté; les cordons de Burdach étaient presque complètement dégénérés; des cordons de Goll et d'autres cordons postérieurs, quelques faisceaux seulement l'étaient chez le chien. Chez le singe, au contraire (extirpation bilatérale des lobes occipitaux), qui survécut deux ans, les cordons de Goll et de Burdach étaient dégénérés. De ces faits, V. Marchi et G. Algeri concluent à leur tour que les territoires sensoriels et sensitivo-moteurs de l'écorce cérébrale ne forment pas des centres complètement distincts, des aires nettement isolées ou isolables : ils empiètent en partie les uns sur les autres, se pénètrent, et, comme dirait Luciani, s'engrènent. Enfin, et c'est ce qui nous intéresse surtout ici, il n'existe pas d'entre-croisement total des faisceaux sensitifs ou moteurs : une partie de ces faisceaux, quelque petite qu'elle soit, ne s'entre-croise pas, et a un trajet direct. Ces vues modifieraient donc un peu le schéma de Luciani.

Aussi bien les travaux mêmes de ses élèves, exécutés au laboratoire de physiologie de Florence, contredisent également à cet égard la doctrine du maître. Je citerai seulement les récentes études expérimentales et cliniques de Giulio Masini, *Sur les centres moteurs corticaux du larynx*[1]. On sait que Hermann Krause, dont les belles recherches ont été instituées dans le laboratoire de Munk, a déterminé le centre

---

[1] *Sui centri motori corticali della laringe. Studi sperimentali e clinici.* Napoli, 1888.

moteur cortical des muscles du larynx (1884) : il est localisé au pied de la circonvolution précruciale du chien. Masini a repris ces expériences et, tout en convenant que les phénomènes de réaction ou de déficit fonctionnels atteignent, en ce point limité de l'écorce, leur plus grande intensité, il a trouvé que ce centre s'étendait bien au delà, et qu'il rayonnait en tous sens vers les autres régions motrices. Voilà une nouvelle preuve de cette tournure d'esprit, générale et constante, des physiologistes et des cliniciens italiens, si souvent signalée dans cette étude. Ici, il est vrai, l'influence de Luciani sur Masini est présente, directe et efficace ; on ne peut même s'empêcher de noter que le disciple exagère les doctrines de son maître. Ainsi, pour Masini, l'aire excitable du larynx embrasserait « presque toute la zone motrice ». Pour que les phénomènes de parésie des muscles du larynx persistent un certain temps, l'ablation bilatérale des aires de Krause ne suffit pas : il faut enlever toute la masse cérébrale en avant du sillon crucial ; encore les phénomènes de déficit ne sont-ils durables (et dans une certaine mesure seulement) que si l'on détruit, en même temps, la circonvolution postcruciale, bref, presque toute la zone motrice! Non pas, sans doute, que cette aire motrice du larynx possède, sur tous les points, la même intensité fonctionnelle. « Je ne nie pas, écrit Masini, que l'aire de Krause ne représente le foyer principal du centre du larynx. » Mais, en vertu de ses irradiations aux centres voisins, cette aire se confondrait en partie avec les centres de la langue, du voile du palais, des mâchoires, des membres antérieur et postérieur. C'est toujours la théorie de l'engrenage. « Et il n'en pouvait pas être autrement, dit Masini ; le moyen de supposer que le larynx dût faire exception à ce qui a déjà été reconnu pour tous les autres centres sensitivo-moteurs ? » De même, nous retrouvons ici la théorie de la suppléance des fonctions motrices du larynx, après l'ablation complète des centres corticaux, par des « centres phonateurs sous-corticaux [1] ». Ajoutons que, de concert avec les phénomènes de parésie, Masini a observé des altérations de la sensibilité tactile et musculaire, thermique et dolorifique, sur la muqueuse laryngée.

Mais ce que nous voulons retenir, c'est que, touchant la question des rapports croisés ou directs, unilatéraux ou bilatéraux, du centre laryngé de chaque hémisphère avec l'organe périphérique, Masini tient pour Goltz contre Luciani. La réaction isolée comme la parésie de la corde du côté opposé au centre excité ou détruit témoigne sans doute que les rapports croisés prévalent, mais les rapports directs de ce centre nerveux avec les muscles laryngés du même côté sont également évidents. Si, sur un hémisphère, on excite ce centre avec un courant plus intense, on détermine une réaction motrice bilatérale des muscles du larynx. Or, Luciani soutient encore, et, en tout cas, son schéma de l'aire sensitivo-motrice enseigne que chaque centre moteur cortical n'a que des rapports unilatéraux ou croisés avec les muscles du côté opposé du corps, — ce qui n'est pas seulement en contradiction avec ce qu'il a lui-même établi pour les autres aires fonction-

---

[1] Dans la partie clinique de son travail, Masini constate la persistance des paralysies des cordes vocales du larynx et n'invoque plus, comme pour les animaux, de suppléance des centres corticaux par des centres sous-corticaux homologués.

nelles du cerveau, mais avec tous les faits connus, auxquels il convient d'ajouter ceux d'un disciple de l'éminent physiologiste de Florence.

Les belles études sur la physiologie du cervelet, que Luciani a inaugurées, en 1884, dans un premier Mémoire, ne soulèvent pas une pareille critique. Instituées et conduites avec une méthode jusqu'ici bien rare en ce difficile sujet, ces études peuvent être citées comme un modèle de critique scientifique. Les recherches expérimentales d'Albertoni et de Lussana ont été reprises dans un esprit nouveau et avec une technique opératoire d'une haute précision. Pour acquérir une idée des fonctions de ce grand centre nerveux, il ne suffit pas de léser ou de désorganiser plus ou moins le cervelet : il fallait l'extirper aussi complètement que possible, et en opérant de telle sorte que l'animal pût survivre assez longtemps pour être observé, lorsque l'état général et la nutrition seraient redevenus normaux.

Lussana, au cours de recherches qui ont duré quarante ans, a considéré le cervelet comme le centre nerveux du sens musculaire, centre coordinateur des mouvements volontaires de translation, ou, ainsi qu'il s'exprime encore, comme le centre de gravité du corps dans la station et la locomotion[1]. Les organes de transmission de ce centre nerveux sont, suivant Lussana, les cordons postérieurs de la moelle épinière. Ces conducteurs ne contiennent pas seulement les fibres du sens musculaire ; ils renferment aussi celles du tact, de la pression, etc., et tous ces modes de la sensibilité

---

[1] Lussana. *Sul cervelletto; ricerche fisio-patologiche*, Giorn. internaz. di scienze mediche, an. IV, p. 121. Napoli, 1882. — *Physiopathologie du cervelet*. Arch. ital. de biologie, VII, 1886, 145.

générale sont abolis dans l'ataxie spinale : mais le sens musculaire des membres et du tronc est seul atteint dans l'ataxie cérébelleuse. Enfin, la lésion d'une partie quelconque du cervelet déterminerait des phénomènes bilatéraux.

Bianchi avait démontré, contre l'hypothèse alors soutenue par Soltmann et par Goltz, que, lorsqu'on excite par l'électricité l'écorce cérébrale, et spécialement la zone motrice, le cervelet n'a point de part dans les réactions motrices des membres, puisqu'il peut être entièrement détruit sans que ces mouvements fassent défaut ou soient même modifiés[1]. Bianchi n'en avait pas moins constaté les rapports réciproques qui existent, au point de vue anatomique et physiologique, entre le cerveau et le cervelet, — tels que le développement insolite de la partie antérieure des hémisphères cérébraux, et surtout du gyrus sigmoïde, dans les cas de destruction du cervelet.

L'existence d'un faisceau fronto-cérébelleux, reliant le lobe préfrontal d'un côté avec l'hémisphère opposé du cervelet, paraît, en effet, bien établie, ainsi que celle de connexions du même genre entre le cervelet et les lobes temporal et occipital.

Voici les phénomènes de déficit consécutifs à l'extirpation presque complète du cervelet, observés par Luciani sur une chienne qui a survécu huit mois à l'opération[2]. Il faut distinguer deux périodes et même

<hr>

[1] *Contribuzione speriment. alli compensazioni funzionali. — Riv. speriment. di fren.*, 1882, 431 sq.

[2] L. Luciani. *Linee [generali della fisiologia del cervelletto. Prima Memoria*, Firenze, 1884. (Publicazioni del R. Istituto di studi superiori... in Firenze.) — L. Luciani. *Il cervelletto. Nuovi studi di fisiologia normale patologica.* Firenze, Le Monnier, 1891, gr. in-8°.

trois. Dans la première, ce qui domine, c'est ce qu'on peut appeler, « par un hommage à la mémoire de Flourens », *l'incoordination des mouvements volontaires*, c'est-à-dire l'absence des associations normales de mouvements musculaires nécessaires à l'accomplissement des différents actes intentionnels ou voulus. Toutefois, la contracture du train antérieur et l'impotence du train postérieur de l'animal ne semblent pas résulter directement de l'ablation du cervelet : ce sont, pour Luciani, de simples effets du traumatisme opératoire ; ils ont graduellement diminué avec la fièvre, la suppuration, les abcès métastatiques et même presque entièrement disparu quand la cicatrisation de la plaie a été complète, et que la nutrition de l'animal est redevenue normale. C'est donc uniquement dans la seconde période qu'on peut étudier les phénomènes de déficit directement et exclusivement attribuables à l'ablation du cervelet. Ce qui frappe alors dans les mouvements volontaires de l'animal, c'est le manque de mesure, de suite et d'énergie, un désordre des mouvements qui ne va pas, sans doute, jusqu'à empêcher l'accomplissement des divers actes volontaires, comme dans l'incoordination, mais qui donne l'impression de ce que les cliniciens appellent *l'ataxie cérébelleuse*. La tête, les membres et le tronc sont agités de continuels mouvements cloniques, les muscles se relâchent tout à coup et l'animal tombe en marchant. Mais aucune investigation objective ne révèle la moindre altération appréciable de la sensibilité générale, en particulier du *tact* et du *sens musculaire*. L'ataxie cérébelleuse de cette chienne ne résultait ni d'une lésion du sens de l'équilibre, ni d'un manque

de coordination et d'adaptation des mouvements musculaires (comme cela apparaissait clairement lorsqu'elle nageait, au lieu de marcher), mais d'un affaiblissement du tonus et de l'énergie des mouvements.
Ce défaut d'énergie du système nerveux moteur, conséquence directe de la perte des fonctions du cervelet,
est un phénomène bien distinct de la parésie et de la
paralysie. Luciani veut qu'on le désigne du vieux
mot d'asthénie. Enfin, dans la troisième période, les
effets indirects et lointains de la suppression de l'innervation cérébelleuse ont consisté en troubles trophiques et vaso-moteurs, en une dénutrition rapide
de l'animal, qui mourut dans un état de marasme
extrême.

Ajoutons que les récentes recherches de Borgherini
(de Padoue), *Sur quelques essais d'ablation du cervelet*[1],
ne font pas plus mention d'une altération du sens
musculaire que celles de Luciani, contrairement à la
doctrine de Lussana. Borgherini a présenté deux
chiens au Congrès de Pavie : chez le premier, dont
la lésion n'intéressait que les hémisphères cérébelleux
et le vermis, les pédoncules ayant été respectés, on
observait, treize mois après l'opération, ces mouvements de la tête, de la nuque et du tronc que rend
assez bien l'expression de *titubation cérébelleuse*.
Debout, le chien se tenait les membres écartés.
D'ailleurs, toutes les formes de la sensibilité étaient
normales, ainsi que le pouvoir sexuel. Chez le second
chien, dont l'opération avait au contraire détruit tout
le système pédonculaire, en laissant subsister le cer-

---

[1] *Archives italiennes de biologie*, IX, 1887, p. 17. — *XIIe Congrès de
l'Association médicale italienne, tenu à Pavie*, en sept. 1887.

velet entier (sauf quelques fragments du vermis), et qui avait survécu six mois, on notait tous les troubles caractéristiques des malades atteints de tabes dorsal ou d'ataxie locomotrice, mais toujours sans aucune altération de la sensibilité. Des troubles trophiques ont également été observés chez ces chiens. L'autopsie vérifia les lésions annoncées par Borgherini.

Peut-être convient-il, avant d'aborder la partie clinique de ce chapitre, de citer quelques faits qui présentent une sorte de transition entre les études de physiologie expérimentale et celles d'anatomie pathologique. L'Italie a eu son Bartholow. Sciamanna, répondant aux adversaires des localisations cérébrales, à Brown-Séquard, à Goltz, à Marcacci [1], a constaté sur l'homme vivant, à travers la dure-mère, la vérité de la doctrine nouvelle des fonctions du cerveau. Chez le nommé Ferd. Rinalducci, dont le pariétal *droit* était fracturé, la trépanation enleva une portion considérable de cet os : l'ouverture mesurait 35 millimètres de long sur 25 de diamètre. L'application des courants galvanique et faradique détermina des mouvements isolés de groupes musculaires distincts : 1° des mouvements de l'aile du nez et de la lèvre supérieure gauche, en réponse à l'excitation du tiers inférieur de la PA ; 2° des mouvements d'extension de la main gauche, des trois premiers doigts, des mouvements de flexion de l'avant-bras et de soulèvement du sourcil, par l'excitation du tiers moyen de la PA et du lobule pariétal inférieur (P_2) ; 3° des mouve-

---

[1] *Centri motori centrali. Studio critico sperimentale.* Torino, 1882. — Etude conçue dans un esprit purement négatif ; la plupart des objections de Marcacci n'ont plus depuis longtemps aucune raison d'être.

ments de rotation de la tête, de l'orbiculaire des paupières, du sourcil et de la langue, par l'excitation de la circonvolution supra-marginale, là où elle se continue avec la T_1[1]. L'analogie, et quelquefois l'identité, avec les phénomènes du même genre, observés par D. Ferrier sur les singes, frappèrent beaucoup les esprits en Italie à cette époque, et en particulier les lecteurs de la vaillante revue de Lombroso, de Garofalo et de Ferri.

Lombroso a aussi institué sur l'homme vivant des expériences, à l'effet de contrôler les observations de la clinique et de vérifier les résultats de la physiologie. Il n'a pas excité les centres moteurs de l'écorce à travers la voûte cranienne par l'application d'un courant galvanique, comme l'avait fait Charcot[2], ni, comme Dumontpallier, par des piqûres du cuir chevelu, par le vent d'un soufflet capillaire ou l'action de l'aimant, de la chaleur, de la lumière, du son, etc.[3] : la tête du sujet — une hystéro-épileptique de vingt-six ans, mais éveillée pendant les expériences et sans qu'on eût exercé sur elle la moindre suggestion — était sillonnée d'échelles divisées en centimètres; Lombroso, armé d'un petit marteau à percussion, put noter exactement, en frappant légèrement la tête, les points dont la percussion provoquait, d'une façon constante, des paralysies sensitivo-motrices du bras, de la jambe, de la face. Les fonctions des sens spéciaux ont pu être éga-

[1] G. Sciamanna. *Gli avversari delle localizzazioni cerebrali.* — Archivio di psichiatria, scienze penali ed antropologia criminale per servire allo studio dell' uomo alieniato e delinquente. III, 1882, 209 sq.

[2] C. R. de la Soc. de biol., 7 janvier 1882. Charcot. *Phénomènes qui se manifestent à la suite de l'application du courant galvanique sur la voûte cranienne pendant la période léthargique de l'hypnotisme chez les hystériques.*

[3] C. R. de la Soc. de biol., 14 janvier 1882.

lement modifiées dans le même sens par la percussion de leurs centres respectifs. Lombroso détermina à volonté, dit-il, la cécité, la surdité, la « perte du goût et de l'odorat », la paralysie de l'hypoglosse, l'aphasie, etc. Ces paralysies furent tantôt directes, tantôt croisées. Lombroso déclarait, dans une lettre ouverte du 8 avril 1886, que les résultats ainsi obtenus par lui et par ses collaborateurs, MM. Castelli et Montalcino, étaient en général conformes à la doctrine reçue. La simulation lui paraît impossible, « car la malade ne connaissait évidemment pas la théorie des localisations cérébrales ». Sans doute, tous les sujets hystériques ne réagiront pas avec la même sûreté, la même précision, aux petits chocs du marteau. Lombroso estime cependant que ces phénomènes représentent uniquement l'exagération d'un processus physiologique commun à tous les individus[1].

L'année suivante, au Congrès de l'Association médicale italienne, à Pavie (1887), Rainaldi a présenté une hystéro-épileptique qui, durant la période léthargique de ses attaques, manifesterait au plus haut degré le « phénomène rolandique[2] ». Au moyen de légères percussions digitales sur les points du crâne qui correspondent aux différents centres moteurs ou sensoriels de l'écorce, l'expérimentateur italien aurait réussi à provoquer des mouvements de flexion et d'extension des extrémités supérieure ou inférieure du côté opposé, mouvements souvent localisés au

---

[1] V. *Lo Sperimentale* de nov. 1885; et la lettre de Lombroso, datée de Livourne, le 8 avril 1886, insérée dans la *Semaine médicale*, 1886, p. 154.

[2] *Fenomeni di ipnotismo in un'istero-epilettica. — Arch. per le mal. nerv.*, 1887, 542. — Cf. Rainaldi. *Le localizzazioni cerebrali studiate in un caso d'ipnotismo. —* Foligno, 1891, gr. in-8°.

membre correspondant, quelquefois aussi combinés et bilatéraux, des contractures circonscrites, etc. En somme, les réactions motrices des membres correspondaient aux points, toujours les mêmes, excités par la percussion, et ces points ont paru coïncider avec les centres moteurs de ces membres. En dehors de ces zones, la percussion ne provoquait aucune réaction motrice. Rainaldi aurait ainsi constaté une fois de plus, avec Charcot, l'état d'hyperexcitabilité spécial du cerveau pendant la période léthargique de l'hypnose. Enfin, au cours de la discussion, Silva a rappelé que la percussion n'était pas indispensable pour produire le phénomène rolandique : il aurait déterminé les mêmes réactions de l'écorce en comprimant légèrement ou même en effleurant les parties correspondantes de la tête (1885).

IV.

Les résultats actuels des recherches cliniques et anatomo-pathologiques de Seppilli sur la nature des fonctions de la zone motrice du cerveau humain, nous emportent bien loin de l'époque où les troubles de la sensibilité cutanée et musculaire étaient presque un signe pathognomonique servant à distinguer une lésion de la base d'une lésion de l'écorce. Charcot et Pitres (1877-1879), Maragliano (1878), Cl. de Boyer (1879) représentaient une opinion que d'autres cliniciens, Tripier (1880), Pétrina (1881), Exner, Bernhardt, etc., devaient bientôt ruiner. Il y aurait sans doute quelque exagération à prétendre que les lésions destructives de la zone motrice s'accompagnent toujours, en même temps que de troubles de la motilité, d'altérations de la sensibilité générale[1]. Mais on n'en est plus à s'étonner qu'un fait très général et très constant ait pu longtemps échapper à l'observation même des plus clairvoyants. Pendant des siècles, on a sectionné, excité, cautérisé la substance grise et la substance blanche du cerveau sans être jamais par-

---

[1] Charcot et Pitres. *Etude critique et clinique de la doctrine des localisations motrices*, Paris (1883), p. 55.

venu, jusqu'à 1870, sinon à mettre en jeu la contractilité musculaire, du moins à produire des parésies ou des paralysies de la motilité. Qu'a-t-il manqué à tous les précurseurs de Fritsch et Hitzig, à tant de physiologistes et de cliniciens souvent du plus grand génie? Il ne leur a manqué qu'une méthode plus rigoureuse, j'entends dans cette province de l'investigation scientifique. « La méthode crée les résultats, » a écrit Hitzig. A coup sûr, si l'on avait expérimenté avec méthode sur la surface entière du cerveau, il y a longtemps que l'on aurait découvert ce que tout le monde peut constater aujourd'hui. Il est donc possible que les difficultés que présente l'examen de la sensibilité cutanée et musculaire, en regard des fonctions de la motilité, soient une des causes du silence qu'ont gardé si longtemps les auteurs sur ce genre de lésions fonctionnelles. Quoi qu'il en soit, et en laissant la question ouverte en clinique, il est certain qu'il a suffi d'attirer l'attention sur ce point pour voir se multiplier les cas de paralysie mixte de la sensibilité et du mouvement d'origine corticale. Seppilli cite quarante-sept cas cliniques accompagnés d'autopsie, où des altérations manifestes de la sensibilité générale coïncidaient avec des troubles de la motilité dus à des lésions de l'écorce. Dans les altérations de la sensibilité générale sont ici comprises, outre les troubles du sens musculaire, celles de la sensibilité tactile, de la sensibilité thermique et de la sensibilité dolorifique. « On doit admettre, dit Seppilli, que, dans la zone corticale de la sensibilité cutanée, la perception des impressions tactiles, thermiques ou dolorifiques ou bien dépend du mode différent d'excitation des fibres nerveuses, ou de ce que

les fibres des sensibilités tactile, thermique et dolorifique sont mêlées et confondues, ou se trouvent entre
elles dans un étroit rapport. » Voici en quelles proportions les lésions affectaient les différentes régions du
cerveau dans les 47 cas cliniques recueillis par Seppilli :

FA	26	fois.
PA	23	—
P_1	14	—
P_2	16	—
F_3	9	—
F_2	6	—
F_1	4	—
LP	6	—
T	6	—
O	7	—

Les lésions provocatrices des altérations fonctionnelles de la motilité et de la sensibilité générale occu-
paient donc surtout les circonvolutions *frontale* et
pariétale ascendantes, soit seules, soit de concert avec
les circonvolutions voisines, telles que celles du *lobe
frontal* (régions antérieures des trois frontales), du
lobule paracentral et des deux *lobules pariétaux*.

Telle serait l'étendue de la zone sensitive corticale
(zona sensitiva cutaneo-muscolare).

Elle coïncide de tous points avec la zone dite motrice; elle est seulement plus étendue.

Les cliniciens ont été jusqu'ici assez unanimes à reconnaître que les lésions des deux tiers antérieurs des
circonvolutions du lobe frontal, non plus que celles
des lobes occipital et temporal, ne déterminent aucun
trouble de la sensibilité cutanée et musculaire, à moins
que le processus morbide ne s'étende aux régions ro-

landiques. Peut-être cependant cela n'est-il déjà plus tout à fait exact pour les régions antérieures du lobe frontal, pas plus que pour le lobe pariétal.

Silvio Tonnini, médecin du manicome de Ferrare, avait, dès 1881, observé un fait qui permettrait d'étendre la zone motrice à la région préfrontale de la face interne de la F₁, ainsi qu'on le voit aujourd'hui, dans le schéma du cerveau du singe de V. Horsley et de Schaefer. Chez un homme, mort à trente-cinq ans de gangrène pulmonaire, et qui à l'âge de quatre ans avait eu des accidents nerveux suivis d'une paralysie complète du membre inférieur gauche, puis d'une parésie avec contracture et arrêt de développement du même membre, une ancienne lésion destructive, intéressant uniquement l'écorce, siégeait un peu en avant du pied de la F₁, sur la face interne, et sur la portion contiguë de la circonvolution du corps calleux. « Que ce cas soit suffisant pour étendre en avant la zone motrice, je ne le crois pas, écrivait alors Tonnini ; mais, comme premier exemple d'une grande netteté, il pourra contribuer à enlever à l'hypothèse reçue ce qu'elle présente de trop absolu[1]. »

Quant à l'hypothèse de David Ferrier, d'après laquelle le centre de la sensibilité générale siégerait dans la région de l'hippocampe, « l'observation clinique, dit Seppilli, n'a jusqu'ici apporté aucune preuve à l'appui. Les cas de lésions limitées à l'hippocampe

---

[1] Silvio Tonnini. *Focolajo distruttivo di antica data nella zona latente (non motrice) della facia interna del lobo frontale destro ; monoplegia dell' arto inferiore sinistro con contrattura ; epilessia parziale a sinistro.* — Archivio ital. per le mal. nerv., 1881, 544 sq. Cf. les réflexions de Charcot et de Pitres sur cette observation, « assurément la meilleure parmi toutes celles qui ont été données comme contradictoires à la doctrine des localisations ». *Etude critique et clinique*, etc., p. 116.

sont d'ailleurs si rares, que Ferrier avoue lui-même n'en avoir pu trouver un seul ». Ajoutez les cas cliniques où les troubles de la sensibilité avaient fait défaut en dépit des plus graves lésions destructives de l'hippocampe et ceux, innombrables, où ces troubles existent sans lésions de l'hippocampe. Enfin, dans le cas d'épilepsie chronique, où la sclérose et l'atrophie de la corne d'Ammon [1] constituent une trouvaille nécroscopique assez fréquente (Meynert, Snell, Tamburini, etc.), on ne rencontre point d'ordinaire d'altérations permanentes et bien circonscrites de la sensibilité générale [2].

Voilà pour l'étendue de la zone sensitive de l'écorce cérébrale. Mais, comme les troubles de la sensibilité musculaire, de la sensibilité cutanée et de la motilité se montrent quelquefois dissociés en clinique, tout porte à croire que les aires corticales dont les lésions ont déterminé ces désordres fonctionnels ne sont point identiques. Quel est le siège anatomique des perceptions et des représentations du sens musculaire?

[1] Livio Vincenzi. *Sulla sclerosi dell' alveus nei corni d'Ammone di un epilettico. — Archivio ital. per le mal. nerv.*, 1882, 307. Cf. Tamburini, *Riv. speriment. di fren.*, 1879, 197, 201, et, plus haut, ce que nous avons dit des études de G. Fasola (1886) sur les fonctions de la circonvolution de l'hippocampe.

[2] En regard de ces objections, faites au point de vue clinique, nous devons rappeler que, au point de vue expérimental, Horsley, Schaefer, Sanger-Brown, persistent à croire, avec D. Ferrier, que la destruction du gyrus fornicatus et celle de la portion hippocampale de cette circonvolution déterminent une hémianesthésie du côté opposé. Une démonstration complète de ce fait n'a d'ailleurs jamais été faite par les physiologistes eux-mêmes. Il faudrait enlever entièrement ces parties du grand lobe limbique, « opération de la plus grande difficulté, écrit Schaefer, mais que je n'abandonne pourtant pas l'espoir d'effectuer un jour. En attendant, j'affirmerais l'extrême *probabilité* de cette hypothèse *en raisonnant par exclusion*, etc. ». A. Schaefer. *Experiments on special sense localisation in the cortex cerebri of the monkey. —* Brain, janvier 1888, 379.

D'après Nothnagel, ce seraient les P_1 et P_2. Seulement, dans les cas cliniques connus, sauf deux, ceux de Grasset et de Kahler et Pick, la lésion n'a jamais été trouvée limitée au lobe pariétal. Toute conclusion sur le siège du sens musculaire dans l'écorce serait donc prématurée. « Mais, dit Seppilli, on peut du moins admettre comme vraisemblable, que le lobe pariétal est surtout en connexion avec les faisceaux du sens musculaire. » A l'appui de cette hypothèse, Seppilli ajoute que, dans nombre de cas où il n'est point fait mention d'altération du sens musculaire, la lésion s'étendait uniquement à la zone motrice. Si les observations cliniques confirment un jour ces vues, si les centres de la sensibilité musculaire ont un siège distinct de celui de la sensibilité cutanée, la zone corticale de la sensibilité générale apparaîtra divisée en deux régions : la première serait localisée dans les lobes pariétaux, la seconde coïncidant avec la zone dite motrice. Les observations cliniques recueillies jusqu'ici montrent en effet que l'hypoesthésie et l'anesthésie cutanées non seulement accompagnent les parésies et les paralysies de la motilité : d'ordinaire elles ont une égale extension. « Cette identité d'extension des paralysies du mouvement et de la sensibilité nous semble prouver, écrit Seppilli, que les cellules nerveuses de l'écorce dont dépendent la sensibilité cutanée et le mouvement volontaire des différents groupes musculaires doivent se trouver dans un étroit rapport. »

Les altérations de la sensibilité cutanée sont en général moins intenses que celles de la motilité volontaire. Cette différence d'intensité, on a cherché à l'expliquer par la différence d'*extension* et de *profondeur*

de la lésion corticale. C'est ainsi que, suivant une hypothèse de Lisso, les lésions superficielles de l'écorce
des régions motrices détermineraient des troubles de
la sensibilité cutanée, les lésions profondes, des altérations du sens musculaire et des paralysies motrices.

Quant à la profondeur de la lésion, l'observation clinique démontre, ainsi qu'il résulte des cas recueillis
par Seppilli, que les lésions de l'écorce et de la substance blanche sous-jacente, tout comme les lésions
superficielles de l'écorce seule, peuvent ne déterminer
que des troubles légers de la sensibilité, toujours de
moindre intensité que ceux du mouvement. Il faut en
dire autant de l'extension en surface de la lésion. Mais
s'il ne paraît pas qu'on puisse encore expliquer par
l'étendue ou la profondeur des lésions les différences
d'intensité des troubles de la sensibilité et du mouvement, retenons du moins comme certain que les perceptions de la sensibilité générale ont réellement et
exclusivement leur siège dans l'écorce cérébrale. Si
une lésion destructive de l'écorce les paralyse, une
lésion irritative les exalte [1].

Les observations cliniques d'altération de la sensibilité générale relevées sur les différentes parties du
corps permettent-elles de rapporter ces troubles
fonctionnels à des lésions correspondantes et exacte-

---

[1] A. Bignami et G. Guarnieri ont trouvé, à l'autopsie d'un homme de quarante-cinq ans, mort de pneumonie, amputé de la cuisse *gauche* onze ans
auparavant, une atrophie ascendante du cordon postérieur, de la corne
postérieure, de la corne antérieure, de la colonne de Clarke, d'une moitié
de la moelle épinière et des deux circonvolutions rolandiques à *droite*.
Toutefois les grandes cellules pyramidales de Betz subsistaient dans les
régions motrices atrophiées de l'écorce. Ces auteurs en concluent que
si, comme l'admettent Luciani et Seppilli, les centres de la motilité et
de la sensibilité cutanée et musculaire sont confondus ou « engrenés »

ment localisées de la zone corticale sensitive ? S'il en était ainsi, cette zone pourrait être subdivisée en centres de la face, du tronc, des extrémités supérieure et inférieure, etc. A cet effet, Seppilli a réparti en cinq groupes : 1° les cas cliniques d'altérations de la sensibilité de la *face* et des *membres ;* 2° les cas où la sensibilité des *membres* était seule affectée ; 3° ceux où la sensibilité des *bras* et de la *face* était altérée à la fois ; 4° ceux où ces troubles étaient limités au *bras* seul ; 5° enfin, ceux où ils l'étaient à la *face.*

Or, il serait impossible, dans l'état actuel de la science, de déterminer exactement, sur l'écorce cérébrale, le siège anatomique des différents centres de sensibilité générale, et cela parce qu'à des lésions plus ou moins circonscrites de l'écorce, peuvent correspondre des altérations plus ou moins diffuses de la sensibilité. C'est ainsi que la destruction du centre d'un membre postérieur est suivie, nous l'avons vu, de parésie ou de paralysie du mouvement et de la sensibilité qui, loin d'être circonscrite à ce membre, s'étendrait plus ou moins au membre antérieur et à la face. Mêmes résultats si la lésion destructive intéressait le centre cortical du membre antérieur ou celui de la face. De même encore, l'aire du centre du larynx, localisé chez l'homme, sur la F$_3$, près le

dans la zone motrice, ils ne dégénèrent pas à la fois après l'ablation d'un membre. L'amputation est suivie, dans la moelle, de l'atrophie simple ascendante des voies sensitives, atrophie s'étendant jusqu'à la station terminale, dans l'écorce cérébrale, des faisceaux sensitifs. Mais le processus dégénératif atteindrait les centres supérieurs des appareils de la sensibilité cutanée et musculaire, non les centres moteurs. *Ricerche sui centri nervosi di un amputato. — Bolletino della R. Acad. med. di Roma,* 1888. — *Referat in Archivio ital. pér le mal. nerv.,* 1889, XXVI p. 40.

centre de Broca et le pied de la FA, s'étendrait bien au delà, s' « engrenant » avec les centres sensitivo-moteurs de la face, des lèvres et de la langue. La coexistence quelquefois signalée de l'aphonie et de l'aphasie motrice plaiderait dans le même sens. Le centre du larynx, chez l'homme, chez le chien, est d'ailleurs bilatéral, contrairement à ce qu'affirme Seguin, qui le place sur la F_3 droite, et contrairement à l'hypothèse de Luciani sur l'unilatéralité fonctionnelle des centres corticaux sensitivo-moteurs.

Ainsi, appliquée à l'étude des localisations fonctionnelles de la sensibilité générale et de la motilité volontaire, la méthode anatomo-clinique nous amène, comme la méthode expérimentale, à conclure une fois de plus, suivant les auteurs italiens, et toujours en vertu de la théorie de l'« engrenage », qu'une lésion limitée de l'aire sensitivo-motrice d'une région correspondante du corps, a des effets beaucoup plus étendus, et retentit souvent sur d'autres régions plus ou moins éloignées, voire sur toute la moitié du corps opposée à la lésion. Tout ce qu'il serait permis d'avancer, parce que cela ressort avec évidence des observations cliniques réparties en cinq groupes par Seppilli, ainsi que des diagrammes qu'il a construits avec ces matériaux, c'est que, conformément à la topographie des centres moteurs de l'écorce, les altérations de la sensibilité de la face sont surtout en rapport avec les lésions des parties inférieures des circonvolutions ascendantes, et que celles des extrémités correspondent surtout aux lésions des parties supérieures de ces circonvolutions.

CHAPITRE IV

HISTOLOGIE DU SYSTÈME NERVEUX

ANATOMIE NORMALE ET PATHOLOGIQUE

L'étude des fonctions du cerveau est si intimement
liée à celle de l'histologie normale et pathologique de
cet organe, que les travaux d'anatomie de Golgi et de
ses élèves sur la texture du système nerveux ont ouvert
une ère nouvelle pour la psychologie physiologique.
Un bon juge en la matière, un adversaire d'ailleurs
des doctrines de Golgi, Kœlliker, a écrit, au sujet des
méthodes de coloration des éléments anatomiques du
système nerveux, que les procédés de Weigert et
de Golgi « étaient les plus importantes conquêtes
qu'ait faites de nos jours l'histologie du système nerveux »[1].

La méthode de la *coloration noire*, où les pièces sont
successivement traitées par le bichromate de potasse
ou d'ammoniaque et par le nitrate d'argent, est aujour-
d'hui de pratique courante. Elle l'emporte, cette mé-

---

[1] A. Kœlliker. *Die Untersuchungen von Golgi ueber den feineren
Bau des centralen Nervensystems.* — Anatomischer Anzeiger. Iéna, II
Jahrg., n° 15.

thode de Golgi, sur toutes celles que l'on connaît, toujours au témoignage de Kœlliker, lorsqu'il s'agit de représenter les cellules nerveuses avec leurs prolongements. Or, c'est précisément de pareilles représentations que la science a besoin, et il n'y a qu'une voix sur la fidélité de celles que nous offre Golgi, dans son grand ouvrage, *Sulla fina anatomia degli organi centrali del sistema nervoso* (Milano, 1886), commencé et terminé, en 1885, après bien des années, dans le laboratoire de pathologie générale de l'Université de Pavie.

Nous n'indiquerons ici que la position des principaux problèmes de l'anatomie générale du système nerveux, tels que Golgi les a conçus, et nous rappellerons les solutions qu'il en donne ou que ses disciples en ont donné après lui, sans perdre de vue les rapports de ces études avec celles de la physiologie et de la pathologie du système nerveux central.

Tout d'abord, des difficultés presque insurmontables, et qu'on ne rencontre pas dans l'étude des autres organes et tissus de l'organisme, se dressent ici. Ailleurs, la connaissance anatomique des organes, des tissus et des éléments a révélé les lois de leur fonctionnement. Dans l'étude du système nerveux, l'anatomie est encore la servante de la physiologie.

La physiologie démontre que le cerveau est un organe fonctionnellement hétérogène, c'est-à-dire que les fonctions du cerveau varient avec les différentes régions de cet organe. L'anatomie non seulement ne peut rendre raison de ces différences de fonction, suivant Golgi : elle ne saurait même dire si cette hétérogénéité fonctionnelle des diverses régions du cerveau correspond à des variétés de forme et de structure des éléments anatomiques de ces régions.

La physiologie ne met pas en doute qu'entre les différentes parties des centres nerveux il n'existe une liaison intime, condition de la synergie fonctionnelle de ces parties. L'anatomie ne saurait fournir jusqu'ici une seule preuve de la réalité de ces relations, de ces anastomoses, par exemple, que l'on postule pour rendre solidaires tous les territoires sensoriels et sensitivo-moteurs de l'écorce cérébrale. Pour Golgi, les idées courantes sur la texture et la morphologie élémentaire des organes centraux du système nerveux, idées empruntées à Gerlach, à Schultze, à Meynert, sont de pures hypothèses anatomiques. De même, les idées de Meynert, de Huguenin, de Luys, sur la direction et le parcours des faisceaux nerveux ne sont que des schémas imaginaires.

Par quels caractères propres la cellule nerveuse se distingue-t-elle, au point de vue objectif, des autres éléments anatomiques des centres nerveux ? Golgi définit la cellule nerveuse une cellule munie d'un prolongement spécial, toujours unique, différent de tous les autres, et destiné à relier cet élément aux fibres nerveuses. Quelle est la nature de la substance qui forme le corps de la cellule nerveuse ? Selon Golgi, les caractères du protoplasma véritable font défaut à la substance, de structure fibrillaire, du corps cellulaire, aussi bien qu'à celle des prolongements protoplasmiques ; cette substance n'est qu'une « formation secondaire du protoplasma primitif ». Le protoplasma vrai n'existerait que dans cette partie centrale de la cellule qui environne le noyau.

Les prolongements de la cellule nerveuse sont de deux sortes. L'un, toujours unique, nous le répétons, et qui va constituer le cylindre-axe d'une fibre nerveuse à myéline, est le *prolongement nerveux*. Les autres, dont le nombre peut s'élever de trois à vingt et au delà, et dans lesquels circule la substance du corps cellulaire, sont désignés, quoique un peu inexactement, du nom de *prolongements protoplasmiques*. Physiologiquement, toutes les cellules nerveuses sont donc unipolaires; ce n'est que morphologiquement qu'elles sont multipolaires.

Quel est le mode de terminaison de ces prolongements protoplasmiques? On a supposé, on le sait, que leurs ramifications ultimes s'anastomosaient directement, de manière à former un réseau inextricable de fibrilles nerveuses sans myéline, donnant naissance à leur tour à des fibres à myéline. Dans cette hypothèse, la plus généralement admise, les cellules nerveuses affecteraient deux modes de connexion avec les fibres nerveuses : d'une part, au moyen des prolongements nerveux ou cylindraxiles; de l'autre, au moyen de ramifications des prolongements protoplasmiques du réseau de Gerlach. On expliquait par ces anastomoses fibrillaires les actions réflexes du cerveau et de la moelle, et les rapports fonctionnels des différentes régions du système nerveux. Malheureusement, les plus célèbres histologistes, Deiters, Max Schulzte, Kœlliker, Krause, etc., n'ont jamais pu apercevoir ces anastomoses. S'il est une méthode capable de révéler ces anastomoses, si elles existaient, ce serait certainement celle de la coloration noire, qui fait apparaître, avec un si puissant relief, les plus fines ramifications nerveuses. Or, un examen minutieux de plusieurs centaines de préparations n'a jamais permis à Golgi de découvrir, fût-ce une seule fois, un cas d'anastomose fibrillaire. « Il est vrai que, bien souvent, deux prolongements protoplasmiques allant directement l'un vers l'autre, produisent l'impression d'une fusion réciproque, surtout si l'on observe avec de faibles grossissements ; mais un examen attentif, à l'aide des plus forts objectifs, nous fait facilement reconnaître que ce n'est là qu'une apparence, résultant d'un simple contact[1]. »

Selon Golgi, loin de donner naissance à un réticulum nerveux, les ramifications des prolongements protoplasmiques des cellules nerveuses, dont l'orientation vers la surface des circonvolutions est bien connue, vont isolément se mettre en rapport avec les cellules de la névroglie et avec les parois des vaisseaux sanguins qui rampent dans l'écorce. La fonction des prolongements protoplasmiques serait donc de nature purement *trophique :* ils serviraient à la nutrition du tissu nerveux. « Je pense, dit Golgi, que ces prolongements sont les canaux par lesquels, des vaisseaux sanguins et des cellules de la névroglie, le plasma nutritif arrive aux éléments essentiellement nerveux ; il serait du reste difficile de comprendre par quelle autre voie la matière nutritive arriverait à ces éléments. » Si les fibres nerveuses ne dérivent ni directement ni indirectement des prolongements protoplasmiques, il est clair que ces prolongements ne peuvent servir à relier les différents territoires cellulaires de l'écorce, soit au moyen d'anastomoses directes, soit

______

[1] *Sulla fina anatomia degli organi centrali...*, p. 19.

dans l'hypothèse d'un réticulum nerveux diffus.

Quelle est alors l'explication anatomique de l'origine des fibres nerveuses de la substance grise ? Comment s'établit entre les cellules, considérées individuellement, et les différentes régions de l'écorce, ces rapports fonctionnels dont il faut admettre l'existence ?

Quant à la première question, celle de l'origine des fibres nerveuses dans les diverses provinces du système nerveux central, le prolongement nerveux, sans doute d'origine nucléaire, loin de se maintenir indivis jusqu'à ce qu'il ait constitué le cylindre-axe d'une fibre à myéline, émet toujours, à une distance plus ou moins grande de la cellule, des ramuscules arborescents dont la forme varie et sert à distinguer les fibres nerveuses en deux catégories bien nettes : 1° Les unes, tout en émettant quelques fibrilles secondaires latérales, conservent leur individualité propre ; 2° les autres se subdivisent en fins ramuscules et perdent toute individualité propre. Mais les unes et les autres, on le voit, ne laissent pas, quoiqu'en des proportions très diverses, de concourir, par ces ramifications secondaires, à la formation d'un réseau nerveux qui existe dans toute l'épaisseur de la substance grise. Golgi incline à croire, sans rien affirmer, que ces innombrables ramifications de prolongements *nerveux* s'anastomosent entre elles pour former un véritable réseau, et non un simple entrelacement[1]. C'est au moyen de ce réseau qu'on doit s'expliquer les rapports anatomiques et fonctionnels qui relient les éléments cellulaires des différentes régions de l'écorce cérébrale.

---

[1] *Sulla fina anatomia degli organi centrali...* p. 31.

Les *fibres de la* 1re *catégorie*, qui n'émettent qu'en petit nombre des rameaux latéraux avant de devenir le cylindre-axe d'une fibre à myéline, sont issues de cellules nerveuses qui rappellent celles des cornes antérieures de la moelle épinière. Les *fibres de la* 2e *catégorie* sortent de cellules qui ont plutôt l'aspect des cellules des cornes postérieures et de la substance de Rolando. De là deux types de cellules nerveuses en rapport avec les deux catégories de fibres nerveuses.

Les cellules du premier type seraient *motrices*, celles du second *sensitives* ou *sensorielles*.

Outre ces variétés morphologiques, des différences chimiques ou autres correspondraient peut-être aux différences de fonctions de ces cellules. Quant au consensus physiologique que l'on constate entre les régions sensitives, ou sensitivo-motrices, et les régions sensorielles de l'écorce cérébrale, Golgi l'explique encore par les anastomoses reliant, dans son réseau nerveux diffus de l'écorce, les fibrilles émanées des prolongements nerveux moteurs des cellules du premier type avec celles, en nombre infiniment plus grand, des prolongements nerveux sensitivo-sensoriels des cellules du deuxième type. « Quelle autre signification pourrions-nous attribuer, écrit Golgi, aux fibrilles qui, émanant du prolongement nerveux des cellules du premier type (supposées motrices ou psycho-motrices), vont se perdre dans le réticulum diffus, constitué essentiellement de prolongements nerveux des cellules du deuxième type (cellules sensitivo-sensorielles ou psycho-sensitivo-sensorielles) », si ce n'est celle d'assurer les rapports physiologiques existant entre les nerfs de la motilité et ceux de la sensi-

bilité? « La connaissance de ces rapports histologiques peut rendre raison du mécanisme des actions
réflexes, qu'on avait jusqu'ici cherché dans les prétendues anastomoses directes des prolongements protoplasmiques des cellules nerveuses ou dans le réseau
diffus, également hypothétique, résultant de l'infinie
subdivision de ces mêmes prolongements protoplasmiques. »

Mais l'idée d'une transmission nerveuse isolée, soit
centripète, soit centrifuge, entre deux cellules ou
deux groupes de cellules nerveuses centrales et périphériques n'a point de base anatomique dans cette
conception d'un réseau nerveux diffus de l'écorce
constitué, non par l'anastomose des prolongements
directs des cellules nerveuses, mais par les ramifications ultimes de leurs cylindres-axes. Les cellules et
les fibres motrices présenteraient seules les conditions
d'une transmission directe des régions centrales aux
noyaux gris de l'axe spinal. Quant aux organes périphériques de la sensibilité générale et spéciale, ils ne
sauraient être qu'indirectement en rapport avec des
groupes ou des territoires de cellules centrales extrêmement étendus. Telle est bien, en effet, la doctrine de
Golgi. Chaque fibre nerveuse, loin de se trouver isolément en rapport avec une cellule, est au contraire
dans la plupart des cas en connexion avec des groupes
étendus de cellules. Inversement, chaque cellule nerveuse des centres nerveux peut être en rapport avec
un certain nombre de fibres ayant probablement une
fonction différente. Tout au plus pourrait-on parler,
pour concilier les faits anatomiques avec la doctrine
des localisations fonctionnelles, de voies de trans-

mission nerveuse « électives », et de territoires corticaux où certaines fonctions nerveuses « prévaudraient », mais sans délimitation rigoureuse.

Enfin, les variétés morphologiques des éléments nerveux correspondent-elles à des fonctions différentes de ces éléments? La distinction de ces organites en cellules motrices et en cellules sensitives ou sensorielles, qu'invoquait tout à l'heure Golgi, en se référant aux différences de structure des cornes antérieures et postérieures de la moelle épinière, a-t-elle quelque apparence de vérité? Golgi nie qu'il y ait à tenir compte de la forme ou de la grandeur des cellules nerveuses pour la connaissance de leurs fonctions. Certes, les cellules du premier type, qui sont motrices, sont grandes ; celles du second type, qui sont vraisemblablement de nature sensitive ou sensorielle, sont petites : « mais il y a trop d'exceptions à cette règle pour qu'on puisse en dégager une loi générale[1] ». Bref, on ne saurait rien conjecturer de certain sur la fonction de telle cellule ou de tel groupe de cellules nerveuses, si l'on n'observe les rapports de ces éléments avec les fibres de la première ou de la seconde catégorie, c'est-à-dire avec des fibres de nature motrice ou de nature soit sensitive soit sensorielle. C'est donc dans la nature des prolongements nerveux, et dans ses connexions anatomiques, non dans la forme de la cellule, que se trouve à cet égard le seul criterium digne de foi. Ajoutez que, si la structure anatomique

<hr>

[1] *Sulla fina anatomia degli organi centrali...*, p. 45. Cf. Pierret, *sur les relations existant entre le volume des cellules motrices ou sensitives des centres nerveux, et la longueur du trajet qu'ont à parcourir les incitations qui en émanent ou les impressions qui s'y rendent. — C. R. de l'Ac. des sc.*, 3 juin 1878.

des cellules nerveuses ne saurait nous renseigner sur leurs fonctions, on chercherait également en vain, selon Golgi, à découvrir soit dans la disposition des couches stratifiées de l'écorce, soit dans celle de prétendues zones spéciales du cerveau, une indication physiologique quelconque. Dans toutes les régions des centres nerveux, les deux types de cellules qu'il a distingués se trouvent, dit-il, réunis et confondus. Il concède, il est vrai, que les unes ou les autres prévalent dans certaines zones ou se trouvent même séparément groupées dans une même zone.

C'est pour soumettre à un examen nouveau les doctrines reçues de Meynert et de Betz à ce sujet que Golgi a étudié deux circonvolutions cérébrales de fonctions très différentes, la frontale ascendante, qui fait bien partie de la zone motrice, et la première circonvolution du lobe occipital, siège reconnu de la vision mentale.

La FA appartient au type général de structure de l'écorce, c'est-à-dire au type à cinq couches (Meynert). En réalité, Golgi ne trouve dans cette circonvolution que trois formes distinctes de cellules : *a*, des cellules *pyramidales* (1re, 2e, 3e couches de Meynert); *b*, des cellules *fusiformes* (5e couche de Meynert); *c*, des cellules *globuleuses* ou polygonales, à angles émoussés (4e couche de Meynert). Mais il n'a pu reconnaître l'existence de couches stratifiées nettement isolées. Toutefois, si les cellules globuleuses se rencontrent dans toute l'épaisseur de l'écorce, elles abondent surtout au voisinage des amas de cellules fusiformes, lesquelles ne se trouvent presque exclusivement que « dans les couches les plus profondes de l'écorce ».

Quant aux cellules pyramidales, qui existent bien dans toute l'écorce, elles occupent surtout les régions supérieure et moyenne de l'écorce.

J'avoue que je ne puis voir en quoi ces observations sont contraires aux faits et aux doctrines que combat Golgi. Elles en diffèrent si peu que, à son tour, l'auteur italien propose de diviser l'écorce cérébrale non plus, il est vrai, en cinq couches, mais en trois : 1° en une couche superficielle (*strato superficiale*) comprenant le tiers supérieur de l'écorce, et formée presque exclusivement de petites cellules pyramidales; 2° en une couche moyenne, occupant le tiers moyen de l'écorce, et constituée par des cellules pyramidales moyennes et grandes, ces dernières surtout au voisinage de la couche suivante; 3° en une couche profonde, ou du dernier tiers de l'écorce, où, quoique les cellules pyramidales moyennes et petites ne manquent pas, ce sont des cellules globuleuses et des cellules fusiformes, plus nombreuses qu'en aucune région de l'écorce, qui dominent.

Cette division des éléments de l'écorce de la FA n'est-elle pas au fond identique à celle de Meynert? Les deux tiers supérieur et moyen de l'écorce, selon Golgi, ne correspondent-ils pas aux trois premiers strates du type à cinq couches? La seule réforme valable, et qui est bien dans l'esprit italien, a été de montrer une fois de plus l'arbitraire des déterminations trop rigoureuses et des délimitations trop étroites dans le mode de répartition des éléments anatomiques de l'écorce. Mais, outre que Golgi n'a rien vu ici qui n'ait été vu avant lui, il est évident que la division de l'écorce en stratifications n'a jamais eu, chez Mey-

nert et chez Betz, le caractère absolu qu'il lui conteste avec trop de raison.

De même, pour l'étude de la première circonvolution du lobe occipital, Golgi, qui nie que les divi-
sions de cette région en sept ou huit couches (Clarke,
Meynert, Huguenin) aient aucun fondement, ne
manque point de noter expressément que les petites
cellules nerveuses globuleuses y prédominent, surtout
dans le tiers inférieur de l'écorce. Comme tous ses
prédécesseurs, Golgi a observé, dans la O_1, la présence de cellules pyramidales des trois dimensions,
surtout dans les couches superficielles et moyennes,
de cellules géantes, de grandes cellules solitaires. Ici
encore, les huit couches du schéma classique me paraissent assez bien correspondre aux vagues confins
des trois couches stratifiées de Golgi.

Voilà pour les faits d'observation susceptibles d'être
notés.

Quant aux fonctions des éléments nerveux de la
FA et de la O^1, il est clair que ces descriptions morphologiques ne nous apprennent rien de certain, et
qu'on n'en peut raisonner que par analogie. Pour
Golgi, les différences de fonctions de ces deux circonvolutions s'expliquent uniquement par la direction et
les rapports périphériques des fibres. La spécificité de
fonction des diverses zones cérébrales dépend, non
point de l'organisation de ces zones elles-mêmes,
mais de la spécificité des organes périphériques, en
rapport avec les nerfs à direction centripète ou centrifuge. Il n'existe pas d'autre moyen de déterminer
l'activité spécifique des cellules nerveuses que l'étude
de leurs prolongements nerveux. Arrivé au terme de

son ouvrage, dans un *Appendice*, Golgi s'est un peu
départi de son scepticisme scientifique : il parle, et il
croit qu'on a le droit de parler, de cellules motrices,
voire de cellules sensitives ou sensorielles, et cela
parce qu'il est arrivé, par des procédés de technique
histologique, à surprendre les rapports directs des
nerfs moteurs avec les cellules des cornes antérieures
de la moelle épinière [1].

Où fallait-il chercher, dans l'hypothèse qu'il en
existe, des cellules incontestablement motrices? Dans
la zone motrice du cerveau ? Mais cette zone renferme
en même temps, sans doute confondues avec les éléments moteurs, des cellules sensitives. Dans le cervelet? C'est un champ de recherches plus obscur encore.
Dans la moelle épinière ? Mais, même pour les cellules des cornes antérieures, le moyen d'affirmer
qu'on a affaire à une cellule motrice, tant qu'on n'a
pas vu son prolongement nerveux constituer une fibre
des racines antérieures ? A cet effet, au lieu de la moelle
d'un adulte, Golgi soumit à ses réactifs des moelles
de nouveau-nés et de fœtus, et parce que la gaine
médullaire qui enveloppe le cylindre-axe ou fait encore défaut ou est rudimentaire, et parce qu'avec la
coloration noire la fine et délicate structure des éléments nerveux apparaît avec d'autant plus de netteté
que les tissus sont plus jeunes. Voilà comment Golgi
découvrit que les cellules des cornes antérieures de la
moelle épinière sont bien en rapport direct, quoique
non isolé, avec les nerfs du mouvement. Aussi écrit-il
maintenant : « Aujourd'hui, je me sens autorisé à sup-

---

[1] *Sulla fina Anatomia degli organi centrali...* p. 209-14.

primer, sinon toutes, du moins la plus grande partie des réserves que j'ai faites quant à l'interprétation de la nature physiologique des deux types différents de cellules nerveuses. Au lieu de dire, comme je l'ai fait jusqu'ici : Les cellules du premier type sont en rapport direct, non isolé, avec les fibres nerveuses ; je pourrai dire dorénavant, et avec toute raison : Les cellules nerveuses motrices (*cellule nervose motrici*) sont en rapport direct, non isolé, avec les fibres nerveuses (du mouvement). » Quant aux autres cellules nerveuses, aux cellules du deuxième type, dont le prolongement nerveux se subdivise en fibrilles de plus en plus ténues, qui vont constituer le réseau nerveux diffus de l'écorce cérébrale, « elles peuvent désormais être considérées avec plus de fondement comme des cellules de sensibilité (*cellule di senso*). »

Mais, de ces grandes études de Golgi sur l'histologie des centres nerveux, se dégage une conception de la structure de l'écorce cérébrale qui fournit enfin une base scientifique aux hypothèses, aux expériences et aux observations des physiologistes et des cliniciens. Tamburini, Ferrier, Tripier, Exner, Bechterew ont vu, en effet, soit l'excitation expérimentale, soit les lésions, irritatives ou destructives, des centres corticaux de la sensibilité générale ou spéciale, déterminer des réactions motrices, et, inversement, l'excitation ou des lésions des zones motrices, provoquer des troubles de la sensibilité. L'hypothèse de Tamburini (1876) sur la nature mixte de tous les centres de l'écorce, trouvait ainsi, dans la thèse suivante de Golgi, une base anatomique : « Dans les différentes zones de l'écorce cérébrale, les fonctions de la sensibilité et celles de la motilité ne sont pas plus distinctes et séparées, d'une manière absolue, que ne le sont les deux types de cellules du mouvement et de la sensibilité; anatomiquement, les deux formes d'activité spécifique du système nerveux central ont un siège commun, où leurs éléments se juxtaposent, se confondent ou se mêlent en proportions diverses[1]. »

Cette thèse ne vaut point, à la vérité, pour tout le système nerveux central : Golgi reconnaît que les régions motrices et sensitives de la moelle épinière, — que les cellules des cornes antérieures et postérieures, — sont rigoureusement distinctes anatomiquement, quoique, au point de vue fonctionnel, des expériences de Mosso et de Pellacani démontrent que, après la section des cornes antérieures et des cordons antérieurs et latéraux de la moelle, on observe encore des contractions musculaires, mouvements impliquant, selon ces auteurs, que « des fibres motrices de la vessie passent dans les cordons postérieurs ou dans l'extrême partie postérieure des cordons latéraux[2]. »

Il est inutile d'insister sur ce qu'il y aurait d'anti-physiologique à considérer la structure histologique du cerveau qui n'est, en dépit de sa complexité extraordinaire, que la continuité et l'expansion des centres nerveux sous-jacents, comme essentiellement distincte de celle de la moelle épinière. Il s'agit surtout ici, selon nous, d'une question de nuances et de relativité. En se différenciant, les différents centres du

---

[1] Golgi. *Considérations anatomiques sur la doctrine des localisations cérébrales.* — Archives ital. de biologie, II, p. 249.

[2] Mosso et Pellacani. *Sur les fonctions de la vessie.* (Laboratoire de physiologie de l'Université de Turin.) — Archives ital. de biologie, II, p. 293 sq.

système nerveux central n'ont point conservé, comme on le voit déjà dans le bulbe, la simplicité relative des ganglions de la moelle épinière; mais ce qu'il y a de fondamental dans la structure élémentaire du névraxe a persisté, et se retrouve dans toutes les parties du myélencéphale. Le problème de la structure et de la nature fonctionnelle des diverses régions de l'écorce cérébrale ne peut sans doute être posé dans des termes aussi simples que pour la moelle épinière. Mais la solution n'en saurait être essentiellement différente; elle nous semble être tout entière et uniquement dans la proportion relative, dans le mode de répartition locale des deux types d'éléments nerveux admis par Golgi. Or, cet auteur a pu se convaincre lui-même que ces éléments sont inégalement répartis dans les différentes zones de l'écorce, et que les régions où prédomine l'un ou l'autre type morphologique sont précisément en rapport avec les fonctions que la physiologie et la clinique ont attribuées à ces régions.

Toutefois, nous ne saurions aller plus loin, et croire, avec Golgi, que « les différences fonctionnelles propres aux diverses circonvolutions cérébrales trouvent leur raison d'être, non pas dans les particularités de structure de ces circonvolutions, mais dans les rapports des circonvolutions avec les fibres périphériques des sens : la spécificité de fonction des différentes zones cérébrales serait déterminée par la spécificité de l'organe auquel, périphériquement, les fibres nerveuses vont aboutir, et non par une spécificité d'organisation anatomique de ces zones ». C'était la doctrine de Meynert et de Wundt; ce sera celle de Forel et de Nansen.

Quoique Meynert admette, avec Hitzig, Ferrier et Munk, des « localisations fonctionnelles » dans l'écorce cérébrale, et que les différentes aires corticales lui paraissent avoir subi une différenciation physiologique évidente, par exemple celles du lobe olfactif chez les animaux osmatiques, et celles du langage chez l'homme; quoique, avec les physiologistes et les cliniciens, il divise l'écorce en territoires sensoriels et en territoires d'innervation motrice, l'éminent anatomiste de Vienne enseigne que « les énergies spécifique des cellules nerveuses ne sont que le résultat des différences existant dans les organes terminaux des nerfs, et que la seule énergie spécifique de la cellule nerveuse, c'est la sensibilité (Empfindungsfæhigkeit) ». Meynert est même amené ainsi à soutenir, rappelons-le en passant, que les centres prétendus moteurs de l'écorce cérébrale ne sont, en vérité, que des centres de sensibilité générale, au sens où l'entend Munk. C'est, pour Meynert, une explication superflue que celle de Jean Müller, qui attribuait aux différentes régions du cerveau des énergies fonctionnelles spécifiquement différentes. La cellule nerveuse ne possède qu'une seule énergie fonctionnelle : la sensibilité ou l'irritabilité. L'hétérogénéité des sensations, — de la vue, de l'ouïe, du toucher, etc., — dépendrait donc uniquement : 1° de la diversité de nature des forces du monde extérieur qui sont nécessaires à leur production; 2° de la structure des organes terminaux des nerfs sensibles. Bref, c'est à la structure des appareils périphériques des sens, non aux énergies spécifiques des cellules nerveuses des différentes aires corticales du cerveau, que Meynert rap-

porte les différents modes de la sensibilité générale
et spéciale. Seule, la fibre musculaire devrait être
appelée « motrice », et non pas le nerf ni la cellule
nerveuse qui innervent le muscle.

Au point de vue phylogénétique, il paraît bien, en
effet, que c'est des cellules constituant le feuillet cutané
de la gastrula que sont sortis, à travers les âges, tous
les organes des sens. Démocrite avait déjà considéré
ceux-ci comme des parties différenciées de l'épiderme,
et, toutes les sensations, comme des modifications du
toucher[1]. La science a démontré depuis que les différents organes des sens n'étant que des parties différenciées et transformées du tégument cutané, toutes
les cellules nerveuses de ces organes sont la postérité
des cellules épidermiques modifiées par l'adaptation. Il
suit que les sensibilités spécifiques de l'ouïe, de la vue,
du goût, de l'odorat se sont développées de la sensibilité
tactile et thermique[2]. Elles ne sont que des cas de spécialisation de la sensibilité générale (Grant Allen). « A mesure que l'être vivant s'élève et se perfectionne, a dit
Claude Bernard, ses éléments cellulaires se différencient
davantage : ils se spécialisent par exagération de l'une
des propriétés au détriment des autres[3]. »

C'est précisément sur cette « spécialisation » qu'est
fondée la doctrine de la spécificité fonctionnelle des

---

[1] Jules Soury. *Théories naturalistes du monde et de la vie dans l'An-
tiquité*, p. 187.

[2] E. Haeckel. *Ueber Ursprung und Entwickelung der Sinneswerkzeuge*
(1878). — Huxley. *La nature de la sensation et la structure de nos organes*. Rev. scientif., 20 déc. 1879.

[3] Cl. Bernard. *Leçons sur les phénomènes de la vie communs aux animaux et aux végétaux*. I, 368.

différents centres de la sensibilité générale et spéciale
de l'écorce cérébrale. L'hétérogénéité fonctionnelle
des éléments nerveux qui constituent ces centres résulte
déjà avec évidence de cette observation vulgaire que
la destruction des aires corticales de la vision n'abolit
que cet ordre de sensations en laissant subsister celles
du son, de l'odorat, du goût et de la sensibilité générale. En outre, les effets de cette destruction locale
d'un sens semblent bien prouver que ses éléments
centraux ne sont point disséminés sur toute l'écorce
et confondus pêle-mêle avec les autres éléments centraux de la sensibilité générale et spéciale.

La doctrine que nous soutenons contre Golgi, aussi
bien que contre ses devanciers et ses disciples, — la
doctrine d'une diversité spécifique, non pas absolue
sans doute, ni primordiale, mais acquise par l'adaptation et fixée héréditairement, des différents centres
sensitifs et sensoriels de l'écorce cérébrale, — vient
de recevoir des travaux de Hermann Munk une démonstration expérimentale qui me semble péremptoire [1].
C'est contre W. Wundt que Munk a surtout dirigé
ses critiques, je ne sais pourquoi, puisque les idées
de Wundt à ce sujet ne sont guère que celles de
Meynert. Les éléments nerveux des centres de l'écorce
cérébrale étant fonctionnellement indifférents, selon
l'auteur des *Eléments de psychologie physiologique*,
la fonction de chacun de ces centres résulterait simplement de ses connexions avec un appareil périphérique des sens et de la répétition d'un mode uniforme
d'excitations. Mais, si la fonction des éléments ner-

---

[1] H. Munk. *Ueber die centralen Organe für das Sehen und das
Hoeren bei den Wirbelthieren*, 1889.

veux d'un de ces centres vient à être inhibée ou abolie, d'autres éléments nerveux de l'écorce seraient capables de la suppléer. Ainsi, une cellule nerveuse qui, en vertu de ses connexions anatomiques, donne une sensation visuelle, pourrait aussi bien, dans d'autres conditions, produire une sensation tactile ou musculaire. Il y a plus : une cellule nerveuse de l'écorce qui, par l'intermédiaire du réseau nerveux central, serait en rapport avec plusieurs nerfs de sensibilité différente, pourrait réunir en soi une pluralité de fonctions différentes. Les faits et les raisonnements, également erronés, d'où sont nées ces idées, nous les connaissons : ce sont ceux de Goltz et de ses émules, pour qui les mutilations les plus considérables de l'écorce ne seraient suivies que de troubles fonctionnels susceptibles de s'amender indéfiniment, si bien que la possibilité de ces suppléances des diverses régions du cerveau rendrait inutile l'hypothèse de toute fonction spécifique des centres nerveux corticaux.

Cependant l'ablation des deux sphères visuelles d'un animal le rend pour toujours aveugle, et la destruction d'une seule sphère visuelle détermine une hémianopsie qui ne s'amende jamais.

Chez les animaux nouveau-nés, avant tout exercice notable des sens, si les éléments centraux de l'écorce sont fonctionnellement indifférents, s'ils peuvent tous se suppléer, on devrait pouvoir détruire une partie de ces éléments sans dommage aucun pour les fonctions de la sensibilité. Par exemple, si les cellules nerveuses des sphères visuelles n'ont rien qui les différencie fonctionnellement à l'origine de celles des sphères de l'audition ou du sens musculaire, on doit pouvoir les

détruire impunément : l'animal verra avec les éléments
d'autres régions cérébrales. C'est ce qu'avait cru observer Gudden dans des expériences célèbres. Mais,
en enlevant les sphères visuelles tout entières, chez
des lapins nouveau-nés, c'est-à-dire à partir d'un millimètre en avant de la suture coronale (et non en arrière,
comme Gudden), Munk a pu déterminer une cécité complète et durable. Ces expériences ne prouvent-elles pas
que la spécificité des sensations dérive de la spécificité
naturelle, non acquise, des cellules nerveuses centrales?

Un partisan des idées de Gudden, Auguste Forel,
a surtout adhéré aux doctrines de Golgi, et parce qu'il
était arrivé personnellement à des vues analogues, et
parce qu'elles s'accordaient en partie avec les résultats
des expériences de son maître[1]. Adversaire de la doctrine des anastomoses entre les prolongements, nerveux ou protoplasmiques, des cellules nerveuses, Forel
se demande pourquoi l'on continue à parler de ganglions d'interruption de fibres nerveuses, de rapports
des cellules nerveuses avec les différents nerfs de sensibilité et de mouvement, avec le réticulum nerveux de
l'écorce, etc.[2]. Dans le muscle, la terminaison des nerfs
n'est pas même en continuité directe avec la fibre
musculaire. Forel comprend de moins en moins pourquoi la continuité des plus fines ramifications des
éléments nerveux entre elles serait un postulat physiologique. Pour expliquer la transmission des excitations, il n'est pas nécessaire que ces ramifications

---

[1] Aug. Forel. *Einige hirnanatomische Betrachtungen und Ergebnisse.*
— Arch. f. Psych., XVIII.

[2] Cf. W. His. *Unsere Grundvorstellungen von Bau der nervosen Cen-
tralorgane.* — Neurol. Centralbl. 1889, 598.

ultimes des éléments nerveux soient en continuité : il suffit qu'elles soient contiguës. « L'électricité présente de nombreux exemples, dit-il, de pareilles transmissions sans continuité directe : il en pourrait être de même pour le système nerveux. » Puis, pourquoi parler de cellules motrices et de cellules de sensibilité? Forel proteste ; il s'élève contre Golgi aussi bien que contre Meynert. Quelque diverses que soient les terminaisons périphériques des nerfs du deuxième type de Golgi, des nerfs sensibles, le point initial de l'excitation sensible est une cellule épithéliale, une cellule sensible périphérique, d'où sort un prolongement nerveux, comme des cellules du premier type de Golgi : c'est de cette cellule que part le nerf sensible qui gagne le système nerveux central, où elle se termine, dans le réseau nerveux de l'écorce, en fines ramifications arborescentes. Ce qui distinguerait le nerf sensible du nerf moteur ne serait donc pas que le premier entre là en rapport avec des cellules du deuxième type : la seule différence serait que la cellule nerveuse d'où sort la fibre sensible est périphérique, tandis qu'elle est centrale pour le nerf moteur. Dans les deux cas, le nerf se termine en ramifications arborescentes, le nerf moteur dans le muscle, le nerf sensible dans la substance grise de l'écorce. Mais on n'a point le droit d'appeler sensibles ou motrices les cellules nerveuses centrales. Seul, le mode de terminaison périphérique des fibres nerveuses paraît être décisif pour le diagnostic de leurs fonctions.

Forel n'accepte pas non plus sans réserve la théorie des localisations cérébrales qui semble résulter de la doctrine de Golgi. Les faits ne s'accordent pas avec l'idée d'une « localisation générale », comme Gudden paraît l'avoir admis (1886). « Certains éléments du réticulum de l'écorce du coin méritent bien, dans leur ensemble, écrit Forel, le nom de sphères visuelles (Seguin), parce que, dans ces éléments, a lieu la terminaison du système de fibres (*Sehstrahlungen* ou *fasciculus opticus*) issues des centres du nerf optique, et parce que toute destruction notable, soit de ce système de fibres, soit de l'écorce du coin, provoque des troubles de la vision (hémiopie, etc.). Quand les excitations optiques ont atteint cette région de l'écorce, elles y sont sans doute conservées sous forme d'images visuelles commémoratives, et s'y trouvent naturellement reliées, au moyen de systèmes de fibres d'association des plus variés, avec d'autres territoires de l'écorce, qui peuvent servir de substratum organique aux images mnémoniques associatives. Que la transmission de ces excitations ait lieu par continuité ou par contiguïté des ramifications des fibrilles nerveuses enchevêtrées, cela ne change absolument rien aux faits anatomo-physiologiques des localisations. » Forel n'a point voulu, d'ailleurs, proposer de nouvelle théorie ; il n'a voulu qu' « éveiller les idées », et, sans doute, nous tirer du sommeil dogmatique. Il n'a point tout lu (ce qui est notre sort commun, à tous), mais il a tout compris, et, emporté par la logique d'un esprit clair et pénétrant, il a, du premier coup, dépassé Golgi en hardiesse.

Avec Nansen, qui est aussi de l'école de Golgi, il ne reste plus rien de Troie : ses ruines même ont péri. *Etiam periere ruinæ.* Je ne puis insister sur les idées, à coup sûr originales, de cet auteur, touchant la structure des fibres et des cellules nerveuses. Je ne veux que montrer, avec ses conséquences physiologiques, la dernière forme qu'a revêtue la doctrine histologique de Golgi. Pour Nansen aussi, les prolongements des cellules nerveuses sont de deux sortes, nerveux et protoplasmiques : ceux-ci, orientés vers la périphérie de l'écorce, se terminent au voisinage des vaisseaux sanguins et servent à la nutrition des cellules nerveuses ; il n'existe point d'anastomoses entre les cellules nerveuses au moyen de ces prolongements. Les prolongements nerveux, toujours uniques, ou conservent leur individualité, et, tout en émettant quelques ramuscules latéraux, vont constituer directement un tube nerveux, ou ils perdent leur individualité, et donnent naissance aux fines ramifications arborescentes du réseau fibrillaire de l'écorce. Nansen a vu aussi, dans la moelle épinière des myxines, des tubes nerveux sortir directement des cellules des cornes antérieures ; ceux des racines postérieures seraient formés de la réunion de fibrilles nerveuses. Avec Golgi, on peut appeler moteurs les premiers, sensibles les seconds. Les cellules nerveuses n'ayant absolument aucun rapport direct entre elles, elles ne sauraient intervenir ni dans la production des mouvements réflexes ni dans celle des mouvements volontaires. « La vieille manière de voir, dit Nansen, relativement à la composition des arcs réflexes et à l'importance physiologique des cellules nerveuses, ne peut plus se soutenir, du moment où ces dernières n'ont pas entre elles de communication directe, et où les cellules nerveuses centrales offrent tout aussi peu de communication directe

avec les tubes nerveux sensitifs ou centripètes. » L'arc
réflexe est constitué : 1° par le nerf centripète et ses
ramifications fibrillaires, passant directement dans le
réseau nerveux central de l'écorce ; 2° par la propagation de l'excitation dans ce réseau ; 3° par la transmission des stimulus jusqu'aux fins ramuscules latéraux des tubes nerveux moteurs centrifuges. « Il suit
que l'irritation est transmise aux centres supérieurs
sans passer directement par les cellules nerveuses.
On peut admettre de la même façon, continue Nansen,
que les impulsions volontaires, provenant des tubes
nerveux qui émergent des centres supérieurs, se
rendent directement aux tubes nerveux centrifuges
des centres nerveux inférieurs sans passer par les
cellules nerveuses de ces centres. Il est par conséquent
impossible d'admettre que les cellules nerveuses des
centres nerveux inférieurs possèdent une importance
directe, aussi peu pour les mouvements réflexes que
pour les mouvements volontaires, ce que l'on semble
pouvoir appliquer aussi aux cellules nerveuses des
centres supérieurs [1]. »

Quel est donc le siège de l'activité centrale du
système nerveux, de l'intelligence, de la conscience?
Ce siège serait le réseau fibrillaire central de l'écorce.
L'étendue et le développement de l'intelligence seraient
en raison directe de la complexité de structure de ce
réticulum. Quant aux cellules des centres nerveux,
déchues de leurs fonctions psychiques, devenues de

---

[1] Fridtiof Nansen. *Nerve elementerne, deres struktur og sammenhang
i central-nervesystemet.* — Nordiskt medicinskt Arkiv. 1887, XIX, 4,
p. 1-24. Comptes rendus des traités, p. 3-6, même volume. Cf. aussi
l'analyse critique de ce travail, par Marchi, dans la *Riv. speriment. di
freniatria*, 1888, p. 460-2.

simples centres trophiques, elles ne serviraient qu'à la nutrition des tubes nerveux et de leurs innombrables ramifications arborescentes.

Telle est la dernière évolution, ou involution, de la doctrine de Golgi. Sur la question des anastomoses, il paraît avoir cause gagnée. Mais l'hypothèse de la nature purement protoplasmique des prolongements des cellules nerveuses, à l'exception du prolongement nerveux unique, ainsi que celle de la composition du réticulum nerveux central, sont naturellement très discutées. Kœlliker, en particulier, croit que ces hypothèses sont encore loin d'être appuyées sur des preuves suffisantes. Quant aux physiologistes qui, sans céder le pas à l'anatomie, ont le bon esprit de tenir grand compte des résultats de cette science, ils inclinent vers les théories histologiques qui fournissent une base anatomique à l'étude expérimentale des fonctions du cerveau. Il en est de même des cliniciens. C'est ainsi que Mendel, en présentant naguère, à un congrès de médecins aliénistes allemands, des figures des différentes circonvolutions cérébrales, insistait sur la diversité de leur constitution histologique : il y voyait la preuve de l'hétérogénéité des fonctions du cerveau [1]. Et, comme Nissl, après Gudden, avait fait remarquer que, par toute l'écorce, on retrouve le type à cinq couches, quoique avec quelques variantes dans la disposition topographique des différentes couches de cellules, Mendel répondait que ce sont précisément ces variétés de structure histologique qui permettent

[1] *Bericht über die Jahresversammlung des Vereins der deutschen Irrenaertze.* Baden-Baden. 16-17 sept. 1885. — Neurol. Centralbl., 1885, p. 451-452.

d'affirmer que la composition élémentaire des circonvolutions n'est point partout essentiellement la même.

En Italie, tout en applaudissant aux découvertes de Golgi, dont il signale d'ailleurs les vues divergentes, Seppilli appuie la doctrine de l'hétérogénéité fonctionnelle de l'écorce cérébrale sur l'existence des variétés correspondantes de structure histologique des circonvolutions. Que certaines catégories de cellules nerveuses l'emportent en nombre dans certaines régions déterminées; qu'elles y affectent un mode spécial de disposition; que la vascularisation plus abondante des deuxième, troisième et quatrième couches de l'écorce soit en rapport avec le nombre et l'activité des cellules nerveuses qui les constituent, ce sont là, pour Seppilli, des cas spéciaux du grand principe biologique de la correspondance entre l'organe et la fonction et de la loi naturelle de la division du travail[1]. Mais Luciani ne fait point difficulté d'avouer que l'absence de transmission isolée des fibres nerveuses, qui communiquent entre elles dans le vaste réseau du système nerveux central et périphérique, est un fait incompatible avec la doctrine, ou plutôt avec le postulat, de la double transmission nerveuse (centripète et centrifuge [2]).

Les cliniciens d'Italie, comme ceux de l'Ecole fran-

---

[1] Seppilli. *Sulla struttura istologica della corteccia del cervello.* Riassunto delle ricerche più recenti. (Estr. della *Riv. di filos. scientif.*, 1881.) — Torino, Morselli.

[2] Luciani. *La fisiologia del sistema nervoso nelle sue relazioni coi fatti psichici del prof. Mario Panizza.* — Riv. speriment. di freniatria, 1881, 4. Cf. une autre critique du même ouvrage, par E. Belmondo, *ibid.*, 1888.

çaise anatomo-clinique, ont toujours insisté sur la structure des éléments histologiques des régions motrices et sensorielles de l'écorce. Dans son travail *Sur les localisations motrices* (1878), D. Maragliano citait les résultats des recherches, alors récentes, de Mierzejewsky et de Betz, de Bevan Lewis et de Clarke, résultats en accord avec la doctrine des localisations. Bianchi, tout pénétré des doctrines de Golgi, déclarait, en 1882, que si les éléments anatomiques de la sensibilité et du mouvement, auxquels se ramènent toutes les fonctions cérébrales, se trouvent partout confondus dans l'écorce, il était naturel qu'on ne pût noter, dans la constitution histologique de celle-ci, de différences morphologiques bien tranchées. Pourquoi, demandait-il, les éléments centraux des divers organes de la sensibilité et du mouvement devraient-ils être morphologiquement distincts? Les deux sortes d'éléments nerveux de la sensibilité et de la motilité coexistent dans la zone visuelle, parce qu'il n'est point de perception de la vue qui ne résulte à la fois d'impressions lumineuses et de contractions des muscles de l'œil. De même pour les centres corticaux des sensations organiques et des mouvements des viscères, pour les centres moteurs et pour les centres d'arrêt : partout les éléments de la sensibilité et du mouvement seraient nécessairement confondus[1]. Toutefois, cette uniformité de structure et de disposition des éléments histologiques dans les diverses zones de l'écorce cérébrale, telle qu'elle ressort des études de Golgi, ne devait avoir, suivant Bianchi, « à part les

---

[1] Bianchi. *Contribuzione sperimentale alle compensazioni funz. corticali del cervello.* — Riv. speriment. di fren , 1882, 431.

exagérations », aucune influence fâcheuse sur la doctrine des localisations cérébrales.

Golgi, en effet, en dépit de ses critiques, n'a jamais nié la possibilité de certaines localisations fonctionnelles de l'écorce : il a nié seulement, avec la plupart des Italiens, qu'il existât des centres isolés et circonscrits. Quant aux aires fonctionnelles de l'écorce, aires aux limites indéterminées, aux vagues confins, empiétant en partie sur les frontières voisines, il les admet formellement : là sont les sièges de fonctions cérébrales spéciales, en rapport avec la nature des organes périphériques des sens reliés à ces centres corticaux, non pas sans doute au moyen de transmissions nerveuses isolées, mais en quelque sorte « électives ».

Un des plus beaux mémoires de Golgi, et je ne parle que de ceux qui ont un intérêt capital pour la physiologie du système nerveux, est le travail *Sur les nerfs des tendons de l'homme et des autres vertébrés*, où il faisait connaître un nouvel organe nerveux terminal musculo-tendineux, découverte qui n'était rien de moins que celle des organes périphériques du sens musculaire. C'est au sujet de ces travaux que M. Ranvier, parlant des terminaisons nerveuses sensitives, a écrit : « La découverte des organes musculo-tendi- « neux, dont l'importance n'échappera à personne, « appartient bien réellement à Golgi[1]. » Ces organes fusiformes, situés dans la zone de passage du muscle au tendon, donnent insertion, par l'une de leurs extrémités, aux fibrilles d'un muscle, et, par l'autre extrémité, se perdent dans le tissu d'un tendon. Dans

---

[1] Ranvier. *Traité technique d'histologie*, 1882, 928-9.

ces corps, de nature tendineuse, pénètre toujours une
fibre nerveuse qui se ramifie en nombreux rameaux.
Golgi croyait donc pouvoir admettre, il y a onze ans,
que « ces organes ont une fonction en rapport avec celle
des muscles, et qu'ils peuvent être les organes d'une
sensibilité musculaire spéciale ou les mensurateurs
(misuratori) de la tension des muscles (organes du sens
musculaire)[1] ».

Reprise tout récemment, sur les conseils et dans le
laboratoire de Golgi, par Alphonso Cattaneo, l'étude
des organes nerveux musculo-tendineux nous paraît
assez avancée pour prendre place désormais dans les
essais d'interprétation de la nature et de la genèse du
sens musculaire. Cattaneo commence par rappeler que,
même chez les paralytiques, la conscience d'un effort
implique toujours une contraction musculaire : si ces
malades ne peuvent pas contracter leurs muscles
paralysés, la contraction d'autres groupes musculaires,
des muscles de la respiration en particulier, éveillent
chez eux cette conscience de l'effort. En outre, les
modifications du tissu musculaire qui se contracte sont
certainement transmises aux centres nerveux par des
nerfs sensitifs (Sachs), et non par des nerfs moteurs
(Bain).

Une première hypothèse s'imposait touchant les
fonctions des organes nerveux musculo-tendineux.
Si l'on considère, dit Cattaneo, la place que ces
organes occupent entre le muscle et le tendon, ainsi
que leur continuité directe avec le sarcolemme des

[1] Camillo Golgi. *Sui nervi dei tendini dell' uomo e di altri vertebrati
e di un nuovo organo nervoso terminale musculo-tendineo* (Torino. 1880),
p. 18; Cf. 23.

fibres musculaires primitives ; si l'on prend garde que, dans la peau, où tous les autres modes de la sensibilité générale (tactile, dolorifique, thermique, etc.), — le sens musculaire excepté, — sont représentés par des organes connus, on n'en a point rencontré qui eussent quelque analogie avec ces corpuscules ; si l'on observe qu'ils sont surtout plus nombreux que les autre organes nerveux sensitifs (tels que les corpuscules de Pacini) dans les muscles et les tendons, où le sens musculaire l'emporte bien sur les autres sensations, qui y sont peu ou point représentées, le moyen de ne pas incliner à croire que la fonction des organes de Golgi est celle de la sensibilité musculaire ? Celle-ci doit-être évidemment à la fois en rapport avec l'état des muscles et des tendons. « Aussi, ces organes « spéciaux sont-ils situés, comme une sorte de dyna- « momètre, entre les organes qui représentent la puis- « sance motrice (fibres musculaires) et la partie sur la- « quelle cette force agit primitivement (les tendons)[1]. »

Mais, si les corpuscules fusiformes de Golgi sont bien des organes du sens musculaire, ils devront être en connexion intime avec des fibres nerveuses sensibles, non avec des nerfs moteurs. Pour vérifier ce fait, deux voies s'ouvraient : celles de l'anatomie pathologique et de l'expérimentation. Ainsi, dans l'ataxie motrice, dit Cattaneo, où la puissance musculaire est conservée, tandis que la coordination et le sens musculaire sont abolis, et où la lésion intéresse le plus souvent les cordons postérieurs de la moelle épinière, ainsi que les racines postérieures des nerfs spinaux,

---

[1] A. Cattaneo. *Sugli organi nervosi terminali musculo-tendinei...* (Torino, 1887), p. 15-16.

les organes musculo-tendineux, s'ils sont bien des organes du sens musculaire, devraient surtout être atteints. Avec une paralysie du mouvement, complète et ancienne, la sensibilité (et spécialement le sens musculaire) étant intacte, ces organes devraient au contraire être également intacts. Mais les matériaux cliniques manquaient à Cattaneo. Les résultats des expériences instituées sur des chiens, dont les racines postérieures lombaires avaient été coupées chez les uns, les racines antérieures chez les autres, furent en partie négatifs, mais aussi en partie positifs, et tels, que Cattaneo y voit la preuve du fait qu'il s'agissait de démontrer, à savoir, que les organes musculo-tendineux n'ont point de rapport avec les nerfs moteurs, et sont en connexion avec les fibres de sensibilité générale.

Voici maintenant comment ce savant s'explique la genèse des sensations musculaires : une excitation des nerfs moteurs est transmise, au moyen de leurs terminaisons musculaires, aux muscles qui se contractent ; cette contraction détermine des modifications dans les organes musculo-tendineux (puisque ces organes occupent une position intermédiaire entre les fibres musculaires et les tendons), probablement un tiraillement plus ou moins considérable, en rapport avec l'intensité de la contraction. La fibre nerveuse centripète qui se termine dans chacun des organes de Golgi, ou plutôt qui en sort, excitée par cette modification, transmet aux centres nerveux une impression qui, si elle a une intensité et une durée suffisantes, renseigne la conscience sur la somme de travail accompli par tel ou tel groupe de muscles. Si le circuit est interrompu, soit parce que l'excitation n'est point parvenue au muscle (interruption du courant centrifuge), soit parce que la modification produite dans le muscle n'a pas été transmise aux centres nerveux (interruption du courant centripète), alors, pour des raisons différentes, la sensation musculaire manquera.

Un autre disciple éminent du professeur Golgi, Victor Marchi, a publié, sur la structure histologique des corps striés et des couches optiques, toute une série d'études bien faites pour montrer quelle révolution profonde pourraient peut-être faire subir aux doctrines physiologiques traditionnelles les résultats de l'anatomie fine du système nerveux [1]. Dans les corps striés comme dans les couches optiques, Marchi a rencontré les deux sortes de cellules distinguées par Golgi, celles du premier et celles du second type, non point groupées, mais irrégulièrement disséminées, et sans orientation spéciale. Les cellules nerveuses des corps striés, pyramidales, globuleuses ou fusiformes, varient de 20 à 50 μ, et leurs noyaux de 5 à 8 μ. Mais ce sont les cellules du deuxième type qui prévalent dans les corps striés, surtout dans le noyau caudé. Dans les couches optiques, où coexistent également les deux types cellulaires, ce sont au contraire celles du premier type qui prédominent : elles atteignent jusqu'à 60 μ et présentent de nombreuses analogies avec les cellules des cornes antérieures de la moelle épinière. Toutes ces cellules nerveuses

---

[1] V. Marchi. *Nota preventiva sulla fina anatomia dei corpi striati.* Torino. 1883. — *Sulla struttura dei talami ottici, ricerche istologichi.* Riv. speriment. di freniatria, 1884, III, 329. — *Sulla fina struttura dei corpi striati e dei talami ottici. Ibid.*, 1886, XII, 285.

envoient un prolongement nerveux unique et de nombreux prolongements protoplasmiques (de 4 à 8). Le prolongement nerveux des cellules du premier type devient, on le sait, le cylindre-axe d'une fibre nerveuse, tandis que celui des cellules du deuxième type émet des ramifications arborescentes qui vont former la plus grande partie d'un réticulum nerveux diffus. C'est au moyen de ce réseau fibrillaire que, par leurs ramuscules latéraux, les fibres issues des cellules du premier type se trouvent en rapport médiat avec nombre de cellules du deuxième type. Quant aux ramifications des prolongements protoplasmiques des deux espèces de cellules nerveuses, elles n'ont rien de commun avec ce réseau nerveux ; elles se confondent avec les prolongements des cellules de la névroglie qui s'insèrent sur les parois des vaisseaux sanguins : elles n'ont que des fonctions trophiques.

Du fait que les deux types de cellules nerveuses coexistent dans les corps striés comme dans les couches optiques, Marchi conclut d'abord que des fonctions mixtes, c'est-à-dire de sensibilité et de mouvement, doivent s'effectuer dans ces ganglions. Toutefois la prédominance des cellules du deuxième type dans les corps striés permet de supposer que les noyaux caudés et lenticulaires appartiennent à la sphère de la sensibilité (*sfera sensoria*). Au contraire, les cellules du premier type l'emportent décidément dans les couches optiques ; il y a donc apparence que les fonctions, si controversées, de ces ganglions, seraient surtout motrices. Inutile d'insister sur la portée de pareils résultats. Après les travaux de Meynert, de Huguenin et de Luys, leur nouveauté étonne et décon-

certe. Mais, atteints par l'emploi d'une technique histologique irréprochable, ces résultats, fruit d'une
méthode, non d'une doctrine, resteront en tout cas et
survivront. Ce que les physiologistes et les cliniciens
savent aujourd'hui des fonctions des corps striés et
des couches optiques est trop peu de chose, nous
l'avons dit, pour qu'il soit possible d'indiquer avec
quelque sûreté quelles affinités tendraient à rapprocher
ces faits anatomiques des expériences et des observations. Ce n'est pas que l'on manque d'indices caractéristiques, et, si c'était le lieu, nous pourrions citer
plus d'un travail récent où les mouvements réflexes,
automatiques, involontaires, qui servent à l'expression
des sentiments, des émotions et de la mimique, le
tremblement intentionnel de la sclérose mutiple, la
chorée, l'athétose, etc., sont rapportés à l'activité
normale ou pathologique des couches optiques. Les
études de Marchi fournissent déjà une base anatomique à ces recherches expérimentales et cliniques.

Nous ne saurions passer ainsi en revue tous les
travaux de V. Marchi [1], et l'analyse de ceux des autres
histologistes italiens, presque tous d'ailleurs de la
grande école de Golgi, ne nous ferait guère pénétrer plus avant dans l'esprit de la méthode du maître.
Nous ne dirons donc rien des Mémoires de Roméo
Fusari où, comme dans celui sur l'*Histologie de l'encéphale des Téléostéens* (Cyprinoïdes, Salmonides) [2], à

---

[1] Je signalerai seulement, pour la parfaite intelligence des expériences
de Luciani sur les fonctions du cervelet, dont il a été parlé plus haut,
l'étude de Marchi, *Sulle degenerazioni consecutive all' estirpazione totale
e parziale del cerveletto.* — Riv. speriment. di fren., 1886, XII, 50.

[2] Romeo Fusari. *Intorno alla fina anatomia dell' encefalo dei telcostei.*
Roma, 1887.

côté de ces habitudes de précision, de clarté et de
sobriété scientifique qui caractérisent les travaux
sortis du laboratoire d'histologie de l'Université de
Pavie, on rencontre tant de vues larges et élevées
d'anatomie générale. Ainsi, R. Fusari témoigne avoir
été d'abord entraîné vers ces études sur l'encéphale
des différents poissons osseux par certaines assertions
de Bellonci qui, dans ses *Ricerche comparative sulla
struttura dei centri nervosi dei vertebrati* (1880), avait
cru reconnaître, « contre toutes les lois de l'évolution »,
que la structure histologique de l'encéphale des vertébrés inférieurs diffère de celle des vertébrés supérieurs. Je laisse de côté les procédés techniques qui
permirent à Fusari de s'expliquer comment Bellonci
avait pu être induit en erreur. Mais les résultats partiels auxquels il est arrivé lui ont permis d'affirmer
que « la structure du système nerveux central des
vertébrés inférieurs ne diffère point, en général, de
celle des vertébrés supérieurs ». Nous ne ferons
également que signaler les Mémoires de Livio Vincenzi *Sur la morphologie cellulaire de la moelle
allongée, Sur l'origine réelle du nerf hypoglosse*, etc.

De l'Institut anatomique de Turin, dirigé par le
professeur Giacomini, sont sortis aussi de remarquables travaux. Je citerai celui d'Alfredo Conti *Sur
l'épaisseur de l'écorce du cerveau humain*[1]. L'épaisseur de l'écorce cérébrale, qui oscille entre 2 et 3
millimètres, varie avec les régions d'un même hémis-

---

[1] Internationale Monatsschrift für Anatomie und Histologie. Berlin,
I, 1884, 395. — Cf. Giacomini. *Guida allo studio delle circonvoluzioni
cerebrali dell' uomo*. 2ᵉ édit., 1884, où ces résultats de Conti sont rapportés, p. 260 sq.

phère, avec l'âge et le sexe. Dans la *région prérolan-dique*, l'écorce croît en épaisseur de l'extrémité frontale à la FA ; le maximum d'épaisseur de la substance grise est au sommet des circonvolutions, le minimum au fond des scissures. Dans la *région rolandique*, tandis que la face de la FA qui limite, en avant, la scissure de Rolando, est plus épaisse que celle qui limite la scissure prérolandique ou précentrale, la face de la PA qui limite, en arrière, la scissure de Rolando, est bien moins épaisse que celle qui limite la scissure postcentrale. Le maximum d'épaisseur de l'écorce cérébrale se montre donc chez l'homme au sommet et à la paroi postérieure de la FA. Les recherches de Conti sur la *région postrolandique* ne sont pas moins intéressantes. De la PA jusqu'à l'extrémité occipitale, l'épaisseur de l'écorce diminue ; elle est à son minimum dans cette région où existe le type à huit couches de Meynert. Cette diminution est si rapide qu'entre deux sections faites à la distance d'environ 1 centimètre, elle atteint, dans la région postrolandique, 0,6^{mm}, alors que, dans la région prérolandique, la différence n'est que de 0,1 à 0,3^{mm}. Dans la région du ruban rayé de Vicq d'Azyr, qui correspond aux quatrième, cinquième et sixième couches de Meynert, Conti a noté une légère augmentation d'épaisseur de 0,1 à 0,2^{mm}. Quant à l'âge, l'épaisseur de la substance grise du lobe pariétal serait plus grande sur la face interne que sur la convexité de ce lobe chez des individus jeunes que chez les adultes et des vieillards. Pour le sexe, l'épaisseur de l'écorce varierait bien moins chez la femme que chez l'homme aux diverses périodes de l'existence.

Une autre question qui, comme l'a écrit Giacomini, a le plus grand intérêt, « non seulement pour l'anatomie, mais plus encore pour la psychologie », est celle de la détermination quantitative de la substance blanche et de la substance grise du cerveau humain. Conti a institué de nouvelles recherches sur ce sujet. A cet effet, il a divisé chaque hémisphère en trois sections transversales. Ces trois régions, en rapports définis avec les ganglions de la base, sont appelées par Conti : 1° *région préganglionnaire*, en avant d'une section passant par la branche antérieure de la scissure de Sylvius ; 2° *région postganglionnaire*, en arrière d'une coupe passant par l'extrémité interne de la PA ; 3° *région ganglionnaire*, correspondant à la région comprise entre les deux régions précédentes. Dans la première de ces régions, les différences quantitatives de volume de la substance blanche et de la substance grise sont d'autant plus fortes que les individus sont plus jeunes. Avec l'âge, la substance grise diminue naturellement sur toute l'écorce. Mais dans la région préganglionnaire, après avoir dépassé la valeur absolue de la substance blanche chez les jeunes sujets, la substance grise décroît d'une quantité absolument inférieure à la substance blanche chez les adultes et chez les vieillards. Dans la région postganglionnaire, elle augmente, relativement à la substance blanche, de la PA jusqu'à la scissure pariéto-occipitale, pour diminuer progressivement, à partir de cette scissure, jusqu'à l'extrémité du lobe occipital. Enfin, dans la région intermédiaire, Conti a trouvé une sorte d'équilibre stable entre les deux substances grise et blanche.

L'année même où paraissait ce travail de Conti

(1884), Baistrocchi publiait ses recherches très approfondies et fort bien conduites *Sur le poids spécifique de l'encéphale humain et sur la détermination quantitative de la substance blanche et de la substance grise*[1]. Exécutées à l'Institut d'anatomie pathologique de Parme, ces recherches ont porté sur 43 encéphales (21 d'hommes et 22 de femmes). La détermination du poids spécifique de l'encéphale et de ses parties a été faite à l'aide d'un très grand aréomètre de Nicholson et de la balance hydrostatique. Quant aux rapports quantitatifs des deux substances, le poids spécifique de la substance blanche des hémisphères dépasse toujours celui de la substance grise. La première représente environ 74 p. 100 de l'encéphale. Au début de la seconde moitié de la vie intra-utérine, la substance grise subit un accroissement considérable, puis cet accroissement se ralentit, et le développement ultérieur de l'organe a lieu au profit de la substance blanche. Chez le fœtus à terme, l'épaisseur de la substance grise est peu inférieure à celle de l'adulte. Le poids de la substance blanche des hémisphères atteint son maximum de cinquante-un à soixante ans, celui de la substance grise de quarante à cinquante ans. Quant au sexe, la substance grise est en plus grande quantité chez l'homme, la substance blanche chez la femme. La diminution, avec l'âge, de la quantité de la substance grise, est manifeste. La quantité notablement plus considérable de la substance blanche en regard de la grise, le chiffre élevé de son poids

---

[1] E. Baistrocchi. *Sul peso specifico dell' encefalo umano, sue parti e del midollo spinale e sulla determinazione quantitativa della sostanza bianca e della grigia.* — Riv. speriment. di fren., 1884, X, p. 193.

spécifique, ne doit point faire croire qu'elle est réservée à de hautes fonctions psychiques [1] : « ces caractères de supériorité apparente dépendent peut-être de l'abondance de la névroglie. »

Voici, selon Baistrocchi, le tableau du poids spécifique moyen de l'encéphale et de ses parties, et de la moelle épinière :

	Hommes.	Femmes.
Substance blanche des hémisphères. .	1,0273	1,0289
Substance grise	1,0206	1,0239
Encéphale entier.	1,0265	1,0338
Manteau	1,0278	1,028ɔ
Corps striés et couches optiques . . .	1,0453	1,0446
Mésocéphale et cervelet.	1,0479	1,0584
Moelle épinière	1,0387	1,0348

Le professeur Giacomini, dans son excellent livre sur les *Circonvolutions cérébrales de l'homme* [2], le traité le plus complet que nous connaissions pour l'étude des circonvolutions, a bien montré que, loin d'être épuisées, ces recherches d'anatomie sur la constitution intime du système nerveux central sont à peine commencées. Ainsi, il ne suffit pas de connaître l'épaisseur relative des différentes régions de l'écorce cérébrale : il faudrait déterminer quelle est celle des couches de cellules nerveuses stratifiées, ou, si l'on veut, quelle est l'espèce de cellules nerveuses, pyramidales, globuleuses, fusiformes, qui concourt

[1] Lussana et Lemoigne, s'élevant contre « le dogme traditionnel » qui considère la substance grise comme la seule vraiment active, écrivaient en 1877 : « Pour nous, la substance blanche constitue des centres nerveux qui ont une part active dans l'innervation motrice (pédoncules), sensitive (moelle allongée), visuelle (lame optique), instinctive et intellectuelle (dans le cerveau). » *Des centres moteurs encéphaliques*, t. I, p, 388.

[2] *Guida allo studio delle circonvoluzioni cerebrali dell' uomo*, 2ª ediz., 260.

surtout à produire cette augmentation du volume de l'écorce, et dans quelle proportion. Il faudrait étudier chacune de ces couches dans leurs éléments constitutifs, en noter le nombre, le volume, les connexions, la forme. On pourrait espérer arriver ainsi à établir la correspondance que Giacomini croit devoir exister entre la morphologie et la psychologie cellulaires. Il serait temps alors de faire l'application de ces connaissances anatomiques à la physiologie normale et pathologique et à l'anthropologie [1].

Deux récentes études d'anatomie normale et d'anatomie pathologique, sorties du laboratoire d'histologie de l'Institut psychiatrique de Reggio, répondent déjà en partie aux desiderata que signale Giacomini.

Raffaele Roscioli a étudié, sous la direction de V. Marchi, et avec la coloration noire de Golgi, la constitution histologique de la F_1 [2]. Des trois sortes de cellules nerveuses morphologiquement distinctes que Golgi, comme ses devanciers, a distinguées dans l'écorce, ce sont naturellement les cellules pyramidales (de 25 à 30 μ) qui dominent dans cette circonvolution, chez l'homme comme chez le singe, le veau, etc. Les plus grandes de ces cellules prédominent dans le tiers moyen de l'écorce; mais quoique assez rares relativement, les autres espèces de cellules nerveuses ne laissent pas de se rencontrer, en particulier dans les régions inférieures de l'écorce qui confinent à la substance blanche. En somme, cette disposition des élé-

---

[1] *Guida allo studio delle circonvoluzioni cerebrali dell' uomo*, 2ª ediz., p. 278-9.

[2] Raff. Roscioli. *Contributo alla morfologia cellulare delle circonvoluzioni frontali.* — Riv. speriment. di fren., 1885, 177.

ments nerveux correspond toujours « en partie »,
Roscioli l'avoue, aux descriptions de Meynert et de
Betz. Qu'il n'existe point de stratifications de cellules
nerveuses au sens rigoureux du mot, à la bonne
heure ; mais les auteurs italiens devraient se contenter
de constater ce fait, sans affecter de rejeter en bloc
toutes les observations antérieures. Les cellules pyramidales ne sont pas cantonnées dans une zone distincte de la F_1 ; on les rencontre dans toute l'étendue
de cette circonvolution, confondues avec les deux
autres formes de cellules nerveuses. Soit ; mais si
l'on constate que les premières prédominent dans les
deux tiers supérieurs de l'écorce, et surtout dans le
tiers moyen, où sont réunies les plus grandes cellules
pyramidales, et que les autres s'observent surtout
dans le tiers inférieur, n'obtient-on pas un schéma de
la structure de l'écorce de tous points comparable à
ceux qui existent déjà pour cette région du cerveau ?

L'étude d'anatomie pathologique de Cionini est en
quelque sorte le pendant de l'étude d'anatomie normale de Conti. Dans ce premier essai sur l'*Epaisseur
de l'écorce cérébrale chez les aliénés* [1], l'auteur n'a
traité que de la paralysie générale progressive. Chez
les déments paralytiques, le maximum de diminution
de l'écorce s'observe, dit-il, sur la région rolandique,
et notamment sur la PA. La région prérolandique vient
en seconde ligne à cet égard, puis la région postro-

---

[1] A. Cionini. *Sullo spessore della corteccia cerebrale negli alienati.*
I. *Paralisi generale progressiva.* — Riv. speriment. di fren,, 1888, 436 sq.
Un travail de Franceschi (*Sulla varia grossezza della sostanza grigia
degli emisferi cerebrali e dei centri psicomotori dell' uomo.* Torino,
1887), dirigé contre Conti, a suscité un nouvel examen de la question
par Conti lui-même (*Distribuzione della corteccia nel cervello umano.*
Torino, 1887), où les objections de Franceschi se trouvent réfutées.

landique. On peut rapprocher de cet essai l'étude magistrale de Tamburini et Riva sur l'*Anatomie pathologique de la paralysie progressive*[1], que nous avons déjà signalée, et qui situe le siège principal de la paralysie générale dans la région fronto-pariétale. Les troubles de la sensibilité générale et spéciale vont de pair, dans cette affection essentiellement diffuse, avec ceux de la motilité. C'est dans ce mémoire que Tamburini a vérifié, une fois de plus, que l'hypothèse de la coexistence des éléments de l'innervation motrice et de la sensibilité générale dans la zone dite motrice, c'est-à-dire dans la région fronto-pariétale, — hypothèse qui a reçu de Golgi une base anatomique, — est en accord avec les faits de l'observation anatomo-clinique. Cionini a noté, à la fin de son travail, que l'épaisseur de l'écorce était, chez ses paralytiques généraux, plus forte sur l'hémisphère gauche que sur le droit, et que le cerveau gauche l'emportait en poids sur le cerveau droit. Cette dernière observation est, on le voit, en désaccord avec le résultat qui se dégage des mémoires célèbres d'anatomie pathologique de Morselli sur le poids du cerveau chez les aliénés : chez les aliénés, comme chez les individus sains d'esprit, l'hémisphère droit est d'ordinaire plus pesant que le gauche. Ni le sexe ni l'âge n'apportent de différence à cet égard. L'aliénation mentale augmente la différence de poids des deux hémisphères, mais en faveur du droit[2].

---

[1] Tamburini e Riva. *Ricerche sulla anatomia patologica della paralisi progressiva. A contributo delle localizzazioni cerebrali.* Milano, 1884.

[2] Morselli. *Il peso specifico dell' encefalo negli alienati.* Studio critico e sperimentale. Riv. speriment. di freniatria, 1882, p. 58, 206. — *Sul peso dell' encefalo in rapporto con i caratteri craniometrici negli*

Chez les individus sains d'esprit, morts de maladies diverses, C. Gaglio et E. di Mattei ont, sur 55 cerveaux, trouvé 39 fois l'hémisphère droit plus pesant que le gauche, soit 70,90 p. 100, et 16 fois seulement l'hémisphère gauche plus pesant que le droit, soit 28,09 p. 100 [1]. En général, l'hémisphère droit serait plus pesant que le gauche de 4 grammes environ. La prépondérance de l'hémisphère droit serait relativement plus élevée chez les vieillards. En tout cas, cette prépondérance, loin d'être l'indice d'un état pathologique du cerveau (Luys), serait chose normale. Il suit encore de ces observations que la prédominance fonctionnelle attribuée à l'hémisphère gauche n'aurait point de base anatomique. Giacomini aussi, sur 300 cerveaux, a trouvé 154 fois l'hémisphère droit plus lourd que le gauche.

Mais Seppilli, dont le travail *Sur le poids des hémisphères cérébraux chez les aliénés* [2], a paru presque en même temps que l'article de Morselli dans la *Psichiatria*, ne saurait faire pencher la balance en faveur d'aucun des deux hémisphères. Sur les 390 cerveaux de l'asile d'Imola qui lui ont servi à étudier cette question de l'inégalité du poids des hémisphères chez les aliénés, il en a trouvé 56 dont les hémisphères étaient d'égal poids (14,3 p. 100). Des 334 cerveaux dont les hémisphères étaient de poids inégal (85,6

---

alienati. *Ibid*, 1888, 365. — *Studi di antropologia patologica sulla pazzia; sul peso comparativo dei due emisferi cerebrali negli alienati.* — La Psichiatria, 1886, IV, 279.

[1] E. Gaglio e E. di Mattei. *Sulla ineguaglianza di sviluppo e di peso degli emisferi cerebrali.* — Riv. speriment. di fren., 1882, 450.

[2] Seppilli. *Il peso degli emisferi cerebrali nei pazzi.* — Archivio ital. per le mal. nerv., 1886, 413.

p. 100), l'hémisphère droit fut trouvé plus pesant 178 fois (45,6 p. 100), l'hémisphère gauche, 156 fois (40 p. 100). Les recherches que Seppilli a faites chez les auteurs, relativement aux individus sains d'esprit, l'ont amené à la même conclusion, qu'il formule ainsi : chez les aliénés comme chez les individus sains d'esprit, la prépondérance d'un hémisphère sur l'autre présente à peu près la même fréquence[1].

Voici maintenant quelques-unes des principales conclusions de Morselli sur le poids spécifique du cerveau chez les aliénés. Après Colombo et Pizzi[2], le savant médecin de Turin a publié sur ce sujet les travaux les plus étendus et les plus solides. Les observations dont elles résultent ont été commencées au manicome de Macerata, en 1880 :

« Le poids spécifique du cerveau des aliénés est, en moyenne, supérieur à celui des individus sains d'esprit. Le cervelet et le mésocéphale des aliénés possèdent une densité spécifique proportionnellement supérieure à celle des hémisphères cérébraux, par rapport à ce qui s'observe chez les individus sains d'esprit. Le poids spécifique de la substance cérébrale est généralement plus élevé pour les cerveaux et pour les cervelets de petit volume et d'un poids absolu décidément inférieur. Les femmes aliénées présentent un poids spécifique du cerveau et du subencéphale (c'est-à-dire du cervelet, du pont de Varole et du bulbe rachidien) inférieur à celui du cerveau des hommes aliénés, comme c'est le cas chez les individus sains d'esprit. Le poids spécifique du cerveau atteint, chez l'homme, son maximun entre trente et quarante ans ; chez la femme, entre vingt et trente ans. Il baisse pour les deux sexes au commencement de la vieillesse, pour se relever ensuite

---

[1] Cf. Tenchini. *Sul peso dell' encefalo, degli emisferi cerebrali e del cerveletto nei Lombardi della provincia Bresciana. Ricerche di anatomia normale* (Parma, 1884). Sur 64 cerveaux, Tenchini a trouvé que l'hémisphère droit l'emportait en poids sur le gauche vingt fois, et que l'hémisphère gauche l'emportait sur le droit vingt-cinq fois.

[2] Colombo e Pizzi. *Dati statistici sul peso relativo e specifico del cervello e della volta del cranio.* — Archivio ital. per le mal. nerv., 1877, 241 sq.

dans un âge avancé, au delà de soixante-dix ans (p. 246). Le poids spécifique du cervelet atteint un chiffre élevé dans la période juvénile, entre vingt et trente ans chez les deux sexes; ce chiffre baisse aussi à l'âge adulte, pour se relever dans la vieillesse. La folie tend en général à augmenter le poids spécifique du cerveau, spécialement dans les périodes intermédiaires de la vie. Les plus hautes densités spécifiques du cerveau ont été trouvées dans les formes alcooliques et épileptiques de l'aliénation mentale ; les plus basses, dans les phrénasthénies et les démences paralytiques. Les formes chroniques de démence consécutive et de délires systématisés offrent, en général, un poids spécifique du cerveau supérieur à celui des formes aiguës et typiques de manie et de lypémanie. Le poids spécifique du cerveau est bas dans les aliénations accompagnées de processus atrophiques de la substance cérébrale; médiocre dans les formes aiguës typiques de folie ; élevé, dans les formes chroniques, secondaires et dégénératives ; très élevé, dans celles de l'alcoolisme et de l'épilepsie. Dans l'état d'hyperhémie, le cerveau possède un poids spécifique élevé, très bas au contraire dans l'anémie, ce qui démontre la part de la distribution du sang dans les tissus pour en modifier la densité. »

On doit rapprocher de ces propositions de Morselli les résultats des études de Peli[1] et celles d'Amadei sur la capacité du crâne des aliénés[2]. Dans leur ensemble, les crânes des aliénés ont une capacité moyenne sensiblement supérieure à celle des individus sains d'esprit. Meynert et Sommer étaient arrivés, on le sait, aux mêmes résultats. Le bas de l'échelle est occupé par l'idiotie (microcéphalie), l'imbécillité, l'épilepsie ; le milieu, par la manie et la pellagre ; le sommet, par la mélancolie : là, surtout

---

[1] Peli. *Intorno alla craniologia degli alienati*, 1882. Mem. della Accad. d. scienze dell' Istituto di Bologna. *Cefalometria in 670 alienati*. Archiv. ital. per le mal. nerv., 1884, XXI, 214. Cf. les travaux de Calori, de Lussana, de Mantegazza, de Tamassia sur la craniologie et la craniométrie des aliénés.

[2] G. Amadei. *La capacità del cranio negli alienati*. Riv. speriment. di fren., 1882, 457; 1883, 43. — Cf. A. Severi. *Capacità delle fosse temporo-sfenoidali e della porzione cerebellare del cranio nei sani, nei pazzi e in alcuni epilettici e delinquenti*. Archiv. di psichiatria, 1886, VII, 429. f.

chez l'homme, sont les plus grands crânes. Chez les paralytiques généraux, la capacité cranienne serait aussi plus vaste, pour les hommes, que dans les autres formes de maladie mentale, ce que Amadei attribuait au degré de culture des malades. Il a noté aussi la capacité considérable du crâne dans la démence sénile. Ajoutons que, d'après les recherches de Peli[1], le poids de la calotte cranienne est plus élevé chez les aliénés que chez les individus normaux : ce sont les épileptiques et les paralytiques généraux qui l'emportent à cet égard sur les autres aliénés ; les calottes craniennes des femmes pèsent plus que celles des hommes.

Il nous reste, avant de terminer ces considérations d'anatomie normale et pathologique sur l'organe de l'intelligence, à dire un mot de cette asymétrie des os du crâne et de la face qui, sous le nom de plagiocéphalie, est considérée comme un des signes les plus nets de dégénérescence par l'école italienne d'anthropologie criminelle. L'étude des doctrines de cette école, auxquelles nous adhérons absolument, étant aussi étrangère à notre sujet que celle des doctrines de la psychiatrie en Italie, nous n'en parlerons pas, mais la plagiocéphalie intéresse directement l'étude des fonctions du cerveau.

Suivant Morselli, il n'existerait point de rapport régulier entre l'asymétrie du crâne et la différence de poids des hémisphères correspondants chez les aliénés. R. Roscioli, dans un travail récent sur les

---

[1] Peli. *Sul peso della calotta craniense rispetto alla sua capacità in 40 sani e in 350 infermi di mente.* Archiv. ital. per le mal. nerv., 1887, XXIV, 130. — Cf. M. O. Fraenkel. *Sul peso della calotta cranica nella paralisi progressiva.* Trad. dal dott. G. Amadei. Riv. speriment. di fren., 1882. 109.

Asymétries fronto-faciales chez les aliénés[1], n'a trouvé, sur 388 aliénés, de crânes symétriques que chez 3 p. 100 environ, et, sur 100 sujets sains, que dans la proportion de 16 p. 100. Fréquente surtout chez les épileptiques, la plagiocéphalie est considérée par Roscioli comme un signe manifeste de dégénérescence. Sommer a proposé de rapporter cette malformation à un déplacement mécanique des os du crâne et de la face dans l'accouchement ; l'asymétrie qui en résulterait serait d'autant plus prononcée qu'il y avait moins de convenance entre la capacité du bassin et le volume de la tête de l'enfant, volume souvent considérable chez les enfants rachitiques ou présentant cette hypertrophie du cerveau et du crâne qui caractérise en général les aliénés. Peut-être même, ce qu'on appelle disposition héréditaire à la folie pourrait-il, suivant Sommer, dans beaucoup de cas, s'expliquer par ce traumatisme du nouveau-né[2]. Quoi qu'il en soit, il ressort des chiffres mêmes donnés par Roscioli que, loin d'être l'exception, l'asymétrie des deux moitiés du crâne serait la règle, comme c'est le cas pour les deux hémisphères cérébraux.

Il y a longtemps que la symétrie du cerveau et du crâne ne passe plus pour la condition d'un bon fonctionnement de l'intelligence. Tandis que, chez les Pithéciens, les hémisphères sont toujours semblables, « les cerveaux d'orang et de chimpanzé présentent

---

[1] Roscioli. *Le Asimmetrie fronto-faciali nei pazzi.* Il Manic., 1889, V, 27.

[2] Sur l'asymétrie du crâne et de la face de cause intra-utérine, voir G. Andriani et P. Sgrosso. *Storia di un idiota con anomalie varie di sviluppo cefalico e specialmente con microftalmo unilaterale congenito. Studio antropologico e clinico.* — La Psichiatria, 1888, VI, 1-54.

« une asymétrie qui le cède à peine à celle du cer-
« veau humain » (Broca). L'asymétrie des blancs est
plus accusée que celle des nègres ; en se simplifiant,
le cerveau des idiots microcéphales retourne à la
symétrie. Le cerveau, et partant le crâne, des races
humaines supérieures, est donc de plus en plus asymétrique : cette asymétrie est un caractère de supériorité intellectuelle. Frænkel, le traducteur allemand
du grand livre de Lombroso, *l'Homme criminel*,
ayant étudié des crânes d'animaux chez lesquels la
suture frontale persiste à l'état adulte, a toujours
constaté l'asymétrie des deux moitiés du crâne ; il
signale même, chez les végétaux, comme une règle
générale, l'asymétrie des moitiés latérales des feuilles[1].
Si l'asymétrie du cerveau et des os du crâne est la
règle, la plagiocéphalie ne serait que l'exagération
d'un processus naturel. Mais, même après cette explication, la plagiocéphalie peut toujours, il nous semble, être considérée comme l'effet d'une malformation
cérébrale héréditaire, d'un arrêt de développement
du cerveau, bref, comme un signe de dégénérescence
de cet organe et de ses fonctions.

Silvio Venturi, à propos de l'asymétrie du crâne
chez les épileptiques[2], a trouvé que, sur 40 hommes,
30 étaient plagiocéphales, et, sur 35 femmes, 26,
alors que, sur 40 personnes normales, il n'a constaté
que chez 3 quelques légers indices de cette malformation. Que la plagiocéphalie implique une malformation

---

[1] Fraenkel. *Etwas über Schœdel-Asymmetric und Stirnnaht.* Neurol.
Centralbl., 1888, 438.

[2] S. Venturi. *Sull' udito degli epilettici, nota clinica.* (Archivio di
psichiatria, 1886, 401.)

du cerveau, cela résulte, pour Venturi, de ce que, dans tous les cas sans exception, l'acuité de l'ouïe était moindre du côté opposé à la plagiocéphalie. Le centre cortical de l'audition, situé du côté de cette malformation, avait évidemment subi quelque arrêt de développement[1]. Chez tous les épileptiques, d'ailleurs, l'acuité de l'ouïe serait notablement abaissée. La différence qu'ils présentent, à cet égard, avec les gens normaux, serait assez accusée pour servir, dans les cas douteux, à confirmer un diagnostic. Tanzi, enfin, a également constaté, dans des recherches qui ont porté sur 13 épileptiques non déments[2], que, chez ces malades, les impressions de l'ouïe sont perçues avec un retard considérable (ce qui peut tenir aussi à une lésion de l'attention).

Tous ces travaux d'anatomie normale et pathologique, chaque jour plus nombreux en Italie, forment la meilleure introduction à l'étude scientifique des fonctions de l'intelligence.

---

[1] Cf. Bourneville et Sollier. *Epilepsie et asymétrie fronto-faciale.* (Progrès médical, 8 sept. 1887.) Le fait primitif est, en effet, un arrêt de développement du cerveau, sur lequel se modèle le crâne avant la consolidation des os. L'asymétrie du crâne n'est donc pas la cause, mais l'effet des malformations du cerveau chez les épileptiques. En tout cas, elle évolue parallèlement aux phénomènes d'arrêt de développement cérébral.

[2] Tanzi. *L'equazione personale degli epilettici.* Archiv. di psichiatria, 1886, VII, 168.

CHAPITRE V.

LES FONCTIONS DE L'INTELLIGENCE.

L'étude des fonctions supérieures du système nerveux, j'entends celles de l'intelligence, est en Italie ce qu'elle est dans le reste de l'Europe. Les racines de la jeune plante s'enfoncent et se ramifient chaque jour plus avant dans les sciences biologiques, d'où elle tire tout ce qui lui est nécessaire pour croître et s'élever ; la tige et les rameaux, déjà couverts de feuilles, s'élancent vigoureusement dans l'air, mais, loin de porter encore des fruits, on peut dire que ses fleurs ne sont pas même épanouies.

Toutes les théories, tous les essais de synthèse sur l'intelligence, voire sur ses éléments constitutifs, tels que les représentations, les émotions, les tendances motrices ou inhibitoires, sont à cette heure prématurés. Il faut louer les Italiens de n'avoir pas eu encore l'ambition naïve d'écrire une psychologie physiologique[1]. Les matériaux du grand œuvre, on les trouve,

---

[1] Les *Eléments de psychologie*, de Sergi, qu'on a baptisés, en France. du nom de *Psychologie physiologique*, ne sont qu'un manuel destiné à la jeunesse des écoles italiennes. Pour ne parler que de la doctrine des localisations cérébrales, telle qu'elle est exposée dans cet ouvrage, cette jeunesse fera bien de sauter les feuillets où il en est traité.

en Italie, chez les anatomistes, les physiologistes et
les cliniciens dont nous avons rappelé les expériences et les observations, exposé les méthodes et
soumis les doctrines à un examen critique. Aux noms
que nous avons cités, il faut ajouter ceux de Buccola,
de Herzen, de Corso et de Tanzi. Je n'écris pas ici le
nom de Roberto Ardigo[1] ; je ne parle pas, en effet,
des philosophes : mais l'on peut dire de ce grand esprit, comme de Herbert Spencer, que, d'une façon
consciente ou inconsciente, il a inspiré la plupart des
théories sur la nature et sur la vie des savants italiens
contemporains.

Entendue surtout comme elle l'est en Italie, la doctrine des localisations cérébrales aura plus contribué
qu'aucune autre à éclairer les processus de formation
et de manifestation des idées. L'existence de centres
sensoriels et sensitivo-moteurs distincts, en même temps
que l'absence de toute délimitation absolue entre ces
aires différentes de l'écorce cérébrale, montrent assez
comment, presque toujours, « tous les sens concourent à l'élaboration d'une idée[2] ». Dès que l'idée ou
l'image exige, pour apparaître avec une intensité plus
ou moins grande, le concours synergique de toutes ou
de presque toutes les activités élémentaires du cerveau,
on n'est plus tenté de la localiser dans une région déterminée de l'encéphale comme un produit stable et in-
variable. Les idées n'existent que durant leur évocation
de l'inconscient : avant comme après ces apparitions,

[1] V. *Opere filosofiche.* — Mantova et Padova, 1882-1886, 4 vol. in-8°.

[2] Albertoni. *Le localizz. cerebrali,* I. I. Cf. L. Bianchi, *Gli orizzonti
della psichiatria. Prelezione.* Napoli, 1889, 12. *La psicologia in rapporto
alle ultime nozioni di fisiologia del cervello.* Milano, 1890. — C. Poggi,
Le amnesie, studio clinico. Archiv. ital. per le mal. nerv., 1886, 355.

rien d'elles ne persiste que les possibilités de leur rappel, que les conditions de leur renaissance. Mais on conçoit que ces conditions, je veux dire l'état de texture et de structure des éléments nerveux, variant continuellement, comme tous les autres phénomènes naturels, la qualité, la quantité et les rapports des idées doivent nécessairement changer d'une façon correspondante.

De l'œuvre de Gabriel Buccola, interrompue par une mort prématurée, je ne puis parler ici que des parties qui ont trait aux localisations cérébrales. J'omets donc à dessein toutes ces admirables études de psychophysique et de psychométrie qu'il a réunies dans un livre, *La legge del tempo nei fenomeni del pensiero* (Milan, 1883). Le problème des conditions de la conscience, chez l'homme sain d'esprit et chez l'aliéné, me paraît avoir été bien étudié par Buccola[1]. Il rencontrait sur ce domaine un précurseur de marque, Alexandre Herzen, dont il a souvent reproduit la doctrine et adopté les théories générales[2].

Ces thèses de Herzen, qu'il nous faut rappeler, quoique l'auteur les ait plusieurs fois présentées lui-même au public instruit de l'Europe, ont été, dès 1879, exposées dans un mémoire intitulé : *Il moto psichico e la coscienza* (Firenze, 1879[3]). L'élève bien connu du professeur Schiff, dont il fut le préparateur au labo-

---

[1] Buccola. *La legge fisica della coscienza nell'uomo sano e nell'uomo alienato.* — *Archiv. ital. per le mal. ner.*, 1881, 82 sq.

[2] Al. Herzen. *Journal of Mental Science*, 1884; *Revue philosophique* 1879 et *passim; Revue scientifique*, etc. *Les conditions physiques de la conscience*, Genève, 1886. *Grundlinien einer allgem. Psychophysiologie* (Leipzig, 1889), 89 sq.

[3] Ce livre est composé d'articles et de communications faites à diverses sociétés savantes.

ratoire de physiologie de Florence, est parti des conclusions auxquelles était arrivé son maître sur les rapports de l'échauffement des centres nerveux avec
l'activité psychique, et qui peuvent être formulées
ainsi :

I. « Chez un animal jouissant de l'intégrité des
centres nerveux, toutes les impressions sensibles sont
conduites jusqu'aux hémisphères cérébraux et y produisent une élévation de température par le seul fait
de leur transmission.

II. « L'activité psychique, indépendamment des
impressions sensitives qui la mettent en jeu, est liée
à une production de chaleur dans les centres nerveux,
chaleur quantitativement supérieure à celle qu'engen-
drent les simples impressions des sens. »

Rappelant ses expériences, qui ont porté sur des
chiens et sur des oiseaux, Schiff ajoutait : « De toutes
nos conclusions, la plus importante, à notre sens, est
celle qui établit un rapport direct entre le développement de chaleur dans le cerveau et l'activité intellectuelle[1]. »

Herzen aperçut très nettement, dans ces recherches,
la preuve que les actions réflexes suscitées par les impressions des sens dans la substance grise du cerveau,
et qui constituent l'activité psychique, ne sont que
l'irradiation intercellulaire d'un mouvement moléculaire né de ces impressions, partant d'origine externe.

---

[1] Moritz Schiff. *Recherches sur l'échauffement des nerfs et des centres
nerveux à la suite des irritations sensorielles et sensitives.* (Rédigées
par E. Levier.) — Archives de Physiologie normale et pathol., 1869-
1870.

Les phénomènes psychiques, comme tout autre phénomène de la nature, se réduisent donc à une forme
spéciale du mouvement. A cette époque, Herzen
croyait encore avoir à se défendre de confondre l'esprit
et la matière, perte de temps à laquelle bien peu d'entre nous peuvent se vanter d'avoir échappé : mais cet
esprit délié s'en tirait en disant que la matière, substratum nécessaire, mais inconnu, des manifestations
psychiques, — que, seules, nous connaissons, — est
une abstraction de l'esprit, un noumène qui ne se révèle à nos sens que dans les phénomènes. L'esprit est
d'ailleurs aussi inséparable de la matière que la chaleur, la lumière et l'électricité. Suivaient, dans le même
chapitre, quelques remarques critiques excellentes, et
qui sont restées, sur le concept de spontanéité psychique, considérée par Bain comme une énergie créée *ex
nihilo*, sans antécédents d'aucune sorte. Herzen montra
fort bien que les faits allégués par Bain s'expliquent
soit par un état de la nutrition, soit par de simples
réflexes. Point d'action spontanée des centres nerveux,
mais irradiation d'impressions, toujours périphériques
à l'origine, transmises par les nerfs au névraxe. Bref,
scientifiquement parlant, spontanéité psychique ne
peut signifier qu'un complexus de conditions organiques favorables à l'activité des centres nerveux. Chez
les êtres vivants, il n'y a pas plus de spontanéité que
de libre arbitre[1]. Poussant jusqu'à ses dernières conséquences logiques la conception purement mécanique
des fonctions du système nerveux, Herzen démontre

___

[1] V. Herzen. *Fisiologia del liber oarbitrio umano.* M. Charles Letourneau a donné de cet opuscule une traduction française sous ce titre :
Physiologie de la volonté. Paris, 1874.

que les différentes formes de l'activité psychique, sentiments, pensées, volitions[1], aboutissent toujours finalement à une réaction motrice volontaire ou automatique, consciente ou inconsciente, par les muscles lisses ou par les muscles striés, dans les membres, les viscères ou les vaisseaux, « retournant ainsi, sous des formes plus élémentaires, en général comme travail mécanique, au sein du monde extérieur ».

Voici les thèses de Herzen, dont la portée m'a toujours paru très grande, et que Buccola avait admises :

1° La conscience, — qui n'est rien de plus, naturellement, qu'un état des centres nerveux, un phénomène d'accompagnement de certains processus nerveux, apparaissant et disparaissant avec l'intensité et la durée de ces processus, bref, un épiphénomène, — est liée exclusivement à la période de désintégration fonctionnelle des centres nerveux ;

2° L'intensité de la conscience est en raison directe de la désintégration fonctionnelle ;

3° L'intensité de la conscience est en raison inverse de la facilité et de la rapidité de la transmission des impressions dans les centres nerveux. Le système nerveux tout entier, et non pas seulement l'écorce cérébrale, considéré comme le siège de l'activité réflexe, fonction fondamentale de toute vie de relation, est susceptible d'états conscients, subconscients ou inconscients, plus ou moins transitoires, et correspondant à

---

[1] Mantegazza, que cite Herzen, admet neuf formes élémentaires de ces transformations du « mouvement psychique ». « Les sensations peuvent se transformer en d'autres sensations, en sentiments ou en pensées ; les sentiments peuvent se changer en d'autres sentiments, en sensations et en pensées : les pensées, enfin, en d'autres pensées, en sensations ou en sentiments. » *Il moto psichico e la coscienza*, p. 62.

l'intensité de la désintégration fonctionnelle de ses éléments nerveux [1] ;

4° Les activités psychiques accompagnées de la conscience la plus vive déterminent, avec une désintégration fonctionnelle portée au maximum, l'échauffement le plus considérable des centres nerveux. Les fonctions psychiques accompagnées de la conscience la moins vive, subconscientes ou inconscientes, se distinguent par une transmission très rapide, une désintégration fonctionnelle très abaissée et une thermogenèse centrale réduite au minimum. La répétition, l'exercice, l'habitude héréditaire ou acquise, de certains actes, diminuent le temps physiologique de réaction. Ainsi, l'équation personnelle est à son maximum quand l'acte est nouveau, elle diminue, s'il devient habituel, et tombe au minimum lorsqu'il est devenu automatique et inconscient. Bref, « la somme de conscience manifestée en un moment donné par un centre nerveux, quel qu'il soit, ou par un groupe d'éléments nerveux, est toujours le produit, ou plutôt la somme algébrique, des processus multiples de désintégration et de réintégration impliqués dans tout acte du système nerveux central ».

Ces lois, comme l'a fait remarquer Buccola, s'appli-

---

[1] Dès 1858, Schiff a reconnu que l'on n'a aucun droit de refuser toute espèce de conscience à la moelle épinière, et Herzen abonde dans le même sens, avec toute raison, selon nous. Mais ce qu'on peut refuser aux réactions spinales, c'est la qualité d'être *intentionnelles* ou *volontaires*. « En effet, nous appelons ainsi les mouvements dont nous avons une *représentation* anticipée, dont nous prévoyons la forme, l'énergie, la marche et l'effet ; mais la moelle épinière d'un animal décapité ne peut posséder ces représentations, puisque la destruction de tout centre sensoriel entraîne l'abolition des représentations correspondantes, et que la décapitation est la destruction simultanée de tous ces centres. » *Les Conditions physiques de la Conscience*, p. 19.

quent à tout phénomène psychique, de quelque nature
qu'il soit, à la veille, au sommeil, aux rêves, à la perte
et au retour de la conscience dans la syncope, etc. :
elles dominent également l'activité des centres de
la moelle épinière, du mésocéphale et du cerveau.
Ajoutons que, depuis les récents travaux de Steiner,
elles expliquent l'évolution de la conscience, et, par
suite, de l'intelligence, chez les poissons, les reptiles,
les oiseaux et les mammifères.

La conscience, et l'intelligence, « expression subjective de l'une des *phases* du travail d'acquisition et
d'organisation des êtres vivants », ont émigré, au
cours des âges, des ganglions de la moelle épinière,
dans le mésocéphale et l'écorce des hémisphères cérébraux. La conscience spinale s'est ainsi peu à peu éva-
nouie dans le rayonnement toujours plus intense de la
conscience cérébrale. Les centres spinaux, devenus
inconscients, automatiques, chez les vertébrés supérieurs, ne servent plus guère que de voies de transmission, et ne sont plus que le siège de quelques actes
réflexes définitivement organisés. Mais, outre que ces
réflexes spinaux sont les plus anciens titres de noblesse
de l'intelligence, — qui n'est qu'une « complexité
croissante de sensations réflexes corticales », — il est
permis de voir, dans cette histoire de la lente évolution des activités médullaires vers l'équilibre stable de
l'automatisme, l'histoire même des destinées des fonctions les plus hautes du cerveau lui-même.

L'homme serait-il, sans la conscience, une moins
bonne machine intellectuelle? avait demandé Mauds-
ley. Herzen répond qu'en effet « le processus mental
conscient trahit une imperfection de l'organisation cé-

rébrale ». Le musicien, dont les ajustements musculaires, les plus fins et les plus délicats, n'ont été lentement acquis qu'avec le déploiement de la plus vive conscience, ne devient un artiste de talent, un virtuose, que lorsque le mécanisme de ces ajustements innombrables, définitivement organisés, s'exécute inconsciemment et comme à son insu. Il en est de même de l'apprentissage du langage, de l'écriture, du dessin, du calcul, bref, de l'acquisition de toutes les connaissances. Si elles ne sont pas héréditaires, si elles ne trouvent pas un mécanisme préformé, elles ne sont acquises avec conscience que pour rentrer bientôt dans l'inconscience. « La réduction d'un processus psychique simple à l'automatisme est la condition du développement mental, qui serait impossible sans cela : le naturaliste ne reconnaîtrait jamais une plante ou un animal au premier coup d'œil, s'il devait chaque fois avoir la vive conscience de chaque caractère isolément ; le mathématicien ne concevrait même pas l'existence des problèmes les plus élevés, s'il devait chaque fois avoir une conscience nette de la table de multiplication. Et il en est ainsi dans toute notre vie psychique. De sorte que, au fond, *le processus conscient est la phase transitoire d'une organisation cérébrale inférieure à une organisation cérébrale supérieure*[1]. » Les processus psychiques qui nous semblent aujourd'hui les plus compliqués et qui s'accompagnent de la conscience la plus intense, paraîtront un jour fort simples à nos descendants et deviendront automatiques. L'organisation de ces processus psychiques permettra

---

[1] Herzen. *Les Conditions physiques de la Conscience*, p. 34.

de naître à d'autres processus plus complexes, d'ordre toujours plus abstrait et plus élevé. Telle est la loi du progrès de l'intelligence.

Quelles limites est-il permis d'assigner à ce progrès ? Ce progrès n'a d'autres limites que celles de la plasticité évolutive des races humaines. Il s'arrêtera quand manqueront les conditions d'évolution. « Voilà pourquoi, dit Herzen, les animaux que nous nommons inférieurs restent au point où ils en sont : ils ont parcouru toute l'étendue du développement compatible avec leur organisation particulière. » Ainsi, la conscience et l'intelligence seraient, à l'origine, l'instinct et l'automatisme au terme de toute évolution mentale[1]. Il n'y a pas d'apparence que l'homme échappe à cette sorte de cristallisation finale de l'intelligence. Si la réduction de toute activité psychique à un automatisme inconscient est la loi universelle, l'homme ne saurait s'y soustraire dans un avenir que l'on peut rêver aussi éloigné qu'on voudra. Deux causes, selon Herzen, pourraient mettre un terme « à l'orgueilleux *excelsior* de l'espèce humaine » : 1° l'existence d'une limite absolue entre le connaissable et l'inconnaissable ; 2° une limite, également absolue, posée à la perfectibilité du cerveau humain. Dans les deux cas, la conscience finirait sans aucun doute par abandonner l'activité cérébrale ; celle-ci prendrait peu à peu « le

---

[1] Inutile d'indiquer ce qu'il y aurait d'arbitraire dans l'hypothèse qui projetterait, en quelque sorte, la conscience et l'intelligence aux origines mêmes de la vie. La deuxième partie de l'hypothèse de Herzen, qui nous semble vraisemblable, n'implique nécessairement la première que si l'on a en vue des organismes déjà assez hautement différenciés pour qu'un système nerveux central, condition de la conscience, ait apparu. (V. Jules Soury. *La Psychologie physiologique des Protozoaires.* Revue philosophique, janvier 1891.)

caractère instinctif, réflexe, automatique, mécanique » ; elle arriverait ainsi à cet équilibre relativement stable, à cette sorte de paix profonde de l'activité médullaire, si rarement sillonnée par les éclairs d'une conscience obscure.

En dépit des longs espoirs et des étroites pensées de certains savants, qui imaginent pour notre espèce je ne sais quelle éternité, comme s'ils n'imaginaient même pas qu'un temps puisse venir où ils n'auront plus de lecteurs, Herzen nous prédit qu'avant que l'esprit humain ait atteint le terme de son évolution, « le refroidissement graduel du système solaire aura mis fin à la possibilité de la vie sur la surface du globe terrestre ». Voilà une vue des fins dernières et des destinées de l'esprit de l'homme que nous avons nous-même trop souvent esquissée pour ne la point trouver au moins vraisemblable sous cette forme d'hypo-thèse scientifique. En tout cas, cela repose de cet opti-misme béat, vulgaire et sot, si fort du goût des foules et de ceux qui vivent de leurs applaudissements, qu'on rencontre avec surprise chez nombre de savants et de philosophes italiens, chez les plus grands eux-mêmes, tels que Robert Ardigo.

Buccola avait appliqué les lois de Herzen à la patho-génie de l'hypnose et à celle des maladies mentales. Ainsi, dans l'hypnose, la répétition de sensations sim-ples, homogènes, continues, diminuerait ou abolirait la conscience en suspendant le mouvement de désintégra-tion fonctionnelle des cellules nerveuses de l'écorce ; le sentiment de la cénesthésie, dont l'intensité est en raison de la variété des impressions perçues, s'évanoui-rait dans l'espèce de catalepsie où tomberaient les élé-

ments des centres nerveux. Dans la démence et dans
les formes d'affaiblissement profond de l'intelligence,
l'obscurcissement ou l'éclipse de la conscience dériverait de la lenteur ou de la cessation des processus
d'oxydation dans les éléments nerveux de l'écorce.
« Dans les cerveaux atrophiés de ces malades, qui ne
vivent plus que d'une vie végétative, sans se rendre
compte de ce qui se passe autour d'eux ou en eux-mêmes,
écrivait Buccola, la désintégration fonctionnelle de
l'écorce doit être réduite pour ainsi dire à zéro. » Dans
la manie et le délire, où les courants nerveux sont
trop rapides et trop diffus, où les images se transforment aussitôt en réactions motrices, la désintégration
des centres nerveux a lieu, mais avec une durée et une
intensité insuffisantes pour produire un état de conscience. Entré en convalescence, « le malade ne se rappelle pas, si ce n'est quelquefois comme dans un songe,
ce qui a eu lieu ». Avec la puissance inhibitrice de l'attention, les conditions de la persistance et du rappel
des images, partant de la mémoire, ont fait défaut. Au
contraire, dans la mélancolie, dans la lypémanie avec
stupeur, où la vie de relation semble suspendue et
même anéantie, la cénesthésie persiste, et le travail
de l'idéation délirante, sans se traduire au dehors
par des actes, continue : c'est que, suivant Buccola,
les impressions et les images ont une durée et une
intensité suffisantes pour désintégrer le tissu nerveux.
L'attention subsiste ; le malade a conscience des événements internes et externes, et, dans son cerveau, se
fixent des représentations mentales correspondantes.
Aussi le malade convalescent se rappelle-t-il, jusque
dans ses moindres détails, sa vie psychique antérieure.

La conception purement mécanique des processus de la vie de l'intelligence était, chez Buccola, la même que chez Herzen et chez Ardigo[1]. Dans un mémoire sur les *Idées fixes et leurs conditions physiopathologiques*, cet éminent psychologue voyait dans ce qu'il appelle « la convulsion des idées » (ce que Esquirol avait appelé une sorte de catalepsie de l'intelligence) l'équivalent de la convulsion des mouvements.

La volonté ne saurait réfréner le tumulte des contractions musculaires : elle ne réussit pas mieux à maîtriser une image obsédante, une idée morbide qui s'exalte et tend à passer à l'action avec une force irrésistible. L'individu assiste à ce déchaînement de ses réflexes psychiques avec la conscience de son impuissance à les modérer. Là aussi éclate la lutte pour l'existence entre les représentations de l'intelligence, dont les forces inégales, antagonistes, s'opposent, se neutralisent ou assurent le triomphe final de l'image la plus intense. C'est là une loi psychologique tout autant que physiologique ou cosmique : « Dans ce conflit sans trêve, dit Buccola, la forme mentale douée de l'énergie la plus grande survit. Mais, lorsqu'il s'agit du processus morbide des idées fixes, toute lutte est vaine et inutile, et toute résistance contre la pensée dominante ne laisse aucun espoir de vaincre[2].

---

[1] « Le cours des événements psychiques est absolument fatal, ni plus ni moins que celui des événements physiologiques, ni plus ni moins que celui de tous les [événements de la nature.] » R. Ardigo. *La science expérimentale de la pensée*. Leçon faite dans l'aula de l'Université de Padoue (1888). — *Rev. scientif.*, 27 avril 1889.

[2] Buccola. *Le idee fisse e le loro condizioni fisiopatologiche.* — Riv. speriment. di freniatria, 1880, 155. C'est dans cette Revue que Buccola avait publié, en 1881-1882, ses *Etudes de physiologie expérimentale* : I. *La misura degli atti psichici elementari;* II. *La durata del discerni-*

On retrouve ces idées dans une étude récente, et qui nous semble de premier ordre, de Raffaele Brugia et Scip. Marzocchi, *Sur les mouvements systématisés dans quelques formes d'affaiblissement mental*[1]. Par mouvements systématisés ou fixes, ces auteurs entendent les mouvements qu'on appelle d'ordinaire forcés ou incoercibles (*Zwangsbewegungen*), mais ils trouvent cette dernière désignation trop étendue pour exprimer la nature clinique des phénomènes qu'ils étudient.

Ceux-ci sont toujours liés à une altération de l'intelligence, contrairement à ce qu'on observe dans les convulsions partielles ou générales de l'épilepsie, dans l'hystérie, dans un grand nombre d'affections spasmodiques ou choréiques, le latah, le miryachit, les tics convulsifs avec ou sans échokinésie et coprolalie, les suggestions d'actes, etc. « Par mouvements fixes ou systématisés, nous entendons ces mouvements circonscrits, stéréotypés, rhythmiques et coordonnés, qui s'accomplissent involontairement, bien que la volonté puisse jusqu'à un certain point les dominer ; qui ne correspondent à aucun but, en dépit de leur apparence de mouvements intentionnels, et qui, en l'absence de toute activité volitive propre de l'individu, servent d'issue aux états d'excitation, aux décharges motrices du cerveau. » Ces mouvements peuvent être acquis ou congénitaux : parmi ceux-ci, sont les tics et mouve-

mento e della determinazione volitiva; III. *Nuove ricerche sulla durata della localizzazione tattile. La riproduzione delle percezioni di movimento nello spazio visivo.* 1882-1883 : *La memoria organica nel mecanismo della scrittura; Sulla durata delle percezioni olfattive.*

[1] *Dei movimenti sistematizzati in alcune forme di indebolimento mentale.* Archivio ital. per le mal. nerv., 1887, 425.

ments automatiques des idiots ; parmi ceux-là, les tics convulsifs des névropathes non aliénés. L'association automatique, partant involontaire et inconsciente, des idées, des sentiments et des mouvements, est fréquente chez les personnes d'une intelligence inférieure et chez les névropathes. La sobriété des gestes et des mouvements, le pouvoir de les maîtriser et de les contenir, bref, le pouvoir d'inhibition motrice, est, on le sait, un caractère d'organisation supérieure : l'intensité de la conscience est en raison inverse de la diffusion des mouvements, a dit Ferrier.

Les mouvements systématisés étudiés par Brugia et Marzocchi sont donc des réactions automatiques provoquées par des stimuli internes, résultant d'un ensemble de mouvements inconscients, organiquement ou dynamiquement coordonnés en vue d'une fin, et qui se reproduisent toujours les mêmes, consécutivement à l'excitation de leurs centres respectifs. On peut les répartir sous quatre chefs, selon qu'ils ont lieu : 1° par irritation locale des centres corticaux du mouvement, comme dans l'agitation maniaque et les affections convulsives de certaines phrénopathies ; 2° par irritation retentissant directement des ganglions de la base et du bulbe sur les centres moteurs pour y provoquer une réaction automatique cérébrale, phénomène d'autant plus fréquent que l'intensité des représentations, et partant celle de la conscience, est plus faible, que les associations psychiques sont moins complexes et que les excitations peuvent suivre sans encombre les voies de moindre résistance ; 3° par excitations transmises des zones « sensitivo-idéatives » aux centres moteurs corticaux : les cas de tics convulsifs, sur lesquels Charcot et ses élèves ont récemment appelé l'attention, et les idées fixes, si bien étudiées par Buccola et par Tamburini[1], font comprendre la pathogénie de ces troubles ; 4° par excitations fonctionnelles des résidus moteurs (*residui di moto*).

Il n'est pas rare d'observer dans les asiles d'aliénés, chez les déments, certains mouvements uniformes et rhythmiques, qui sont l'expression dernière de gestes, d'attitudes et d'habitudes corporelles en rapport avec les professions ou les occupations anciennes de ces malades. Ces résidus organiques de l'activité psycho-motrice sont les derniers vestiges d'énergies intellectuelles éteintes. Ces mouvements systématisés et fixes, toujours les mêmes chez le même individu, sont tout ce qui reste de la mémoire organique qui présidait à l'automatisme des centres nerveux cérébro-spinaux. Les éléments moteurs de ces régions conservent encore la trace des réactions par lesquelles ils répondaient aux diverses incitations : les résidus de mouvements que présentent ces déments sont donc analogues aux résidus d'idées, et, de fait, ce sont des résidus d'images motrices. La faible énergie musculaire que déploient encore ces malades est inconsciente ; les décharges nerveuses de ces centres ont lieu avec une fatalité d'autant plus assurée que toute fonction supérieure d'inhibition est éteinte dans ces cerveaux en ruines.

Dans cet ordre de recherches encore, Bianchi a publié, sur le tremblement des paralytiques généraux[2],

---

[1] *Sulla pazzia del dubbio con timore del contatto e sulle idee fisse ed impulsive.* Reggio Emilia, 1883.

[2] L. Bianchi. *Contribuzione alla nozione semiotica del tremore della paralisi progressiva.* Napoli, 1889.

une étude où cette altération de la motilité est constamment rapprochée des troubles psychiques du même genre des idées et des émotions chez ces malades. Bianchi a d'abord trouvé que, dans les deux tiers des cas, les mains participent au tremblement de la face et de la langue. La méthode graphique démontre que les stimulations successives d'où résulte la contraction des muscles volontaires, — ce « tétanos physiologique », comme l'a appelé Morselli[1], — sont très ralenties chez ces malades; que la fusion des énergies dirigées sur un groupe musculaire fait défaut; que la force psycho-motrice se diffuse et se perd par des voies collatérales, même lointaines. Or, les phénomènes psychiques sont ici frappés au même coin que ces phénomènes moteurs élémentaires : diffusion, incohérence, arhythmie, épuisement rapide des processus nerveux, voilà ce qui les caractérise.

Bianchi compare aux oscillations irrégulières du sommet des courbes de ses tracés, la mobilité extrême du plateau des ondes psychiques, qui sans cesse se soulèvent et s'abaissent pour disparaître dans l'océan de l'inconscient. L'apparition fréquente, même à l'état de repos, de contractions fugaces, représente, dit-il, chez ces malades, dans le domaine de la motilité, ce qu'est dans celui de l'intelligence l'apparition subite d'idées et d'émotions sans liens d'association

---

[1] E. Morselli. *Sulla dinamografia e sue applicazioni al diagnostico dei disordini motorii nelle malattie nervose. Riv. speriment. di fren.*, 1884, 265; 1885, 221. Cf., p. 223, l'important paragraphe consacré à la *paralysie générale progressive des aliénés*, et les tracés dynamographiques d'aliénés paralytiques. La courbe de contraction volontaire se présente comme une ligne brisée; l'innervation motrice est désordonnée et affaiblie en même temps ; les efforts, assez intenses, sont suivis d'une prompte résolution musculaire.

évidents [1], si caractéristiques dans certaines formes
d'excitation de la paralysie générale. La diffusion des
impulsions volontaires sur un grand nombre de groupes
musculaires, souvent fort éloignés, le défaut de fusion
et de direction des courants nerveux psycho-moteurs,
correspondent, selon lui, au soulèvement tumultueux
des représentations mentales, dont quelques-unes seulement atteignent à peine le seuil de la conscience,
pour retomber bientôt, incohérentes et désordonnées.
Bianchi rapproche de la faiblesse dynamométrique du
groupe musculaire sur lequel un courant nerveux est
primitivement dirigé, l'affaiblissement des notions du
plus vulgaire bon sens, de toute raison et de tout jugement chez ces malades. La forme convulsive que revêt
ici, au début, tout mouvement volontaire, lequel s'é-
puise avant d'avoir atteint son but, répondrait à l'ex-
trème vivacité avec laquelle surgissent les représentations mentales. Par exemple, si, chez un paralytique,
la représentation mentale d'une pièce d'or vient à sur-
gir, le concept abstrait de cet objet, tel qu'il résulte
d'innombrables associations, lui fait défaut : il ne voit
que l'or, dont l'éclatante vision éblouit en quelque
sorte, momentanément, sa conscience, et qui, jusqu'à
ce que l'image pâlisse et s'éteigne, empêche de naître
toute autre représentation mentale. Ces rapports si
étroits d'analogie entre le tremblement et les autres
phénomènes mentaux des paralytiques généraux indiquent quelle part doivent prendre à la pathogénie de ce

[1] Eug. Tanzi a remarqué avec finesse qu'avant de juger incohérentes
des suites en apparence inextricables de pensées, comme dans la démence, on devrait bien chercher s'il n'existe pas quelque fil invisible ou
très subtil d'association entre ces idées. *Intorno alla associazione delle
idee. Rev. di filos. scientif.*, 1888.

phénomène les centres nerveux de l'écorce cérébrale
dont la désorganisation s'exprime, fonctionnellement,
par les processus que nous venons de rappeler, et qui
se résument tous dans un seul, l'affaiblissement progressif.

Mais le travail le plus profond, et d'une très grande
portée pour l'explication scientifique des idées et
des impulsions incoercibles, est dû à Tamburini [1].
Dans son mémoire sur les *hallucinations motrices*, ce
savant n'a eu qu'à rappeler les idées vraiment géniales de son hypothèse des centres mixtes de l'écorce
cérébrale, hypothèse présentée en 1876, et que nous
avons exposée plus haut, pour édifier une théorie
complète, et peut-être définitive, non seulement des
hallucinations, mais de toutes les réactions motrices
qui, à quelque degré que ce soit, accompagnent toujours les processus psychiques. La nature mixte des
centres fonctionnels de l'écorce cérébrale étant admise (et les recherches postérieures des physiologistes, des cliniciens et des histologistes (Golgi) sont
décidément favorables à l'hypothèse de Tamburini),
l'excitation d'un centre quelconque de l'écorce doit
provoquer à la fois, s'il s'agit par exemple d'un centre
« moteur » : 1° le réveil des images de sensibilité tactile et musculaire qui accompagnent le mouvement
considéré, et dont le complexus constitue la représentation idéale de ce mouvement ; 2° l'impulsus centrifuge vers les nerfs et les muscles qui doivent être mis
en jeu pour la production du mouvement. La sensation

---

[1] A. Tamburini. *Sulle allucinazioni motorie.* — Riv. speriment. di
fren. vol. XV, 1889. Communic. al VI Congr. freniatr. ital. In Novara.
Sett. 1889.

d'innervation motrice, c'est la conscience de l'excitation fonctionnelle des éléments nerveux sensitifs d'un centre sensitivo-moteur de l'écorce cérébrale, excitation qui a lieu en même temps que celle des éléments « moteurs » de ce centre. La représentation d'un mouvement, qu'elle soit physiologique ou pathologique, c'est le réveil des images sensitives, tactiles et musculaires, qui accompagnent la phase centrifuge d'une idée motrice : quoiqu'il n'y ait point de mouvement effectué, les nerfs moteurs et les muscles sont affectés, à l'état faible, comme ils l'ont été et comme ils le seraient, à l'état fort, si un mouvement véritable se produisait.

Trois phases caractérisent, selon Tamburini, les processus des représentations motrices : 1° la *phase centrale* est constituée par le réveil, dans un centre cortical, des images sensitives du mouvement; 2° la *phase centrifuge* est constituée par l'impulsion motrice qui, du même centre, va vers les nerfs et les muscles destinés au mouvement; 3° la *phase centripète* est constituée par la perception centrale des modifications survenues dans les appareils périphériques du mouvement (muscles, tendons, aponévroses, etc.) consécutivement à l'arrivée de l'impulsion motrice. Cette dernière phase est la plus importante pour l'organisation des représentations idéales du mouvement. Mais une fois ces représentations organisées dans les centres correspondants de l'écorce cérébrale, les parties périphériques du corps peuvent manquer, ainsi qu'on le voit dans les hallucinations des amputés, sans que les images motrices et la conscience du mouvement accompli fassent défaut. La phase centrale et la phase centrifuge du processus suffisent pour produire l'illusion, non seulement de l'existence, mais du déplacement et du mouvement des parties absentes ou frappées d'anesthésie tactile et musculaire : l'éveil des images motrices et de la projection de ces états internes au dehors par le canal de l'impulsus centrifuge, toujours simultané, créent de toutes pièces les hallucinations du mouvement.

Cette genèse des hallucinations motrices vaut pour toutes les hallucinations en général, puisque tous les centres de l'écorce cérébrale, et non pas seulement les centres dits moteurs, sont mixtes, et sont par conséquent, à la fois, des centres de perception des impressions de la sensibilité générale ou de la sensibilité spécifique de chaque partie correspondante du corps, et des points de départ des impulsions motrices en rapport avec ces parties. Le mécanisme des hallucinations motrices des membres et de la face ne diffère donc point de celui des hallucinations de la vision, par exemple, tel qu'il a été déjà expliqué. L'excitation, normale ou pathologique, du centre cortical de la vision déterminera, selon Tamburini, outre une perception visuelle, une sensation des mouvements de l'œil, une représentation motrice, consciente ou inconsciente, constituée par des images tactiles et musculaires des mouvements de l'œil, représentation nécessairement liée à cet acte fonctionnel, et qui en constitue la phase centrifuge. Ce sentiment d'innervation des muscles de l'œil, accompagnant la perception visuelle, expliquerait même le fait de la projection et de la localisation dans l'espace des hallucinations, en particulier de celle de la vue.

Les hallucinations de la sensibilité et celle de la

motilité doivent donc être ramenées à des processus
au fond identiques. J'ajoute qu'il n'y a point lieu d'en
être surpris, puisque les unes et les autres ne sont,
en dépit des apparences et surtout des mots, que
l'expression d'une seule et unique propriété des cellules nerveuses de l'écorce cérébrale, j'entends de la
propriété d'être impressionnées ou sensibles. Les réactions motrices sont le fait des appareils périphériques
de mouvement avec lesquels toutes les régions de
l'écorce sont en rapport anatomique et fonctionnel.
Mais, quelle que soit la propriété spécifique, acquise
au cours de l'évolution phylogénique, des cellules
nerveuses de telle ou telle aire corticale, elle est
toujours réductible à un mode de sensibilité.

C'est particulièrement dans la sphère motrice du
langage articulé que les hallucinations de la motilité
ont été étudiées dans ces derniers temps. Après Séglas,
dont il cite les beaux travaux sur les hallucinations
verbales motrices [1], Tamburini rapporte un cas tout à
fait pur du même genre, caractérisé par la perception
nette de mots que la malade « sent dans sa bouche »,
c'est-à-dire par des sensations de très légers mouvements de la langue, et cela alors même que la malade
exécute en parlant des mouvements volontaires avec
sa langue, ou que celle-ci est fortement immobilisée
hors de la bouche. D'ailleurs aucune hallucination verbale de la vue ni de l'audition, et point d'idée délirante de persécution. Il s'agit donc bien d'images
motrices morbidement intenses, telles que le sont

[1] Séglas. *L'hallucination dans ses rapports avec la fonction du langage; les hallucinations psycho-motrices.* Progrès médical, août 1888;
10 août 1889. *De l'antagonisme des idées délirantes chez les aliénés.*
Ann. médico-psychol., janv. 1889.

celles des hallucinations ; la parole n'est pas perçue comme un processus central : elle est projetée aux parties où va l'impulsus centrifuge. La malade éprouve donc une sensation aussi nette que celle qui se produirait si la parole était réellement prononcée. C'est ainsi que dans une hallucination de la vue, l'image représentative équivaut à celle de la vision réelle. Au lieu d'être situé dans le lobe occipital, comme ce serait le cas dans une hallucination de cette nature, le siège de l'hallucination verbale motrice est localisé dans la région inférieure de la FA et dans le pied de la F_3 ; voilà tout.

La condition nécessaire et suffisante d'une hallucination motrice verbale pure est la production simultanée dans le centre cortical irrité : 1° d'images sensitives des mouvements correspondant à la projection des représentations verbales motrices ; 2° d'un courant nerveux centrifuge qui, suivant le degré d'irritation pathologique du centre considéré, déterminera dans les nerfs et dans les muscles destinés à l'articulation, ou des états faibles d'innervation périphérique qui, sans qu'il y ait d'articulation véritable, provoqueront une sensation analogue pour la conscience ; ou des rudiments d'articulation perceptibles seulement pour le malade ; ou des mouvements réels, mais toujours sans qu'aucune parole soit prononcée en réalité. Toutefois, avec la durée et l'intensité de l'excitation du centre cortical, une émission de mots pourra se produire : ce sera un cas d'*impulsion incoercible*, qui constitue pour Tamburini une sorte d'épilepsie.

Or si une irritation pathologique d'un centre fonctionnel du cerveau, tel que celui de l'articulation, ou de l'hypoglosse, ou du larynx, est capable de produire isolément une hallucination motrice corrélative, il n'y a pas de raison pour qu'une irritation du même genre siégeant sur d'autres aires corticales, n'y détermine des hallucinations motrices de n'importe quelle région correspondante du corps. Et il en est bien ainsi. A ce propos, Tamburini a rappelé les hallucinations motrices graphiques des médiums écrivant, les hallucinations motrices que nous éprouvons tous en rêve lorsque, sans nous mouvoir, nous avons la sensation d'une chute du haut d'une tour ou dans un précipice, etc., enfin les hallucinations motrices de tant d'aliénés et de spirites qui croient voler, et celles en particulier des sorcières, qui témoignaient, jusque sur le bûcher, de s'être senties emportées dans les airs sur le manche d'un balai.

Les travaux des physiologistes et des cliniciens italiens sur les rapports de la circulation du sang avec les fonctions du cerveau comptent, on le sait, parmi les plus solides et les plus originaux de notre siècle. Les expériences fameuses, depuis longtemps classiques, de Mosso, exécutées, à l'aide du pléthysmographe, sur deux hommes et une femme qui présentaient une perte considérable des os frontaux, en démontrant que, pendant l'activité cérébrale, ou sous l'influence de sensations et d'émotions, l'avant-bras, dont le pouls devient plus fréquent et plus petit, diminue de volume, tandis qu'augmente le volume du cerveau, par suite d'un afflux de sang plus considérable, — ont établi qu'il n'en va pas autrement pour le cerveau qui travaille que pour le muscle qui se contracte ou pour la glande qui fonctionne : la circulation y est plus rapide et le sang y afflue en plus grande quantité[1]. Et l'augmentation de volume du cerveau dans ces circonstances ne dépend ni des modifications de l'activité cardiaque ni de celles de la respiration, ainsi que Gley, se rangeant à l'opinion de Mosso, l'a établi contre Franck, quoique le nombre des battements du cœur soit en raison directe de l'intensité de l'attention[2] : cette suractivité de la circulation cérébrale est due, selon Gley, à une influence vaso-motrice. Les cellules cérébrales, excitées, réagissent à leur tour sur les fibres vaso-motrices des artères carotides et les dilatent ; ces artères, recevant alors une plus grande quantité de sang, déterminent, par le canal des artérioles et des capillaires, également dilatés, une irrigation sanguine plus active et plus abondante de la substance grise du cerveau.

La circulation éveille et entretient l'activité du cerveau, mais les fonctions de cet organe, les sensations, les pensées et les émotions, modifient à chaque instant la vitesse et l'ampleur du courant sanguin.

Les expériences de Mosso, appliquées à l'étude de la circulation cérébrale pendant le sommeil, ont aussi démontré l'existence des *perceptions inconscientes*. Une voix, un bruit, toute espèce d'impression sensible provoquent une contraction des vaisseaux de l'avant-bras

---

[1] Mosso. *La circolazione del sangue nel cervello dell'uomo; ricerche sfigmografiche.* Atti della R. Accad. dei Lincei, 1880. *Influenza del sistema nervoso sulla temperatura animale.* — Archiv. per le scienze mediche. Torino, 1886. — *La doctrine de la fièvre et les centres thermiques cérébraux.* Etude sur l'action des antipyrétiques. — Giorn. d. R. Accad. d. med. di Torino, 1889, et Arch. ital. de biol., XIII, 1890, 451.

[2] Gley. *Etude expérimentale sur l'état du pouls carotidien pendant le travail intellectuel.* Paris, 1881. Cf. *De l'influence du travail intellectuel sur la température générale.* C. R. de la Soc. de biol., 1884, 265.

et une augmentation d'afflux du sang dans le cerveau de l'individu endormi; au réveil, il n'a aucune conscience des processus psychiques, très réels pourtant, qui ont accompagné ces modifications de la circulation cérébrale déterminées par des excitations extérieures.

Seppilli et Tamburini, dans leurs études sur les phénomènes de l'hypnose[1], ont rapproché de ces faits ce qui s'observe lorsque, dans le somnambulisme provoqué, une impression des sens suscite un certain ordre d'idées et d'actes correspondants sans que l'individu, une fois réveillé, en conserve le plus léger souvenir. Ainsi, chez une hystérique en léthargie, l'ouverture des yeux, la vibration d'un diapason, une piqûre d'épingle, l'articulation du nom de la malade, déterminent une diminution du volume de l'avant-bras. L'analogie ne permet-elle pas d'admettre que, dans l'hypnose comme dans le sommeil normal, les stimuli externes, en réveillant l'activité du cerveau, provoquent un afflux plus considérable du sang dans cet organe ? En tous cas, les observations et les expériences de Mosso démontraient une fois de plus que l'activité cérébrale existe et persiste sans que la conscience en ait la moindre notion[2].

Quelle influence les diverses perceptions simples exercent-elles sur l'état de la circulation cérébrale ? Les variations de la circulation cérébrale sont-elles

---

[1] Tamburini et Seppilli. *Ricerche sui fenomeni di moto, di senso, del respiro e del circollo nelle cosi dette fasi letargica, cataletlica, somnambolica de l'ipnosi.* — Riv. speriment. di fren., 1882. — Seppilli. *La circolazione del sangue nel cervello in relazione ai fenomeni psichici.* — Riv. di fisolofia scientif., 1882.

[2] Cf. Tito Vignoli. *Psicofisica. Intorno ad alcuni intervalli incoscienti in una serie coordinata di atti psichici.* Ricerche lette al R. Istit. Lombardo, 1886.

une condition déterminante de ces perceptions ou ne font-elles que les accompagner ou les suivre? Pour le savoir, Morselli et Bordoni-Uffreduzzi ont exécuté une centaine d'expériences, au moyen de stimuli tactiles, électriques, olfactifs, acoustiques, lumineux, etc., et à l'aide d'instruments enregistreurs, sur un homme qui présentait une large perte de substance du crâne dans la région temporo-pariétale gauche[1]. En général, toute perception est *suivie* d'une augmentation du volume du cerveau : celle-ci est en raison directe de l'intensité du stimulus et en raison inverse de ce que ces auteurs appellent le degré d'élévation psychique des perceptions. Le temps où se manifestent les variations de la circulation cérébrale, consécutives à l'action des stimuli, est beaucoup plus long que celui du processus physiologique des perceptions. On en doit conclure que ces modifications de la circulation sont l'effet, et non la cause déterminante, des actions réflexes cérébrales provoquées par les perceptions. Bianchi, depuis, a aussi écrit que, à l'état normal comme à l'état pathologique, ces variations dans la circulation et la pression sanguines doivent plutôt être considérées comme des effets que comme des causes de l'activité psychique. « Qui pourrait affirmer, dit-il, que l'hyperhémie soit la cause de la manie ? » De même pour l'anémie cérébrale dans la mélancolie[2]. Citons encore les *Recherches sur la circulation cérébrale* de G. Rummo et Ferrannini, de Naples, qui ont

---

[1] Morselli et Bordoni-Uffreduzzi. *Sui cangiamenti della circolazione cerebrale prodotti dalle diverse percezioni simplici.* — Archiv. di psichiatria, 1884.

[2] L. Bianchi. *Gli orrizonti della psichiatria,* p. 22.

étudié le pouls cérébral chez deux individus présentant une ouverture du crâne : les variations de la circulation cérébrale pendant le sommeil leur paraissent également être l'effet, et non la cause, du sommeil[1].

Les recherches thermo-électriques de Tanzi sur les variations thermiques du cerveau pendant les états émotifs ne continuent pas seulement avec éclat celles de Schiff : elles mènent plus loin et, entre autres voies nouvelles, elles paraissent bien avoir ouvert celle qui relie directement la psychologie, la science des fonctions du système nerveux, aux sciences physico-chimiques.

On se rappelle, en France, la discussion, si élevée et si belle, qui eut lieu naguère, dans la *Revue scientifique*, sur la nature de la pensée. Un éminent chimiste, M. Armand Gautier, avait soutenu que les différents processus psychiques, sensations, perceptions, images, concepts, etc., seraient de « pures formes perçues dans les organes mêmes qui en sont le siège[2] ». Pourquoi les physiologistes affirment-ils que la pensée est une transformation de l'énergie, c'est-à-dire une forme spéciale de l'énergie, comme le mouvement, la chaleur et l'électricité?—Les phénomènes psychiques, disent-ils, ont un équivalent mécanique, thermique, chimique; l'animal qui pense perd une partie de son énergie. — Voilà ce qu'il faudrait prouver, objectait Gautier : il faudrait montrer, ou bien que les phéno-

---

[1] Archives italiennes de biologie, IX, 1887, 57. Cf. Cappelli et Brugia. *Sulle variazioni locali del polso nell' avambraccio e nel cervello dell uomo per effetto di alcuni agenti terapeutici.* Archiv. di psich. 1886.

[2] *Rev. scientifique*, 11 et 18 déc. 1886; 1ᵉʳ janv. 1887. *La pensée n'est pas une forme de l'énergie, c'est la perception des états intérieurs et de leurs relations.*

mènes psychiques ne peuvent apparaître qu'en faisant disparaître une quantité proportionnelle de l'énergie, cinétique ou potentielle, ou, tout au moins, qu'ils se transforment en mouvement, chaleur, électricité, etc. L'observation, continuait Gautier, a justement établi le contraire : témoin les expériences de Schiff sur l'échauffement des nerfs et des centres nerveux à la suite des irritations sensitives, sensorielles et psychiques. Les expériences de Schiff prouvent que le cerveau *s'échauffe* lorsqu'il reçoit et élabore les impressions d'origine externe qui suscitent la pensée. Or, dans l'hypothèse d'une transformation d'une partie de l'énergie calorique ou électrique en pensée, « le cerveau devrait *se refroidir*, ou son potentiel électrique baisser, ou bien la consommation de ses réserves produire une moindre température qu'à l'état normal ». C'est donc une erreur de donner précisément comme une preuve indirecte de l'équivalence mécanique de la pensée, l'élévation de la température et l'augmentation des déchets chimiques qui accompagnent le travail cérébral. Ainsi, il faut admettre, concluait A. Gautier, et c'était pour lui l'évidence même, que « la sensation, la pensée, le travail d'esprit n'ont point d'équivalent mécanique, c'est-à-dire qu'ils ne dépensent point d'énergie. Ils ne sont point, à proprement parler, un *travail*, un produit de l'énergie mécanique ou chimique. Ils sont encore moins une force, car s'ils ne font point disparaître d'énergie en se produisant, ils n'en font point aussi apparaître ».

Les réponses que les physiologistes ont faites à cette argumentation d'Armand Gautier sont à coup sûr victorieuses. Charles Richet, avec sa simplicité et sa pré-

cision ordinaires, qui n'excluent pas l'éloquence, a
rappelé, comme il aime à le faire, que, depuis Lavoisier, l'être vivant est une « machine à force chimique ».
« Les phénomènes de la vie sont des phénomènes physiques et chimiques; Lavoisier l'a établi; Magendie,
W. Edwards, Jean Muller, Helmholtz, Cl. Bernard l'ont
répété après Lavoisier. La physiologie est un chapitre
de la physique et de la chimie »[1]. Comment, seules,
les fonctions du système nerveux se manifesteraient-
elles sans résulter d'une énergie quelconque, sans
avoir un équivalent thermique ou mécanique ? Le travail psychique doit être, autant que possible, assimilé
au travail musculaire; l'équation est la même pour le
muscle que pour le cerveau. « On pourrait évaluer,
avait écrit Lavoisier, ce qu'il y a de mécanique dans
le travail du philosophe qui réfléchit, de l'homme de
lettres qui écrit, du musicien qui compose. Ces efforts,
considérés comme purement moraux, ont quelque
chose de physique et de matériel qui permet, sous ce
rapport, de les comparer à ce que fait l'homme de
peine. » La pensée, comme le mouvement musculaire,
sont des effets de l'action chimique. La pensée est
donc un phénomène chimique, et, si elle est un

---

[1] Ch. Richet. *Le travail psychique et la force chimique. Rev. scientif.*,
1886, XII, 788. *La pensée et le travail chimique*, XIII, 83. Cf. *La physiologie et la médecine*. Leçon d'ouverture du cours de physiologie, Paris,
1888, p. 16. V. aussi E. Lambling, — *Des origines de la chaleur et de la
force chez les êtres vivants*, Paris, 1886. « L'application des lois physico-
chimiques aux phénomènes biologiques est sans restriction. Le
domaine des sciences physico-chimiques aujourd'hui comprend la biologie. » (P. IX.) Rappelons encore ces paroles de Bianchi, si fort en
accord avec les idées de l'école expérimentale des physiologistes et
des cliniciens italiens : « Ce sont les lois physiques mêmes que l'on
rencontre partout comme fondement de l'organisme mental. » *Sur la
polarisation psychique dans la phase somnambulique de l'hypnotisme*,
par L. Bianchi et Guelfo von Sommer. — *Rev. philos.*, XXIII, 149.

phénomène chimique, elle est soumise au principe de la conservation de l'énergie. En outre, A. Gautier ayant dit que la sensation, la mémoire, l'intelligence, ne pouvaient avoir d'équivalent mécanique parce qu'elles ne sont que des « phénomènes de vision intérieure », Charles Richet, avec toute raison, témoignait ne pouvoir comprendre pourquoi une pareille vision, la perception d'une forme, celle d'états intérieurs et de leurs rapports, ne représentent pas un certain *travail?*

De même, Herzen a fait la remarque, absolument juste, que cette « perception des états internes » est une définition de la conscience, et non de l'activité psychique en général, qui peut être consciente ou inconsciente [1]. La pensée, *travail* intellectuel, a certainement été confondue par A. Gautier avec un *état* essentiellement variable et transitoire de la pensée, la conscience : « L'animal qui pense, c'est l'organisme observant lui-même ses modifications et percevant leurs rapports. » Non, répond Herzen, cette vue intérieure, c'est l'état de conscience, comme l'a dit d'ailleurs expressément Spinoza, dans la proposition de l'*Éthique* qu'a citée A. Gautier lui-même.

Mais, et c'est là que j'en veux venir, pour montrer toute la portée des recherches thermo-électriques de Tanzi sur le cerveau, les physiologistes français ne se sont pas bornés à ces questions de définition : ils ont très bien compris l'objection, en effet capitale, d'A. Gautier, j'entends ce qui a trait au refroidissement du muscle ou du cerveau actif, et ils y ont répondu. Mais

---

[1] **A. Herzen.** *L'activité musculaire et l'équivalence des forces. Rev. scientif.*, 19 févr. 1887, XIII, 237.

quelques mots encore sur les *Remarques anatomiques à l'occasion de la nature de la pensée*[1] qu'a publiées G. Pouchet. Nous citerons la *Lettre* de Golgi que ces *Remarques* ont value au savant professeur du Muséum d'histoire naturelle. G. Pouchet estime qu'il n'existe pas plus de preuves en faveur du sentiment de Richet et de Herzen qu'à l'appui de celui de Gautier, et que, de longtemps sans doute, on ne les pourra fournir. « Quel est, demande-t-il, le calorimètre assez sensible pour accuser l'échauffement ou le refroidissement d'une masse aussi petite (les myélocytes de Robin), et y retrouver, en fraction de calorie, l'équivalent d'un travail intime quelconque ? » Et l'équivalent chimique de la pensée serait aussi impossible à trouver que l'équivalent thermique : alors même, en effet, qu'on parviendrait à isoler, dans les résidus de l'organisme, ce qui provient du muscle et ce qui provient de la substance nerveuse, le moyen de ne tenir compte que des produits de désassimilation de l'élément nerveux vraiment actif ? Cette « partie de la substance nerveuse où l'activité s'exerce sous la forme propre de volition est infime, comparée à celle où doit s'exercer l'activité motrice inconsciente, mise en jeu consécutivement, et qu'on doit supposer adéquate à la modification moléculaire survenant dans les muscles ». Pour G. Pouchet, « c'est se faire une idée très fausse du siège des facultés intellectuelles ou psychiques proprement dites, que de le placer dans les éléments anatomiques désignés habituellement sous le nom de cellules nerveuses. Celles-ci, toujours d'un volume

Rev. scientif., 5 févr. 1887

notable, toujours réliées à un grand nombre de conducteurs élémentaires, ne jouent, selon toute apparence, qu'un rôle accessoire comme collecteurs, accumulateurs, diffuseurs d'énergie nerveuse. Tout porte à penser qu'elles ne sont jamais le siège d'actes psychiques proprement dits, d'actes conscients, tels qu'une perception, une volition... Tout indique, au contraire, que le véritable siège des facultés conscientes est dans les petits éléments nerveux déterminés, pour la première fois, comme tels, par Ch. Robin, et qu'il a nommés myélocytes ». Les myélocytes ont de 5 à 6 μ de diamètre, rarement 8, d'après Robin. Encore la plus grande partie du « myélocyte conscient » est-elle occupée par un noyau ; or, « tout ce que nons savons en anatomie générale autorise à penser que ce noyau, quoique nécessaire peut-être au maintien de la substance cellulaire, n'en partage point les qualités fonctionnelles propres. Il faudrait réduire, en ce cas, de 9/10, tout au moins, la quantité de substance cérébrale pensante. On peut admettre que les facultés propres qui font l'homme de génie sont toujours immanentes à un poids très faible de substance cellulaire nerveuse. Les *Principes* de Newton, l'*Enfer* de Dante n'ont peut-être pas été élaborés dans plus d'un millimètre cube de substance vivante ».

Les physiologistes et les anatomistes italiens paraissent avoir été beaucoup plus émus qu'on ne l'a été, de ce côté-ci des Alpes, par cette conception étrange de M. G. Pouchet. Herzen en particulier témoigna ne pouvoir découvrir sur quoi G. Pouchet se fonde pour localiser ainsi les fonctions psychiques proprement dites dans les myélocytes. Je ne le vois pas non plus ;

ce n'est point, à coup sûr, la considération de quantité ou de volume de l'élément anatomique que G. Pouchet considère comme nerveux, qui me ferait reculer ; car on ne saurait imaginer de rapport nécessaire d'aucune sorte entre la forme d'un élément nerveux et sa fonction. En ce domaine, si obscur encore, de la connaissance, tout est possible. Je n'ai pas non plus d'objection contre la déchéance fonctionnelle dont sont encore frappées ici les cellules nerveuses ; nous avons assisté déjà à d'autres verdicts du même genre. Je voudrais seulement quelque preuve à l'appui de la nature des fonctions attribuées à ces myélocytes. Je le voudrais, comme Lombroso qui, fort étonné et rendu perplexe par l'article de G. Pouchet, écrivit au célèbre professeur d'histologie de Pavie, à Golgi lui-même, pour avoir son sentiment sur ce travail. Voici, sans commentaire, la lettre par laquelle Golgi a répondu à Lombroso :

« Pavie, 15 mars 1887.

« Dans l'article de G. Pouchet : *Remarques anatomiques à l'occasion de la nature de la pensée*, je ne vois d'anatomique que le titre. Tout l'écrit, je le jugerai plutôt une fantaisie anatomo-physiologique (*una fantasia anatomo-fisiologica*). Avant tout, pour m'assurer une base anatomique, je demanderai : Où sont et quels sont ces éléments du tissu cérébral que Robin a voulu baptiser du nom de myélocytes ? Vraisemblablement, il ne s'agit point d'éléments nerveux. S'ils le sont, certes Robin n'a pu le dire, parce qu'il manquait du criterium indispensable pour juger de la nature nerveuse des diverses catégories d'éléments constituant le tissu cérébral.

« Cela suffirait pour qualifier de fantaisiste un raisonnement tendant à démontrer qu'à ces éléments incombe l'une ou l'autre des fonctions spécifiques relatives au système nerveux.

« Mais il y a plus. A mesure que progressent nos connaissances sur l'anatomie fine des organes nerveux centraux, il apparaît toujours plus clairement que, comme il existe anatomiquement, il doit aussi exister fonctionnellement un lien étroit entre les diverses catégories d'éléments nerveux, et qu'une délimitation rigoureuse de groupes cellulaires ou de zones nerveuses est impossible. Aussi, vouloir localiser avec précision une fonction dans un élément ou dans un groupe plus ou moins étendu de ces éléments, c'est un pur artifice.

« De catégories cellulaires qui aient une indépendance anatomique quelconque, je n'en connais pas. Cela étant, de quel droit localiser une des fonctions spécifiques des organes nerveux (les facultés intellectuelles !) dans tel ou tel groupe de cellules?

« Si je disais que les fonctions dites intellectuelles représentent la somme des activités coordonnées de tous les éléments nerveux — aucune catégorie exclue, — je pourrais bien faire, à l'appui de cette idée, un raisonnement à base *anatomique*, mais je m'en garderai bien, car, sans l'apparatus nécessaire des détails techniques d'histologie, qui ne seraient pas ici à leur place, à mon tour, je pourrais être taxé de faire de la *fantaisie*.   C. GOLGI[1]. »

Revenons à l'étude des variations thermiques, et, en particulier, à celle du refroidissement du muscle, telle qu'elle existait avant les recherches thermo-électriques des physiologistes italiens sur la température des centres nerveux durant le travail psychique. Dans sa réponse à A. Gautier, Ch. Richet a rappelé que Béclard avait établi que, en outre du phénomène résultant de toute contraction musculaire, c'est-à-dire de la production de chaleur, un phénomène inverse accompagnait le travail positif du muscle : la chaleur diminuait. Des expériences faites par Béclard sur lui-même, à l'aide de thermomètres gradués en 50° de degré centigrade, prenant la température au travers des téguments, il résultait que la contraction muscu-laire statique, c'est-à-dire celle du muscle dont la puissance est maintenue en équilibre par une résis-

---

[1] *Archivio di psichiatria, sienze penali ed antropologia criminale*, VIII (1887), 200. Cf. J. Chatin. *La cellule nerveuse. 'Etudes d'histologie zoologiques sur la forme dite myélocite*. Paris, 1890. « Il serait certainement prématuré, dit l'auteur, de vouloir définir le rôle de ces cellules. »

tance qui n'est pas surmontée, développe toujours une quantité de chaleur supérieure à celle de la contraction musculaire dynamique, c'est-à-dire accompagnée d'effets mécaniques extérieurs, de travail utile ou positif [1]. Béclard en tirait dès lors cette conclusion, que « la contraction musculaire n'est pas une source de chaleur à la manière dont les physiologistes le pensent, mais qu'il n'y a que la partie de la force musculaire *non utilisée* comme travail mécanique qui apparaisse sous forme de chaleur ». Ailleurs, Béclard note expressément que « la quantité de chaleur qui disparaît du muscle quand il produit un travail mécanique extérieur, correspond à l'effet mécanique produit. La chaleur musculaire n'est que complémentaire du travail mécanique utile produit par la contraction. Quand l'animal est en mouvement, une partie des actions chimiques qui s'accomplissent dans les muscles a pour *équivalent* le *travail* effectué par ce mouvement; le reste seul apparaît sous forme de chaleur. Par conséquent, à une même somme d'action chimique produite dans l'intérieur des muscles, répond un dégagement de *chaleur moindre* dans l'état de mouvement que dans l'état de repos [2] ». Et l'éminent physiologiste, voyant clairement, dans une sorte de vision prophétique, toute la portée de sa découverte, écrivait ces paroles, qui en résument la haute philosophie, et auxquelles l'avenir le plus lointain n'aura sans doute rien à changer : « Il s'agit de la transformation et de

---

[1] J. Béclard. *De la chaleur produite pendant le travail de la contraction musculaire.* C. R. de l'Acad. des sciences, 1860, I, 471. Cf. Archives générales de médecine, XVII, 1861.

[2] J. Béclard. *Traité élémentaire de physiologie,* 7ᵉ édit., Paris, 1880, I, p. 550-551. Cf. II, 69 sq.

la corrélation des forces, l'une des plus grandes questions de la science moderne, et ces faits rattachent l'animal, par un nouvel anneau, à l'ensemble de l'univers. »

Comparé au phénomène de thermogenèse qui, par son intensité, le masquait presque, le phénomène d'absorption de chaleur résultant du travail positif du muscle se trouvait sans doute de valeur numérique minime ; mais il existait d'une façon appréciable : Béclard l'avait constaté dès 1860. Si l'on appliquait à l'activité musculaire le raisonnement que A. Gautier applique à l'activité psychique, on pourrait dire, comme le fait remarquer Ch. Richet : le muscle s'échauffe, donc il ne produit pas de travail. Or, on sait déjà que, dans la « phase dynamique » de la contraction musculaire, dans la phase du travail positif, le muscle se refroidit. Le postulat d'Armand Gautier est donc déjà en partie vérifié par les faits.

Dans leurs observations thermo-galvanométriques sur l'activité musculaire, Solger, Mayerstein, Thiry, Mosso, ont vu, au début de la contraction, une légère déviation dans le sens du refroidissement. Les expériences de Fick, Marc Dufour et Herzen, ont aussi accusé un léger refroidissement au début du travail positif du muscle[1]. « En 1883, écrivait Herzen, ayant à ma disposition un homme et un chien, tous deux munis de fistules gastriques de trois centimètres de diamètre, j'en profitai pour fixer un thermomètre dans l'estomac, de façon à pouvoir l'observer à chaque instant. Or, pen-

---

[1] *Rev. scientif.*, 20 juin 1885, 796. Cf. Herzen. *Le refroidissement du muscle actif.* Réponse à Chauveau : *Sur l'équivalence du travail physiologique. Ibid.*, 1888, p. 188.

dant l'ascension rapide d'un très long escalier, représentant un dénivellement d'environ 50 mètres,
l'homme m'a plusieurs fois donné, le matin, à jeun,
un *abaissement de 2 à 3 dixièmes de degré*, une fois de
0°4, au *commencement* de la montée, mais qui dispa-
raissait déjà et était remplacée par une élévation avant
l'achèvement de la montée. C'est là évidemment l'excès
de chaleur dû aux réactions chimiques. Mais, on le voit,
il est précédé par un *déficit, dû sans doute au travail
mécanique* considérable. » Chez le chien, l'abaissement de la température a paru plus marqué encore ;
il a une fois atteint huit à neuf dixièmes de degré,
pendant une ascension très rapide. « Je crois donc,
conclut Herzen, que, dans certaines conditions, on
peut observer un *abaissement bien réel au début d'un
travail positif.* » Seulement, l'exercice provoque bientôt le dégagement d'un excès de chaleur. Ainsi, toute
contraction musculaire manifeste deux phénomènes de
sens contraire : 1° un phénomène physique, absorbant
de la chaleur et déterminant un refroidissement du
muscle actif ; 2° un phénomène chimique, produisant
de la chaleur et déterminant un échauffement du
muscle.

Mais une démonstration éclatante de ce phénomène
a été donnée par Laborde[1]. Ce physiologiste étudiait
les variations de la température dans le muscle actif ;
il avait établi que la fibre musculaire, séparée de ses
connexions nerveuses et circulatoires, possède un pouvoir propre de calorification, dont la source ne peut

---

[1] Laborde. *Modifications de la température liées au travail musculaire. L'échauffement primitif du muscle en travail est indépendant de
a circulation.* C. R. de la Soc. de biologie, 14 mai 1887.

être que dans les processus chimiques du tissu musculaire, lorsqu'il assista, dit-il, à un fait des plus remarquables :

Cinq minutes après la section du bulbe (chien), la mort générale étant réalisée, nous provoquons, à la façon de M. Ch. Richet, le tétanos électrique, en faisant passer le courant maximum dans toute la longueur de la moelle : tout le corps de l'animal est violemment soulevé, ne tenant que par les attaches qui fixent l'extrémité des pattes, dont les muscles sont en tétanisation, de même que tous les muscles du corps. Pendant ce temps, la colonne du thermomètre intra-musculaire qui, avant l'expérience, marquait 39°13, *descend* progressivement, et, vers la quarante-cinquième minute, a baissé de sept vingtièmes de degré. On cesse l'électrisation et nous voyons aussitôt la colonne remonter à 39°16, et dépasser le chiffre initial. Après quelques minutes de repos, répétition de l'expérience ; provocation d'un violent tétanos généralisé ; mêmes effets de projection et de soulèvement du corps, et, cette fois encore, *abaissement immédiat* et progressif de la température à 39°11 — 39°7. L'électricité et ses effets cessent, et la température remonte à 39°8 — 39°18.

Or, cet abaissement initial de la température, qui correspond exactement au mouvement de soulèvement du corps de l'animal, par l'effet de la contraction tétanique des muscles, représente la phase du travail utile, la *phase dynamique*, comme s'exprime Laborde après Béclard ; la *phase statique*, au contraire, ou d'énergie perdue, a toujours fait réapparaître la chaleur dans le muscle.

Il restait à démontrer que, pour le cerveau qui travaille, il n'en va pas autrement que pour le muscle actif ; en d'autres termes, que le travail cérébral, psychique, ne détermine pas seulement une élévation de la température des centres nerveux dans la phase statique de leur activité, comme l'a établi Schiff, mais manifeste bien, au début de cette activité, dans la phase de travail, un refroidissement appréciable, ainsi que le postulait Armand Gautier.

Une première démonstration de ce fait fut donnée par Corso, qui, expérimentant sur des animaux narcotisés avec l'éther (chiens, chats), les soumettait à l'observation aussitôt après l'ouverture du crâne, avant l'apparition des processus inflammatoires : Corso n'implantait qu'une aiguille thermo-électrique (soudure) dans la masse cérébrale, au lieu de deux (Schiff), qu'il réunissait au galvanomètre[1]. Les critiques que Tanzi a adressées aux expériences de Schiff atteignent donc aussi celles de Corso : la présence d'une aiguille thermo-électrique dans la pulpe cérébrale détermine nécessairement un trouble local plus ou moins grave de la région explorée, si bien que la déviation galvanométrique révèle plutôt les phénomènes pathologiques d'un tissu altéré que l'état des fonctions physiologiques de l'organe. Quoi qu'il en soit, il résultait des expériences de Corso, que les excitations provoquées, quelle que fût leur nature, déterminaient bien moins, la plupart du temps, une élévation de la température cérébrale, qu'un refroidissement de l'organe. Ainsi, en face des observations d'hyperthermie du cerveau actif, si bien étudiées par Schiff, se dressaient en quelque sorte les observations d'hypothermie notées par Corso à peu près dans les mêmes conditions.

Tanzi devait concilier ces résultats expérimentaux, en apparence opposés, mais également vrais. Il montra qu'en accordant une plus grande attention aux

[1] Corso. *L'aumento e la diminuzione del calore nel cervello per il lavoro intellettuale.* Firenze, 1881.

variations successives de la température durant le travail cérébral, on constatait l'existence de véritables oscillations thermiques alternantes de refroidissement et d'échauffement[1].

Dans les expériences de Tanzi, une extrémité de la pile thermo-électrique plongeait dans la glace fondante, ce qui assurait une source constante de chaleur, l'autre pôle venait, dans la cavité crânienne, en contact avec les méninges, par conséquent à la surface du cerveau, sans pénétrer dans la substance cérébrale elle-même, ainsi que dans les expériences de Schiff et de Corso. Comme les variations thermiques du cerveau actif ne dépendaient, pas plus que dans les expériences de Schiff, de la circulation générale ou locale du cerveau, il ne restait qu'un hypothèse à faire : ces oscillations alternatives de refroidissement et d'échauffement ont pour siège l'écorce cérébrale elle-même et pour condition immédiate le travail fonctionnel qui s'y effectue. Ces variations thermiques sont les corrélatifs physiques des processus chimiques de désintégration et d'intégration qui se succèdent rapidement, à la manière d'une suite d'explosions nerveuses.

Que le travail positif du cerveau repose, comme celui du muscle, sur des processus de désagrégation moléculaire, ce n'est plus un postulat : c'est un fait. Que la désagrégation, c'est-à-dire l'augmentation des distances intermoléculaires, ou la décomposition de

<hr>

[1] Tanzi. *Ricerche termo-elettriche sulla corteccia cerebrale in relazione con gli stati emotivi.* Reggio-Emilia, 1889. Dal Laboratorio di fisiologia del R. Ist. di studi super... in Firenze. Ces expériences, on le voit, ont été faites dans le laboratoire de physiologie de Florence et sous la direction du professeur Luciani, avec l'aide de Dario Baldi.

molécules plus complexes en molécules plus simples, s'accompagne d'une perte de chaleur, c'est là une loi de la thermo-chimie. Nous savons que la chaleur absorbée dans la décomposition d'un corps est précisément égale à la chaleur développée pour sa formation (Berthelot). « Si nous admettons qu'à ce travail de dissociation succède immédiatement le retour de l'agrégat à l'état d'équilibre primitif, et que cette alternative puisse se renouveler plusieurs fois de suite dans le même groupe moléculaire, ou se répète successivement dans un certain nombre de groupes voisins, on comprendra comment notre galvanomètre, outre un refroidissement, signale un réchauffement d'égale quantité à peu près. » Les refroidissements sont dus à des processus de désintégration des centres nerveux, les échauffements à des processus d'intégration. L'hypothermie représente le travail positif du cerveau, la mise en liberté de l'énergie actuelle; l'hyperthermie, la reconstitution organique en rapport avec la phase de repos, la réaccumulation compensatrice d'une nouvelle énergie potentielle. Ces expériences sur la température du cerveau actif sont donc en parfait accord avec celles des physiologistes sur les oscillations thermiques du muscle en travail : le refroidissement du cerveau, pendant la phase du travail positif, correspond à l'oscillation négative de la température qui accompagne le début de la contraction musculaire. C'est ce qu'a très bien écrit Tanzi lui-même dans les paroles suivantes :

« Les résultats de nos expériences sont en harmonie avec les théories que la physiologie postule pour expliquer le mécanisme des fonctions du système nerveux.

A un point de vue plus général encore, le fait qu'à la production du travail fonctionnel correspond un refroidissement du cerveau, suivi d'une élévation de température en rapport avec le repos, confirme avec éclat l'idée suivant laquelle il y a équivalence et convertibilité réciproque entre l'énergie psychique et les autres formes de l'énergie, celle de la chaleur en particulier[1]. »

De quelle nature étaient les phénomènes subjectifs correspondant à ces oscillations thermiques du cerveau? Étaient-ce des sensations ou des émotions? Les excitations auxquelles étaient soumis les animaux en expérience étaient des menaces, des caresses, etc. Or, il n'est point douteux, pour Tanzi, que les oscillations thermiques observées au galvanomètre résultaient, non d'une simple transmission des excitations sous forme sensitive ou sensorielle, mais de leur diffusion dans l'écorce sous forme d'émotion. Ainsi, les phénomènes observés étaient de nature émotionnelle, et les oscillations thermiques du cerveau étaient « le substratum physique d'une émotion, et non d'une sensation ». Ajoutez que, quel que fût le point du cerveau directement exploré, — lobes frontaux, pariétaux ou occipitaux, soit de l'hémisphère droit, soit de l'hémisphère gauche, — partout et toujours, on constatait ces réactions thermiques, ce qui implique que le processus fonctionnel provoqué par l'excitation se propageait à toute la substance corticale. Le manteau tout entier peut donc prendre part au développement d'une émotion intense et d'une certaine durée. Cela ne veut pas dire qu'une sensation simple ne puisse aussi provo-

[1] Tanzi. *Ricerche termo-elettriche sulla corteccia cerebrale*, p. 32 et 38.

quer un changement dans l'équilibre chimique et thermique de l'écorce. En somme, les excitations les plus
variées, pourvu qu'elles soient capables de réveiller
des passions ou des émotions assez intenses, provoquent des modifications étendues de la température
de l'écorce, ayant un caractère d'alternance ou d'oscillation positive et négative. Ces oscillations thermiques
peuvent être très considérables, puisque Tanzi a noté,
dans quelques cas, jusqu'à 3° centigrades. Si l'on songe
que, dans ces expériences, cette température étant
celle des méninges, celle du cerveau devrait être plus
élevée encore, on ne peut s'empêcher de trouver ce fait
bien extraordinaire. De nouvelles expériences nous
paraissent nécessaires à cet égard[1].

Ne dépendant ni du rhythme respiratoire, ni du
rhythme artériel, ces oscillations thermiques ne seraient
en rapport qu'avec le rhythme de l'alternance des processus de désintégration et de réintégration. Ce rhythme
se répéterait plusieurs fois dans chaque point actif de
l'écorce, ou se propagerait rapidement d'un groupe
moléculaire aux groupes contigus. La rapidité avec
laquelle les deux séries de phénomènes endother-

---

[1] Dans une critique des travaux de Corso et de Tanzi, présentée par
Dorta (*Etude critique et expérimentale sur la température cérébrale à
la suite d'irritations sensitives et sensorielles*, th. de Genève, 1889), mais
évidemment inspirée par le professeur Schiff, dans le laboratoire duquel
ces recherches ont été faites, il est dit expressément que « M. Schiff
n'a jamais observé de telles oscillations ». Voici comment le phénomène
des oscillations thermiques observé par Tanzi est interprété dans ce
travail : « Tanzi introduit sa soudure dans le crâne jusqu'au contact
des méninges et la fixe aux os du crâne par un bouchon. Il est clair
que, s'il a réussi dans sa manipulation, le cerveau, en s'abaissant dans
le crâne, doit s'éloigner de l'aiguille, et, dans l'élévation produite soit
par la respiration, soit par la circulation, s'en rapprocher », p. 29.
Ainsi, d'après cette interprétation, que nous devions signaler, les mouvements du cerveau seraient la cause des oscillations thermiques.

miques et exothermiques se succèdent expliquerait pourquoi, en dépit de leur intensité considérable, ils échappent à l'exploration thermométrique. Au point de vue psychologique, ces expériences démontrent encore, ce qui était admis depuis longtemps (Meynert), que « les émotions et les pensées sont constituées pa r un grand nombre de processus élémentaires plus simples, qu'un examen attentif peut révéler à notre conscience, et que l'expérimentation peut surprendre, dans leur manifestation diffuse, sur les différents points de l'écorce, où ils déterminent des abaissements et des élévations de température[1] ».

Cette étude capitale de Tanzi avait été précédée d'un autre travail, de Tanzi et Musso, *sur les variations thermiques de la tête durant les émotions*[2]. Dans ces nouvelles recherches thermo-électriques sur l'équivalent thermique de l'activité cérébrale, ces auteurs avaient des précurseurs : Lombard, de Boston (1866), Schiff (1867), Paul Bert (1879) et Corso (1881). Quant aux physiologistes qui, pour ces recherches, s'étaient servis du thermomètre à mercure, il nous suffira de citer Broca, Seppilli et Maragliano[3], Amidon, Maragliano, Bianchi, avec Montefusco et Bifulco[4]. Tous ces auteurs avaient noté que la température de la tête augmente avec le travail cérébral (travail intellectuel, émotions, mouvements volontaires). Malheureusement

[1] Tanzi. *L. c.*, p. 37.

[2] Tanzi et Musso. *Le variazioni termiche del capo durante le emozioni. Ricerche termo-elettriche supra individui ipnotizzati.* — Riv. di filos. scientif., 1888.

[3] Seppilli et Maragliano. *Studi di termometria cerebrale.* — Riv. speriment. di fren., 1879.

[4] *Contributo alla dottrina della temperatura cefalica.* La Psichiatria, 1885.

l'accord est loin d'exister parmi les physiologistes sur la signification qu'il convient d'attribuer à cette élévation de température de la tête. Ces variations de la température épicranienne correspondent-elles en réalité avec celles du cerveau, et dans quelle mesure ?

Suivant Schiff, qui n'a plus vu se produire d'élévation thermique à la suite d'excitations psychiques et sensorielles, lorsque les nerfs vasculaires de la peau avaient été préalablement coupés dans les régions considérées, ce phénomène aurait une origine locale dans le tissu cellulaire sous-cutané : il ne s'agirait pas d'une élévation de température du cerveau, mais d'un phénomène vaso-moteur dû à des influences psychiques. Selon Seppilli [1], on ne saurait nier qu'il existe quelque rapport entre la température externe du crâne et la température interne du cerveau : ce phénomène est dû non seulement à la conductibilité physique des parois du crâne pour la chaleur, mais aussi à une action vaso-motrice, produisant simultanément des variations de la circulation à la fois dans la tête et dans le cerveau.

Quoi qu'il en soit, Tanzi et Musso ont institué leurs recherches thermo-électriques sur deux sujets hypnotisés, deux jeunes femmes de constitution physique et de caractère moral différents : l'une blonde, anémique, douce et sensible ; l'autre brune, robuste, expansive, capable d'émotions fortes. Dans l'hypnose, les sujets sont sous la puissance absolue de l'expérimentateur, qui évoque à son gré les sentiments, déchaîne ou tem-

---

[1] Seppilli. *I mutamenti fisico-chemici dei nervi e centri nervosi nell' attività del pensiero*. Milano-Torino, 1886, p. 7.

père les émotions, colère, frayeur, joie, douleur, pudeur, tristesse, etc. De tous les états subjectifs qui accompagnent le travail cérébral, les émotions, nous l'avons dit, sont certainement les plus intenses; elles se distinguent encore par leur durée et par leur tendance envahissante. Si faible qu'elle soit, une émotion est toujours un processus de diffusion (Bain). Que l'on songe au nombre et à la variété des processus centrifuges par lesquels elles se manifestent au dehors : tonicité vaso-motrice, sécrétions, modifications du rhythme de la respiration, mimique, etc. C'est que, comme l'a noté Meynert, dont les auteurs italiens citent les paroles au début de leur étude, l'intensité de la réaction émotive dépend, non de la sensation simple qui la provoque, mais de la nature et du nombre des associations qu'elle réveille. L'image rétinienne d'une personne indifférente ou d'un ennemi détermine des émotions bien différentes. Les émotions offrent donc le meilleur terrain d'expériences pour l'étude de la thermogenèse cérébrale.

La pile de Tanzi et Musso était formée de deux couples en communication avec un galvanomètre : une soudure de la pile plongeait dans la glace fondante, l'autre extrémité était fixée sur la peau du sujet, soit sur la région occipitale, pariétale ou frontale, soit sur les joues. Les expériences furent répétées sur chacun des deux côtés de la tête, et toujours en des points d'application homologues chez les deux sujets. Or, un premier résultat, assez inattendu, c'est que les variations thermiques de la tête observées durant les émotions ne se sont manifestées que sur la région frontale (**17** expériences). Dans **25** expériences où une extrémité de la pile était appliquée sur les régions pariétale, occipitale, etc., de la tête, le galvanomètre est demeuré immobile. Trois fois seulement, sous l'influence d'une émotion intense et de longue durée, on nota de légères variations de température à l'occiput. Les diverses émotions donnent lieu aux mêmes oscillations thermiques ; seule, la peur se distingue des autres émotions par l'intensité plus grande de ces oscillations.

Il reste à expliquer pourquoi ces variations thermiques se sont trouvées localisées dans la région frontale de la tête. Voici l'interprétation de Tanzi et Musso : « Si l'on réfléchit, disent-ils, à la complexité et à la tendance envahissante des émotions, même de médiocre intensité, on doit admettre que des foyers corticaux variés et disséminés concourent à leur production ; plus nombreux encore et plus disséminés sont ceux qui, pris dans l'engrenage associatif, maintiennent .pour quelque temps l'émotion. » Dans de pareilles conditions, il n'est pas absurde de croire que des régions étendues de l'écorce participent au développement des états émotifs, non pas tant par l'effet de leurs fonctions spécifiques, que par l'éveil successif ou simultané de leurs représentations. Or, le travail nerveux de ces régions de l'écorce s'accompagne certainement d'un accroissement local d'échanges organiques et de variations thermiques correspondantes. Eh bien, si dans la production expérimentale des émotions, ces phénomènes sont surtout sensibles sur la région frontale, la raison en serait que, faites sous forme verbale, les suggestions exigeaient que les sujets traduisissent d'abord les paroles en pensées ; ces pensées réveillaient à leur

tour des souvenirs et des concepts qui, très probablement, se représentaient encore à l'esprit des sujets
sous forme verbale. Bref, « les processus élémentaires
qui servent de substratum aux émotions seraient des
représentations et des sensations d'un caractère essentiellement idéatif et abstrait ». Rien d'étonnant, par
conséquent, dans cette hypothèse, s'il se développe,
dans les lobes frontaux, un travail plus intense que
dans les autres parties du cerveau, et si les variations
de la température y sont plus accusées. Chez les animaux, il n'existe à cet égard aucune différence entre
les différentes régions du cerveau : c'est que des émotions provoquées par des moyens grossiers (bruit,
contact, piqûre, etc.) ne sont point comparables aux
processus d'association, si complexes et si délicats, et
où les représentations l'emportent sur les sensations
des sujets hypnotisés.

Un second résultat, déjà très nettement indiqué ici,
c'est que les variations de la température de la tête
ont constamment présenté un caractère décidé d'oscillation successive et alternante de refroidissement et
d'échauffement. « Ainsi, concluent Tanzi et Musso,
sous l'empire des émotions, nous avons vu qu'il se
produit des oscillations de température, surtout au
front, sinon uniquement dans cette région de la tête;
ces oscillations thermiques du crâne, qui ne sont que
des signes atténués des oscillations thermiques correspondantes du cerveau, démontrent que, dans l'activité
cérébrale aussi, agit cette loi du rhythme qui semble
présider à la production de tout phénomène biologique,
et qui a été élevée, par Herbert Spencer, à la dignité
de principe universel de l'énergie. »

Ces résultats, Béclard les avait entrevus et prédits ; l'œuvre des Italiens a été de les faire sortir des faits, et d'en présenter une démonstration expérimentale. Que l'on réfléchisse à la portée de la découverte de Corso et de Tanzi, et l'on reconnaîtra sans doute que, après celle des localisations fonctionnelles du cerveau, dont l'importance théorique et pratique demeure incomparable, il n'en a pas été fait de plus féconde ni de plus grande dans le domaine entier de la psychologie physiologique. En dépit des objections que l'on a pu faire aux expériences de Tanzi, objections que nous n'avons ni dissimulées ni affaiblies, il reste que le travail cérébral, comme celui du muscle, est une forme de l'énergie cosmique, et que la pensée a des équivalents chimiques, thermiques, mécaniques.

La psychologie, la science des fonctions psychiques de la matière vivante, depuis celles du protoplasma indifférencié de certains protozoaires jusqu'aux plus hautes activités du système nerveux de l'homme, n'est donc, en dernière analyse, comme la physiologie, qu'un chapitre de la physique et de la chimie. Ces larges assises de la science future de l'esprit survivront sans doute à bien des constructions plus ambitieuses, bâties sur le sable mouvant des systèmes, non sur le roc inébranlable de l'observation et de l'expérience.

CONCLUSION

I. — La doctrine des localisations fonctionnelles du cerveau, telle qu'elle résulte de l'ensemble des travaux italiens, est de nature essentiellement éclectique : préoccupée avant tout et uniquement des faits dus à la méthode expérimentale et à l'observation anatomo-clinique, elle s'est maintenue à égale distance des doctrines extrêmes, s'efforçant de concilier la part de vérité que contiennent les théories contraires.

II. — Les différentes aires fonctionnelles de l'écorce cérébrale, outre un territoire propre, un foyer central, possèdent aussi des territoires communs, des zones d'irradiation, où ces centres « s'engrènent », se confondent, se pénètrent en partie, et passent insensiblement les uns dans les autres. Il suit que les diverses fonctions du cerveau sont si intimement reliées entre elles, qu'il est impossible d'en léser une seule sans que les autres soient plus ou moins troublées.

Ces zones d'irradiations, ces territoires communs, sont bien moins étendus chez l'homme que chez les animaux inférieurs : les centres fonctionnels du cerveau humain ont des limites bien mieux définies et plus fixes.

Toutes les zones d'innervation sensitivo-sensorielles convergeraient, chez le chien, vers un « territoire neutre », commun, situé sur le lobe pariétal inférieur : les lésions de ce « centre des centres », entraînant à la fois des troubles de la vision, de l'audition, de l'olfaction et de la sensibilité générale, retentiraient sur toute la vie psychique de l'animal et modifieraient profondément son caractère (Luciani).

III. — L'écorce du cerveau est le siège des fonctions psychiques les plus élevées (perception, idéation, impulsion volontaire, attention), mais non des sensations simples et des impulsions motrices organisées : les ganglions de la base, les corps opto-striés, appartenant au système cortical, peuvent suppléer en partie, comme centres de perception et d'idéation, les fonctions de l'écorce cérébrale.

IV. — Les différents points de chaque sphère fonctionnelle de l'écorce soutiennent, avec les organes des sens correspondants, des rapports presque équivalents : la suppléance est donc possible entre les diverses parties d'un même centre, ce qui serait impossible s'il existait des rapports *isolés* entre les éléments nerveux périphériques d'un organe des sens et les éléments nerveux du centre cortical correspondant.

V. — Les rapports de chaque centre fonctionnel de l'écorce cérébrale avec les organes périphériques correspondants sont bilatéraux pour la vue, l'ouïe, l'olfaction, unilatéraux pour la sphère sensitivo-motrice.

Il faut toutefois tenir compte, pour ce dernier centre, des recherches anatomo-pathologiques sur les dégénérations descendantes des faisceaux pyramidaux consécutives aux lésions en foyer de l'aire sensitivo-motrice.

VI. — Les variétés morphologiques des éléments nerveux de l'écorce cérébrale n'apprennent rien sur leurs fonctions : c'est dans la nature des prolongements nerveux et dans celle de leurs connexions anatomiques, non dans la forme de la cellule, que se trouve à cet égard le seul critérium.

VII.— Dans les différentes zones de l'écorce cérébrale, les deux types de cellules du mouvement et de la sensibilité sont réunis et confondus en proportions diverses, et, par conséquent, les fonctions de la sensibilité et de la motilité, loin d'être distinctes, coïncident et ont un siège anatomique commun.

VIII. — La spécificité fonctionnelle des différentes aires de l'écorce cérébrale dépend, non d'une diversité spécifique des éléments nerveux de ces centres, mais de la nature des sensations de l'organe périphérique avec lequel ces aires sont reliées par les nerfs.

IX. — Il n'existe pas de transmission nerveuse directe, isolée, soit centripète, soit centrifuge, entre deux cellules ou deux groupes de cellules nerveuses centrales et périphériques. La communication des fibres nerveuses entre elles a lieu, dans le système nerveux central, non par l'anastomose des prolongements directs des cellules nerveuses, mais au moyen d'un vaste réseau diffus, constitué par les ramifications ultimes des cylindres-axes des deux espèces de fibres de la sensibilité et du mouvement.

X. — Les organes nerveux musculo-tendineux de Golgi sont les organes périphériques du sens musculaire.

XI. — L'activité cérébrale, comme l'activité musculaire, détermine, au début de cette activité, dans la phase dynamique ou de travail positif, un refroidissement appréciable de la substance du cerveau comme de celle du muscle, suivi, dans la phase statique ou de repos, d'une élévation de la température.

XII. — Ces variations successives de la température du cerveau en travail constituent de véritables oscillations thermiques de refroidissement et d'échauffement. Ces oscillations thermiques correspondent au rhythme du processus de désintégration et de réintégration fonctionnelle des centres nerveux. Le travail cérébral est une forme de l'énergie. L'intelligence a des équivalents chimiques, thermiques, mécaniques.

APPENDICE

L'ÉPILEPSIE CORTICALE

I

L'étude expérimentale et clinique que les Italiens ont faite de l'épilepsie corticale a produit toute une littérature. Dans aucun pays, la théorie corticale de l'épilepsie n'a rencontré de plus nombreux et de plus ardents défenseurs. Mais, toujours fidèles à cet éclectisme éclairé et sage qui fait le fond de l'esprit scientifique de la plupart des Italiens, ils n'ont point banni absolument la théorie bulbaire : ils se sont efforcés de la concilier avec les faits nouveaux, et, en raison sans doute de ses longs services, ils lui ont conféré une sorte d'honorariat.

L'étude des convulsions partielles, déterminées par l'excitation de l'écorce, appartient au même titre que celle des réactions motrices simples, des phénomènes de parésie ou de paralysie d'origine corticale, au chapitre des fonctions motrices du cerveau. Les paralysies de la motilité et de la sensibilité, non seulement transitoires (paralysies motrices et sensitives post-épileptiques), mais permanentes, sont d'ailleurs très souvent associées à l'épilepsie jacksonienne. Tantôt les convulsions précèdent ces paralysies permanentes (c'est le cas ordinaire), tantôt les paralysies précèdent les convulsions, tantôt des phénomènes convulsifs et paralytiques apparaissent simultanément dans des régions différentes du corps. Une lésion destructive des deux tiers supérieurs des circonvolutions centrales, par exemple, peut abolir les fonctions sensitivo-motrices de ces parties et, en même temps, déterminer une lésion irritative du tiers inférieur de ces circonvolutions. Il en

résultera simultanément : 1° une paralysie des membres ;
2° des convulsions de la face. Quant à la nature des lésions qui,
chez l'homme, produisent ces convulsions, Seppilli a trouvé,
dans les deux tiers des cas, des néoplasies, plus rarement des
méningo-encéphalites, des ramollissements et des hémorrhagies. Le médecin du manicome d'Imola estime aujourd'hui que
l'épilepsie partielle peut être aussi bien la conséquence d'une
lésion anatomique organique de l'écorce que l'effet d'une lésion
purement dynamique ou fonctionnelle.

Hitzig vit le premier, avec Fritsch (1870), que l'excitation
électrique de l'écorce cérébrale peut provoquer des accès convulsifs sur le côté opposé du corps [1] ; ces accès débutaient par
la contraction musculaire correspondant au point irrité et
pouvaient s'étendre aux deux moitiés du corps. Quelques années
après, Hitzig constatait que plusieurs des animaux qui avaient
survécu aux opérations pratiquées pour déterminer les points
moteurs du cerveau présentaient de véritables accès d'épilepsie.
« L'excitation de l'écorce, voilà la condition nécessaire et
suffisante du phénomène. Selon que cette excitabilité s'exalte
ou diminue, l'intensité et l'extension des convulsions varient [2]. »

[1] David Ferrier, on le sait, entreprit ses premières expériences dans
le but de vérifier et de démontrer la justesse des vues de Hughlings Jackson sur la pathogénie de l'épilepsie, de la chorée et de l'hémiplégie.
L'étude des convulsions épileptiformes unilatérales et partielles avait
amené H. Jackson à conclure qu'elles étaient dues à l'irritation de certaines circonvolutions de l'hémisphère cérébral opposé, relié fonctionnellement au corps strié et en rapport avec les mouvements musculaires. D. Ferrier. *Experim. Researches in cerebr. Physiology and
Pathology.* — West Riding Lunatic Asylum Reports, 1873.

[2] Luciani et Seppilli. *Die Functions-Localisation*, p. 337 de l'édit. allem.
seulement. Seppilli, après Albertoni et Tamburini, range sous les trois
chefs suivants les modifications de l'excitabilité de l'écorce cérébrale :
1° le chloroforme, l'éther, le bromure de potassium, l'alcool, la réfrigération locale de la surface du cerveau (pulvérisation d'éther, etc.),
diminuent l'excitabilité corticale jusqu'à la faire disparaître et arrêtent,
par conséquent, la production de l'accès ; 2° l'absinthe, l'atropine, la
cinchonidine, la picrotoxine, les processus inflammatoires de l'écorce,
exaltent au contraire l'excitabilité corticale et favorisent ou provoquent
l'accès ; 3° l'électricité, pourvu que les courants continus ou induits
aient une intensité et une durée suffisantes, variables naturellement
avec les animaux et les points de l'écorce excités, est le moyen le plus
efficace d'irritation de l'écorce, et partant de production d'accès épileptiques. Certaines excitations mécaniques sont également capables
de déterminer des convulsions (Franck et Pitres). Enfin, les irritations
pathologiques, les traumatismes cérébraux, les lésions irritatives de la
zone motrice provoquent la fonction épileptogène de l'écorce.

La propriété épileptogène de l'écorce cérébrale, Albertoni avait cru pouvoir la localiser à la circonvolution postcruciale du chien ; là était la région de l'écorce dont l'excitation, même avec un courant très faible, détermine l'explosion d'un accès caractérisé : perte de conscience, convulsions toniques et cloniques, dilatation des pupilles, salivation, morsure de la langue, émission d'un cri, suivis d'obtusion, de vertiges ou de délires postépileptiques avec hallucinations. L'excitation des autres points de l'écorce ou ne provoquait pas d'accès, ou exigeait un courant d'une intensité et d'une durée beaucoup plus grandes, si bien que l'effet en pouvait être attribué à des phénomènes de diffusion et de propagation du stimulus à la véritable zone épileptogène. Cette zone était constituée par un grand nombre (molti) des centres excitables du cerveau découverts par Fritsch et Hitzig. Quels rapports soutenait cette zone épileptogène avec le reste de l'encéphale ? Albertoni l'avait trouvée en connexion directe et unique avec les pédoncules cérébraux et leurs expansions. Après l'ablation de la zone épileptogène, il déterminait des accès d'épilepsie en excitant les faisceaux pédonculaires. Aussi l'écorce du cerveau n'était pas, pour Albertoni, un centre autonome de l'épilepsie, mais un centre d' « incidence ». En d'autres termes, les épilepsies d'origine corticale sont *réflexes*. Du cerveau part simplement l'excitation capable de mettre en jeu les *vrais centres moteurs*, probablement situés à la base et dans le bulbe, capables de provoquer bilatéralement les convulsions. Albertoni s'était même appuyé sur ces considérations pour affirmer, touchant la nature fonctionnelle des centres corticaux du mouvement, que ce ne sont pas de vrais centres moteurs autonomes, qu'ils ne provoquent des mouvements que par action réflexe, et que cette action s'exerce sur d'autres centres nerveux véritablement moteurs [1].

Dario Maragliano nia des premiers, au point de vue anatomo-clinique, l'existence de la zone épileptogène d'Albertoni [2]. De leur côté, Luciani et Tamburini écrivaient en 1878 : « Il n'y a de nouveau, dans le travail d'Albertoni, que le nom de

---

[1] *Influenza del cervello nella produzione dell' epilessia. — Archivio ital. per le mal. nerv.*, 1876, 355 sq. C. R. des recherches expérimentales exécutées dans le Cabinet de physiologie de l'Université de Sienne, dirigé par le prof. Pierre Albertoni.

[2] *Le localizzazioni motrici nella corteccia cerebrale... — Riv. speriment. di freniatria*, 1878, p. 25.

« zone épileptogène » donné à la zone motrice des extrémités antérieures et postérieures de Hitzig et de Fritsch. » Déjà dans le Mémoire composé avec Tamburini, en 1878, sur les *Centres psycho-moteurs corticaux*, Luciani avait étudié l'épilepsie partielle déterminée artificiellement chez les animaux par l'excitation du cerveau et établi que, loin d'être confinée à une zone spéciale, la propriété épileptogène de l'écorce s'étendait à toutes les aires excitables.

La même année, il revint d'une façon spéciale sur le même sujet, dans un travail qui a fait époque, et publia les thèses suivantes : 1° la pathologie de l'épilepsie, quel que soit son type, consiste dans un état anormal d'irritation ou de tension de l'écorce cérébrale, capable de troubler, sous forme de paroxysme, la fonction des centres psycho-moteurs ; 2° cet état peut se produire simultanément sur tout le système cortical, se localiser en un point circonscrit de la zone motrice, ou se propager d'un point au reste de l'écorce cérébrale ; 3° si l'excitation est suffisamment diffuse et intense, c'est la forme classique de l'épilepsie qui apparaît ; les convultions toniques et cloniques débutent presque à la fois dans les divers groupes musculaires représentés dans les centres corticaux ; la sensibilité et la conscience sont temporairement suspendues ; 4° si l'excitation est circonscrite à un des centres psycho-moteurs, l'épilepsie peut consister en convulsions simples, limitées au seul muscle ou groupe de muscles correspondant au centre cortical lésé ; 5° si l'excitation de l'écorce s'étend d'un point initial à une partie ou à l'ensemble de la zone motrice, l'accès convulsif intéressera successivement les divers groupes musculaires dans l'ordre même où évolue le processus épileptogène dans les centres correspondants de l'écorce. La marche de l'accès d'épilepsie corticale suit une voie prédéterminée par la disposition anatomique des différents centres moteurs du cerveau. Bref, l'écorce cérébrale, et en particulier la zone motrice, est pour Luciani l'organe central des convulsions épileptiques. L'excitation morbide, directe ou indirecte, de cette zone, est la cause essentielle du processus. L'excitation morbide de la moelle allongée n'est qu'une cause accessoire et sans doute complémentaire, mais non nécessaire de ce processus.

Ne convient-on pas que ce qui caractérise l'accès d'épilepsie généralisée, c'est l'abolition complète de la conscience ? Or, cette suppression de la conscience indique assez que le point de départ de l'accès est bien dans l'écorce cérébrale et que, contrairement à l'ancienne doctrine, le bulbe n'y prend part que secondairement. Les centres corticaux vaso-moteurs, dont l'excitation détermine, avec l'anémie cérébrale, la perte de conscience, coïncident précisément avec ceux de la zone motrice de l'écorce (Eulenburg et Landois). L'excitation cérébrale n'est donc pas circonscrite aux centres d'innervation motrice des muscles : elle atteint les centres vaso-moteurs qui se trouvent localisés dans les mêmes aires corticales. De là l'excitation peut se transmettre aux centres vaso-moteurs du bulbe, mais toujours secondairement, et ainsi peuvent s'expliquer tous les phénomènes vaso-moteurs de l'accès d'épilepsie (pâleur, cyanose, perte de connaissance) [1].

Telle était, dès 1878, et telle est encore pour Luciani la pathogénèse corticale de l'épilepsie. Albertoni [2], Morselli [3], Pitres et Franck surtout, dont les expériences sur ce sujet datent de 1877, objectaient à la nouvelle doctrine qu'en dépit de son importance dans la production du phénomène, l'écorce ne devait pas être considérée comme l'organe central des convulsions, qu'elle n'en était que le point de départ, au même titre que les surfaces sensibles périphériques dans l'épilepsie réflexe ; la zone motrice ne faisait que donner le signal de l'attaque en provoquant la suractivité des vrais centres moteurs, des « véritables organes producteurs des convulsions et des agents de leur généralisation », c'est-à-dire, sans doute, des ganglions de la base, du bulbe et de la moelle. Cette interprétation des faits n'était pas celle de Luciani qui, convaincu de la genèse essentiellement corticale de l'épilepsie, répondait : « Affirmons une fois de plus que les aires corticales, dont l'excitation meut certains groupes musculaires, et dont la destruction entraîne la paralysie, sont de vrais centres moteurs, et

---

[1] Luciani. *Sulla patogenesi della epilessia. Studio critico-sperimentale. Riv. speriment. di freniatria*, 1878. Et réponse de Luciani à Morselli p. 3 de la *Communication* au 3e congrès de phréniatrie de Reggio (1880), sur le même sujet.

[2] Tout en reconnaissant fondées les critiques de Luciani contre la doctrine de l'existence d'une zone épileptogène, Albertoni conteste que l'écorce soit le centre exclusif des convulsions épileptiques, encore que, dans un grand nombre de cas, elles soient d'origine corticale. *Contributo alla patogenesi dell' epilessia. — Annali univers. di medicina*, vol. 249.

[3] *Patogenesi dell' epilessia. Sugli accessi epilettiformi consecutivi a lesioni traumatiche dei lobi anteriori... — Sperimentale*, 1877. Cf. *Arch. ital. per le mal. nerv.*, 1881, 230.

non simplement des centres qui ne provoqueraient des mouvements qu'en agissant sur d'autres centres véritablement moteurs, situés dans d'autres régions du système nerveux central. » Non seulement l'épilepsie a toujours pour sphère essentielle l'écorce cérébrale : elle est toujours *directe*, jamais réflexe.

Deux ans plus tard, au congrès de phréniatrie de Reggio d'Emilie (1880), Luciani, après avoir insisté sur les effets épileptogènes des régions destructives de l'écorce et des traumatismes cérébraux, effets dus au tissu fibreux cicatriciel remplaçant les pertes de substance, apportait un grand nombre d'observations de transmission héréditaire d'épilepsie corticale[1]. Brown-Séquard avait démontré la transmission héréditaire de l'épilepsie d'origine périphérique. Luciani établit que des chiens nés de parents ayant subi des lésions circonscrites de la zone motrice, treize et neuf mois auparavant, mais qui n'avaient jusqu'alors présenté aucun accès convulsif, — avaient hérité d'une prédisposition à l'épilepsie qui se manifesta par des accès généraux bien caractérisés, quelques semaines après la naissance, par exemple chez cinq chiens survivant de la même portée[2]. Ainsi, une prédisposition à l'épilepsie pouvait être transmise héréditairement par des parents qui, sans être eux-mêmes épileptiques, avaient subi des pertes de substance de l'écorce cérébrale. Chez d'autres animaux (chats), l'épilepsie corticale elle-même, et non plus la simple prédisposition, a été transmise directement.

---

[1] Luciani. *Sulla epilessia provocata da traumatismi del capo e sulla trasmissione ereditaria della medesima.* Comunicazione orale. *Archiv. ital. per le mal. ner.* 1881, 206 sq. Cinquante chiens opérés des régions psycho-motrices ou psycho-sensorielles de l'écorce, c'est-à-dire des régions fronto-pariétales ou pariéto-occipitales, devinrent *tous*, les uns plus tôt, les autres plus tard, et jusqu'à un an et demi après l'opération, épileptiques (écume, convulsions cloniques d'abord circonscrites, puis généralisées à tous les membres). Luciani avoue que, lorsqu'i publia son mémoire : *Sulla patogenesi della epilessia,* ces faits d'épilepsie traumatique lui semblaient une éventualité rare et peut-être exceptionnelle. Ce qu'il considérait comme l'exception, était devenu pour lui la règle. «Ainsi, écrit-il, les chiens mutilés d'un segment quelconque du cerveau sont tôt ou tard sujets à des accès épileptiques progressivement croissants en intensité et en fréquence jusqu'à la mort. » P. 209.

[2] Ces jeunes chiens moururent quelques jours après, les accès augmentant de fréquence et de durée. Seppilli, qui en fit l'autopsie, ne trouva ni lésion organique appréciable du cerveau, ni anomalie de développement, ni asymétrie. *L. L.*, p. 211.

Aujourd'hui, Luciani formule ainsi sa théorie corticale de l'épilepsie, théorie nullement exclusive, d'ailleurs, nous l'avons dit, puisque ce physiologiste ne nie point la participation active de la moelle allongée dans la marche ordinaire du développement de l'accès :

1° Les accès uni ou bilatéraux d'origine corticale épargnent, dans les parties du corps qu'ils envahissent, les groupes musculaires dont les centres moteurs ont été détruits. Ce fait, qui est la pierre d'angle de la « théorie corticale », d'abord signalé par Luciani, a été vérifié bien souvent par Pitres et par Franck, par Unverricht, par Novi (dans le laboratoire de Florence) ;

2° A la phase initiale de l'accès, l'extirpation des centres moteurs préalablement excités peut arrêter les convulsions (Heidenhain, Munk, Novi).

Deux élèves distingués de Luciani, A. Rovighi et G. Santini, ont publié des études expérimentales et critiques sur les convulsions épileptiques d'origine toxique. Instituées dans le laboratoire de physiologie de Florence, ces recherches ont eu surtout pour objet de reprendre et de vérifier les expériences de Chirone et de ses collaborateurs, Curci et Testa, sur les effets épileptogènes de la cinchonidine et de la picrotoxine[1]. Chirone avait cru pouvoir conclure de ses expériences sur des pigeons que ces substances déterminaient des accès d'épilepsie en agissant l'une sur l'écorce cérébrale, l'autre sur le bulbe et la moelle. La différence du siège d'élection de ces poisons expliquait les formes différentes des convulsions, cloniques dans un cas, toniques dans l'autre. En somme, Chirone ressuscitait et maintenait la distinction entre l'épilepsie corticale et l'épilepsie bulbaire. Après Albertoni[2], Rovighi et Santini ont fait évanouir ce qu'il y avait de spécieux dans les expériences de Chirone. A la dose minima de 1 à 2 milligrammes de picrotoxine et de 14 centigrammes de sulfate de cinchonidine pour chaque kilogramme du poids de l'animal, en injection hypodermique, ces auteurs ont pu provoquer des accès convulsifs complets,

---

[1] Rovighi et Santini. *Sulle convulsioni epilettiche per veleni.* Ricerche critico-sperimentali... fatte nel laboratorio di fisiologia diretto dal prof. Luciani. Pubblicazioni del R. Istituto di studi superiori... in Firenze. — Firenze, 1882.

[2] *Azione di alcune sostanze medicamentose sull' eccitabilità del cervello e contributo alla terapia dell'epilessia.* — Sperimentale, 1881. Albertoni a expérimenté, non pas sur des pigeons, et pour cause, mais sur un singe et sur des chiens.

mais sans noter aucune différence dans l'action des deux substances. L'intensité moindre des effets de la cinchonidine
explique les différences que Chirone avait cru observer. Sans
nier que ces poisons, répandus dans la circulation, agissent sur
le bulbe et la moelle épinière, Rovighi et Santini soutiennent
que cette action est secondaire, tandis que l'écorce cérébrale
est primitivement atteinte. Si les centres moteurs du bulbe
subissaient les premiers l'action convulsivante de ces poisons,
les convulsions, au lieu d'affecter successivement les différents
groupes musculaires, seraient d'emblée générales. De même,
et à plus forte raison, si la moelle épinière était d'abord atteinte,
les contractions seraient toniques et générales, elles ne seraient
point cloniques ni limitées au début à certains groupes de
muscles. Enfin, ce qui achève de prouver que la cinchonidine
et la picrotoxine excitent primitivement, comme tant d'autres
poisons de l'intelligence, la substance grise de l'écorce cérébrale,
et en particulier les centres moteurs, ce sont les trois arguments suivants, qui résultent bien des expériences : 1° avant
de se propager et de devenir générales, les convulsions débutent
par des groupes musculaires circonscrits, comme dans l'épilepsie expérimentale et la forme clinique de l'épilepsie particlle ;
2° ces convulsions, accompagnées de perte de connaissance, sont
suivies d'un véritable délire postépileptique ; 3° elles sont de
plus en plus frustes à mesure que, descendant l'échelle zoolo-
gique, l'importance des centres moteurs corticaux va en diminuant. Ces études expérimentales d'épilepsie toxique témoignent
donc hautement, comme les recherches de Luciani sur la pathogénèse de l'épilepsie, en faveur de la théorie corticale.

II

Les accès d'épilepsie partielle sont-ils toujours déterminés
par des lésions circonscrites de l'écorce cérébrale, ainsi qu'on
le suppose d'ordinaire ? Seppilli, dans une *note clinique* publiée
en 1888, a cité quatre cas dans lesquels les accès convulsifs
avaient bien les caractères de l'épilepsie partielle (monospasme
brachial, facial, etc.), où l'on ne trouva, à l'autopsie, aucune
lésion organique de l'écorce cérébrale, mais seulement une
méningite chronique diffuse sans adhérences de l'écorce avec
les méninges. Ce serait donc une erreur de croire que, chaque

fois qu'on observe l'épilepsie partielle, il doit exister une lésion organique de l'écorce cérébrale (adhérences, ramollissement de l'écorce, néoplasie). Dans les cinquante cas d'épilepsie partielle qu'il a recueillis, Seppilli a toujours noté, il est vrai, des lésions de l'écorce, mais c'est que, selon lui, les observateurs n'ont publié que des cas où des lésions bien nettes se rencontraient à l'autopsie. La vérité est que la lésion qui provoque l'épilepsie partielle peut être de nature organique ou fonctionnelle[1]. Dans les quatre cas de Seppilli, la cause prochaine des accès aurait bien toujours été, conformément à la théorie de Luciani, un état d'irritation des centres moteurs corticaux. Seulement ce n'était pas une lésion organique qui avait déterminé l'affection, mais sans doute certains changements survenus dans les cellules de l'écorce par suite de ces désordres circulatoires qu'on observe chez les déments paralytiques. De nouvelles observations de D. Ventra ont confirmé ces vues de Seppilli[2]. A côté du complexus symptomatique de la paralysie générale progressive, des accès d'épilepsie jacksonienne s'étaient produits; pourtant à l'autopsie on ne découvrit aucune lésion en foyer, mais une méningite diffuse, sans adhérences des méninges avec l'écorce. Donc, l'épilepsie partielle, loin d'être un symptôme exclusif d'une lésion organique, et plus spécialement d'une néoplasie, peut exister sans lésions en foyers appréciables, et dépendre d'une lésion purement fonctionnelle, — ce qui n'est, à la vérité, qu'une manière de parler, car toute lésion fonctionnelle paraît bien impliquer une altération de la nutrition des tissus nerveux (Gowers).

N'importe quelle région de l'écorce peut-elle provoquer, sous l'action d'une excitation suffisante, un accès d'épilepsie partielle ou générale? Nous avons vu que l'hypothèse d'Albertoni n'avait trouvé aucun écho, et que, pour la plupart des

---

[1] Seppilli. *L'epilessia corticale*. Reggio-Emilia, 1884. — *Studio-anatomico-clinico e dottrina intorno all' epilessia d'origine corticale*. Reggio-Emilia, 1886. — Ces deux importantes publications sont devenues la troisième partie du ch. II de la II° section de l'édition allemande du livre de Luciani et de Seppilli sur les *Localisations fonctionnelles de l'écorce cérébrale*. V. encore *Sullo spasmo clonico della lingua. Nota clinica* (Riv. speriment. di freniatria, 1885, 476). — *Contributo al significato semiologico dell' epilessia parziale. Nota clinica* (Riv. speriment. di fren., 1888, 274 sq.) Cf. *La chirurgia cerebrale* (Riv. speriment. di fren., 1889, p. 26.)

[2] D. Ventra. *Sul valore semiologico della epilessia Jacksoniana, Nota clinica*. — (Il Manicomio mod. 1888, IV, 81.)

auteurs italiens[1], la zone épileptogène s'étend à toute la zone
motrice, c'est-à-dire aux centres des extrémités, de la face, de
la nuque et du tronc. Mais il faut ajouter que, d'après ces auteurs mêmes, l'excitabilité de différents points de cette zone
est loin d'être uniforme. C'est ainsi que Luciani et Tamburini
ont observé (1878) que le courant le plus faible, capable de
provoquer une réaction motrice des membres, est incapable de
déterminer une réaction du même genre dès qu'on l'applique
aux centres de la nuque et de la tête. Les centres les plus
excitables sont ceux qui correspondent aux muscles les plus
habituellement mis en mouvement. Inversement, les centres
qui perdent le plus rapidement leur excitabilité sont les plus
excitables. Les aires motrices des extrémités perdent donc leur
excitabilité avant ceux de la face, qui résistent les derniers.
On sait en outre que, si l'épilepsie jacksonienne est bien le
résultat de décharges des éléments moteurs de l'écorce cérébrale, les lésions irritatives qui provoquent ces décharges
peuvent siéger, soit aux confins, soit en dehors des zones motrices proprement dites. Dans le premier cas, écrit M. le professeur Pitres[2], les phénomènes épileptoïdes seront représentés
seulement par des troubles de la motilité (épilepsie jackso
nienne exclusivement motrice) : la démonstration anatomo-
clinique est faite. Dans le second cas, ces phénomènes seront
caractérisés par des troubles de la sensibilité générale et spéciale et de l'intelligence, avec ou sans convulsions concomi-
tantes, selon le siège et l'étendue des lésions provocatrices, mais
ici la démonstration anatomo-clinique n'est pas encore faite.

Luciani et Tamburini avaient, dès leurs premières expériences, déterminé des accès épileptoïdes en excitant les régions de l'écorce qui, pour Ferrier, étaient les centres de
la vision et de l'audition mentales. Albertoni de même. On
se rappelle que l'excitation du gyrus angulaire répond au stimulus électrique par des mouvements des bulbes oculaires
et des paupières, et que, loin de voir, dans ces réactions motrices, des mouvements réflexes provoqués par des sensations
subjectives, les auteurs italiens les ont considérées comme

---

[1] Fenoglio (Cagliari). *Epilessia, lesione della zona motrice destra; tre-
panazione. — Lo Sperimentale*, déc. 1884. Cf. *Arch. per le mal. nerv.*
1885, 83 : « La zone dite motrice chez l'homme peut être aussi considérée comme épileptogène. »

[2] A. Pitres. *Étude sur quelques équivalents cliniques de l'épilepsie
partielle ou jacksonienne. — Rev. de méd.*, 1888, 609 sq.

résultant de l'excitation directe des centres moteurs spéciaux, contenus dans le gyrus angulaire, des muscles oculo-palpébraux.

Unverricht, dans ses *Recherches expérimentales et cliniques sur l'épilepsie* (1883), avait montré aussi qu'on peut provoquer des accès d'épilepsie en excitant les régions postérieures du cerveau en rapport avec le centre de la vision. Récemment il a repris ce sujet et émis l'opinion que ces régions possèdent des propriétés épileptogènes[1]. François Franck et Pitres (1883), Danillo, Rosenbach, ont tous produit des accès d'épilepsie en excitant le lobe occipital. Pour être efficace, l'excitation portée sur cette région doit être plus intense que sur la zone motrice; les accès convulsifs sont moins forts et apparaissent surtout très tardivement (40 à 60 secondes après le passage du courant). Comme, après l'ablation de la zone motrice, les excitations du lobe occipital ne provoquent plus de convulsions, on en conclut que les accès résultent de la propagation du processus à la zone motrice. Mais, d'accord sur les faits, les auteurs diffèrent quant à leur interprétation.

Voici les résultats généraux des recherches faites par Danillo dans le laboratoire de Munk, et présentés par ce savant à la Société physiologique de Berlin, le 26 octobre 1883 : 1° l'excitation électrique des régions motrices suffisante pour provoquer des convulsions épileptiformes, ne suffit pas lorsqu'on l'applique aux régions occipitales; 2° ce n'est qu'avec des courants d'une plus grande intensité et d'une plus longue durée que l'épilepsie suit l'excitation de la sphère visuelle de Munk ; 3° l'ablation de l'écorce de la zone motrice met fin aux convulsions ; celle de la sphère visuelle ne met pas fin aux convulsions. L'excitation portée sur les régions occipitales se propage horizontalement à travers l'écorce, non par les ganglions de la base. Un autre disciple de Munk, Ziehen, a noté que, pour la production des accès consécutive à l'excitation du lobe occipital, la durée est plus importante que l'intensité du courant. Il ne lui a pas échappé que le seul fait qu'on pourrait faire valoir en faveur de l'hypothèse d'Unverricht, c'est que les accès d'épilepsie sont souvent précédés d'hallucinations de la vue.

Le nom de Danillo rappelle encore de remarquables observations d'hypertrophie des cellules nerveuses de l'écorce, sur-

---

[1] *Die Beziehungen der hinteren Rindengebiete zum epileptischen Anfall.* — Deutsches Arch. f. Klin. Med. 1888.

tout des grandes cellules pyramidales, de la névroglie et des vaisseaux, dans l'épilepsie partielle. Depuis, la théorie de la *sclérose névroglique* dans l'épilepsie « essentielle » a été soutenue avec éclat, on le sait, par M. Chaslin [1].

Après Danillo et Munk, Rosenbach s'élève contre la prétendue propriété épileptogène autonome qu'Unverricht semble accorder aux lobes occipitaux [2].

Unverricht soutient que de pures affections locales (tumeurs, abcès) des régions postérieures du cerveau, peuvent naître, sans action à distance, des accès convulsifs, et que l'excitation des mêmes régions peut même déterminer des accès d'épilepsie *unilatérale* lorsque, sur l'hémisphère excité, les centres moteurs ont été enlevés. Mais comme les convulsions se limitent, dans ce cas, aux groupes musculaires innervés par la région motrice laissée intacte, il ne peut toujours être question que d'une action à distance. Aussi bien, suivant les nouvelles expériences de Rosenbach, entreprises pour contrôler celles d'Unverricht, après l'ablation *bilatérale* des centres moteurs de l'écorce, l'excitation des régions postérieures du cerveau ne provoque pas de convulsions. Seule, la déviation latérale des yeux persiste encore dans ce cas lorsqu'on excite un certain point de la sphère visuelle de Munk. En somme, Unverricht n'a pas démontré que l'excitation de ces régions puisse, sans irradiation aux éléments moteurs, produire des accès convulsifs : le lobe occipital n'a pas de « propriété épileptogène » spéciale.

Luciani qui, d'après les théories exposées en commun avec Tamburini, sur l'existence probable de centres moteurs confondus avec les centres sensoriels de l'écorce, pourrait pousser bien plus loin qu'Unverricht les conséquences de cette doctrine, admet pourtant aujourd'hui que la fonction épileptogène de l'écorce appartient exclusivement aux centres moteurs. En d'autres termes, il adopte les résultats expérimentaux bien connus de Pitres et Franck, de Rosenbach, de Danillo, sur ce sujet.

C'étaient au contraire des remarques originales que celles

---

[1] Comptes rendus de la Société de biologie, 2 mars 1889. — Cf. Pierre Marie. *Note sur l'étiologie de l'épilepsie.* — *Progrès médical*, 1888, 333, et les remarquables travaux de M. Bourneville et de ses élèves.

[2] Rosenbach. *Zur Frage über die « epileplogene Eigenschaft » des hinteren Hirnrindengebietes.* — *Neurol. Centralbl.*, 1889, 1er mai.

qu'ont faites, après Albertoni, Luciani et Tamburini sur les différents états consécutifs aux accès d'épilepsie corticale chez les animaux. Tantôt, pris d'un violent état d'agitation, de manie impulsive, de fureur et de délire, ils couraient sans repos, comme poussés par une force irrésistible, ils donnaient de la tête contre les obstacles, se heurtaient aux objets et paraissaient en proie à des hallucinations terrifiantes Dans d'autres cas, ils tombaient au contraire dans un tel état d'épuisement et de torpeur qu'ils ne réagissaient plus qu'avec peine; incapables de se tenir debout, ils présentaient une parésie des membres du côté opposé à l'hémisphère excité. L'inexcitabilité passagère des régions motrices après plusieurs attaques provoquées expliquait très bien ces faits.

Des expériences du même genre, méthodiquement instituées, et portant successivement ou à la fois sur les différents territoires corticaux des deux hémisphères, surtout chez le singe, avanceraient fort notre connaissance du mécanisme de l'intelligence. Nul doute que l'intelligence ne soit, comme l'enseigne Meynert, une fonction des faisceaux d'association qui unissent d'une manière si complexe les divers éléments dont se compose une image mentale, un groupe d'images, un raisonnement, un jugement, et cela grâce à la longueur des faisceaux de cet ordre, reliant les lobes cérébraux les plus éloignés[1]. Il faut surtout songer au faisceau unciforme et au faisceau arqué, qui unissent le lobe frontal aux lobes temporal, pariétal et occipital, au faisceau longitudinal inférieur, au faisceau du cingulum. Quoique les lobes frontaux et préfrontaux renferment des centres d'innervation des muscles du tronc, et que le développement de cette partie du cerveau chez les anthropoïdes et l'homme soit sans doute en rapport avec la station verticale (Munk, Meynert), il est possible qu'il s'y trouve d'autres centres, toujours de nature sensitive ou sensitivomotrice, en rapport avec l'ensemble des processus de l'écorce cérébrale, centres d'arrêt, de tension cérébrale, d'innervation des muscles qui se contractent dans le phénomène général de l'attention, de la réflexion, de la concentration de la pensée, conditions de la synergie fonctionnelle des appareils et des organes de la machine animale.

Parlant des fibres nerveuses d'association, Edinger s'ex-

---

[1] Meynert. *Psychiatrie. Klinik der Erkrankungen des Vorderhirns* I. II. 1884.

prime ainsi à son tour : « Les associations multiples d'idées, de souvenirs, de sensations, de mouvements, qui rentrent dans la physiologie cérébrale, ont peut-être là leur substratum anatomique. Il n'y a rien d'impossible à ce que ces *fibres nerveuses aient un rôle important dans la propagation de l'accès épileptique* [1]. »

L. Bianchi s'est demandé naguère si tous les processus psychiques ont uniquement pour substratum anatomique les aires sensitives et sensorielles de l'écorce cérébrale (Munk, Luciani), ou si d'autres territoires corticaux encore ne sont point nécessaires au fonctionnement normal de l'intelligence [2]. Par ceux-ci, Bianchi entend les régions du lobe frontal, que quelques auteurs ont considéré en effet comme n'ayant point de fonction connue en rapport avec la sensibilité et la motilité volontaire. Cependant, si les expériences de Munk sur le lobe frontal, expériences dont Meynert reconnaît la haute valeur, sont fondées en fait, les lobes frontaux font partie de la sphère sensitive ou « sensitivo-motrice » de l'écorce cérébrale. Il paraît bien, toutefois, que les lésions pathologiques ou expérimentales de ces lobes altèrent beaucoup plus l'intelligence que celles de n'importe quelle zone sensorielle. Quelques nouvelles expériences d'ablation du lobe préfrontal du chien et du singe, mais dont les résultats sont encore très incomplets, ont confirmé le physiologiste italien dans cette manière de voir.

Bianchi suppose donc que, en vertu des lois de l'association, des processus de plus en plus complexes de coordination des activités psychiques (perceptions, images, etc.) « ont pour siège un organe distinct des organes de perceptions simples », en d'autres termes, des aires sensitives et sensorielles de l'écorce. Cet organe, siège des plus vastes associations intellectuelles et des plus délicates coordinations psychiques, recevrait des centres de la sensibilité générale et spéciale les matériaux de ses élaborations supérieures. C'est ainsi que les coordinations psychiques de la sensibilité et du mouvement croissent en complexité, des ganglions de la moelle épinière à ceux des corps opto-striés et de ceux-ci aux différents centres du manteau. « Cet organe serait donc, écrit Bianchi, aux aires corticales de

---

[1] Edinger. *Anatomie des centres nerveux.* Trad. par M. Siraud (Paris, 1889), 57-58.

[2] L. Bianchi. *La psicologia in rapporto alle ultime nozioni di fisiologia [e di anatomia] del cervello.* Milano, 1890.

la sensibilité et du mouvement ce que sont ces centres aux thalamus opticus et aux noyaux du corps strié, et ce que sont les ganglions de la base à la moelle épinière. » Lussana avait situé dans les lobes frontaux le centre de la connaissance des personnes et des lieux. Or, ce n'est pas parce qu'elle possédait une faculté spéciale de ce genre que la chienne de Lussana ne reconnaissait plus ni les gens ni les lieux, mais parce que la mémoire et l'attention (Ferrier) étaient lésées, c'est-à-dire « cette vaste coordination qui est le fondement et la condition de l'intelligence ».

Les troubles de la sensibilité générale et spéciale ne sont pas moins nets que ceux de la motilité, chez les épileptiques, dans les périodes qui suivent et séparent les accès convulsifs. Si l'on compare ces malades avec des individus normaux, comme l'a fait Agostino, la sensibilité générale paraît alors fort diminuée, en particulier sur le côté du corps opposé à la moitié la plus asymétrique du crâne. Le goût et l'odorat sont très émoussés, surtout après les attaques, tandis que la sensibilité thermique, la sensibilité à la douleur et le sens musculaire étaient à peine altérés. L'acuité de l'ouïe, toujours moindre du côté opposé à la plagiocéphalie [1], était diminuée, alors que celle de la vue ne l'était presque pas. Il existe, il est vrai, immédiatement après les accès, un rétrécissement visuel ; les sensations chromatiques ne paraissent pas influencées ; les pupilles, de grandeur tantôt normale (47 p. 100), tantôt anormale (31 p. 100), réagissent lentement. La sensibilité électrique, de même que l'excitabilité électrique des muscles, a été trouvée amoindrie et plus émoussée encore après les accès. Le réflexe patellaire, toujours exagéré, l'est encore plus après les convulsions. Tous les autres réflexes, en général, sont affaiblis dans les périodes qui séparent les accès, mais ils s'exaltent après ceux-ci [2].

Lombroso a souvent noté, on le sait, l'obtusion de la sensibilité, non seulement chez les délinquants, mais dans l'épilepsie et la folie morale. Il croit qu'on pourrait expliquer la longévité des criminels par cette espèce d'anesthésie et par

---

[1] Cf. Silvio Venturi. *Sull'udito degli epilettici*. Archivio di psichiatria, 1886, 401.

[2] Agostino. *Sulle variazioni della sensibilità generale, sensoriale e reflessa negli epilettici nel periodo interparossistico e dopo la convulsione*. Riv. speriment. di fren., 1890, XVI, 36.

l'analgésie qui les caractérise. Les tracés sphygmographiques pris pour étudier les réactions vaso-motrices que provoquent chez ces individus les excitations de nature différente, ont montré que, tandis que l'application de forts courants électriques n'était guère suivie de réaction, la vue d'une photographie de femme nue, d'un verre de vin, d'une pièce d'or, mais surtout un compliment capable de flatter leur vanité, modifiaient au contraire la courbe d'une manière de plus en plus sensible [1]. Avec Morselli, Lombroso a aussi étudié le rapport de l'épilepsie larvée avec la folie morale : ces auteurs estiment que, très souvent, les explosions de la folie morale ne sont en réalité que des manifestations d'épilepsie larvée, et que ces deux affections sont les symptômes des mêmes états pathologiques du cerveau [2]. Au nombre des caractères de régression que présentent, avec les criminels et les dégénérés, certains épileptiques féroces, à tendances bestiales, L. Frigerio a étudié les anomalies du pavillon de l'oreille et de l'angle auriculo-temporal [3].

Au sujet d'un cas fort curieux d'épilepsie observé par S. Venturi [4], il est permis de se demander quelle est l'influence de la ligature des artères cérébrales sur l'excitabilité des centres moteurs de l'écorce cérébrale. Les résultats des expériences instituées par Krüdener, d'après les conseils mêmes de Mierzejewski, ont été négatifs [5]. Mais les observations de Knies, de Fribourg, sur l'état de la rétine et du nerf optique chez l'épi-

---

[1] Lombroso et Cougnet. *La reazione vasale nel delinquenti e nei pazzi*, 1884, p. 1, sq. — *Archiv. di psichiatria*, vol. V.

[2] Lombroso. *Identità dell' epilessia colla pazzia morale e delinquenza congenita.* — E. Morselli et Lombroso. *Epilessia larvata-pazzia morale.* Arch. di psichiatria, 1885, vi, 1 et 29.

[3] L. Frigerio (d'Alexandrie). *L'oreille externe, étude d'anthropologie criminelle.* Archives de l'anthropologie criminelle. Lyon, 1888, 438.

[4] S. Venturi. *La epilessia vaso-motoria.* Arch. di psichiatria, 1889, x, 28. L'accès débutait par un spasme musculaire d'une région, toujours circonscrite, du tronc, de la face ou des extrémités, auquel succédait une vive sensation de chaleur qui, de la région intéressée, montait et envahissait la tête «comme un brasier de feu » ; elle était accompagnée, du côté correspondant de la tête, de violents bruits d'oreille, d'hyperhémie cutanée et d'hypersécrétion de sueur. Durant ces accès, qui avaient lieu plusieurs fois par jour, la conscience était pleinement conservée. L'acuité de la vue et celle de l'ouïe était diminuée sur la moitié de la tête hyperhémiée.

[5] *Zur Frage der experimentellen Epilepsie.* Dissert. St-Pétersb., 1889. En russe. Analysé dans le *Neurol. Centrabl.*, 1890, 174.

leptique, avant, pendant et après l'accès, ne laissent guère de doute sur la nature des troubles vaso-moteurs de l'écorce qui déterminent ou accompagnent l'attaque. Dix à vingt secondes avant chaque accès, en effet, et pendant toute la durée des convulsions, Knies a noté un spasme des artères rétiniennes et une pâleur extrême de la papille du nerf optique. Le spasme artériel des vaisseaux de l'écorce cérébrale provoque l'accès par une perturbation de la nutrition locale et par une intoxication d'acide carbonique. Lés phénomènes convulsifs prennent fin avec le spasme vasculaire, et l'hyperhémie veineuse secondaire de la rétine et du nerf optique, — hyperhémie si bien étudiée par d'Abundo, et plus ou moins intense et persistante selon la violence et la fréquence du mal, — reflète aussi bien que le spasme initial l'image des processus vaso-moteurs de l'écorce cérébrale [1].

Les convulsions épileptiformes, accompagnées de perte de conscience, que des injections de cocaïne à la dose de 0,12 à 0,18 provoquent chez le chien, ont paru à Feinberg être indubitablement d'origine corticale [2]. Ces expériences sur l'action physiologique de la cocaïne, ont démontré que ces convulsions étaient sûrement le résultat d'une anémie cérébrale, consécutive à un processus de contraction vaso-motrice. Les substances qui abaissent l'excitabilité de l'écorce cérébrale agiraient comme la cocaïne.

Vetter maintient encore la distinction classique entre l'épilepsie dite idiopathique et l'épilepsie jacksonienne. L'épilepsie dérive-t-elle d'une névrose des vaisseaux sanguins ? Cette névrose, en déterminant un spasme artériel, provoquerait, avec l'anémie cérébrale, la perte subite de conscience. Mais ce spasme des artères cérébrales peut résulter de l'excitation réflexe du centre vaso-moteur de la moelle allongée. D'après ce que suppose Vetter, l'accès d'épilepsie idiopathique débuterait par les centres sous-corticaux excités par un stimulus morbide parti de l'écorce même, soit des zones sensorielles, soit des zones sensitives, et ce n'est qu'ensuite que la zone corticale motrice serait affectée. Dans l'épilepsie jacksonienne, au con-

---

[1] Knies (Freiburg). *Ueber Augenbefunde bei Epilepsie* (Congrès de neurologie et de psychiatrie de Fribourg en Br., 9-10 juin 1888). Neurol. Centralbl., 1888, 332.

[2] Feinberg. *Weitere Mittheilungen zur physiologischen Cocainwirkung.* Berl. klin. Wochenschr., 1887, 166.

traire, l'accès convulsif serait primitivement provoqué par la zone motrice corticale, et ce n'est qu'éventuellement, par le fait de la généralisation du processus, que les ganglions sous-corticaux entreraient en activité. Bref, l'écorce cérébrale participerait au processus dans les deux formes de l'accès ; mais la participation des centres sous-corticaux serait primitive dans l'épilepsie commune, secondaire et éventuelle dans l'épilepsie jacksonienne [1].

Jusqu'ici, nous avons vu déterminer des convulsions épileptiques par l'excitation directe des hémisphères cérébraux ou des ganglions sous-corticaux. On arrive au même résultat, d'une manière indirecte, au moyen d'excitations périphériques. Cette méthode a été employée par Alex. v. Koranyi et Fr. Tauszk [2]. Sur un point de l'hémisphère gauche, par exemple, d'un lapin. ces auteurs déposent de l'extrait de Liebig ; il en résulte des contractions cloniques des muscles de la face, mais point de convulsions générales. Or, si l'on excite mécaniquement la peau des joues, des oreilles ou du dos de l'animal, des convulsions éclatent dans le membre supérieur droit ; après des excitations plus fortes, toujours périphériques, les convulsions s'étendent au membre postérieur droit, puis aux extrémités gauches ; enfin se produisent les convulsions générales. Des bruits, des excitations lumineuses, agissant sur les organes des sens, provoquent les mêmes phénomènes. D'abord inhibés lorsqu'on enlève des parties de l'écorce, puis les hémisphères cérébraux, ces réflexes convulsifs reparaissent ensuite : l'épilepsie se produit de nouveau. Ces auteurs, dont l'un a travaillé dans le laboratoire de Goltz, à Strasbourg, en concluent que le centre de l'épilepsie ne peut pas être dans l'écorce cérébrale. Ce centre, ils le cherchent dans le cerveau moyen. L'excitabilité des centres réflexes de cette région déterminerait, sous l'influence de l'excitation de l'écorce cérébrale, les mouvements et les convulsions observés dans ces expériences.

---

[1] A. Vetter. *Ueber die Pathogenese der Epilepsie auf Grund der neueren Experimente.* Deutsches Arch. f. klin. Med., XL, 17.

[2] Alex. Koranyi und Fr. Tauszk. *Beitræge zur Physiologie der von der Grosshirnrinde ausgelœsten Bewegungen und Kræmpfe.* Aus d. Laborat. der Klinik des Prof. Koranyi in Budapest. Internat. Klin. Rundschau. IV. Jahrg. Pendant son séjour à Strasbourg, Koranyi a publié un travail intitulé : *Ueber die Folgen der Durchschneidung des Hirnbalkens* (Pflüger's Archiv, vol. XLVII), où il est parlé des convulsions générales consécutives à la section du corps calleux.

III

Tous les signes caractéristiques qui accompagnent et suivent, chez les animaux, les accès provoqués d'épilepsie corticale, reparaissent, avec plus de netteté, dans les observations cliniques recueillies par Seppilli. Quant au siège des lésions, il résulte de ces observations que, souvent exclusivement localisées dans la substance grise, elles peuvent aussi intéresser à la fois l'écorce et les faisceaux blancs sous-jacents, mais qu'il est très rare qu'elles occupent ceux-ci uniquement. Le processus morbide, qui peut se rencontrer dans toutes les parties du manteau, a pourtant une région d'élection, et, à peu d'exception près, tous ces cas d'épilepsie corticale sont la conséquence d'une lésion plus ou moins étendue des circonvolutions de l'aire sensitivo-motrice des auteurs italiens, c'est-à-dire de FA, PA, LP, P_1 et P_2. Voici la conclusion que Seppilli tire de ces faits anatomo-cliniques : « Chez l'homme, comme chez le chien et le singe, la sphère sensitivo-motrice représente l'unique partie de l'écorce cérébrale capable de provoquer par soi l'accès d'épilepsie. »

L'analyse de ces observations, au nombre de quarante-cinq, n'a pas permis à Seppilli de découvrir un rapport fixe et constant entre le siège cortical de la lésion provocatrice et les groupes musculaires où l'accès convulsif débute et peut rester limité. Déjà Seppilli n'avait pas cru pouvoir assigner une localisation anatomique exacte aux différents centres de perception de la sensibilité générale, les altérations de la sensibilité cutanée ou musculaire n'étant pas en rapport constant avec le siège des lésions corticales. Ce nouveau résultat négatif est dû aux mêmes causes. Charcot et Pitres ont d'ailleurs fait remarquer que « les lésions corticales susceptibles de provoquer l'épilepsie jacksonienne doivent avoir une topographie moins fixe que les lésions capables de provoquer des paralysies permanentes [1] ». Mais la raison principale de cette incertitude dérive toujours, en réalité, chez les auteurs italiens, de la doctrine de la diffusion des effets d'une lésion, même circonscrite, qu'implique la théorie de l'engrenage.

---

[1] Charcot et Pitres. *Etude critique et clinique de la doctrine des localisations motrices*, 1883, p. 70.

La pathogénèse de l'épilepsie corticale chez l'homme s'accorde-t-elle avec celle que la physiologie expérimentale a proposée pour les animaux ? L'épilepsie jacksonienne est-elle d'une autre nature que l'épilepsie idiopathique ? Ne sont-elles, l'une et l'autre, que deux formes différentes d'une même affection ? Que l'on compare quelques-uns des caractères qui servent d'habitude à les différencier.

L'unilatéralité des convulsions n'est pas plus un signe absolu de l'épilepsie partielle ou jacksonienne que le mode de début des convulsions sous forme de spasmes localisés à un groupe musculaire. Seppilli cite des cas d'épilepsie dite idiopathique où ces processus ont été observés. De même pour ce qui a trait à l'invasion simultanée des convulsions dans les deux moitiés du corps. « Il existe, dit Seppilli, des cas d'épilepsie jacksonienne, dans lesquels, par la répétition fréquente des accès, un moment arrive où les convulsions se propagent sur tout le corps, avec tant de rapidité et de violence, qu'il est impossible de distinguer cette épilepsie de l'autre. » Enfin, dans l'une comme dans l'autre, l'accès peut présenter une aura de même nature, telle que sensation de froid ou de chaleur, formication, torpeur, pesanteur, douleur dans les parties envahies par le spasme musculaire. La nature du spasme non plus n'a rien de caractéristique. Il ne débute pas toujours par les convulsions cloniques de l'épilepsie partielle ; il peut être d'abord tonique, puis clonique, comme dans l'épilepsie idiopathique.

Cette étude comparée des caractères prétendus différentiels des deux formes d'épilepsie a été très bien faite, en Italie, par Silvestrini[1], professeur à l'Université de Sassari. Après une revue exacte des symptômes respectifs de l'épilepsie partielle et du grand mal comitial, Silvestrini en était arrivé à conclure, dès 1880, que le mécanisme de développement d'un grave accès total ou d'un accès d'épilepsie partielle doit être identique, la différence ne consistant que dans le degré et l'extension des convulsions. « Si tous les malades ne réagissent pas de la même manière contre une lésion capable de produire

---

[1] *Contribuzioni allo studio della patologia cerebrale. Emiplegia, emiepilessia, afasia, trapanazione del cranio.* — Riv. speriment. di freniatria, 1880, 1 et 245. Dès 1878, année où il publia son travail intitulé : *Diagnosi delle malattie cerebrali*, Silvestrini avait, comme Dario Maragliano, à la même époque, quoique avec moins de puissance, porté sur le terrain de la clinique les résultats des études nouvelles sur les localisations fonctionnelles du cerveau.

une forme nosologique bien définie, nous faudra-t-il admettre, demande Silvestrini, une diversité de formes entre les accès convulsifs limités à quelques régions et les accès diffus ? »

Ainsi, ce clinicien italien croit aussi à l'identité de nature des deux formes d'épilepsie. La seule division qu'il admette est celle d'une forme *générale* et *partielle* de l'épilepsie. Il repousse la distinction de l'épilepsie en essentielle et symptomatique. Car, avec nos connaissances anatomo-cliniques actuelles, le moyen de soutenir qu'il existe une forme d'épilepsie essentielle ? L'épilepsie doit toujours être symptomatique de quelque lésion anatomo-pathologique. Silvestrini admet toutefois, — et il est intéressant de rapprocher ses vues à cet égard de celles de Luciani, — qu'il existe une forme d'épilepsie d'origine centrale et une forme d'origine périphérique, car « on ne peut nier, dit-il, que tantôt l'épilepsie dépende de lésions des centres nerveux proprement dits, tantôt d'une irritation périphérique anormale ». La pathogénèse de l'épilepsie peut donc être diverse ; elle ne dépend pas exclusivement d'un état de tension ou d'irritation de la substance grise du cerveau ; l'écorce cérébrale, et en particulier la zone motrice, n'est pas l'unique centre épileptogène ; l'excitation qui détermine l'accès peut partir de n'importe quel point du système nerveux. Que l'on songe aux cas d'éclampsie ou d'épilepsie aiguë par irritation de l'utérus, des intestins ou d'autres organes, sans qu'il existe aucune altération (appréciable tout au moins, ajouterai-je) des centres nerveux. Mais, si l'origine diffère, dans l'un comme dans l'autre cas, « le mécanisme de l'accès est idendique ».

Seppilli aussi conclut, avec Luciani, que l'épilepsie partielle et l'épilepsie générale ne sont que deux formes différentes d'un même processus morbide (1886). L'accès d'épilepsie est toujours, comme pour Luciani, la suite d'un état de tension et d'hyperexcitabilité des centres cérébraux ; la limitation ou la généralisation des convulsions dépend de l'intensité et de la diffusion des décharges des éléments moteurs de l'écorce, origine du processus convulsif. Pour Unverricht, également, l'épilepsie idiopathique ne différerait de l'épilepsie corticale que par un état plus labile et plus instable de l'équilibre moléculaire des cellules nerveuses. Voilà pour la nature et les analogies de l'épilepsie partielle et de l'épilepsie générale.

Qu'enseignent maintenant les observations cliniques recueillies par Seppilli relativement à la pathogénèse du processus? Avant tout, la nature de l'aura[1] qui précède l'accès, consistant souvent en troubles de la sensibilité cutanée et musculaire, implique bien que le point de départ des convulsions est, dans ces cas, l'aire sensitivo-motrice de l'écorce cérébrale. L'hypothèse la plus probable est donc que cette région est la seule qui soit douée de propriété épileptogène. L'ancienne théorie « bulbaire » ou « médullaire » de l'épilepsie, celle qui place dans les centres de la moelle allongée et du pont de Varole le point de départ et le mécanisme de l'accès convulsif (Kussmaul, Tenner, Nothnagel), a sans doute encore des défenseurs. Binswanger, entre autres, a essayé naguère de la renouveler, au congrès de médecine interne de Wiesbaden (1888)[2]. Au cours de la discussion, Nothnagel a même cru devoir rappeler qu'il avait recommandé, il y a quatorze ans, de se montrer prudent quant à la « théorie corticale ». « On peut sans doute, dit-il, en excitant l'écorce cérébrale, provoquer des accès d'épilepsie, mais non toutes les formes diverses de l'épilepsie. »

Th. Ziehen, qui a travaillé dans le laboratoire de Munk, soutient que, des périodes de convulsions toniques et cloniques qui constituent l'accès d'épilepsie, les premières dérivent de l'excitation des ganglions sous-corticaux, les secondes de celle de l'écorce cérébrale. L'excitation mécanique ou faradique du noyau caudé et du noyau lenticulaire, des couches optiques et des tubercules quadrijumeaux antérieurs et postérieurs provoque, comme celle de la moelle allongée et du pont (Binswanger), si l'intensité et surtout la durée sont suffisantes, des convulsions toniques. Si on laisse en place les hémisphères, les phénomènes sont les mêmes : ils ne doivent donc pas être attribués à l'abolition des centres d'arrêt. Quant aux convulsions cloniques, qui suivent l'excitation de l'écorce, elles disparaissent du tableau symptomatique de l'épilepsie avec l'extirpation du manteau. Ainsi, chez un animal dont la région corticale d'une extrémité a été enlevée, l'excitation cérébrale ne détermine plus de convulsions cloniques, mais toniques, de ce membre. Ziehen ajoute que la succession rapide des con-

---

[1] Cf., sur la nature des auras sensitives, sensorielles, psychiques, vaso-motrices et motrices, l'article *Epilepsia*, de Binswanger, dans l'*Encyclopédie* d'Eulenburg, 2º édit.

[2] Binswanger. *Experimentelle und kritische Untersuchungen über die Pathogenese des epileptischen Anfalls*. Compte rendu du *Neurol. Centralbl.*, 1888, 277.

tractions cloniques, d'origine corticale, n'arrive que rarement, en additionnant les effets de ces contractions, à produire une convulsion tonique [1]. Mendel avait fait d'expresses réserves sur ces conclusions expérimentales appliquées à l'épilepsie humaine, Ziehen en a tenu compte dans le dernier travail qu'il a publié sur ce sujet.

D'autres critiques ont été adressées à Ziehen par Unverricht. Ce savant, loin de considérer les convulsions cloniques et toniques de l'épilepsie comme fondamentalement différentes, résultant de l'excitation de régions également distinctes du système nerveux central, n'y voit qu'un symptôme complexe. Unverricht nie donc l'origine uniquement corticale des convulsions cloniques, et, appuyé sur les recherches graphiques de Pitres et de Franck, il rapporte à l'excitation de la substance blanche les convulsions toniques que Ziehen fait résulter de la transmission des courants aux ganglions infra-corticaux [2].

Dans une observation clinique, suivie d'autopsie, Tomaschewski a insisté aussi sur le caractère différent des contractions provoquées par l'excitation de la substance grise ou de la substance blanche. Cette observation est une brillante confirmation de la théorie corticale de l'épilepsie. Il s'agit d'un épileptique de vingt ans, depuis longtemps hémiplégique du côté gauche, et dont les convulsions affectaient en même temps, non successivement comme dans l'épilepsie jacksonienne, tous les muscles du corps. Or la nature et l'intensité des phénomènes convulsifs différaient fort sur les deux côtés du corps. Du côté opposé à l'atrophie cérébrale, laquelle occupait les parties postérieures des F_1 et F_2, de presque toute la FA (à l'exception du tiers inférieur), de la partie moyenne de la PA et d'une partie du LP de l'hémisphère droit, l'extrémité inférieure gauche se contractait plus faiblement et l'extrémité supérieure gauche, tout en présentant des contractions musculaires, ne participait point aux convulsions générales. Au contraire, les muscles de la face et du tronc y participaient pleine-

---

[1] Th. Ziehen. *Ueber die Kræmpfe in Folge elektrischer Reizung der Grosshirnrinde.* Inaug. Dissert. Berlin, 1885. — *Zur Physiologie der subcorticalen Ganglien und über ihre Beziehungen zum epileptischen Anfall.* (XIII Congrès des neurol. allem. à Frib. en Brisgau, juin 1888). *Arch. f. Psych. u. Nervenkrankh.* 1890.

[2] Unverricht. *Ueber tonische und klonische Muskelkræmpfe.* Deutsches Arch. f. klin., Med. 1890, XLVI, 413.

ment, ce qui s'accorde avec l'absence d'atrophie corticale, chez ce malade, du tiers inférieur de la FA gauche. Ainsi, les membres dont les centres d'innervation corticale avaient été détruits, ne participaient que peu ou point du tout aux convulsions épileptiques [1].

Seppilli demande comment, dans l'hypothèse ancienne, une irritation du bulbe pourrait déterminer des convulsions limitées à un groupe musculaire ou à un seul côté du corps, les expériences d'Owsianikow ayant établi que la moelle allongée est le siège d'un centre de mouvements réflexes généraux ? La théorie bulbaire ne saurait expliquer davantage l'ordre suivant lequel l'accès d'épilepsie partielle se propage, et peut passer d'une moitié du corps à l'autre moitié. La large surface de l'aire épileptogène, c'est-à-dire de l'aire sensitivo-motrice, permet de concevoir au contraire l'autonomie relative des différents centres moteurs et l'ordre dans lequel ils sont successivement atteints, — tandis que, dans le bulbe, la proximité de ces centres rendrait impossible l'indépendance et la succession des accès. Donc, au point de vue clinique aussi, la zone excitable du cerveau apparaît comme l'organe central des convulsions épileptiques.

Toutefois, à l'instar de Luciani, Seppilli ne nie pas que les ganglions de la base, le pont de Varole, le bulbe et la moelle épinière, ne puissent participer au processus et augmenter l'intensité et la diffusion de l'accès [2]. Pour être applicable à tous les cas cliniques possibles, la théorie corticale de l'épilepsie doit sans doute être formulée en des termes plus larges et moins exclusifs. Si, dans la majorité des cas, l'épilepsie jacksonienne est toujours provoquée par une lésion corticale, elle peut l'être aussi quelquefois par une lésion sous-corticale [3].

[1] B. Tomaschewski. *Zur Frage über die Betheilung der Hirnrinde an der Entstehung des epileptischen Anfalls.* Sep. Abdr. aus den Verhandlungen der Aerzte-Gesellschaft in Odessa, 1887. L'auteur appelle encore l'attention sur deux observations semblables de Macleod et de Noel Paton (*Brain*, 1882 et 1886), qui confirment la théorie corticale de l'épilepsie.

[2] « L'épilepsie peut être provoquée par une lésion de n'importe quel point du manteau cérébral ou des autres régions de l'encéphale (capsule interne, pédoncules, pont), mais elle a toujours pour organe central, constituant l'élément essentiel de sa pathogénèse, le complexus des centres moteurs de l'écorce cérébrale. » G. Seppilli, *Tumori cerebrali*, 32,

[3] L. Bianchi. *Semeiotica delle malattie del sistema nervoso* (Milano. 1890), 235 sq.

Du moins un cas, probablement unique, que Seppilli a eu l'occasion d'observer, a modifié en ce sens les idées du médecin d'Imola :

Femme de trente ans, épileptique depuis l'âge de treize ans, entrée au manicome d'Imola à cause de la fréquence de ses accès; elle y est restée du 20 août 1882 au 8 mai 1883. Hémiatrophie gauche, surtout du bras, qui était complètement paralysé, avec une légère contracture des fléchisseurs ; la jambe gauche présentait aussi un léger degré de paralysie et de contracture. La sensibilité tactile des extrémités du côté gauche, du bras surtout, était également diminuée. L'accès débutait par une sensation de formication dans les doigts de la main gauche ; presque en même temps survenaient des convulsions cloniques sur le bras gauche tout entier. Puis l'accès se propageait à la jambe gauche et à la moitié de la face du même côté, restant limité à ces parties ; il durait de deux à trois minutes sans perte de conscience. Quelquefois, après avoir évolué, comme il vient d'être dit, sur le côté gauche du corps, les convulsions passaient subitement à droite. D'autres fois encore elles envahissaient au début, simultanément, les deux moitiés du corps, et étaient alors accompagnées de perte de conscience. Après l'accès, les membres du côté gauche restaient tout à fait flasques, et la malade tombait dans un état d'agitation avec angoisse précordiale. — *Autopsie.* Crâne asymétrique, le côté droit moins développé que le gauche. L'*hémisphère gauche*, du poids de 495 grammes, n'offrait rien de remarquable. L'*hémisphère droit* pesait 268 grammes. Les méninges s'enlevèrent très facilement, excepté sur une vaste zone comprenant, à droite, la partie postérieure des trois frontales, les deux circonvolutions ascendantes, le lobule paracentral et les circonvolutions pariétales. Les lésions s'étendaient à la substance blanche et atteignaient la paroi supérieure et externe du ventricule latéral droit. La consistance du cerveau était très faible dans toute cette zone. L'écorce, aussi bien que les faisceaux médullaires, était transformée en un tissu fibreux, formé de nombreuses cloisons qui, en s'imbriquant, constituaient de petites cavités remplies d'une substance semi-gélatineuse. A l'examen microscopique, il n'existait dans cette zone aucun élément nerveux, mais une quantité considérable de corpuscules amyloïdes et de granulations graisseuses et pigmentaires. Les cloisons, qui donnaient à ce foyer l'aspect d'un tissu aréolaire, étaient formées d'éléments connectifs; au milieu rampaient de nombreux vaisseaux sclérosés, dont la lumière était obstruée par des grains de pigment accumulés. En outre, dégénérescence du faisceau pyramidal droit, que l'on suivait dans la capsule interne du même côté, dans le pédoncule cérébral, dans la pyramide bulbaire et dans le cordon latéral gauche de la moelle épinière. Les ganglions opto-striés étaient normaux.

Des considérations cliniques et anatomo-pathologiques auxquelles pourrait donner lieu l'analyse de ce cas, Seppilli ne veut retenir que le fait suivant : l'épilepsie partielle peut exister même en l'absence des centres moteurs corticaux du côté opposé. L'hémiépilepsie gauche avait fait supposer qu'une partie au moins de l'aire sensitivo-motrice droite était conservée ; or, cette aire était complètement détruite ici, en surface comme en profondeur. La seule hypothèse qui, suivant Seppilli, pourrait rendre raison d'un pareil fait, hypothèse d'ailleurs en accord avec la doctrine des suppléances fonctionnelles soutenue par Luciani et par Tamburini, c'est que, dans l'épilepsie comme dans la paralysie, dans les phénomènes d'exagération fonctionnelle des régions sensitivo-motrices du cerveau, comme dans ceux d'abolition ou de diminution de la motilité, les centres moteurs sous-corticaux (les corps striés) peuvent suppléer, dans une certaine mesure, les aires motrices détruites de l'écorce cérébrale. Ces ganglions de la base, dont les fonctions motrices ne différeraient qu'en degré, non en nature, de celles du manteau, et que les auteurs italiens invoquent pour expliquer la disparition des parésies ou des paralysies de la motilité consécutives aux lésions destructives de l'écorce, Seppilli les invoque à son tour pour expliquer la persistance d'accès d'épilepsie partielle en l'absence complète de la zone motrice opposée ; il leur attribue les mêmes propriétés épileptogènes, et croit qu'ils peuvent devenir le point de départ de convulsions limitées au côté opposé du corps.

En somme, pour la plupart des cliniciens et des physiologistes italiens, l'organe central de l'épilepsie, et qui est la condition nécessaire et suffisante de sa pathogénèse, ce sont les centres moteurs de l'écorce cérébrale ainsi que les ganglions sous-corticaux, de nature homologue, et cela, de quelque manière que le processus évolue, quelle que soit la cause de l'accès convulsif, que l'irritation provocatrice soit directe ou réflexe.

TABLE ALPHABÉTIQUE DES NOMS D'AUTEURS

TABLE ANALYTIQUE DES MATIÈRES

C

Calcul. Acquisition du —, 356.

Calleux (Circonvolution du corps), 292.

Canaux semi-circulaires de l'oreille interne, 39-40.

Capsule interne, 6, 25-6, 53-4, 56, 123, 223, 243-4, 244, 246, 426-7.

— externe, 53.

Caractère, 141-2, 400.

— irritable et violent,131-2,136.

— changements pathologiques du —, 131, 400.

— modification expérimentale du —, 128, 130, 132-3, 136-7, 140-1, 400.

Catalepsie, 358.

— de l'intelligence, 360.

Caudé (Noyau), 243-4, 245-6.

— Structure histologique du —, 330-1.

— Fonction du —, 331.

— (Excitation mécanique ou faradique du —.) Détermine des convulsions toniques, 424.

Cécité, 69, 75-6, 87, 95-8, 107-8, 171,174-6,189, 196,277,287,318.

— unilatérale, 78, 86, 94.

— partielle, 202-3.

— cérébrale, 94.

— corticale, 85, 89, 112, 160, 180-1, 190.

— chromatique, 170.

— verbale, 171, 197-8, 214, 233.

— psychique, 69, 80, 82-3, 85. 94, 112, 117, 171, 176, 177, 190. 196-8, 214.

Cellules nerveuses de l'écorce cérébrale,11, 127-8, 208-9,298-300. 305-6, 337-8, 379, 381, 401.

— — Fonctions physiologiques des—, 261, 305-6, 308-9. 322-3, 379, 381.

— — centres trophiques, 323.

Cellules nerveuses. Différenciation progressive des — des organismes, 315-6.

— Accumulateurs et diffuseurs d'énergie nerveuse, 379.

— Caractères différenciant les —des autres éléments anatomi-

ques du système nerveux, 300.

— Variété morphologique des —, 304, 307-9, 338-9; n'apprend rien sur leurs fonctions, 401.

— Hypertrophie des — de l'écorce dans l'épilepsie partielle, 413-4.

— Rapport des variétés morphologiques des — à leurs fonctions, 305-10, 313-4, 338, 380.

— Spécificité fonctionnelle des — déterminée par la nature des organes périphériques avec lesquels elles sont en connexion, 313-5, 317-20, 401.

— Nature de la spécificité fonctionnelle des —,309, 313-5,318, 368-9; — toujours réductible à un mode de sensibilité, 369.

— du 1er type de Golgi ou motrices, 303-4, 309-14, 319-20. 330-31, 401.

— du 2e type ou de sensibilité, 303-4, 309-14, 319-20, 330-1, 401.

— Prolongements nerveux des — 300, 320-1, 322-3, 330-1, 401.

— Prolongements protoplasmiques des —, 300-4, 320-1, 322-3. 230-1.

— Terminaison des prolongements protoplasmiques des —. 302-3, 330-1, 401; nature de ces prolongements, 302-3, 330-1.

— Rapport des — avec les fibres nerveuses, 305, 310; avec les nerfs moteurs, 309, 310.

V. Nerveuses (Fibres).

— centrales. Nature des —, 320.

Cellulaire (Morphologie). Rapport de la — avec la psychologie cellulaire, 337-8, 380, 401.

Cénesthésie, 358-9.

Centrales (Circonvolutions). V. Ascendantes (Circonvolutions).

Centres absolus d'Exner. Doctrine des — 163-6.

Centres relatifs d'Exner. Doctrine des —, 163-7.

Cérébelleuse (Titubation), 284-5.

Cérébelleux (Pédoncules). Destruction des —, 284-5.

Cérébral (Affaiblissement), 98.

I

P

S

TABLE DES MATIÈRES

FIN DE LA TABLE DES MATIÈRES

ÉVREUX, IMPRIMERIE DE CHARLES HÉRISSEY

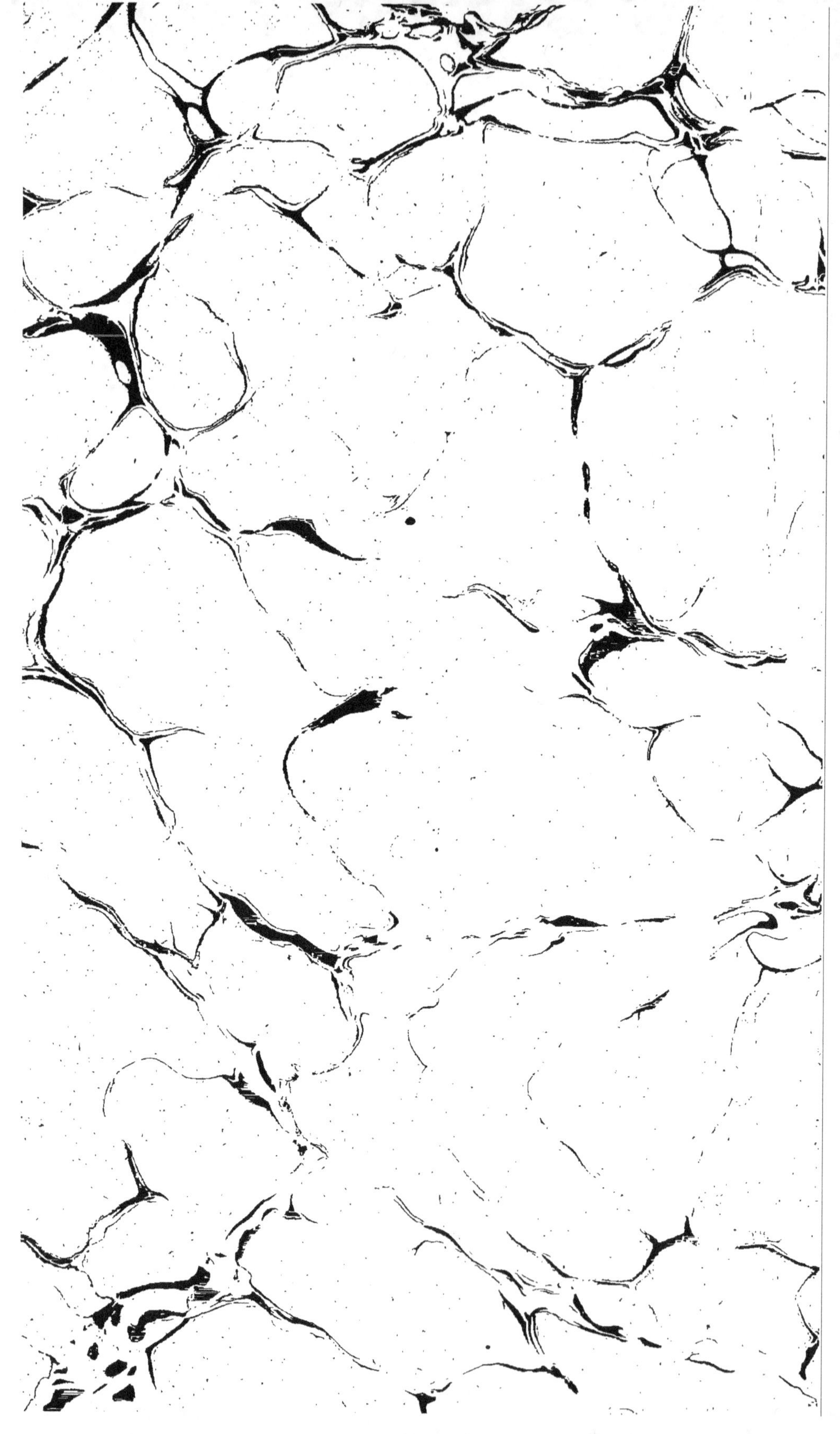

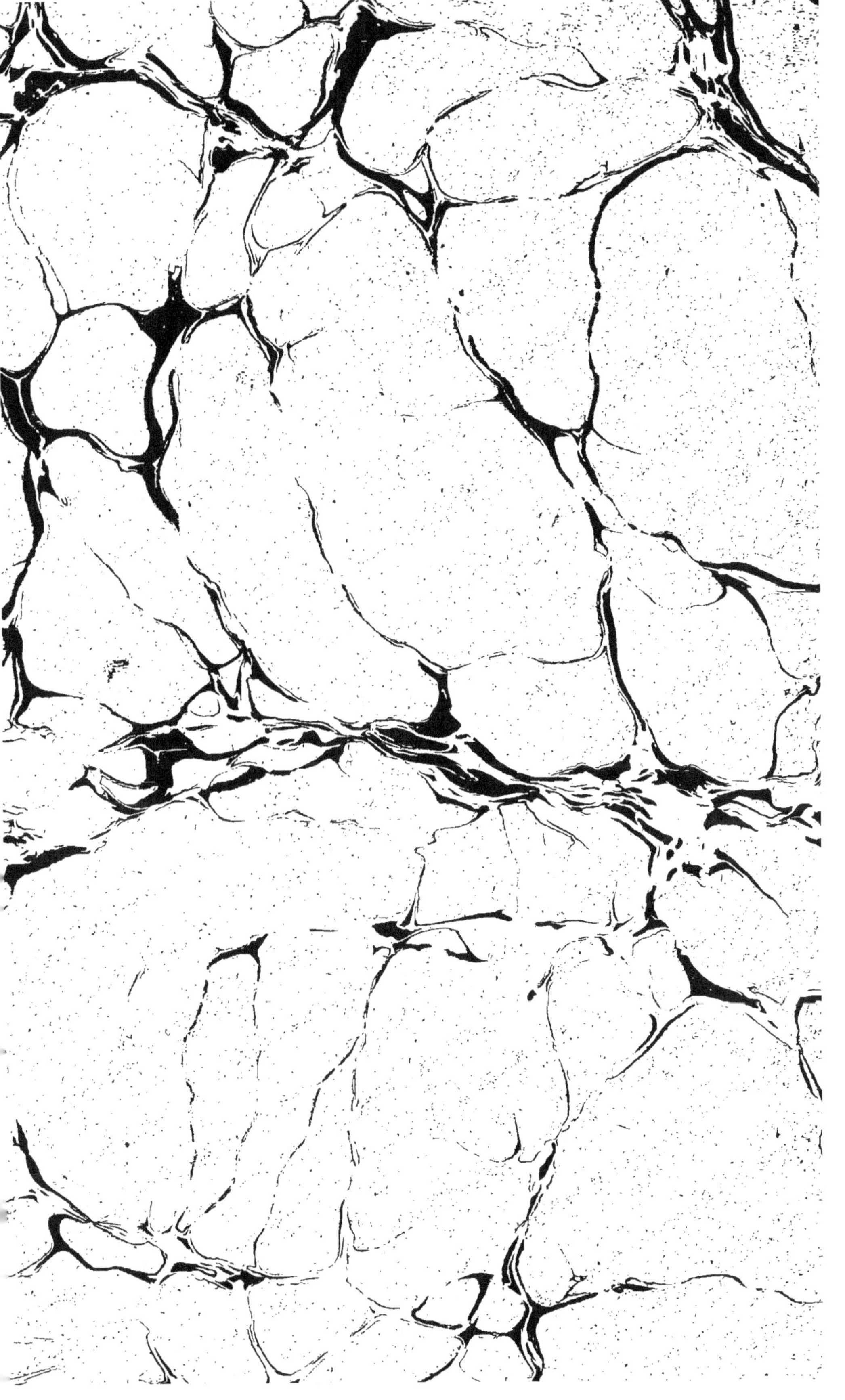

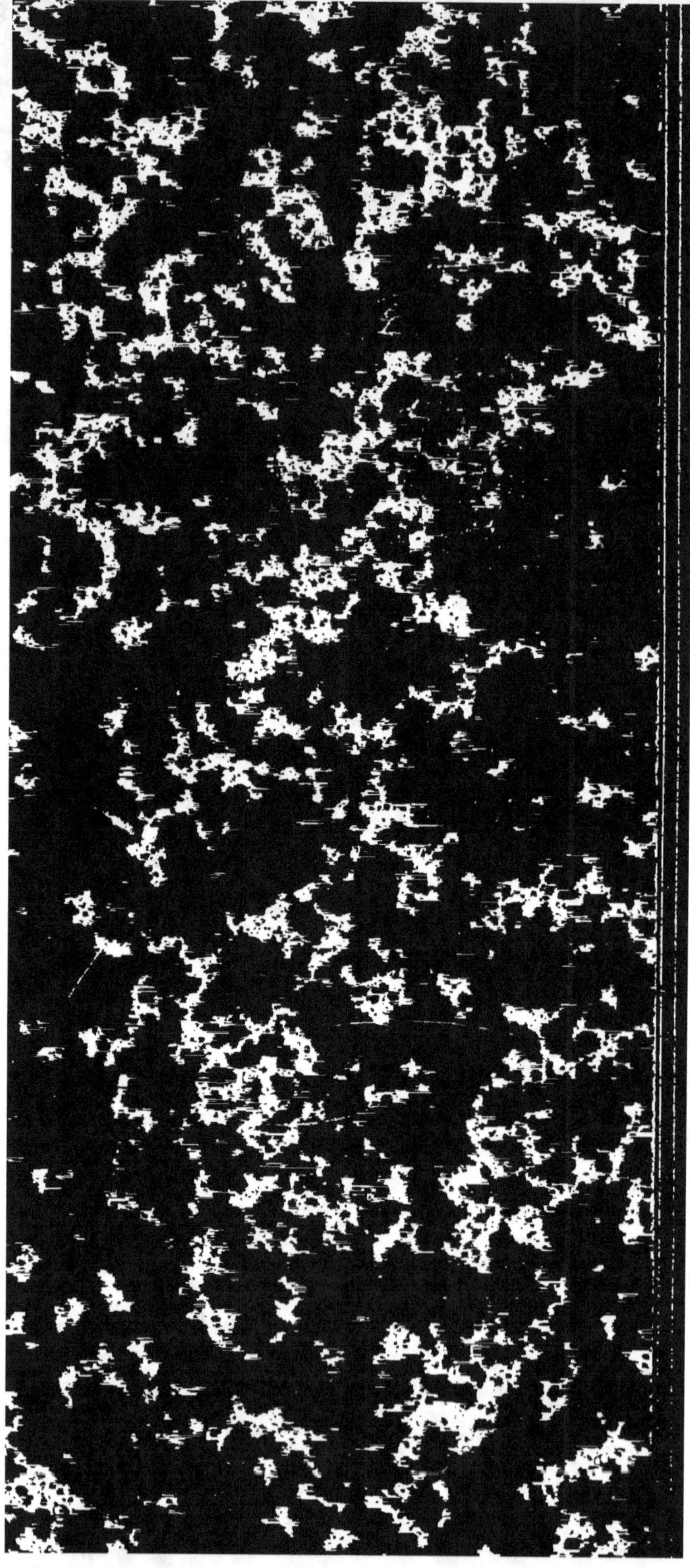